价值型销售

|策略篇|

VALUE
SELLING

崔建中 —— 著

机械工业出版社
CHINA MACHINE PRESS

图书在版编目（CIP）数据

价值型销售. 策略篇 / 崔建中著. -- 北京：机械工业出版社，2025.3（2025.6重印）. -- ISBN 978-7-111-77730-4

Ⅰ. F713.3

中国国家版本馆CIP数据核字第2025TJ0577号

机械工业出版社（北京市百万庄大街22号　邮政编码100037）
策划编辑：刘　静　　　　　　　　责任编辑：刘　静　王　芹
责任校对：李荣青　李可意　景　飞　责任印制：任维东
河北宝昌佳彩印刷有限公司印刷
2025年6月第1版第3次印刷
170mm×230mm・26.5印张・1插页・442千字
标准书号：ISBN 978-7-111-77730-4
定价：89.00元

电话服务	网络服务
客服电话：010-88361066	机　工　官　网：www.cmpbook.com
010-88379833	机　工　官　博：weibo.com/cmp1952
010-68326294	金　书　网：www.golden-book.com
封底无防伪标均为盗版	机工教育服务网：www.cmpedu.com

| 总　序 |

一、为什么需要销售方法论

对销售人员来说，他们的工作可细分为三个任务：

- 让客户买东西。
- 让客户买我的东西。
- 让客户总是买我的东西。

任何销售方法论都是为完成这三个任务而设计的。从人类有交易那天起，这三个任务就没有改变过，改变的只是完成这三个任务的方法。

完成任务需要方法，完成复杂的任务需要系统的方法论。大单销售周期长、金额高、决策者多、变化频繁，是典型的复杂任务，因此需要方法论作为完成销售业绩的保证。一个企业或者一个销售组织绝不能把业绩的完成建立在那些经验、关系或者绝招之上，毕竟业绩是关系企业生死存亡的大事，怎么能寄希望于随机的工作方式呢？

销售方法论是对销售和销售管理的指导，是销售过程的最佳实践。销售过程由五个环节构成：

- 获取信息。
- 在获取信息的基础上制定销售策略。
- 按照制定的销售策略开展销售活动，比如通过沟通植入优势。
- 采取行动影响客户的决策倾向，即影响采购流程。
- 被影响的客户通过采购流程推进订单，并最终完成订单。

对销售的投入产出比的优化是指用尽量少的销售成本，拿下尽量多的订单。**对销售的投入产出比的持续优化**是销售方法论最根本的价值。提高销售的投入产出比（也叫销售效能），是所有销售技能和销售策略存在的根本目的。好的销售方法论的作用主要体现在以下五个方面。

1. 缩短销售人员的成长周期

从现状来看，国内的许多销售组织都没有销售方法论，或者没有真正可以落地的销售方法论，销售人员的成长路径或培养模式基本可归纳为三种类型。

1）自生自灭型。销售人员进入公司后，先给他们培训产品知识，然后就让他们独立跑单，三个月后看回款情况，达成目标的就留下，达不成的就离开。

2）师傅带徒弟型。给每个新销售人员配一个有经验的销售人员（师傅），新销售人员先跟着师傅学几个月，出师后自己单干。

3）道听途说型。找几个销售讲师或者销售高手，给销售人员讲几堂热热闹闹的课，然后就让他们各自奔赴战场。

这些培养模式的共同特点是极大地浪费了成本。这里所说的成本不仅仅指销售人员的工资和奖金，还包括机会成本、行为不当造成的市场声誉损失、更换销售人员带来的时间损失、丢失客户造成的潜在损失等。相比之下，销售人员的工资和奖金只是九牛一毛。这些成本在大单销售中体现得尤为突出。

好的销售方法论融合了前人的成功经验，已经把路蹚出来了。先沿着前人蹚出来的路走，遇到沟沟坎坎时再结合自己的情况搬搬石头、扫扫路障就可以了。这样就可以大大缩短销售人员的成长周期。学习别人的成功经验总是比自己摸索更快一些。

2. 销售业绩的实现

为什么做销售不能依赖经验？因为经验这东西强烈依赖于环境，环境一变，经验可能就不灵了。而大单销售责任重大且过程变化多端，一个单子的得失就可能左右销售人员的职业生涯。

好的销售方法论往往有扎实的理论基础和实践基础，虽然不能做到百发百中，但是远比经验靠谱得多。更重要的是，如果整个销售组织都使用好的销售方法论，那就可以以此为基础，在执行、管理、辅导、预测甚至招聘、培训等方面实现联动，大大降低犯错的概率。这样就能把销售业绩的实现建立在少犯错误的基础之上，这对企业来说太重要了。

3. 减少资源投入

好的销售方法论从内容上来说要能解决两个问题：一是找到对的事情；二是把事情做对。这两件事情都围绕着一个目的展开：尽量一次就把事情做好，降低犯错误的概率。最远的路往往不是最长的路，而是回头路，尤其是没完没了的回头路。特别是大单销售，整个过程变化莫测，很容易走回头路。所以少走回头路，无论对销售人员个人还是销售组织而言，都是很好的节约资源的方式。

另外，采用销售方法论未必是最短的路，但肯定是较短的路。因为其所包含的思想、方法、技巧等大都是经过实践检验的，可能会犯的错都被标示出来了，你只要结合当时的环境，就不会绕太远的路。

4. 用管理促进业务

现在的销售管理基本就是三个步骤：先是填一大堆表；接着是开会；最后是做得好的捧、做得不好的批，实在不行就辞退。这种管理模式对业务没有多少帮助，无非是能够向别人证明你在管理而已。销售管理的真正目的只有一个：保证完成销售业绩，而且是持续多年地完成。任何背离这个目的的管理手段，都没有意义。

诚然，销售管理者也有难处，他们找不到管理的落脚点。缺乏方法论的销售过程往往是一个"黑箱"：拿下单子就是"搞定人"，拿不下单子就是没"搞定人"。管理者根本不知道可以管什么。

相反，好的销售方法论能够使业绩管理、客户管理、订单管理，甚至每次拜访、每次沟通、每个问题都变得透明，并且可干预、可控制。你不但看得到，而且管得了。打开"黑箱"，管理就变成了业务的促进手段，可以随时纠正销售过程中出现的问题；销售管理者就变成了医生，而不是法医。

5.整合组织的力量销售

好的销售方法论包含销售管理的策略、方法、工具，并且不是简单的汇总，而是深度的整合。好的销售方法论可以将销售组织变成一个有机的整体，而非每个人的单打独斗。

比如，一个销售工具可能凝聚了公司很多销售人员的智慧，一个策略可能是领导和销售人员按照销售方法论共同分析得出的，一次拜访可能是销售团队按照销售方法论成功完成的演出，一个业绩目标可能是从总裁到普通销售人员多次碰撞的结果。

好的销售方法论还可以预测采购行为、管理销售业绩、提升团队凝聚力，等等。但是天上不会掉馅饼，构建一套真正好的销售方法论需要付出很多，需要设计、学习、训练、管理、辅导。不过这些付出都是值得的，一套好的销售方法论就是销售人员手里的一件趁手的武器。而现在许多销售人员和销售组织还没有销售方法论，这就意味着，如果你掌握了销售方法论，就好比你拿着机关枪去对付一群拿着烧火棍的竞争对手。

二、销售方法论常见的问题

销售方法论很重要，但是真正采用销售方法论的销售团队和个人还不够多，用得好的更是寥寥无几。这里面有对销售方法论认识不深刻的问题，也有销售方法论本身的问题，接下来我们就来具体分析一下。

1.对销售方法论认识不深刻的问题

现在的销售团队，真正依赖销售方法论的较少，大部分人崇尚的还是"戏法人人会变，奥妙各有不同"。之所以会这样，有以下几个原因。

- **忽略销售方法论的重要性**。竞争是销售存在的基础，而竞争的激烈程度决定了销售方法论的进化程度。中国几十年的高速发展创造了很多机会，也形成了很多风口，很多人或者组织乘风而上，这使得一些人忽略了销售方法论的重要性。

- **不认可销售方法论的作用**。在很多人看来，销售就是随机应变的结果，销售无定式。见机行事是他们的行为标准，有没有销售方法论根本不重要，只要能拿下单子，为什么非要销售方法论呢？偶然的成功，使人们忽略了对规律的掌握和利用。
- **销售方法论不能落地**。很多公司采用过一些销售方法论，但大都半途而废，原因有很多，比如在与公司的契合度、落地方法、变革管理等方面存在问题。

销售方法论对销售人员和销售组织来说极其重要。销售不能总是靠"灵光乍现"，必须有一套可靠的达成目标的方法。依靠这套方法，销售"大概率"可以走到目的地，而不是"也许""恰巧""可能"达成目标。

2. 销售方法论本身的问题

对复杂销售来说，好的销售方法论是必需的。但是，识别出好的销售方法论并不是一件容易的事情。从当前的情况来看，可谓百花齐放，一个公司有10个销售人员，能搞出11种销售方法论来。如果统一归类的话（有些就勉为其难地称为方法论吧），销售方法论大致可以分为三种：关系型、产品型、顾问式。

（1）关系型

利用关系做销售是一种用感情换取客户支持的销售行为，往往有明确的时间约束性和成本约束性。这种方法论有三个特点：

- 用感情换支持。
- 希望客户帮助自己，而不是希望客户需要自己。
- 以吃饭、礼品、投其所好为手段，以面子、感情、义气为媒介，利用"有义务给予、有义务接受、有义务回报"的原则，迫使客户帮助自己达成销售。

关系学现在已经发展为一门显学。我们必须承认关系型销售是有作用的，有些客户确实吃这一套。在采购决策过程中，客户在一定程度上受感情的影响：感情浅的时候，会告诉你同等情况下优先选你；感情深的时候，就会直接用哥们儿义气代替所采购产品的价值考量。但是这种做法也有其明显的缺陷，主要包括：

- **难复制**。关系往往是一种高度敏感的个人情感联结，它的建立非常依赖于个人的天赋。一个销售人员能搞定一个人，但是说不清楚是怎么搞定的，这在培训领域叫具有隐性技能，类似于一个品酒师的味觉敏感度，很难复制。而销售方法论必须是可复制的，否则只能是各自作战的梁山好汉，无法构建出一支现代化的销售队伍。
- **伤自尊**。销售人员在建立关系时，总是需要把自己放在弱者的地位，也就是乞求客户帮助自己，这也是很多人认为销售是一份"求人"的工作，很伤自尊，因而鄙视这个职业的原因。
- **易犯错**。关系型销售，很容易从感情交换走向非法利益交换的不归路。但是随着我国反腐倡廉工作的扎实开展，这种做法越来越没有生存空间，因为它为客户、为企业、为销售人员自己都带来了巨大的风险。

（2）产品型

产品型销售比关系型销售要常见得多，因为每个销售人员都有需要卖的产品（或方案），所以很容易以产品为中心。产品型销售的特点是：销售人员先告诉客户自己有什么，然后等待客户"宣判"。如果客户说不要，双方再进入"控辩"的交锋。

但是产品型销售人员忘了两件事情：首先，客户不是你的竞争对手；其次，即使客户是你的竞争对手，你也打不过他，因为他还是裁判。而参赛者永远不可能战胜裁判。

产品型销售从根本上来说就是一种本能反应。销售人员一进公司就接受产品知识培训，并被告知销售人员的任务就是找到需要产品的人并将产品卖给他。而几乎每个销售人员都看到过菜市场的菜贩子是怎么卖菜的，把菜亮出来，使劲吆喝，总有人过来买。于是，他们有样学样，见客户就掏产品，剩下的就靠运气了。

这种做法貌似很符合逻辑，但只能用在快消品销售中，越是大单，成交的可能性越小。原因如下：

- 客户没有义务去了解你的产品，客户只关注他自己的业务，即使偶尔研究你的产品，也只是想知道怎么用它解决他自己的业务问题。就像一个病人了解药性是为了治病，而不是为了成为医生一样。如果销售人员只了解自己的产品，客户只了解自己的业务，二者处在两个世界里，相互都听不懂对方在说什么，这生意就很难谈成了，所以产品型销售人员是最容易吃闭门羹的。

- 越是复杂的产品，客户越难真正了解。比如，车间的建设方案、管理软件、安防产品等。尤其是一些服务型产品，在签订合同之前根本就没有有形的产出，如咨询方案、装修工程施工计划等，客户很难事先清晰地了解。而如果客户不够了解产品，决策时客户内部不同人之间的博弈局面就会产生，这就加大了销售的难度。
- 如果销售人员只会掏产品，信任是无法建立起来的。因为你只会掏产品，意味着你只考虑自己的利益，希望卖出东西赚到钱，客户怎么可能会信任一个如此自私的家伙呢？没有信任，又何谈销售？
- 产品的同质化越来越严重，产品型销售拼到最后只能是拼价格，或者说只能靠低价格取胜。但是低价格就是毒药，吃得越多，死得越快。

产品型销售人员面临着一个悖论，他们总是希望自己的产品比竞争对手的好很多，只有这样，他们才能卖出更多的产品。但是，如果产品非常好，销售人员就没有存在的必要了，客户肯定会排着队来买。

产品型销售方法论被戏称为"两块板砖理论"，左手的板砖是产品，右手的板砖是价格。产品型销售就是举着板砖，上去就抢，砸完了就撤。

在复杂销售中，采用产品型销售方法论基本上就是死路一条，不可能有未来。

（3）顾问式

顾问式销售最早由麦克·哈南（Mack Hanan）提出，并由尼尔·雷克汉姆（Neil Rackham）进一步发展，在最近30年里逐步趋于完善。

顾问式销售之所以有今天的地位，关键在于它的的确确比产品型销售更关注客户。从底层逻辑上来说，它有三个显著的特点：

- 顾问式销售强调的不是"卖"，而是和客户一起"买"的思想。这正契合复杂销售的需要。因为在复杂销售中，客户自己也不知道该怎么买，销售人员需要当好顾问，也就是做好客户采购的参谋。

- 顾问式销售以客户采购流程作为销售流程的设计基础。这大大降低了销售难度——顺势而为的阻力自然小，也解决了产品型销售中戗着来所带来的问题。
- 顾问式销售更关注客户的痛点和利益而非关系或产品，把痛点看成采购驱动力，把利益看成客户的最终诉求，并以此为核心来设计销售技巧和方法。这避免了单纯靠增加销售成本（非法利益与降价）来达成销售目标。

和产品型销售不同，顾问式销售中需求是因，利益是果。顾问式销售以（合法）利益而不是产品作为推动销售的手段。

顾问式销售更重视组织利益，而关系型销售更重视个人利益，更确切地说是非法的个人利益。

不过，顾问式销售也有一些固有缺陷，列举如下。

- 忽视个人利益。顾问式销售更重视组织利益，如节省成本、提高效率、方便应用等，并认为组织利益必然带来个人利益。比如，采购的产品提高了办公效率，采购人员就会受到领导的表扬。但实际情况并非总是如此，组织利益未必带来个人利益。只有当组织利益与个人利益相互驱动时，事情才能实现良性发展。
- 组织利益更多地局限于产品本身。顾问式销售所强调的组织利益，更多是由产品或方案本身所提供的。比如，一部设备可以带来生产效率的提升，一台投影仪可以提升会议效果。现在销售的发展已经进入新的阶段，仅仅依靠产品或方案提供的价值已远远不能满足客户和竞争的需要，销售人员和销售团队所提供的价值正成为新的竞争手段，甚至成为比产品本身更重要的竞争力。
- 没有考虑互联网对采购的影响。一个好的销售方法论，一定是以正确的客户采购流程和决策行为为基础的。当这个基础发生变化时，销售方法论必然也会发生变化。近20年来，互联网的发展确实改变了客户的采购流程，尤其是在需求形成和方案评估这两个阶段，相关的采购模型都发生了很大的变化。同时，出于历史原因（顾问式销售诞生于20世纪70年代），顾问式销售对互联网方面关注得一直比较少。
- 缺乏对多人决策的关注。顾问式销售对集体决策的关注相对较少，或者说，顾问式销售很少区分个人决策和集体决策。它更多地从个人决策模型出发来设计销售技巧。但大单销售几乎都是集体决策的结果。个人决策和集体决策是完全不同的概念。个人决策遵循从认知性思维到歧义性思维再到聚敛性思维（由 J. P. 吉尔福德提出）的过程。而集体决策不仅包括个人决策，还要在此基础上进行一场集体博弈。这就涉及客户方内部人员相互之间的影响、意见领袖、角色分工，等等。集体决策不是直觉上认为的"搞定每个人就搞定了所有人"，而是指个人决策之后，大家再参与集体博弈。后面的这个"混战"才是决策的重点。

随着市场环境的变化，顾问式销售需要再认识、再发展、再完善。价值型销售正是基于这种认知而形成的新一代方法论。

关系型销售、产品型销售和顾问式销售都是当前用得较多的销售方法，其实前两者根本算不上真正的销售方法论。但是因为用得较多，我们就姑妄言之吧。

每种销售方法论都存在着各种各样的问题，这些问题影响了销售人员的竞争力，因此我们需要在继承的基础上发展新的销售方法论，来应对新的市场环境。于是，价值型销售应运而生。

三、价值型销售的基本思想

销售源于交易，而交易的本质在于交换。销售活动本质上就是一种交换活动，而人们之所以**愿意**交换，就在于他们认为**自己得到的比自己付出的多**。比如，客户之所以愿意花 100 万元买一套设备，是因为他认为这套设备可以帮他赚到多于 100 万元的收入。否则，直接把钱存入银行算了。

而销售活动说到底，就是让客户**"认为自己得到的更多而自愿交换"**，其核心就是通过价值的创造和传递，让客户认为自己获得了更"多"的利益，从而心甘情愿地购买。

瑞士洛桑国际管理发展学院（IMD）市场营销和变革管理领域的教授肖恩·米汉（Seán Meehan）认为，客户价值是客户从企业为其提供的产品或服务中所获得的满足感，即客户从某种产品或服务中所能获得的总利益与为购买和拥有它所付出的总代价的差。用公式表示，即

$$客户价值 = 客户感知利得 - 客户感知成本$$

因此，**价值型销售可以被定义为一系列价值创造与价值传递活动的集合。**

销售行为要么是为了创造价值，要么是为了传递价值，而创造与传递的目的都是更好地影响客户的采购决策，使其偏向于我们。比如引导客户的采购目标，就是希望通过纠正客户采购预期的偏差，为客户创造更多的价值，同时也为自己赢得订单打下基础。

四、价值型销售：实现高价值赢单的必由之路

销售方法论研究的起点是两个问题：客户怎样买和客户买什么。前者是对采购决策思维和程序的研究，后者是对价值的研究。而好的销售方法论一定在这两个方面都有更好的认知。

1. 销售方法论的发展源于对采购行为认知的变化

销售方法论的每一次变化都是对采购行为的一种调整和适应。一方面，采购行为在不断变化，每隔一段时间我们都需要重新认识客户，尤其是客户的采购行为。另一方面，我们对客户和客户采购行为的认知也在不断深入，其间会出现无数的错误，很多错误往往在几十年后才被发现，顾问式销售也不例外。

更好地认知采购，是为了使销售方法论更加符合采购决策流程。如果我们把一个订单的销售过程比作一条船穿过一条河流的旅程，那么符合采购决策流程就是找到航道，避开险滩，顺流而下。

2. 销售方法论的发展过程就是为客户创造更多价值的过程

20世纪六七十年代的专业型销售帮助客户认识到了产品的价值；80年代后得到进一步发展的顾问式销售通过帮助客户发现他们未发现的需求、提出创新性方案、寻找改进机会等方式，创造了更多的价值。可见，销售方法论的发展始终致力于为客户创造更多的价值。创造出更多的价值需要两个条件：一是找到一个创造价值的空间，二是找到创造价值的方法。价值型销售之所以超越顾问式销售，就在于它找到了更大的创造价值的空间，并且找到了创造价值的方法。

这两个方面是我们研究销售方法论的出发点，也是我们对销售最本质的认知。基于这种认知，我认为价值型销售是**近百年来第四次重要的销售变革，它必将成为第四次销售变革的主要发展方向**。尽管它才刚刚开始，但是前途无限。

五、价值型销售体系的构成

价值型销售体系包含四个部分，分别是销售技能、销售策略、客户经营、销售管理，它们共同构成了 B2B 销售领域完整的体系，也奠定了新一代销售方法论的基础。

1. 销售技能

销售技能就是**把事情做对**的方法，这个部分最容易理解，包括约见、拜访、挖掘需求、展示价值等。很多人甚至认为这些就是销售的全部了，其实它们只是其中一个层面。《价值型销售（技能篇）》专门阐述了这方面的内容。

2. 销售策略

好的销售策略是推动赢单的好方法，而好方法的产生源于好的分析方法，这里的分析方法就是指策略销售，也就是**找到对的事情**的方法。"找到对的事情"比"把事情做对"更重要。利用策略销售分析和策划订单的能力是一种与销售技能相辅相成的能力。它们的关系就像大脑和躯体：一个负责想事情，另一个负责做事情。

销售技能与策略销售结合起来，共同实现一个短期目标：赢得一个订单。本书旨在阐述制定销售策略的方法，也就是策略销售。

3. 客户经营

中国很多企业的销售形态都不是单纯地拿下一个订单，而是持续地和客户合作，希望客户永远买自己的东西，比如化工原料、汽车配件、工业品、饲料等，这当然需要对客户进行分析、规划、管理和经营。客户经营就是**让客户总是买你的东西**的方法，它包括研究客户战略、寻找长期合作策略、制订执行策略的计划、执行和推进经营计划，等等。

和前两个部分不同，客户经营是针对客户而不是针对订单展开的。它着眼于与战略客户的长期合作，而不是某个订单的得失。

4. 销售管理

这部分包含两个方面的内容：一是以业绩管理为核心的经营管控，二是以销售人员成长为核心的销售辅导。这两个方面是相辅相成的，经营管控发现问题，销售辅导解决问题，共同实现一个中期目标——完成业绩，一个长期目标——建立一个有竞争力的销售团队。如何管理销售行为、销售业绩和销售团队是这部分讨论的主要内容。

以上四个部分差不多涵盖了销售体系的主要内容。虽然四个部分的内容相对独立，但是它们的底层逻辑完全一致，且相互之间有着很强的联系。比如，销售管理中的经营管控和销售技能有很强的联系，而销售辅导是以销售技能和销售策略为基础的。当然，阅读的时候，读者未必一定要按照以上顺序，结合自己的实际情况即可。

这套书的撰写初衷，是**让销售的成功变成一个可以根据逻辑进行预期的结果，而不是依赖于灵感的随机结果；让订单的运作变成一个可以掌控的行为，而不是依赖于运气的见招拆招的行为；让业绩的实现找到可管理、可依赖的路径，而不是依靠"年终开奖"**。

本书旨在帮助销售人员复制销售方法论，并在此基础上建立属于自己的销售风格；帮助销售组织复制销售体系，并以此为基础建立自己的销售系统。

| 目 录 |

总　序
导　论

第一篇

策略销售的运作机理

第一章　策略是怎么产生的 / 8

　　第一节　用模型制定策略 / 9
　　第二节　制定销售策略要考虑的变量 / 9
　　第三节　变量之间的结构关系 / 15
　　第四节　策略销售模型的运作规则、构成与作用 / 16
　　第五节　关于策略的两个错误认知 / 21

第二章　单一销售目标 / 24

　　第一节　以终为始 / 25
　　第二节　什么是单一销售目标 / 26

第三节　单一销售目标的作用　/ 28
第四节　怎样设定单一销售目标　/ 31
第五节　双赢：策略制定与执行的根本　/ 34

第三章　定位　/ 37

第一节　定位：向 SSO 正确迈进的方法　/ 38
第二节　没有定位，就无法制定销售策略　/ 41

第二篇

识别订单变化

第四章　变量一：理想订单　/ 44

第一节　理解理想订单　/ 45
第二节　理想订单可能存在的风险　/ 50
第三节　理想订单里蕴含的策略　/ 52

第五章　变量二：我方资源　/ 57

第一节　理解我方资源　/ 58
第二节　组织策略　/ 59
第三节　内部资源协调策略　/ 67
第四节　时间管理策略　/ 68
第五节　退出订单的策略　/ 71

第六章　变量三：单一采购目标　/ 75

第一节　理解 SPO　/ 76
第二节　使用范围　/ 80
第三节　客户期望　/ 83
第四节　客户预算　/ 95
第五节　签约时间　/ 101
第六节　让 SPO 更加靠近 SSO　/ 109

第七章　变量四：采购流程 / 113

第一节　理解采购流程 / 114
第二节　采购流程中的风险和优势 / 115
第三节　采购流程中的策略 / 119
第四节　为什么要引入采购流程变量 / 150

第八章　变量五：竞争对手 / 152

第一节　理解竞争对手 / 153
第二节　通过判断相对位置找到竞争中的风险和优势 / 154
第三节　不要过度关注你的竞争对手 / 156
第四节　竞争中的策略 / 158
第五节　竞争就是价值比较 / 170

第九章　变量六：采购影响者 / 171

第一节　认识采购影响者 / 172
第二节　采购角色 / 174
第三节　影响程度 / 233
第四节　结果与个人的赢 / 238
第五节　政治结构 / 258
第六节　覆盖程度 / 270
第七节　采购意愿 / 277
第八节　协作程度 / 287

第三篇

分析风险和优势

第十章　保证信息质量 / 306

第一节　信息质量的评价 / 307
第二节　信息的结构化验证 / 309

第十一章　风险和优势 / 313

第一节　风险 / 314

第二节　优势　/ 319

第三节　找到风险和优势　/ 322

第四篇
制定销售策略

第十二章　销售策略的定义与判断标准　/ 338

第一节　对销售策略的再理解　/ 339

第二节　什么是好的销售策略　/ 340

第十三章　销售策略的制定过程　/ 342

第一节　策略制定的信息加工过程　/ 343

第二节　判断当前位置　/ 344

第三节　确定替代位置　/ 349

第四节　制定销售策略　/ 354

第五篇
反馈信息

第十四章　获得反馈的途径　/ 368

第一节　从覆盖中获得反馈　/ 370

第二节　从承诺目标中获得反馈　/ 371

第三节　从指导者处获得反馈　/ 371

第六篇
策略销售案例学习

第十五章　模拟案例　/ 376

案例背景　/ 377

第一场战斗：入围之战 / 377
第二场战斗：需求之争 / 384
第三场战斗：鏖战评测 / 392
第四场战斗：跨越雷区 / 401

参考文献 / 404

导 论

TO B（面向企业）销售理论的发展经历了三个阶段，分别是科学销售阶段、专业销售阶段和顾问式销售阶段。2010年前后，销售理论的发展又进入了第四个阶段——价值型销售阶段。这一阶段最显著的特征是销售人员的职责由传递价值转变为创造价值。

以创造价值为出发点，价值型销售体系包含销售技能、销售策略、客户经营、销售管理四个部分。本书为《价值型销售（策略篇）》，是四部方法论中的第二部⊖，主要包含六篇：①策略销售的运作机理；②识别订单变化；③分析风险和优势；④制定销售策略；⑤反馈信息；⑥策略销售案例学习。在实际销售工作中，在制定销售策略和反馈信息之间还有执行策略。但是执行策略依靠的是销售技能，而这部分内容已经在《价值型销售（技能篇）》中详细阐述，故本书不再涉及。

本书致力于通过全面的订单分析、科学的策略制定，大幅提升赢单率。

接下来，我们便开始《价值型销售（策略篇）》的学习。

⊖ 《价值型销售（技能篇）》是四部方法论中的第一部，它着力解决低价竞争的问题，同时，通过价值创造，帮助销售人员实现高价格成交。

一、什么是策略销售

销售中最常见的错误是：**做对了事情，但这件事情本身是错的。**一旦找错了事情做，越努力，越糟糕。把事情做对，需要正确的技能——这是《价值型销售（技能篇）》解决的问题。而找到对的事情，则需要正确的策略——这就是本书，即《价值型销售（策略篇）》要呈现的内容。

为了便于表述，我们把《价值型销售（技能篇）》简称为《技能篇》，把本书简称为《策略篇》。

《策略篇》并不是《技能篇》的升级版，二者讲的都是拿大单不可或缺的能力。只有同时具备"把事情做对"和"找到对的事情"这两种能力，才能顺利赢得订单。

要理解策略销售，首先需要理解销售策略。所谓销售策略，简单来说就是为了解决"这个单子接下来应该怎么做"的问题。比如，通过生产经理来说服公司领导立项。

销售策略并不是目标，而是为达成目标而制订的详细的工作计划。比如，以下所述都是目标：

- 说服领导。
- 让技术部门支持我们的工作。
- 让客户把我们的产品参数写进标书。

而真正的销售策略必须写明时间、执行人、执行对象等。表 0-1 所示就是一个销售策略实例。这个销售策略要完成的目标是，说服设计人员把我们的产品参数写到设计图纸上。

表 0-1 销售策略实例

计划选项	计划内容
时间	下周二
执行人	销售员张丹，顾问王刚
执行对象	设计院王主任
采取什么行动	向王主任展示产品对比结果，同时鼓励他创新
需要什么资源	产品测试报告
取得什么效果	让王主任认为我们的产品在提升安全性方面不可或缺
需要什么信息	进一步了解王主任个人的赢（这里指其个人利益点）

销售策略很像三十六计，听起来很有趣，但是想要应用好却没那么简单。因为所有的对策都是根据战场的实际情况因地制宜地制定的，你不能等战斗打响了，再对照着三十六计找对策。但是，难就难在"**因地制宜**"这四个字。

这就需要一套"**找对策**"的方法，这套对策背后的方法就是策略销售。你可以这样想，**策略销售就是一部生产销售策略的加工设备**：输入原材料——订单的结构化信息，设备会按照预先设定的步骤进行加工，最终输出销售策略。换言之，销售策略就是策略销售这部设备生产的产品。具体地说：

策略销售就是一套研究如何找到正确销售策略的结构化分析方法。

有了这套方法，你就可以"量产"锦囊妙计了。它使销售工作不再依赖于某些人的智商或天赋。我们耳熟能详的《孙子兵法》就是关于战争的"策略销售"。当然，我们也可以说策略销售就是关于销售的"孙子兵法"。利用这套"孙子兵法"，你可以制定三十六计，也可以制定三百六十计。

本书会分析很多案例，必然会涉及很多销售策略。不过，本书的目的从来不是让你照搬这些销售策略，而是让你知道这些销售策略是怎么产生的。你需要的是一个永远可以生产销售策略的模型，而不是生搬硬套别人的招数。

二、什么情况下需要策略销售

策略销售只有在面向企业、政府销售时才需要。而且策略销售只适用于复杂订单。所谓复杂订单，简单来说就是大单，这里的"大"一般指单笔订单的金额大。

肯定有人会问：金额多大才算大单？对于这个问题，我很难给出一个确切的数字。在软件行业里，几十万元、几百万元的订单就算大单了；但在建筑装饰行业里，可能5000万元以上的订单才算大单。所以，我给出定义，只要符合以下特点的订单都可算作复杂订单或大单。

- 客户方有多人参与采购决策，如采购人员、技术人员、使用人员等。
- 决策流程比较复杂，需要多个部门、多个层级参与决策。
- 客户有多种选择，竞争比较激烈。
- 订单的运作周期比较长，如几个月甚至几年。
- 有明显的流程特征，即在不同的采购阶段，客户有不同的关注点。

除非特别说明，否则本书后面部分所说的订单，都是指这种复杂订单或大单。

越是大单，越需要策略销售。但是如果你有以下想法，策略销售也许并不适合你，而且我相信，你在销售的路上也会越走越窄。

- 认为销售就是"搞定"人。这种观点认为销售只需要一条策略——"搞定人"，这在本质上就是不需要策略。
- 认为"干就完了"。这句话现在很流行，只是很多人断错了句。正确的断句是：干，就完了。没有策略的盲动是无知的勤奋，而无知的勤奋源于对做不成订单的焦虑。
- 认为策略就是阴谋诡计。阴谋诡计的本质是欺骗客户，而利用策略销售制定销售策略的前提是双赢。
- 总想一蹴而就。心里知道销售是一个过程，但具体操作时，又不尊重销售过程，每次见客户都想直接签单。策略销售是一步步展开的，每当订单有变化，都需要重新制定策略。

三、为什么需要学习策略销售

在我刚开始从事销售工作的时候，我的老板经常对我说一句话：

找到对的事情，比把事情做对更重要。

举个例子，你今天去见了客户方副总裁，你有很好的沟通技巧，善于察言观色，你知道他关注什么，与他谈得不错，但是你成功了吗？也许你根本就不应该去见他，或者不应该同他谈话。因为他和总裁分属两个派别，两派斗争激烈。你犯了一个致命的错误。所以，只有先找到对的事情，才能把事情做对。

另外，技能不能代替策略。沟通、谈判、约访、介绍产品，都是技能。就像打仗一样，射击、冲锋等都是战士所拥有的技能，但是做这一切的前提是知道仗该怎么打，即知道打仗的策略。策略相当于排兵布阵，将一切布置得对自己最有利，从而用最小的代价获取最大的成果。

一位刚转行做大单的销售人员向我抱怨，大单涉及的关系复杂、参与采购的人多、层层分包、招标流程长，每个订单的签单过程都跌宕起伏。自从转行之后，他就没有睡过一个安稳觉。在漫长的订单运作过程中，销售人员可能每天都要面临突发状况，应对各种变化，而策略销售研究的最重要的东西正是——**变化**。

人们天生喜欢确定性，而大单的决策天然就是不确定的。什么是变化？以下这些都是可能的变化。

- 客户的需求改变。
- 客户参与采购的人员改变。
- 客户的评价标准改变。
- 竞争对手突然增加。
- 客户部门重组。
- 客户要求的产品改变。
- 客户采购时间推移。

面对上述可能的变化，我们不能靠运气获胜，而必须靠策略赢单。达尔文说过：**幸存下来的物种不是最强壮的，也不是最聪明的，而是最能适应变化的。**销售工作也一样，胜利属于能够适应变化的那一类人。

可能你会说，为了拿下订单，我们经常开会分析，也经常请高手指点。这很好，但是，请高手指点的"诸葛亮会"并不是策略销售会。

我参与过数不清的订单讨论，发现参与讨论的大部分人有一个共同的特点——分析订单全凭经验，即用经验代替策略。这是销售中最可怕的事情之一。

策略怕经验。为什么怕经验？因为越依赖经验，就越容易缺乏常识。经验会让我们忽视现实，也会让我们失去对信息的审慎判断。

我在前面说过，大单的特点就是变化多，每个订单都不一样，就像下棋，千古无同局。上一个订单的经验可能是当前订单的教训。用上一个订单的经验分析当前订单，不错才怪。不是说经验不好，而是经验只能作为参考。换言之，我们需要一套对所有大单都适用的方法，这就是策略销售。

策略销售的策略制定过程遵循着一定的逻辑。它并非百战百胜，但它能够让你最大可能地赢或者最大限度地减少损失。

四、学习策略销售能有什么收获

不同的人学习策略销售会有不同的收获,这些收获大致可分为以下三种。

第一种,学到了本书中的很多招数,即学到了销售策略。但是这些招数仅供参考,任何销售策略都必须和具体的订单结合才有效。

第二种,学会了策略销售。这能帮助你拿下大部分订单,你会比绝大部分所谓的"销售老手"强很多。

第三种,学到了策略销售的思想和思维方式。这将改变你的人生,因为你的人生和订单运作一样,会处处遇到变化,所以也处处需要策略。

比销售技能更重要的是销售策略,比销售策略更重要的是策略销售,比策略销售更重要的是思维方式。

关于更具体的学习策略销售的收获,主要有以下三个。

第一个收获是赢单率的提升。几乎所有的销售方法论都声称可以提升赢单率,不过,这些方法论与策略销售的逻辑完全不同。大部分方法论的逻辑是,你按照我告诉你的销售流程做就能成功,因为我说的就是正确的。策略销售并不是告诉你具体的方法,而是告诉你如何找到正确的方法。它让你输入订单信息,然后输出正确的方法。正确的方法是你自己按照策略销售的分析方法找出来的,而不是别人告诉你的,这就保证了方法与具体订单的结合。

第二个收获可能更重要,策略销售并不是追求每单必赢,世界上没有这样的方法论。它追求的是**单位时间内回款最多**,也就是销售业绩最大化。这就跳出了订单的输赢。策略销售认为,销售人员最宝贵的东西是时间,其次才是客户或订单。如何高效地完成订单,对销售人员来说至关重要。

第三个收获是致力于与客户建立长期的合作。如果你认为策略听起来是在说怎么欺骗客户,你就大错特错了。策略销售的宗旨是双赢,所有的销售策略都必须坚守这个原则。这不是口号,而是策略产生的源泉。只有致力于双赢,合作才可能长久。以客户为中心,追求双赢,是销售行业永远的信条。所有的销售策略都以"双赢"为前提,这也是策略销售和阴谋诡计的本质区别。

|第一篇|

策略销售的运作机理

| 第一章 |

策略是怎么产生的

在一次培训课上,我和学员们一起分析了一个案例。案例中客户方有一个采购影响者无法被说服,我希望大家制定策略来解决这个问题。正在大家一筹莫展之时,一位学员站了起来,慷慨激昂地说:"崔老师,我们公司有300名销售,大家挨个去说服他,我就不信说服不了他!"

这是策略吗?当然不是,策略是更聪明地做事情,而不是更勤奋地做事情。

第一节　用模型制定策略

有一句话我从小听到大，那便是"亮有一计"。但是一直很疑惑，为什么有计策的总是诸葛亮，而张飞、关羽就只会竖大拇指呢？

我想，这是因为诸葛亮掌握了某种方法，这种方法让他可以随时想出计策，也就是量产计策。推而广之，古今中外的聪明人，从孙武子到拿破仑，他们无疑都是掌握了量产计策的方法。

策略到底是怎么被生产出来的？普通人是不是也可以像诸葛亮一样量产计策？答案是显而易见的，只要你找到生产策略的模型，就可以批量生产策略。本书的目的并不是让你关注一个销售策略的对与错，而是让你建立量产策略的机制，也就是建立量产策略的模型。

技术发展的速度越来越快，并不是因为发明了什么，而是发明了发明的方法。销售也一样，销售高手并不是有什么绝招，而是找到了量产绝招的模型。

对于模型，我们并不陌生，如 SWOT 分析、PDCA 循环和销售漏斗都是模型。模型就是反映真实世界的简化图像，它有真实世界的一些特征，但并非全部。

模型有两个特点。首先，它能解释过去发生的事情。比如，你用策略销售复盘已经做完的订单，可以很好地解释为什么成单或丢单。其次，它能通过推演，在一定程度上预测未来。推演的目的就是预测未来可能会发生的变化，并找到针对性的解决办法。这也是模型最重要的作用之一。

模型可以模拟出各个变量和它们的工作模式。要理解策略销售模型，需要回答下面三个问题。

1）模型的变量：组成策略销售这台加工设备的零件有哪些？
2）变量之间的关系：这些零件之间是什么关系，相互之间是怎么"咬合"的？
3）工作原理：这台加工设备是怎么工作的，是如何生产出销售策略的？

第二节　制定销售策略要考虑的变量

策略销售是一种为了应对订单变化而产生的方法论，那么到底会有哪些订单变化呢？要回答这个问题，我们需要先了解客户是怎么买东西的。

一、大单客户是怎么买东西的

先让我们进入一个虚拟的会议室。这是客户的一个内部会议,他们要在会上决定选择哪家供应商。

现在,大家都在会议室落座了。

陈副总(主管信息化):"开始之前,先给各位领导介绍一下项目情况,集团从去年开始决定建立覆盖全集团的数字化系统,其中包括生产、采购、人力资源、销售、财务等部门。经过几个月的调查和评估,现在到了确定供应商的时候。"

王总经理:"各位,这次的数字化建设关系着我们未来五年的集团战略,董事长和我都非常重视。未来战略能否实现,取决于我们一直在做的流程再造项目的结果,而数字化又为流程提供了支撑。所以,我们今天的选择至关重要,是成为行业标杆还是成为行业笑柄,就看各位今天的决策了。"

陈副总:"前期我们找了多家供应商,在座的大部分领导也都听过它们的方案。经过第一轮筛选,还剩两家,一家是瑞和公司,另一家是飞捷公司。瑞和是行业老大,和我们合作差不多有15年了,虽然合作过程中有些磕磕绊绊,但是总体上还是很不错的。飞捷近年来崛起比较快,发展也不错,以前没合作过,不知道具体怎么样。"

李副总:"陈总,你说得太'客气'了,什么叫磕磕绊绊?我们被瑞和害惨了,月底结不了账,仓库无法发货,客户对我们非常不满意。叫它的人来服务,承诺的2小时到,结果等了8小时也没到,到了也解决不了问题。"

陈副总:"这只是偶然现象,毕竟意外难免。"

刘副总:"从预算的角度出发,我比较支持瑞和,它这次给咱们的优惠力度比较大。飞捷还是贵了点,我认为首先要控制预算。"

杨副总:"我倒觉得不能仅仅考虑预算,飞捷的营销系统还是很有特色的,客户关系管理系统对我们部门的帮助也会很大,而且还能帮我们做一些管理流程的优化,花钱不在多少,关键是有没有效果。"

徐副总:"我觉得这个项目也没那么着急,就像王总说的,这关系到未来五年的集团战略。现在看,我们的基础还比较薄弱,业务流程还没有固定下来,现在急着上软件,可能事倍功半。当然,这要看王总和董事长的想法。"

王总经理:"我不预设立场,还是要大家一起做决策。"

…………

这幕场景几乎出现在每个大单的决策过程中，它关乎着我们的命运。尽管决策过程不一定表现为会议的形式，也许是当面汇报，也许是书面报告，但结果都一样。只是作为销售人员，我们可能永远没有机会直接参与。

策略销售主要针对的是大单，涉及复杂采购，而复杂采购最本质的特点就是集体决策（小单或者 To C（面向消费者）销售基本上都是个人决策）。除了我们在前面谈到的订单金额大导致参与采购的人多、人多导致意见多、意见多导致决策周期长，大单还有以下三个完全不同于小单的特点。

一是决策过程偏理性。虽然个体行为不可预测，但是集体很少冲动决策。什么是决策过程偏理性呢？就是客户的采购以预期利益（包括个人利益和组织利益）和获得预期利益的概率为决策依据。TO B 采购更多是通过过程的理性来实现想要的结果。虽然其中也会包含感性成分，但仔细思考后不难发现，感性也是尚未被发现的理性，而理性则是经过萃取的感性。

二是两层决策。大单参与采购的人多，这一特点决定了大单由集体决策。集体决策并不是个人决策的简单叠加，而是指两层决策，先进行个人决策，再进行集体决策。也就是每个采购参与者先决定买谁家的产品（比如上文中，陈副总偏向瑞和，杨副总偏向飞捷），然后博弈一番，最后力量强的一方说了算。个人决策仍然适用《技能篇》里谈到的决策模型，但是集体决策要复杂很多。这是传统的顾问式销售没有涉及的领域。

三是存在集体决策带来的动态性，即变化。想想为什么会有变化？除了一些客观因素（如经济波动），还有多人博弈所带来的不稳定性。

策略销售要解决的问题就是当订单出现变化，尤其是对自己不利的变化时，需要通过模型找出应对办法，我们将其称为策略。因为大单频繁变化，销售人员需要不断地制定策略。这就像一个足球教练，他会在比赛前制定策略，比如防守反击、两翼齐飞。但是比赛时他依然需要站在场边，根据比赛的变化随时调整策略，比如，失球后，马上调整为高位逼抢策略。

大单的偏理性决策让我们有了建立模型的可能，而两层决策则让我们不得不建立模型，因为决策过程太复杂了，经验不够用了，这决定了模型的必要性；大单的频繁变化决定了模型的重要性，因为变化如此频繁，必须有科学的算法，否则一着不慎，满盘皆输。

建立策略销售模型的目的就是利用集体决策的规律性，掌控这种采购过程中的不稳定性，制定策略，采取行动，从而让自己始终处于相对有利的位置。

了解了大单的这些特点，我们再来看看客户做出采购决策会考虑哪些方面的问题，以便我们提炼订单的关键变量。只要能控制关键变量的变化，我们就可以在一定程度上控制订单。

管理学大师詹姆斯·G. 马奇 (James G. March) 在《决策是如何产生的》一书中论述了采购决策涉及的四个问题。

1）有关"备选方案"的问题：明确哪些方案是可选的，如果只有一个方案可选，就不用决策了。

2）有关"期许"的问题：了解每个备选方案可能产生什么结果（组织利益），这个结果出现的概率有多大；买东西就是为了获得想要的结果，决策者要考虑方案产生的结果是否符合预期。

3）有关"偏好"的问题：了解每个备选方案可能产生的结果对决策者来说有多大价值（个人利益），即对个人的好处。

4）有关"决策规则"的问题：如何基于各个备选方案可能产生的结果，在这些方案中进行选择。

简而言之，对采购方来说，做出采购决策就是回答以下四个问题。

1）找哪些供应商提供方案？

2）每个方案为组织带来的价值是什么，获得该价值的概率有多大？

3）每个方案给参与采购的决策者带来的个人好处是什么？

4）用什么方法遴选出最好的方案？

以此为基础，再结合销售工作，适当扩展一下，我认为采购方无非要回答以下八个问题。

- 买不买？
- 买什么？
- 买谁的？
- 怎样评估？
- 谁来评估？
- 什么时候买？
- 花多少钱买合适？
- 买给谁？

谁能影响这八个问题的答案，谁就能拿到订单。其实，所有销售策略都是为了影响这八个问题的答案，而策略销售模型的变量也几乎都在这八个问题里。

二、影响采购决策的变量

为了批量生产策略，我们需要建立一个模型。尽管模型未必能完全模拟现实世界，毕竟会有意外，但是一个正确的模型应能反映现实世界的基本规律。如果我们能模拟出订单的运作机理，那么对拿下订单来说将意义重大。

要建立模型，首先要确定模型的各个变量。就像SWOT分析模型一样，需要先确定四个变量：优势、劣势、机会、威胁。有了这些变量，销售人员才能根据变量去收集和梳理信息。有了信息，才能输出策略。

确定变量，换种说法就是确定我们要得到哪些信息才能完全理解一个订单。这是一个看似很容易，实际上非常困难的事情。说它容易，是因为几乎每家公司都有一张项目表（又称订单表、客户表），用于描述一个订单要收集的信息；说它困难，是因为很少有公司能正确地描述这些信息，因而也很难给出正确的策略。

不能完全理解订单，就意味着做很多订单都是依靠"黑箱效应"：做成就是"搞定人"了，没做成就是"没搞定人"。这样做订单没有过程，只有结果；没有改进，只有重复。而要完全理解一个订单，又何其艰难。

由于建立模型要遵循一个原则——**必须可以以此模型为依据制定策略，进而影响客户的采购决策**，因此类似兴趣爱好之类的将不作为变量，因为它们对大单的影响微乎其微。

其次，我们还要对各个变量进行分类，以便确定分析订单的顺序。读过《孙子兵法》的人可能都清楚，《孙子兵法》分为宏观、中观和微观三个层面。宏观考量道、天、地、将、法这五件事；中观考虑整体布局、指挥系统、后勤系统；微观考虑军形、火攻、行军等。宏观决定打不打，中观决定朝哪里打，微观决定怎么打。

与此类似，策略销售模型也将变量分为宏观、中观和微观三个层面。以此为依据，我们一共找到了六大变量：理想订单、我方资源、单一采购目标、采购流程、竞争对手、采购影响者。其中，有些变量下面还有子变量。

1. 宏观层面的变量

宏观层面的变量有两个：理想订单和我方资源。这两个变量基本决定了要不要做订单，做了之后要不要半路撤出，以及对切入点的选择。

1）理想订单：即对客户和订单进行总体评价，以确定要不要做订单或者要不要半路撤出。

2）我方资源：即我方投入的资源，主要包括人力资源和时间资源。策略销售不仅要评估客户和竞争对手，更要评估自己，先要看自己的本钱够不够打这场仗。

2. 中观层面的变量

中观层面的变量有三个，分别是单一采购目标、采购流程和竞争对手。

1）单一采购目标（single purchase objective，简称 SPO）：包括使用范围、客户期望、签约时间以及客户预算。站在客户的角度看，采购目标就是买给谁、买什么、花多少钱买合适、什么时候买。

2）采购流程：采购流程分为五个阶段，即订单之前、需求形成、方案评估、采购决策、签约之后，不同的阶段有不同的策略。

3）竞争对手：包括对竞争对手的研究和与竞争对手的位置关系。从某种程度上讲，这决定了要不要进入，进入后怎么打击。对客户而言，竞争对手也是为其提供可选方案的供应商。

3. 微观层面的变量

微观层面只有一个变量：采购影响者。这也是六个变量中最为复杂的一个。

采购影响者是销售人员每天最频繁使用的变量。它包括采购角色、影响程度、结果与个人的赢、政治结构、覆盖程度、采购意愿、协作程度七个方面的内容。

如果说"理想订单"是销售人员与本次采购项目的一场对话，"我方资源"是销售人员与自己公司的一场对话，"单一采购目标"是销售人员与客户采购目标的一场对话，"采购流程"是销售人员与客户采购决策过程的一场对话，"竞争对手"是销售人员与竞争对手的一场对话，"采购影响者"是销售人员与参与采购决策的人的一场对话，那么策略销售就是销售人员与订单的一场对话。通过这一场场对话，销售人员可以全面厘清订单信息，为后续制定销售策略打下基础。

可能你会问，为什么是这些变量，而不是其他变量？原因很简单，客户怎么买，你就怎么卖。所谓销售，就是通过影响客户的采购行为拿下订单。而上述变量基本涵盖了影响客户采购行为的所有关键要素，所以是恰当且全面的。

可能你会发现有些你经常说到的要素没有被列入，如需求、性格等。之所以没有列入，主要有两个原因：一是这些因素藏在了某些要素的后面，如需求藏在了客户期望后面；二是有些因素不涉及策略，或者说不重要，如客户的性格是强势还是温和，这对订单几乎没有什么影响。

我曾听过一位老师讲课，他在讲对采购影响者的分析时提出了一个问题：要想"搞定"一个人，到底要了解这个人的什么信息？

这位老师说要全方位地了解一个人，从九型人格到兴趣爱好，从学术背景到社会关系，能了解到的都要了解。他还推荐了一张包含 66 个选项的表格，但其中大部分选项背后都没有策略，或者没有真正管用的策略。这样的表格不仅会增加销售人员的工作量，而且根本无法落地执行。

第三节 变量之间的结构关系

我们已经了解了六大变量，知道了每个变量的变化都会对订单产生影响。但是还有一个问题需要明确：这些变量之间的结构关系是什么？

订单能否做成不是单纯取决于关系、价格和产品，还取决于变量结构。

所谓变量结构，是指变量之间的相互联结、相互依赖、相互影响、相互作用、相互转化。变量结构背后隐藏的策略，远远多于每个变量背后的策略。

在说结构化之前，我们先说另一个词：流程化。比如，销售拜访有一个流程：准备→约见→引导期望→建立优势→获取承诺→评估拜访。这是一个很典型的线性结构，非常容易理解。

但是策略销售不是流程化的，而是结构化的。就像一栋房子，有屋顶，有柱子，有墙。它们的位置不能乱，相互之间有严格的结构关系。如果你觉得房子太复杂，那么你可以想象一个由六块板子组成的拼图，这个拼图有以下几个特点：

- 少一块都不完整。
- 先拼哪块后拼哪块不重要，即顺序不重要，但是位置固定。
- 每一块板子和周围的板子都有联系。

换成策略销售，你可以这样理解结构化。

- 六大变量缺一不可。只有六大变量完整，订单才完整，也才能制定出最好的销售策略。

- 六大变量之间没有严格的先后顺序，但是有逻辑关系。
- 订单是立体结构的，你可以把它想象成战场上的沙盘模型。

六大变量之间是相互关联的，如 SPO 和采购影响者关联，竞争对手和理想订单关联；与此同时，各变量内部往往也是关联的，如方案和价格关联、采购角色和结果关联、采购意愿和个人的赢关联等。

这种关联是至关重要的，它意味着相互影响，销售中的撒手锏往往就隐藏在这种变量之间以及变量内部的关联里。销售人员常犯的一个错误是，只见树木不见森林，或者叫就事论事。比如，客户说方案不行，销售人员听后马上就去改方案。但是，当销售人员全局性地思考时，可能会发现问题根本不是出在方案上，而是出在某个采购影响者个人的利益上。在这种情况下，再怎么改方案也没用。几乎所有看似偶然的失败，都是结构性失败。我们要做的可能不是说服他同意采购，而是想办法把他踢出采购团队。

作为订单指挥官，销售人员可以俯视如图 1-1 所示的策略销售的订单结构图，随时观察整个战场的情况。策略销售可以让你既见到树木，又见到森林，对战场上每一处细微的变化都一目了然。策略是全局化的思考，不是"兵来将挡，水来土掩"的应急措施。如果订单指挥官具备空中俯瞰战场的能力，那么对赢得战斗将大有裨益。

第四节 策略销售模型的运作规则、构成与作用

一、策略销售模型的运作规则

确定了变量，就相当于造汽车有了车轮、方向盘、发动机；明确了结构，就相当于知道了这些部件的位置和相互关系。但是，汽车怎么才能向前跑呢？它遵循了什么规则？这就是我接下来要谈的策略销售模型的运作规则。

《孙子兵法》里有很多规则，如知己知彼、以逸待劳、高陵勿向、佯北勿从等。同样，在策略销售模型里也有很多这样的规则，这些规则是你分析订单时需要遵循的，当然，我们不是说要刻板地执行，而是要结合收集到的信息，遵循规则，制定销售策略。

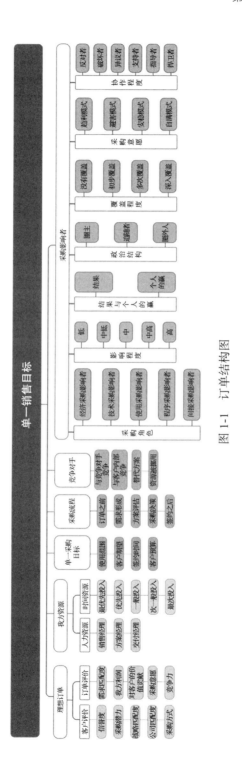

图 1-1 订单结构图

对策略销售模型而言，首先需要确定基本变量的值，也就是订单的当前状态。比如针对采购影响者这个变量，我们要收集高层、技术人员、使用者等采购影响者的信息，再制定销售策略，即制订行动计划。

运用策略销售模型进行销售，有点像医生看病。假设一个人头不舒服，去看医生，通常医生做的第一件事就是给他测量血压，这就是定向收集信息。同样，我们通过策略销售模型收集的也是定向信息。

拿到血压测量结果，医生会仔细分析，找出问题，这就好比策略销售模型中的找风险、找优势。医生怎么判断病症呢？办法是用检查结果和标准值比较。比如，血压的标准范围是收缩压在90～140毫米汞柱，舒张压在60～90毫米汞柱，一旦超出这个范围，血压可能就有问题。策略销售也一样，每个变量都有其标准值，有的是定性标准值，有的是定量标准值。一旦偏离标准值，你就可能处于不利位置。当然，确定风险还要综合考量，不能仅仅看某一个指标。

最后，医生会给患者开出药方，这就对应输出策略。他是怎么开药方的呢？当然是按照病理学原理，对症下药。运用策略销售模型也是如此，遵循规则，制定销售策略。

不过，和医生不同的是，销售人员制定完销售策略后还要去执行，也就是"自己开药自己吃"。

这个过程往往并不是一次性的，如果吃完药，病没好，患者还要再找医生。你会发现，医生又会把上面的流程重复一遍，因为患者的病情可能和上次不一样了（变化）。运用策略销售模型进行销售也是如此。

二、策略销售模型的构成与作用

下面我们来看策略销售模型的构成与作用，这是本书的核心内容。

策略销售模型由五部分组成（见图1-2），其中第四部分"执行策略"依靠的是能力，关于策略执行的能力建设不是本书要讨论的内容，大家可以参考《技能篇》一书。下面重点介绍其余四部分。

1）识别订单变化。要收集的订单相关信息，从层面上可以分为宏观变量、中观变量和微观变量，从内容上可以分为理想订单、我方资源、单一采购目标、采购流程、竞争对手、采购影响者六大变量。

2）分析风险和优势。基于六大变量输出的内容是对订单风险和优势的判断，风险阻碍我们靠近销售目标，优势让我们更加靠近销售目标。

3）制定销售策略。分为三个步骤：一是判断当前位置；二是确定替代位置，即找到下一步要达成的小目标；三是制定销售策略。

4）反馈信息。执行策略之后，需要把执行结果（也就是变化的情况）反馈到六大变量中，形成一个闭环。

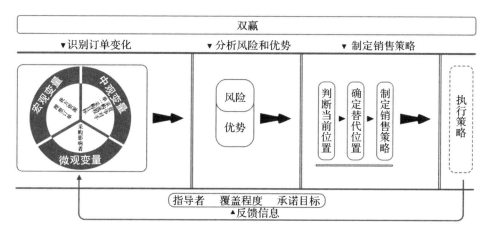

图 1-2　策略销售模型

这样，一次策略销售的执行就算结束了。如果成功，订单就向前推进了一步，也就是向自己的销售目标前进了一步。如果失败，那就重新制定和执行策略。

策略销售模型有以下七大作用：

1）认知：通过对六大变量的识别，销售人员可以更加清晰地认知订单。

2）预测：可通过推演，对未来的各种可能进行预测，协助策略制定。

3）验证：可分析各种假说，通过变量结构进行相互验证。

4）设计：可依据模型来制定和选择策略。

5）沟通：此模型可作为整个团队内部沟通的统一标准和语言。

6）行动：指导策略的执行，并反馈执行结果。

7）复盘：有助于对已经做过的订单、订单中已经执行的策略、从前的销售经验进行解释和学习。

为了让大家更好地使用策略销售方法论，我专门设计了"策略销售工具表"

（以下简称策略表），并在本书第六篇的模拟案例中做了演示。

策略表在现实中得到了广泛的应用，很多企业把它作为订单管理最重要的工具，甚至把它内化到了自己的客户管理系统中。

策略表是一张订单的全景照，记录订单此时此刻的整体情况，可以供管理者检查订单运作情况时使用。

策略表也是一个分析工具，在制定销售策略的过程中，既可以由销售人员单独使用，也可以在销售会上供大家一起使用，利用集体智慧制定销售策略。

策略表还是一个复盘工具。运作一个大单，可能需要填写8～10张策略表，这些表格记录着订单运作的历史，讲述成功或失败的故事。回顾这些策略表，就是对订单运作的反思和复盘，可以从中萃取经验或汲取教训。

几乎没有销售人员喜欢填写表格，因为绝大多数表格都是为管理者服务的，对推动订单没有直接的帮助，而且填起来既费时又费力。然而，策略表却让很多销售人员用上了瘾。

一方面，策略表填起来相对容易，如果你对订单很熟悉，可能只需要几分钟就可以填完；另一方面，填对却很不容易，可能要花费你一周的时间。你不仅需要不断地前往客户那里搜集数据，还需要对每一个数据进行深入细致的分析。但是，如果你真正掌握了策略表的要领，你一定会对它爱不释手，这不仅仅是因为它对赢单的帮助，更重要的是，它能让你体会到智力上的优越感。想象一下，当你的竞争对手还在依靠经验做订单的时候，你已经在策略上运筹帷幄了。这种感觉真的会让人上瘾。

其实，策略销售的概念最早诞生于20世纪80年代，史蒂芬·E.黑曼（Stephen E. Heiman）在其著作《新战略营销》中对此进行了探讨。同时，尼尔·雷克汉姆、吉姆·霍尔登（Jim Holden）等大师也在策略销售领域做过很多研究。为了便于区分，我把他们的研究成果统称为传统策略销售。

本书部分内容是对传统策略销售的继承，不过大部分内容属于新的研究成果。二者最大的不同在于，本书首次将订单作为研究对象，而不是如一些前辈那般主要研究采购决策者。采购决策者只是采购过程中的一部分，就像在战场上，对手只是战斗的一部分，战斗还应该包含天时、地利、战斗过程、我方装备等多种因素。这种研究对象的改变带来的是质的变化，让我们可以真正俯瞰战场。比如，《新战略营销》一书中指出，营销的六大基石是购买影响者、红旗/实力杠杆、四种反应模式、双赢结果、理想客户、销售漏斗。其中，其他五个考虑的是客户方、我方两个层面，而红旗/实力杠杆则是对这五个基石分析得到的结果，它们本是一体的，不是并列关系。

本书中的六大变量是理想订单、我方资源、采购流程、单一采购目标、竞争对手和采购影响者，而结果与个人的赢、采购意愿等则被列为采购影响者的子变量。这样的安排可以使我们从空间（理想订单）、时间（采购流程）、资源（我方资源）、目标（单一采购目标与单一销售目标）、决策人（采购影响者）、对手（竞争对手）等各个角度来理解订单。这构建了一个更加全面的分析结构，把对订单的理解提升了一个维度，大大扩展了销售人员运作订单的空间。

当然，还有很多变化，我会在后续章节里一一说明。同时，为了照顾已经比较熟悉传统策略销售的读者，本书尽量采用了传统策略销售的一些术语和说法，不过大部分术语的内涵已经发生了很大的变化。对于那些看起来相似的概念，还需要读者在阅读本书时细致体会其中的差别。

第五节　关于策略的两个错误认知

理解了策略销售模型，我再来谈一下关于策略的两个错误认知，避免出现思想上的混乱。

一、策略不是流程

有一年，我为一家著名的企业做培训，照例事先做了一个调研。在调研过程中，一位主管销售的副总裁拿出了一本厚厚的销售方法论（或者更应该叫销售流程）给我看。他告诉我，他们不需要策略销售，因为已经有方法论了。

我认真地拜读了他们的方法论，发现他们将每一项工作都安排得很细致，如会见高层、技术参数进标书、争取技术支持等。

你的企业可能也有这样的销售流程，如果没有的话，你也肯定在一些书上或者培训课上听到过销售流程。仔细想想，什么是销售流程？它无非是设计者认为的最佳销售实践，也就是事先安排好的各种销售活动，如先了解需求，再展示产品。这些"事先安排好的活动"就是标准销售流程。那么问题来了：有了标准销售流程，还需要制定策略吗？其实针对这个问题，我们也可以反问一句：哪个订单是按照标准销售流程一步不差地运作下来的？

这也是我问那位副总裁的问题，他无言以对，因为他们的销售方法论自制定以来就被束之高阁了。

一方面，标准销售流程基本上不能指导订单的运作，最多为策略选择提供经验参考。所谓经验参考，就是在想不出办法时，看看标准销售流程是怎么说的，这无异于刻舟求剑。订单运作涉及销售人员、客户、流程、竞争对手、目标的多方互动，过程中充满了频繁的变化，套用僵化的流程是不可取的。

另一方面，标准销售流程的颗粒度太粗，不可能事先预测到所有变化。正如巴顿将军所说：枪声一响，所有的作战计划都成了废纸。

当然，标准销售流程也有其意义，但这不属于本书讨论的内容。

二、策略不是经验

既然标准销售流程太僵化，你可能会想，那就见招拆招吧，自己的销售经验足够丰富。即使自己没有，也会有人有。如果我没有猜错，你的身边一定有一大堆爱指手画脚的家伙，他们经常有很多奇思妙想，听起来全对，做起来全错。

销售如下棋，千古无同局。经验本身只是一种参考而不是真理，这一点和标准销售流程一样。我在前面说过，上一个订单的经验可能就是当前订单的教训，无论是别人的经验还是你的经验都是如此。除此以外，经验还会带来以下问题。

- 阻碍你全方位地思考一个订单。
- 阻碍你通过科学的步骤找出性价比最高的策略。
- 导致你忽视可执行性。别人能做到的事，你未必有能力做到。

当然，不是说经验都是不好的，而是说只能把经验当作参考，不能当作真理。你怎么想，比你想出什么更重要。从本质上讲，策略没有对错之分，它重在权衡优先级和投入产出比。因此，你要做的不是找到一个招数，而是找到最好的招数。

我反对你用经验分析复杂订单，还有一个非常重要的原因，就是希望你进行理性思考，不要总是跟着感觉走。不要只做擅长的事，而要做应该做的事。

诺贝尔经济学奖得主丹尼尔·卡尼曼（Daniel Kahneman）在《思考，快与慢》

一书中提出了人类思考的两个系统，他将它们命名为系统1和系统2。系统1类似于我们经常说的感性思维，它很勤快，遇到事情第一个蹦出来，但是它很不靠谱；系统2类似于我们常说的理性思维，它很懒惰，不轻易出现，但是很靠谱。比如，我问你，你旁边的同事是男性还是女性，你可能只花了一秒就回答我，这就是系统1在思考；但是，如果你希望验明正身再回答，这就是系统2在思考。大单事关重大，纷繁复杂，很容易出错，所以，必须用系统2思考。

我曾经帮助一个建材团队分析过一个订单，当时的难点是无法分辨客户采购总监是不是竞争对手B的指导者。所谓指导者，是指可以为销售人员提供信息、帮助销售人员发现风险和优势的人。客户采购总监坚持最低价中标。操盘的销售人员怀疑，该客户采购总监是竞争对手B的指导者。于是，我们列出了三家的报价，分别是1440万元（我们）、1390万元（竞争对手A）、1050万元（竞争对手B），并请技术人员对B公司的成本进行核算。结果是，B公司几乎没有利润。于是，我们判断客户采购总监不是B的指导者。因为总监知道竞争对手的报价，如果总监是B的指导者，那么B不需要把报价降到如此之低，以至于几乎没有利润。

经验可供我们在制定策略时参考，但经验是碎片化而非结构化的，它并不等于策略。在这个碎片化时代，千万不要形成碎片化思维，否则你将被你的竞争对手轻而易举地击败。

在大单销售中，几乎一切都是变化的：需求在变，采购影响者在变，竞争对手在变，决策流程在变，甚至连客户的部门和组织都在变。与此同时，在销售方法论、销售管理和销售执行领域，大家都在寻求一种确定性。无论是方法论还是流程，都是确定性思想的具体体现。这就产生了矛盾：怎么用确定性来应对变化的不确定性呢？

答案是：用规则的确定性应对结果的不确定性。

一切都是变化的，但是也有些东西是相对不变或者变化较小的，如双赢的原则、客户的决策流程、决策中所蕴含的人性。如果我们能找到这些相对不变或变化较小的东西，并把变化的信息融入这些不变的原则、流程和规律，我们就可以在一定程度上预测未来，并采取干预措施影响未来的结果。这正是策略销售模型带给我们的价值。

| 第二章 |

单一销售目标

一位特别优秀的销售人员要去见一个大客户，他希望能谈成一个大单，这是一个标的金额在 10 亿元左右的建筑工程项目。但是这位销售人员所在的公司一年的销售收入才 10 亿元，很显然，他的公司"吃"不下这个订单。

他可以选择和其他公司联合投标，但是，有实力的公司未必愿意和他联合，客户也未必会接受这种方式。他现在的首要任务是确定自己切割哪一部分业务来做。在接下来的几年里，他大部分的时间、精力、资源都要投入到这部分业务中。今天如何"切"，决定了未来的结果。

第一节　以终为始

策略销售模型就像一组齿轮，齿轮的最终运转方向就是目标所在的方向，齿轮每转一圈，就会更靠近目标一点。这里所说的目标是指单一销售目标，它和我们平常所说的"拿下订单"，背后是完全不同的思维方式。

对指挥官来说，小到一场战斗，大到一场战争，在正式开始之前，都要有一个目标。要么攻占一个山头，要么阻击敌人，要么消灭敌人的有生力量。有了目标，打仗就不再是打遭遇战，而是为达成目标而精心设计的行动。比如，若要打阻击战，就要在要塞上阻击敌人，完成任务后就撤退；若要消灭敌人的有生力量，就要追着敌人打。一切以达成目标为宗旨。

有了目标，指挥官就能知道应该如何部署兵力，如何选择进攻路线，何时结束战斗，更重要的是，还能知道无法达成目标时应如何调整。所以，策略应该根据目标来制定。没有目标的行动叫盲动。

这似乎很好理解，但是很少有销售人员会这样做。大部分销售人员的目标只有一个：将订单做成。换句话说，做成订单就是其唯一目标。这听起来有点不可思议，因为绝大多数销售人员都有业绩目标，但是他们对具体的订单却没有目标。

为什么会这样呢？因为销售人员把客户的采购目标当成了自己的销售目标，客户买什么，自己就卖什么，客户要买的东西和预算就组成了自己的销售目标。

这听起来很符合"以客户为中心"的思想，但是大错特错。跟着客户走，基本上意味着跟着竞争对手走，无异于把制定游戏规则的权力交给了竞争对手。这是"以竞争对手为中心"的表现，因为在大部分情况下客户并不知道自己想要什么。

当你把"做成订单"作为唯一目标时，往往就是你做不成订单的开始；相反，如果你能主动设计SSO，就是在为赢单打基础。

为什么这样说呢？我们看下面几种销售场景：

- 如果客户要买的产品或服务中有些是你的强项，有些是你的弱项，如果你的目标是切割客户的需求，只卖给他你的强项，那么你很容易成功；如果客户买什么你就卖什么，那么你很容易被竞争对手攻击。
- 如果你获得了总公司的人的支持，但是下面的分公司没有人支持你，而当前需求是分公司的需求。这时，你只要想办法让总公司也购买你的产品或方案，这样总公司的人就可以参与进来，事情就好办多了。反之亦然。

- 如果你的目标是今年 12 月拿下订单，但是客户想推迟到明年，你就应制定销售策略说服客户提前签约。

如果你没有目标，而客户是有目标的，并且客户的目标往往是被竞争对手引导的，那么，你也会被竞争对手引导。在大单销售中，客户几乎不可能脱离供应商单独制定采购目标。

退一步讲，即使没有被竞争对手引导，客户的目标也不能作为你的目标，因为在大部分情况下，对于你要卖的东西，你应该比客户更专业。你需要帮助客户修订目标，让客户获益，同时在修订的过程中，你也能找到制胜的策略。

反之，如果在订单运作之初，你设定了属于自己的目标，那么在整个订单运作过程中，你的所有销售动作就可以以这个目标为核心展开了。这就是以终为始的思想，也是策略销售最重要的思想之一。

第二节　什么是单一销售目标

一、单一销售目标的组成

单一销售目标不是指销售人员的业绩目标，而是指销售人员为一个订单所设立的目标，具体包括使用范围、方案、价格和日期四个要素。

1）使用范围是指你打算卖给客户的产品会涉及客户公司的哪些部门、分公司或上下级机构。使用范围不仅包括使用你的产品的对象，也包括测试、审批你的产品的部门。比如，涉及 45 个分公司，或者仅仅是公司总部，抑或是财务部门和法律部门，等等。

2）方案是指你打算卖给客户的产品或服务，如四台设备、一年的服务、一年的广告位、一至五层的装修等。方案必须将细节讲清楚，如型号、品类、数量、大小等。不仅如此，不同行业的方案还可能有不同的描述方式，比如盖一栋楼，装饰部门可能将其分为大堂、客房等标段。

3）价格是指你打算卖多少钱。如果订单是分期的（不是指分期付款），你首先应确定本期合同涉及的金额。这里不考虑全部金额，只考虑本期的金额。

4）日期是指什么时候签约。你可能会说，我哪知道什么时候签约？你可以预估一个签约日期，当然，要参考客户的意见。

所谓单一销售目标，是指你打算卖给谁、卖什么、卖多少钱、什么时候卖。注意，单一销售目标强调的是**"销售人员的打算"**。

看完单一销售目标的四个要素，你是不是觉得这些都是由客户决定的？实际上，客户会决定这四个要素，不过，由客户决定的不叫单一销售目标，而叫单一采购目标。二者虽然结构完全一样，但是内容可能有很大差别，也就是四个要素的内容可能完全不一样。比如，客户希望以100万元签约，你希望以200万元签约。二者之间的差异恰恰是制定策略的原因。关于单一采购目标的内容，我将在本书第六章"变量三：单一采购目标"中阐述。

二、为什么是"单一"

"单一销售目标"这个词源于史蒂芬·E.黑曼在《新战略营销》中的定义，其对应的英文为 single sales objective，缩写为 SSO。其中，"single"的意思是"唯一"，是指在订单运作的某一时刻，不能出现两个目标；也就是说，上文四个要素的内容在任何时刻都必须是唯一的、确定的。

为什么必须是"唯一"的呢？因为单一销售目标几乎决定了我们后面要谈的一切。比如，对于不同的单一销售目标，采购影响者完全不一样。例如，在工程装修项目中，若你的目标涉及"机电"内容，机电经理就很可能会影响采购，反之则不然。同样，不同的目标决定了你的竞争对手不同、流程不同、理想订单不同。如果你有多个目标，就意味着所有要素你都确定不了，那么怎么运作订单呢？你不可能同时向两个目标前进。

一位销售人员有一个关系很好的老客户。年终岁尾，又到了客户制订采购计划的时候，客户方的一位高层人员很明确地告诉这位销售人员，公司下一年的采购预算是400万元，给该销售人员的"配额"是50万元。也就是从销售人员所在的供应商采购50万元，剩下的预算要花到其他供应商身上。

碰到这种事，我想绝大部分销售人员都会喜出望外，忙不迭地感谢。但是如果有了单一销售目标，你就会认真地分析客户需求，也许你只接受30万元，也许你可以说服客户给你150万元的配额。你会有自己的坚持，这种"坚持"才是我们最希望销售人员通过单一销售目标获得的东西。

第三节　单一销售目标的作用

单一销售目标（以下简称SSO）是一个看起来再普通不过的东西，却蕴含着很深刻的道理。你的人生是由目标驱动还是随遇而安，决定了你的人生高度。同样，你的目标决定了你的订单完成度。

一、SSO帮你了解客户以创造竞争优势

想想你为什么能够确定使用范围、方案、价格和日期？一定是因为你深入地了解了客户，获得了足够的信息。确定SSO的过程就是你了解客户的过程。所以，SSO的第一个作用是让你了解客户。

了解了客户，就一定要遵循客户的单一采购目标（以下简称SPO）吗？当然不是，你要有自己的目标。别忘了，客户采购产品是在采购解决方案，而你比客户更了解方案，因此，你应该能拿出比客户的SPO更好的目标，这个目标可以帮助客户获得更大的价值。只有客户获得了更大的价值，你才获得了更多的竞争优势。从本质上讲，SSO的形成过程就是使客户获得更大价值的策划过程。

同时，SSO的形成过程也是建立竞争优势的过程。在形成SSO时，你会考虑如何把自己的优势变成客户的需求——这就是在建立竞争优势。比如，你发现自己可以抢工期，而竞争对手不能，于是你把自己的SSO中"日期"提前了，剩下要做的事情就是说服客户。

你的竞争对手也有SSO，你们的SSO可能差别很大，而如果这种差别是你精心设计的，屏蔽了竞争对手的优势，这也会成为你的竞争优势。所以，问题的核心不在于你形成了什么样的SSO，而在于你是怎么形成SSO的。

二、SSO决定了你怎样运作订单

我们假设一个从事工程装修的销售人员A的SSO中涉及图纸设计部分（当然也有施工部分），也就是他希望同时拿下设计订单和施工订单。客户可能希望设计与施工分开，由不同的厂家负责。这时，如果A认为自己的SSO是正确的，他会怎么做呢？毫无疑问，他会接触客户方负责设计审核的部门，如设计部门。

另一个没有SSO的销售人员B会怎么做呢？他知道客户的想法后主动放弃了设计订单，只考虑施工订单。

听起来好像 B 更能满足客户的需求，但他只是在迎合客户，希望通过顺从的态度赢得订单。或者说，他是在躲避困难。

你的 SSO 决定了你怎么运作订单。SSO 其实是一种主动设计——不仅仅是 SSO 的设计。在策略销售中，我一直非常提倡发挥主动性，而不是被客户和竞争对手牵引，这样做的原因有以下两个：

1）在采购过程中，销售人员和客户始终处于一种控制与反控制的关系中，谁控制了 SPO，谁就控制了结果。这里所说的控制包括控制客户买什么、什么时候买、用多少钱买、买多少以及怎样买。如果你有了 SSO，过程控制就会变成一个主动行为，因为你知道自己想要什么。当然，过程控制不能损害客户的利益。

2）买卖双方都在非常努力地争夺采购控制权。从表面上看，客户有绝对的把握控制采购，然而，好的销售人员总是能默默地把控制权牢牢地掌握在自己手里。比如在上述案例中，好的销售人员能通过专业改变客户的决定，让客户同意将设计和施工都交给一个厂家来做。

三、SSO 会让你坚持

经常跑步的人都知道，如果你事先没有目标，跟着感觉跑，一般情况下你跑不远，惰性会让你随时终止。销售也一样，当你有了 SSO 时，你会提高自己的"坚持度"。比如，想拿下设计订单的销售人员 A 会为了坚持自己的目标，花大力气说服客户不要将设计和施工交给不同的厂家分别做。当然他可能会失败，但是他失败的结果无非和 B 一样，这没多大损失。但是，如果他成功了呢？你可能觉得他只是多拿了一个设计订单，但实际收益远非如此。你要明白他非要把设计订单拿到手，肯定是因为考虑了很多事情。比如，设计部门中他有支持者；又如，一旦设计和施工一体化，这个订单的利润率会大大提升。《孙子兵法》中说的"故知战之地，知战之日，则可千里而会战"，就是这个道理。

销售人员太容易跟着客户的 SPO 走了，因为跟着 SPO 走会给人一种正在推进订单的错觉。而坚持自己的 SSO 是一件很难的事情。SSO 不是不可以变，而是不能随便变。设立目标就是为了让你坚持初心。

四、SSO 是推演的基础

不知大家发现没有，你只有有了 SSO 之后，才能推演自己的策略。比如，你预估的完成时间比客户预期的时间早，你就要问，如果希望订单提前签约，客户方谁能做主把日期提前？你怎么找到他？怎么说服他？说服不了怎么办？同样，你只有知道自己卖什么，才能知道谁会用你的东西，你要做谁的工作，以及怎样获得他的支持。这样想问题，就是在推演一个订单，而推演是策略制定的基础。没有 SSO，所有的行动都只是见招拆招。

五、SSO 是一种检测标准

SSO 和 SPO 可能一致，也可能有很大区别，而销售人员的责任就是让客户的 SPO 尽量符合自己的 SSO。反之，如果你在努力使自己的 SSO 符合客户的 SPO，十有八九，你被客户"带节奏"了。所以，这是一种对订单的检测，SSO 是标准值，SPO 是实际发生值，对二者进行比较，就是判断订单定位的标准之一。

六、形成 SSO 的过程本质上就是提前布局

总听人说布局、拆局，但是很少有人真正懂"局"这个概念。**所谓"局"，是指按照自己的 SSO 设计订单，连竞争对手都进入了你的目标设计。**比如，你的 SSO 是把价格提高，如果价格提高，客户方的总部可能就要介入，于是你就可以提前收集总部的相关信息。而你的竞争对手并没有这样做，等他反应过来的时候，已经晚了。这时你的竞争对手就在你的局里。这不是你要把他拉进局，而是只要你说服客户接受你的目标，其他人就会进入你的局。布局要达到的效果是：**你无法跟我争，而不是我要跟你争。**

布局不是欺骗，而是打造属于自己的战场。销售也不是欺骗的艺术，相反，它是双赢的技术。

七、主动设计 SSO 就是在尝试各种可能性

如果你跟着客户的 SPO 走，你就很可能只有一条路可走，而且十有八九会走入死胡同。如果你自己设计 SSO，你就可以尝试很多种可能性。比如，客户的采购预算是 100 万元，你的目标是 200 万元，这时，你要尝试改变方案，尝试说服高层。也许会成功，也许会失败，但是总比一定失败强。这种动态调整也是策略制定的基础。

第四节　怎样设定单一销售目标

我们先从一个实际案例说起。

某家具企业的一位销售人员想要拿下一所民办学校的订单，客户要采购的产品包括常规教室、教师办公室、宿舍、图书馆、餐厅、专业教室、实验室所需的家具。因此，这个订单当然也会涉及相关部门。

该家具企业的规模比较小，很难拿下全部订单，它在第一轮提交了完整的招标方案，但是效果一般。客户只觉得它在图书馆家具部分有优势。客户希望订单由一家企业总包。于是，销售人员决定改变SSO，只拿图书馆家具的订单。他重新规划了SSO，剩下的事情就是说服客户不要总包，而要选多家供应商。

客户方有三个人很重要：一个是采购负责人，一个是校长，一个是校长的合伙人。销售人员通过校长的合伙人成功地说服了校长选择多家供应商，而不是总包。理由是不同部门对家具的要求差别巨大，没有哪一家可以满足所有的要求。

而竞争对手一直认为该销售人员所在的企业规模太小，不足以接下这样的订单，这个订单非自己莫属，因而在价格等方面犯了很多错误。最终，该家具企业的销售人员拿下了图书馆家具的订单。

在这个案例中，销售人员通过调整自己的SSO，选对主攻方向，成功拿下了图书馆的订单。可能你会问，为什么SSO确定的是使用范围、方案、价格、日期这四个要素，而不是别的，如防止客户流失、发展渠道代理、提升客户关系等？这些确实都是目标，但是别忘了，策略销售对应着订单，你与客户签的合同中就包含使用范围、方案、价格、日期这些内容。站在以终为始的角度，这些是销售工作的起点。

另外，客户在采购之前，也要确定这些事情，即给谁买、买什么、以多少钱买、什么时间买，而且是最先确定。这四件事情确定了，采购工作就以此为依据展开，包括谁参与采购、找哪些供应商、采购过程怎么进行等。由于销售人员旨在帮助客户完成采购的过程，所以销售工作也是这样展开的。

站在销售人员的角度看，如何设计SSO呢？最核心的出发点就是**双赢**。所有目标的设定基础都是双赢。

首先，双赢要让客户赢，你要了解客户的相关信息，了解得越细致，就越能让客户获得更多的利益；其次，设计SSO时要考虑自己的优势，想办法把自己的优势变成客户的SPO；最后，你需要在双赢的基础上展开设计。

为什么不能直接套用客户的 SPO 呢？首先，客户是需求专家（尽管客户总认为自己是方案专家），他们并不知道应该买什么样的方案。他们的 SPO 很可能一开始就是错的，而你要保护客户的利益，所以在大部分情况下不能直接套用其 SPO。其次，客户的 SPO 可能不是按照供应商来分配的。比如，本章开头的案例中，客户也不知道哪个供应商应该做什么。最后，客户设定 SPO 时很可能被竞争对手误导，好销售人员的职责就是保护客户不被竞争对手欺骗。

当然，套用客户的 SPO 也不是绝对不可以。如果针对客户的 SPO，你有数倍于竞争对手的优势，那就用吧。

一、使用范围

站在客户的利益的角度，你要先理解客户的使用范围是如何规划的，比如客户是怎样考虑初期、中期、后期不同部门和分公司交付顺序的，为什么这样规划。

理解了之后，要问这样的规划是否合理。比如，如果将其中两期合并是否可以为客户减少交付成本，本期使用范围是否合理；关于交付，客户方相关使用部门是否具备交付条件，分批次交付是否可以让客户节约更多资金；等等。这就是考虑客户的利益。

站在自己的利益的角度，你可能要考虑使用产品的相关人员是否参与采购，这些参与采购的人是否会支持你，或者是否可以转变为支持你。比如，客户方总部没有人支持你，你是不是应把总部需求移除。

二、方案

这是花样最多的地方了，也是策略制定的重点。

站在客户的利益的角度，你要考虑需求的真伪，因为客户经常不知道自己的真实需求所在；要考虑需求的紧急程度和重要程度，不是所有的需求都同样重要；要考虑方案的风险性，有些需求虽然是对的，但是满足需求的方案风险很大；要考虑方案的大小，有时客户会多买很多冗余的东西，有时买的东西又不够；要考虑需求与方案的匹配性，即客户的方案（期望）是否真的能满足他们的需求。

站在自己的利益的角度，你要考虑的事情就更多了。比如，客户对想要的方案是否有清晰的期望，客户想要的产品是怎样的，每个需求都与谁相关，自己的方案能否交付，如何把自己的方案中的优势部分变成客户的需求，等等。

三、价格

站在客户的利益的角度，你要考虑客户的预算是否合适，怎样帮助客户更省钱（很少有销售人员会这样想），客户的哪些钱可以先不花，客户的花钱方式是否合理（如总包、分包、甲指甲购、甲指乙购）。同时你也要考虑少花钱可能带来的风险，以及客户的投资收益率、回报周期、回报的可能性等。

站在自己的利益的角度，你不仅要考虑是把单子做大还是做小，是拿总包还是分包，和合作伙伴怎么分工，如果你想调整客户的预算会涉及哪些决策者，以及客户的预算是否清晰，如果清晰，预算是怎么规划的、由谁决定的等，还要考虑关于这个订单，自己的利润是否足以支撑交付，有时省钱反而是坏事。

四、日期

日期实际上是一个锚定点。一旦签约日期确定了，什么时候发货、入场、实施、交付、付款就都确定了，所以，它不是一个独立的点，而是一个标志点。

站在客户的利益的角度，你要考虑能否在指定日期交付，要不要提前或延后，这个日期是怎么确定的，它是刚性的还是柔性的，如果延误会给客户带来什么损失，如果提前会给客户带来什么好处。

站在自己的利益的角度，你要考虑如果提前或延后会为自己带来什么，日期应该怎么利用，如何利用日期的紧迫性促使客户签单，如何利用日期阻止竞争对手前进的步伐，自己可不可以在指定日期交付。

双赢就是让销售人员既考虑自己的利益，又考虑客户的利益。当你考虑客户的利益时，你其实已经接近说服客户的方法了。

可能你会问，SSO 在订单运作过程中可以调整吗？它是可以调整的，不过是在策略销售中最后调整的。

你要想清楚为什么调整，是你的竞争对手说服了客户，还是你找到了更好的双赢的办法？是客户发现了可能的损失，还是你之前的 SSO 设定错了？都有可能。**重要的不是 SSO，而是你设定 SSO 的过程。**

还有一个问题，什么时候设定 SSO？很简单，当你了解到足够的信息之后就可以设定了，一般会发生在第一次接触采购影响者之后——可能在客户设定 SPO 之前，也可能在之后。

根据信息的变化，再对 SSO 进行调整。也就是说，SSO 的设定可能贯穿订单运作的整个过程。

接下来，我们用一个模拟案例来说明 SSO 的调整。

假设你是 ERP（企业资源计划）系统销售人员，你的产品包含很多模块，如生产制造、财务、库存管理、采购等。现在，你开始做一个订单，并已大致了解了客户的需求。你发现，客户的需求不是很明确，这时你就要考虑设定 SSO 了。

首先，你发现这家集团有股份公司和其他相关公司，股份公司的管理基础相对较好。虽然客户要全集团实现信息化，但是，你还是希望先从股份公司做起，这样可以在整个集团起到示范作用。同时，你也要考虑可交付性，否则无法成功收款。

接下来，你发现，财务部门很支持你，但是库存管理部门不支持。对客户来说，库存管理信息化是必需的，你无法说服客户放弃，于是你决定说服客户增加采购模块，库存管理归采购部门负责，而且采购与库存管理一体化能更好地达成客户的业务目标。

事情还没结束，你发现，客户有一个不切实际的想法——希望三个月之后就上线系统，可三个月连调研都不可能完成，如果仓促上线，必败无疑，客户损失巨大。于是，你在设定 SSO 时将日期定在了六个月之后，剩下的事就是说服客户了。

最后，当然是钱的问题。首先，你发现客户没有很清晰的预算，只是觉得在 100 万元左右。但你统计了一下客户需要的产品，可能要花三四百万元。你决定先按照自己的 SSO 设定展开。你也明白，要提高到这个金额，你需要让客户清楚，这次采购是一次战略采购，关系到集团未来五年的发展。于是，你需要找高层人员提高预算。

设定 SSO 的目的是让你在订单开始时就做对事情。这件"对的事情"就是打造自己的战场，这样才能保证仗在自己的战场上打。正如《孙子兵法》中所说，"凡先处战地而待敌者佚"。反之，如果你按照客户的 SPO 展开，就只能是"后处战地而趋战者劳"了。

第五节　双赢：策略制定与执行的根本

建立以自己（产品、公司、服务）为中心的思维很容易，建立以客户（需求、流程、采购影响者）为中心的思维很难，而最难的是建立双赢思维。双赢思维往往需要同时保有两种截然相反的观念还能正常行事，这才是第一流的智慧。

我经常会给销售人员讲一个九尾猫的故事。这个故事是对双赢最好的释义。

传说，猫只要修炼出九条尾巴就可以成仙，但是第九条尾巴是极难修炼的。当猫修炼出第八条尾巴时，会得到一个提示：只要它帮助它的主人实现一个愿望，就会长出一条新尾巴，但是从前的尾巴也会脱落一条，也就是说猫仍是八条尾巴。这看起来是个死循环。

一只修炼了千年的猫陷在了这个死循环里，它已经绝望了。一次，这只猫遇到了新主人——一位少年，它仍希望帮助少年实现一个愿望，但是对于修炼出九尾，它已经不抱希望了。

少年的愿望是什么呢？很简单，让这只猫长出第九条尾巴！

这就打破了死循环。猫长出了华丽的第九条尾巴，变成了真正的九尾猫。在九尾猫的帮助下，少年的一生也过得幸福美满。

这虽然是一个虚构的故事，但它揭示了销售的终极秘密——**双赢，并且最好先让客户赢**。

一、双赢是销售的价值观

为什么双赢是销售的价值观？因为销售就是你与客户合作完成一次采购的过程，既然是合作，双方必须都获得好处。这个概念不难理解，但很难落地。利益当前，人们首先想的是自己能得到什么。然而，销售这项工作最奇妙之处就在于，你要先让客户获利，才能使自己获利。

任何一家公司，不管其使命是什么，存在的原因都只有一个——为它的客户创造价值。如果能成功地为客户创造价值，那么这家公司就能收获一群忠实客户。如果你能比竞争对手为客户创造更多的价值，你就能赢得竞争。这就是双赢。

公司的每个成员、每个员工存在于公司的价值都是为客户创造价值。这个常识现在好像已经被人们遗忘了，或者被当成了一句口号。但它不是口号，而是全世界做生意的本质。

二、双赢是策略产生的源泉

不仅是 SSO，我在后面将谈到的每个策略几乎都是以双赢为原则的。"双赢"就像一个巨大的宝库，里面有取之不尽、用之不竭的策略。只要想到双赢，就更容易从客户的视角看问题，招数就会源源不断地涌上心头，很神奇。

可惜，很多销售人员却看不到这个宝库，因为他们的眼里只有自己的利益。他们把产品、关系看成最重要的东西，因为，他们想的是让客户赶快买自己的产品。这种思维恰恰堵死了他们的生路，很容易让他们陷入死循环。

三、双赢是策略执行的保证

我们重视双赢还有一个原因，它是策略执行的保证。

一方面，策略销售的目标看起来很"自私"，我要让客户按照我的想法买方案，甚至规定客户应该买什么、什么时候买、以多少钱买。在很多销售人员看来，这不可思议。我按照客户的要求都很难卖出产品，还要让客户按照我的想法买，这怎么可能？

如果你这样想，反而更不容易卖出产品。但是，如果你有双赢思维，就很容易跳出这个死循环。就像我在前面谈到的，SSO 的设计首先考虑的是客户的利益，客户自然容易接受。

另一方面，每个策略都需要执行，而大部分策略的执行都需要客户的配合，客户之所以配合，就是因为策略的执行对他有好处。所以，双赢是策略执行的保证，也是 SSO 实现的基础。

四、双赢是一种能力

前面我们看到了，双赢实际上也是一种能力。所谓能力，一方面是指你的专业能力，即为客户创造价值的能力；另一方面是指从为客户创造的价值中找到自己利益点的能力。具备了双赢的能力，你就和客户同舟共济了，否则，你会永远处于与客户的对抗中，而你大概率是对抗的失败者。

五、双赢是最佳的成功路径

虽然策略销售在讲一个订单的归属，但订单只是起点，我们的目标是让客户长期买我们的产品或方案。如果我们只想自己赢，而客户却输了，这样的生意绝不会长久；当然，如果客户赢而我们输，生意也不可能长久。

在策略销售中，双赢不仅是态度、策略和能力，也是价值观、思维模式和方法，还是赢单的终极秘诀。我们提倡双赢，不只是因为结果，更是因为正确。

第三章

定　位

一张大单的成功签单，你认为是设计出来的还是进化出来的？

所谓"设计"，就是一开始就把每一步如何运作都想好了，就像按照图纸建造一幢大楼。所谓"进化"，就是在开始之前，并不能确切地知道每一步该如何运作，只有一个大致的方向，每前进一步你都要观察和分析，以便确定下一步的行进路线。

我不知道是否有设计大单的天才，但是我知道绝大多数销售人员的订单运作都是边走边看的，也就是进化出来的。

第一节　定位：向 SSO 正确迈进的方法

你站在了订单运作的起点，同时你也定义了订单运作的终点，即 SSO，现在就缺一条从起点到终点的路径了。如果你认为这条路径就是销售流程，那你就大错特错了。在你开始运作订单之前，你是无法提前规划出一条路径的。这有点像足球比赛，我方球员发球，全队都知道目标是把球踢进对方的球门，但是，谁都无法提前规划出一条路径来。

为什么规划不出来呢？因为过程中充满变化。比如足球比赛中对方球员的逼抢，销售过程中竞争对手的发难，这些都是变化。你很难提前预测。怎么办呢？你能做的就是在坚定目标的基础上，边走边摸索，边传球边找空当，走一步看一步。

你可能会说这不就是见招拆招吗？不是，这和见招拆招的本质区别是，虽然事先不能规划出一条路径，但是有办法保证每次传球都是正确的。这种办法就叫定位。定位大概是销售中最难理解的一个概念了。所谓定位，是指**想方设法让自己处于实现某个特定目标的最佳位置**。其中，特定目标是指 SSO，最佳位置是指把六大变量安排得更加靠近目标，以便更容易地制定下一步策略。这话说起来容易，理解起来却很难。我们分几步来理解。

1）我们确实不能够提前规划从发球到射门的整个过程，但是可以决定球在下一步传向哪里。同样，如果我们把实现 SSO 的过程分解为只考虑下一个动作怎么做，难度就大大降低了。

2）什么是基于一个动作呢？从踢球的角度看，它是指三件事，一是知道自己在哪里，如在对方球门前、后场、中场；二是知道自己要把球传到哪里，比如传向边路、对方球门前甚至回传，这些都是为了把球踢进对方的球门；三是知道怎么传球，如大脚传球、过顶挑射、撞墙式二过一。

从销售人员的角度看，知道当前位置是指搞清楚当前的状况，比如落后于竞争对手，技术人员不支持我们，老板很看好我们，等等。注意，这不是三种情况，而是一种情况里的三件事。你通过这三件事（也就是实际情况），试图知道自己当前的位置。你发现，知道当前位置是一个综合判断的结果，比踢球难多了。

知道了当前位置，接下来要判断去哪里，这时你要考虑的事情也很多。比如，你希望让客户认可价格，你希望把采购周期（销售周期）压缩，你希望获得技术人员的支持……你所希望的这些"小目标"就是替代位置。在订单运作的同一时间，替代位置可能有很多，选择哪一个取决于谁能让你更好地实现 SSO。也就是说，SSO 是判断标准。

最后，你要考虑怎么实现位置替代，也就是如何从当前位置移动到替代位置。比如，你确定了替代位置是将某位部长转为自己方案的捍卫者，应该怎么做呢？这个问题的答案就是制定销售策略。

3）这种渐进展开的方法可以很有效地应对大单中的变化，它是基于变化，而不是基于确定性的销售方法论。基于变化的销售方法论，每一步都是根据当前情况做出的选择，同时考虑了优势、资源、能力、成本等，这就是因地制宜。所谓"法有定论，而兵无常形"，也是这个道理。

4）定位思想最大的一个作用就是让你可以使用正确的方法一步步靠近 SSO，它不能保证让你走直线，但是它可以保证让你走在最优路径上。

5）需要强调的是，**当前位置和替代位置都不仅仅指你与竞争对手的相对位置，还指你相对于 SSO 的位置**。这涉及对形势的综合判断。就像在球场上，你不仅要考虑你与竞争对手之间的距离，还要考虑你离对方球门、自己球门、自己队友、边线有多远。

为什么定位如此重要？因为定位有三个好处：一是它降低了订单运作的难度；二是它通过采用正确的制定策略的方法保证了策略的质量；三是它始终朝着 SSO 展开行动。你不能保证每个策略都正确，但你必须保证制定策略的过程是正确的。

"一女乘城，可敌十夫"，位置站好了，你卡在那里，别人就过不去。比如，你率先帮助客户改变了采购目标，竞争对手就很难再改回去。这叫事半功倍；反之，则会事倍功半。

上面我们说了在哪里和去哪里。"在哪里"是当前位置；"去哪里"是替代位置。站在制定策略的角度，我们对当前位置、替代位置做了如下说明。

一、当前位置

相对于 SSO，你现在在哪里，这就是当前位置，即自己现在的情况。当前位置有不利位置和有利位置之分，举例如下。

- 我要把研发体系管理系统卖给客户，需要说服客户方的研发总监，但是现在研发总监并没有变革研发体系的想法——我当前处于不利位置。
- 我希望以两倍于客户预算的价格卖给客户一套系统，虽然相比竞争对手，我们的价格最高，但是客户老板认可我们的价值，很支持我们——我当前处于有利位置。
- 我希望推迟客户的采购日期，以便有时间做更多的工作，但是客户现在很着急，开业时间已定，很难改变——我当前处于不利位置。

判断当前位置似乎是一件很容易的事情，实际却是策略销售中最难的事情之一。

首先，判断当前位置不是单一判断，而是综合判断。比如，客户方很多人都支持你，你就一定处于有利位置吗？未必，因为你可能会发现你是按照客户的要求在行动，自己根本无法交付。

其次，既然是综合判断，就要及时、准确、全面地了解订单信息。这样做不仅费时费力，还需要很多技巧，如提问、发展指导者等方面的技巧。这通常会占用销售人员 70% 的时间。

最后，了解了信息，你还需要有一套正确的测量方法，以了解自己在大单销售中的风险和优势。所以，所谓判断当前位置，就是及时、准确、全面地了解订单信息，分析自己的风险和优势，并结合衡量指标和 SSO 判断自己离拿下订单还有多远。所以，准确的定位依赖于销售人员对六大变量每个细节的把控。你把控得越好，定位就越准确。

希腊古城特尔斐的阿波罗神殿上刻着一句名言："人啊，认识你自己。"这句话被认为点燃了希腊文明的火花，也是苏格拉底的座右铭。认识你自己，意味着了解"你是什么样的人和你想成为什么样的人"。

这句话稍加改动就可以成为销售人员的座右铭："认识你的订单！"这意味着你首先要知道自己在哪里，只有这样，你才能知道将要去哪里。

二、替代位置

知道了自己在哪里，下一步当然是判断去哪里。所谓替代位置，是指更容易让你实现 SSO 且你有能力到达的位置，也就是球传向何方。

作为一个足球运动员，你当然知道，要把球传到最利于进球的位置。同样，作为一个销售人员，你也要把订单推进到最利于实现 SSO 的位置。

假设客户方某个技术人员不喜欢你产品的某个技术架构，因此反对你的方案，看好其他人的方案。你要知道对于你实现 SSO，这个技术人员是一个风险因素。

你想排除这个风险因素，怎么办呢？你可能认为，最直接的办法就是与这个技术人员处好关系，以获得他的支持。这其实相当于你从后场直接传球给前锋，除非你天赋异禀，否则成功概率并不高。

于是你决定降低难度，先争取这个技术人员所在部门的经理的支持，再让部门经理来说服他。获得部门经理的支持，就是你的替代位置。获得了部门经理的支持后，这一替代位置就变成了你的当前位置，而利用部门经理来获得技术人员的支持就变成了下一个替代位置。你把一次传球，变成了两次传球。是一次传球，还是两次传球甚至三次传球，取决于你的资源、能力以及所花费的成本。

第二节　没有定位，就无法制定销售策略

定位看起来很麻烦，但是没有定位，销售人员就无法制定策略。为什么这么说呢？我们先看个例子。

一位销售人员想签下一所学校的教学家具的订单，他进入订单比较晚，前面已经有多个竞争对手了。他了解了客户（学校）的需求后，按照需求做了方案，并接触了客户方的财务总监（这次采购最有话语权的领导）和设计经理（技术把关者）。这两个人都告诉他，他所在公司的条件不错，符合学校的要求。

接下来，客户让他勘测、调研、做方案、出图、修改，他都积极配合，可以说客户让做什么就做什么。当然，他也没忘了做客情。

最后，他在会上向客户招投标委员会的成员介绍方案时，大家都没有发表什么反对意见，包括财务总监和设计经理。接下来就是按部就班地报价，一切都很正常，除了最后没中标。

这是典型的跟单型销售，客户让做什么就做什么，客户要什么就给什么。

除此以外，还有一种情况：见招拆招。技术人员不支持，就请技术人员吃饭；某个部长反对，就让售前顾问去找这个部长谈谈。简单来说就是，谁拿到球，都大力往对方球门里踢。不管是"跟单"还是"见招拆招"的策略制定方法，其错误都是没有自己的定位，主要体现在以下两个方面。

一、缺乏全局观念

大单是结构化的，就像一个人由四肢、躯干、头部组成，是一个系统性的整

体，头晕可能是心脏不好造成的，膝盖疼也可能是因为太胖。你不能头痛医头，脚痛医脚。

做订单需要先看全局，也就是六大变量。看完全局，你才能知道问题出在哪里，才能对症下药，更好地解决问题。正所谓"不谋全局者，不足谋一域"。比如你"搞定"了老板，就以为订单非你莫属了。但是，在对老板的话语权、各种制约关系、签单流程都没有搞清楚的情况下，你很难判断老板的支持对于赢单有多大帮助。而没有定位，销售人员做订单就不会看全局，他只能凭直觉和经验做事情，挂一漏万的情况就很常见了。

二、缺乏目标意识

替代位置是相对于上一章谈到的 SSO 而言的，你怎么判断一个订单处于正常运作的状态？当然是评估我们的策略是否在让我们越来越靠近 SSO。如果没有定位和 SSO，你只能"打哪儿算哪儿"。

和 SSO 的思想相似，定位的思想也是"以终为始"。首先，当前位置和替代位置都是以 SSO 为目标展开的，这是第一个"以终为始"，确保我们不偏离最初设定的目标。其次，替代位置又是具体策略制定的目标，策略的制定也是先有替代位置，再开发，这是第二个"以终为始"。

我们总听到很多人说，销售各有各的做法，其实不是各有各的做法，而是根本不会做，当然就没有统一的做法。在这种情况下，做成订单只不过是侥幸而已，更多的赢单是客户在买，不是销售在卖。

"打哪儿算哪儿"，你的路一定是最长的路；"以终为始"，看似绕弯，却往往走的是最短的路。

| 第二篇 |

识别订单变化

| 第四章 |

变量一：理想订单

一位销售人员在一次订单销售中碰到了一个竞争对手，这个竞争对手是客户旗下的一家子公司，但销售人员不畏艰难，勇于拼搏，最终拿下了这个订单。然而，麻烦事随之而来。客户首先大幅削减采购量；接着对产品百般挑剔，对销售人员各种刁难；最后，付款时一拖再拖。销售人员疲惫不堪，悔不当初。

很多单子，做下来比做不下来更痛苦。

第一节　理解理想订单

理想订单主要判断两件事：先是判断这个客户值不值得合作，如果值得合作，接着判断当前订单值不值得做。传统策略销售是判断客户，不判断订单，这是不对的。有时客户值得合作，但订单不值得做。所以，我建议从两个层面分析。

当然，对于老客户，通常只需要判断订单，除非客户内部发生了巨大的变化。很多销售人员所说的项目立项，其实是指对理想订单判断的过程。

判断理想订单不仅仅对销售人员很重要，对销售组织乃至整个企业都至关重要。

我服务多年的一家建筑公司的 CEO 语重心长地对我说："崔老师，我一直记得你在课堂上对我们说过的一句话——最好的竞争策略就是把'烂客户'（建筑行业坏账时有发生）推给竞争对手做。多年来，我们一直坚持这个原则，利润状况有了很大改善。更重要的是，我们的销售人员都能把精力放在真正能给公司带来价值的客户上了。"

他不是在说客套话，2019 年他的公司的业绩增长了近 50%，而他的主要竞争对手的业绩至少下降了 40%。这对一家大公司而言并不容易。

理想订单在策略销售模型中是一个宏观因素，它是在客户组织层面审视订单，是"适合性"分析。这个变量在整个订单运作过程中很少变化。这种"稳定性"可以让销售人员判断订单要不要做，也就是一场战斗要不要打。当然，订单在运作过程中出现巨大变化时，也要重新审视其是否还是理想订单。

接下来，我们从客户与订单两个层面来进行讨论，共涉及 10 个子变量。

一、客户评价

关于客户，主要从以下五个方面，即 5 个子变量进行评价。

1. 信誉度

信誉度包含的内容很多，如是否拖欠款项、对供应商的忠诚度、对承诺的遵守程度等。销售人员最重视的当然是是否拖欠款项的问题。因此，客户的信誉度是首要考虑的方面。

2. 采购潜力

采购潜力是指未来客户可能的采购量有多大。你至少要考虑未来三年客户的采购量。如果客户的采购潜力足够大，那么你肯定要考虑多投入资源，对客户进行长期运营。当然，你还要考虑采购潜力是不是"你"的。比如，客户的采购潜力确实很大，但是客户一直采购的是别人的产品，那么他就不是你的客户。

3. 战略匹配度

战略匹配度是指你公司（供应商）的战略与客户需求的匹配度。比如，供应商的战略目标是在金融行业做到细分市场的前三名。这时，有一个 IT 行业的大客户，如果拿下这个订单，供应商当前会有不错的利润，但是客户的个性化需求很多，供应商做起来费时费力，供应商因此还是应该考虑放弃。虽然这看起来是一个能赚钱的项目，但是后面会因为缺乏支持导致"利润黑洞"。

切记，这里所说的战略匹配度是指你的战略与客户需求的匹配度，而不是指你的战略与客户的战略匹配度。战略匹配度高的客户就像种子，能伴随着业务的发展越做越大，成为参天大树。反之，可能会影响供应商的发展。

4. 公司匹配度

公司匹配度是指客户对你公司的看法如何。很多客户有严格的供应商选择标准，如果两方的条件相差太大，那么匹配失败的可能性非常高。

小公司不要老想着拿下大客户，除非你真的有特殊竞争优势或战略需要。大部分客户挑选供应商首先考虑的就是"门当户对"。几个人的小公司非要和大客户谈大生意，结果往往力不从心。个人能力强的销售人员可以拿下大客户，但个人能力强不代表公司实力强。

一家公司刚刚成立不久，其主要客户是医院，产品还不够成熟，服务过的客户也只有几家县级医院。我询问这家公司老板他们的战略，他清楚地告诉我，接下来的工作重点是进一步发展县级医院客户，那些三甲医院尽量躲着走，坚决执行"农村包围城市"的路线。

我认为这家公司走的是正确的路线。

5. 采购方式

客户的采购方式也是销售人员要考虑的一个核心问题。根据不同的采购方式进行分类，客户一般有四类：①价格购买者，基本就是谁价格低买谁的，这类客户很常见；②专业购买者，这类客户（自认为）很专业，要控制一切，销售人员只能按照他的要求做，几乎没有任何回旋的余地；③解决方案购买者，这类客户愿意和供应商一起寻找解决问题的方法，愿意和供应商合作探讨，相互扶持；④战略购买者，这类客户希望找到和自己的战略相匹配的供应商，在未来带动供应商和自己一起发展，他们把供应商的能力看成实现战略的一部分。

一家公司的董事长希望我们团队帮他打造销售体系，他的公司未来五年有一个宏伟的发展计划。董事长反复对我说的一句话就是：希望崔老师陪我们度过从300亿元到550亿元的发展阶段。这个客户就是战略购买者。

你可能觉得解决方案购买者和战略购买者是最理想的客户，实际上，你对每一类客户的评价都和你自身的情况相关。如果你是靠低价取胜，价格购买者就是你最理想的客户。

客户信誉度决定了要不要做，客户采购潜力决定了要不要长期做，战略匹配度决定了要不要投入资源做，公司匹配度决定了客户要不要和你做，采购方式决定了好不好做。我们用这五个方面来判断客户的理想程度。

二、订单评价

评价完客户，还要评价订单。客户值得合作，订单就一定要做吗？未必。所以，我们还需要判断一下订单要不要做，也可以从以下五个方面，即5个子变量来判断。

1. 需求匹配度

需求匹配度反映了销售人员能不能满足客户的需求。销售人员确实可以引导客户改变需求，但有一定的限度。如果需求差异过大，销售人员可以直接放弃，否则销售过程艰难不说，交付不了，后面还有一大堆麻烦。销售人员一定要抑制住自己的"贪婪"，太多销售人员拿下了"烂"订单却抱怨公司不配合。交付不了的订单完全没有跟进的必要，除非是公司战略需要。

2. 我方利润

即使没有利润，订单也可以做，这很容易理解，那是为了达成长期合作或者做市场宣传。但在大部分情况下，做订单还是要看利润的。对一些产品来说，利润很直观，很容易判断。但是对另一些复杂的方案型产品来说，判断起来可能要难得多，因为隐性成本非常高。

一家做设计的 A 公司在华东地区有一个老客户，双方合作了多个项目，彼此知根知底。现在客户方又有了一个新项目，A 公司当然积极争取，不料 B 公司突然参与竞争。

客户方称，谁的价格低就选谁。第一轮报价，A 公司的报价在 1000 万元左右，而 B 公司直接报价 700 万元——这几乎没有利润。A 公司了解情况后得知，B 公司当前经营比较困难，没有订单，大家都闲着，急需鼓舞士气。

接着第二轮报价，A 公司直接将报价降到了 700 万元，而 B 公司报价 500 万元，B 公司中标。

B 公司的策略是先拿下订单，后面让客户追加预算。但是情况却不像 B 公司预想的那样顺利，由于客户方有国外投资方，B 公司追加预算的请求未能通过审批。

更麻烦的是，B 公司采用的是包干到人的制度，交付人员什么也赚不到，甚至还要被扣工资。于是交付人员纷纷撤退，项目"烂尾"。前期觉得占了大便宜的客户，如今深陷泥潭，进退两难。这个案例在行业内的恶劣影响很大，以致 B 公司不得不退出华东市场。

3. 对客户的价值贡献

这里所说的价值贡献是指这个订单给客户带来的价值。销售人员似乎很少考虑这个问题。不过，我们一直强调策略销售的目标是双赢。若不能达成双赢，应立刻放弃，这是坚定不移的原则。双赢给你带来的好处不会立刻显现，但是也不会让你等待太久。

除此以外，考虑对客户的价值贡献，也是寻找切入点的过程。只要你知道通过这个订单能为客户贡献什么，你就知道从哪儿入手能取得突破了。

4. 采购意愿

很多订单，在客户眼里是可做可不做的。但是你可以通过改变客户的采购意愿来促进客户采购，不过，如果难度过大，比如客户内部大部分人都不打算做，也许你应该暂时离开，静静地等待。

在新产品、新技术的销售中，这个问题会比较严重。客户很有兴趣地向你咨询，你以为商机来了，其实客户可能只是想学习一下，我们通常称这种现象为"假订单"。销售方充当了免费培训师的角色。

我们在早期做 ERP 系统销售时，常常碰到这种"假订单"。客户信息中心的人找到我们，信誓旦旦地称马上要采购 ERP 系统，我们也带着"中奖"的心情积极配合，天天给客户做培训、讲方案甚至做调研，但是常常一两年没有丝毫进展。究其原因，就是客户内部并没有对采购 ERP 系统达成一致意见，有高影响力的人不想买或者不想现在买。

你可能觉得这种订单很少见，但是，在我们的销售漏斗里，类似的订单一度占到了 80%。你想想，我们有多少时间和精力浪费在了这些订单上？

产生"假订单"的原因不一定是客户想骗你，而是客户（尤其是客户高层）没有做好采购的思想准备，没有采购意愿。

5. 竞争对手

如果竞争对手把一个订单做到了差不多可以拿下的程度，那么你还要不要进入？

很多领导在这种情况下会鼓励销售人员进入，但是站在策略销售的角度看，放弃这个订单更合适。因为策略销售追求的是单位时间内回款最多。相比只有 1% 的希望的订单，为什么不去争取那些有 20%、30% 的希望的订单呢？有时选择大于努力。

当然，任何事情都不是绝对的。如果是公司的战略要求，必须击退竞争对手，那么你也可以与竞争对手死磕到底。

虽然理想订单是一个宏观变量，但它是定位的判断标准。也就是说，订单是否理想，依然与 SSO 有关。当你确定以上 10 个子变量时，你要问问自己，每个子变量对于你接近 SSO 可以提供什么样的帮助，或者会产生什么样的障碍。比如，需求匹配度与 SSO 里的方案，信誉度与 SSO 里的价格是否一致，等等。

理想订单涉及 10 个子变量，不过这 10 个子变量其实都在说一件事：只做双赢的订单。《孙子兵法》强调先算"五事七计"，算赢了再打。做订单也一样，事前多谋算，做的时候就能节省很多时间和精力。

三、评价方式

站在理想订单的角度，如何判断风险和优势呢？有了10个子变量，你可以对每个子变量按照0~5分打分。比如，针对需求匹配度，如果你认为客户的需求大部分能满足，就打3分；反之，打1分。最后计算总分。如果你觉得有些子变量不必要，可以按照自己公司的情况进行调整或去掉。比如，你的客户都是信誉很好的客户，你就可以去掉信誉度评价。如果你觉得有些子变量很重要，也可以修改权重，比如按照0~10分打分，以便在立项时给予充分的重视。

关于理想订单的评价，有几点需要说明：

首先，有人可能会问，低于多少分的订单应该放弃？这个问题的答案不完全取决于评分，还要考虑销售人员手里订单的数量和质量。如果销售人员手里什么订单都没有，那么评分低的订单也要去做。从某种程度上说，你手里商机的质量决定了你做或者不做订单。

其次，评分可以用于订单的分级，而订单的分级决定了资源的投入。

最后，评价不应仅在确立商机的时候进行，当订单发生重大变化的时候，也应重新进行评价。任何时候撤出都不晚。

第二节　理想订单可能存在的风险

《孙子兵法》中说："兵者，国之大事，死生之地，存亡之道，不可不察也。"从销售人员的角度看，做大单也是如此。因为做一个大单可能需要销售人员投入两年的时间，如果贸然进入，除了可能拿不到奖金，销售人员还可能遭受以下损失。

- 时间成本：短则六个月，长至两年的时间白干了。
- 机会成本：错失了其他客户，因为销售人员没有时间去运作其他更有价值的订单了。
- 财务成本：销售费用白花了。
- 品牌成本：公司声誉受损，销售人员留下话柄，甚至成为笑柄。
- 服务成本：留下一个烂摊子，和客户一起陷入双输的局面。

销售人员总是被客户选来选去，但在进入订单之初，销售人员也是可以挑选客户的，这个机会千万不能错过。根据我们的统计，近 1/3 的订单是根本不应该进入的。也就是说，这些订单在开始时就选错了，但是，花在这些订单上面的时间和精力再也回不来了。

在理想订单这个变量上，销售人员可能遇到以下几种风险。

1. 客户可能已经内定供应商

这是最常碰到的情况。很多订单在选择供应商之前就已经内定好了。也就是说，销售人员只是陪跑的。

你可能觉得这种情况只有在不正规的采购中才可能发生，实际情况却是，大部分采购，客户一开始就有非常心仪的供应商。虽然也会有捡漏的机会，但概率很小。

这倒不是客户暗箱操作，而是客户在立项之前，要进行充分的调研，而调研就离不开和供应商打交道。这个过程几乎一定会产生倾向性。

2. 销售人员经不住诱惑

有些订单本身就是陷阱，但是一些不了解真实情况的销售人员排除万难也要拿下这些订单。如果用这排除万难的劲头去做其他订单，收获不是更大吗？

这些陷阱不一定是竞争对手布置的，也可能是客户设计的，比如，要留"备胎"，防止意外；要给第一候选供应商施加压力；等等。

3. 销售人员舍不得放弃

经不住诱惑是指非要进入，舍不得放弃是指不愿意出来。对销售新人而言，他们总觉得有个订单不容易，有了它，自己就能在公司站稳脚跟。所以，他们将订单看作救命稻草，进入了就不愿意出来。

对老销售员而言，舍不得放弃则是赌徒心理使然：越没戏，越希望加大投入；投入越大，越不舍得放弃。当然，舍不得放弃还有一个原因，就是不知道放弃的依据是什么，也就无从判断（这个问题将在第五章里进行说明）。

4. 销售人员为长期利益牺牲短期利益

一个很令人不解的现象是，销售人员一旦遇到困难，不是去说服客户，而是来说服公司。销售人员常向公司申请特价，理由也很一致：客户潜力巨大。但是，如果一个客户动辄让你牺牲短期利益，那么他真的是理想客户吗？

第三节　理想订单里蕴含的策略

用理想订单的评价标准对订单进行评价，得到的分数可以用来做什么呢？换句话说，这个分数可以用于支撑哪些策略呢？

一、敢于放弃订单

可能对很多订单来说，放弃都是一种次优策略。

有些销售团队有立项步骤，有些则没有，对此我强烈建议，尤其是大单，一定要有官方立项步骤，也就是要有销售管理者帮助销售人员判断是否跟进订单。原因有两个：一是大单需要投入的资源太多；二是销售人员通常任何订单都舍不得放弃，需要有人帮他做决定。策略销售追求的是最高投入产出比，这对提升团队业绩至关重要。

一家生产地铁设备的公司，其订单属于典型的大单：订单金额在1000万～9000万元，销售周期通常超过2年。该公司的销售总监希望我帮他们回答一个问题：如何判断订单该不该进入？

该公司平均每个订单的销售费用在200万元左右，包括差旅、测试、试用等方面的费用。虽然销售费用不低，对利润影响巨大，但是销售人员不愿意放弃任何一丝机会。于是，销售总监只能由着他们跟进，但大部分订单跟到最后还是没戏，因为一开始就没戏。

理想订单的评价可以帮助销售管理者对订单是否立项提供参考，也就是决定做不做这个订单。立项时机是在进入订单之前或者刚刚进入订单的时候。在销售过程中，最幸福的人是拿下订单的人，其次就是第一个退出的人。而最好的退出就是根本不进入。当你有了准确的判断标准时，判断做不做就容易很多。

至于多少分可以退出，答案是由你自己决定。因为"做不做"还取决于你对这个订单的渴望程度，也就是你手里有多少订单以及它们的质量如何。如果你手里有很多优质订单正在运作，你可能就会对新订单严格审核。反之，你可能会想"苍蝇腿也是肉"。

不过，我还是建议销售人员尽量放弃"苍蝇腿也是肉"的想法。正确的做法是，拒绝不良订单，把时间和精力放在寻找优质订单上。你可能会问，如果找不到优质订单怎么办？我的建议是：那就什么也不干，这样至少不会浪费资源。不要寄希望于运气，也不要因为焦虑而行动。

我们都知道《三国演义》里的空城计，你觉得这场战斗是司马懿赢了，还是诸葛亮赢了？我认为，司马懿做了最正确的判断。因为诸葛亮一生谨慎，100次空城计中，很可能99次都有伏兵，也就是说司马懿中埋伏的概率是99%。而选择撤军（不进入订单），对司马懿来说没什么损失，最多就是没立功。他的兵力、粮草依然保持完整。

但是有三种情况，即使订单评分低，也可能要去做。

第一种情况和"山头客户"有关，也就是之前没有合作过，但是一旦拿下，对公司的战略实现具有重大意义的客户。比如，汽车电池厂商之于某些大型电动汽车厂商。

第二种情况和打击竞争对手有关。比如，一旦竞争对手拿下某个客户，就会对自己公司产生重大的不良影响。这时，即使订单评分低，也要殊死一搏。

第三种情况和新产品的推广有关。关系到新产品销售的订单，评分很可能比较低，但是涉及公司未来的发展，即使订单评分低，也应该努力尝试。

总之，评分是立项的参考，同时也是公司资源投入的参考。它可以用来对订单进行评级，但不是"做不做"的唯一决定因素。

大部分订单都是进入容易退出难，比如，退出时你要面临得罪客户的风险，要面临公司内部的指责，所以，一定要谨慎进入。

二、从好订单开始做

从好订单开始做，是理想订单里蕴含的第二个策略。

可能有人会说，哪有那么多的好订单让你做？其实站在宏观的角度看，你做的好订单越多，随之而来的好订单就会越多。你玩过扫雷游戏吗？当你开出的空白区域越多时，游戏就会变得越容易。同样，你做了好订单，就会有更多的好订单涌现。

写本书的时候，恰好是我做讲师的第13年。在这13年中，我差不多每年讲100场课，我也遇到过课程效果不好的时候，究其原因，都可归因于"客户错了"。

这不是指客户犯了什么错误，而是指课程与客户的匹配度不高。而造成匹配度不高的原因是我在客户的筛选和了解客户的需求方面做得不够，课程根本就不适合他们听。

于是，我给自己立了一个规矩：只要是新客户，就必须进行调研，不匹配的客户，给多少钱都不接。这样做肯定会让我丢失一些客户，但是，我的老客户及其转介绍的新客户给了我90%以上的新订单。

三、从立项标准里寻找切入点

刚进入订单时，最缺乏的是什么呢？最可能的就是找不到切入点。但是，如果你按照前文所述的10个子变量收集了完整的订单信息，那么你至少可以找到一个切入点。常见的切入点如下。

1）采购潜力。如果你判断出客户采购潜力巨大，这时申请更好的价格政策可能就是切入点。

2）战略匹配度。很多客户非常重视与供应商的长远合作，尤其是客户高层。那么，让高层意识到他的需求是我们的战略方向，就是切入点。

3）对客户的价值贡献。如果你一开始就判断出自己对客户的大致价值贡献，你就问问自己，谁会在意这些价值，这个人可能就是你的切入点。

4）竞争对手。如果是客户让你进入订单的，想想客户为什么让你进入订单，可能只是让你陪跑，也可能是客户对原有供应商不满——这也是切入点。

5）采购意愿。客户为什么很着急做这次采购，背后必有原因。你如果能满足客户的紧迫性需求，这也是你的切入点。

有一个订单，销售人员进入得很晚，当时几乎要放弃了，但是在分析订单资料时，销售人员发现客户有一个非常紧急的需求。资质评审机构要将"产品上线"作为评测客户公司资质的条件之一，而这个资质对客户来说生死攸关。于是，销售人员认真分析了客户的评审时间，重新做倒推计划，并特别强调：这个时间要求只有我方能满足，因为竞争对手需要人工录入数据，而我方可以把客户的数据直接导入。之后，销售人员与客户一起推算了申报资质的时间，客户也承认，只有销售人员所在的公司能满足这个时间要求，于是销售人员顺利签单。

切入点在订单运作中是一个入口，找到这个入口后就容易发展关系、覆盖客户、获取支持，反之，就只能在订单周围打转。如果把订单看成一个碉堡，切入点就是门。没有切入点，就只能炸开一个缺口，这太危险了，可能会让自己粉身碎骨。

对理想订单的判断，不仅在于订单的得分多少，更在于你是怎么打分的。从某种程度上说，判断的过程比判断的结果更重要。因为判断过程就是找切入点的过程。

四、遵循从客户评价到订单评价的顺序

理想订单评价是先评价客户，再评价订单。这很重要，因为客户评价不好，即使订单能做也要谨慎。否则，后面的环节可能会遇到很多麻烦，比如客户不能按时付款、频繁更改需求，等等。正所谓，皮之不存，毛将焉附。另外，按照先评价客户后评价订单的顺序，也是在为未来战略客户的甄别和经营打基础。

五、预测可能会出现的问题，提前准备，防患于未然

仔细看评价理想订单的 10 个子变量，你会发现很多都是为了防止未来出现问题而设计的。这也提示你，如果你判断有风险，又希望继续跟进，你就需要提前做好应对风险的准备。比如，客户信誉度较低，则客户的首付款必须高。再如，你觉得客户的采购意愿不强，那么你在前期投入时就要小心谨慎，因为客户不采购的可能性非常大。

六、以评价为基础，确定投入多少资源

立项之后，就要投入资源，对客户的评价是确定资源投入的基础。关于资源投入的问题，我会在第五章中详细论述。

七、从理想订单中初步筛选战略客户

理想订单的评价还有一个很重要的作用，就是评价客户是否可以长期经营。虽然理想订单的客户不一定是战略客户，但是可以从理想订单中筛选战略客户。策略销售面向的是订单的完成，而客户经营面向的是战略客户的长期管理。理想订单是策略销售和客户经营的连接点。

客户经营是很多企业未来的必经之路，也是销售发展的方向。因为客户经

营的本质就是拥有更多的战略客户，这种战略客户的资源优势是企业长久发展的基础。

关于理想订单，还有两点要说明：

一是虽然我们在开始做订单时就做出评价，但并不是只用于立项。策略销售要求，任何一次策略制定都要综合考虑六大变量。虽然理想订单在整个订单运作过程中变化较小，但也会发生变化，比如需求匹配度、战略匹配度等都可能改变。所以，在订单运行过程中，你仍然需要关注它是否还是理想订单。若不是理想订单或者无法变成理想订单，你就要考虑退出。

二是警惕"炸碉堡"的案例，也就是那种千辛万苦才拿下来的利润很少的订单。不要把这种做法树立为榜样，这会误导整个销售队伍。管理者要鼓励销售人员把时间和精力放到那些容易拿下的订单上。《孙子兵法》中说，"战胜而天下曰善，非善之善者也"，"胜于易胜者"才是正道。

| 第五章 |

变量二：我方资源

一位销售人员最近丢了一个订单，客户是国内的一家著名互联网公司。

销售人员所在的这家供应商上上下下都很重视这个订单，为此还建立了一个项目群，公司老板、方案部门负责人、区域总经理、销售人员都在这个群里，以便随时沟通。订单一丢，大家都很沮丧，开始检讨这个订单为何会丢。于是出现了大家熟悉的一幕：销售人员反复强调，这个订单丢在价格上，因为自己的报价比竞争对手高。言下之意，就是老板不批低价导致丢单。

老板听完销售人员的理由，勃然大怒："我天天在群里和你沟通，从来没听你说过价格问题。现在订单丢了，你告诉我是价格问题。你早干什么去了？"

为什么天天沟通，还会出现这个问题呢？

第一节　理解我方资源

《天下足球》节目里说过一句话："你不是在跟皇马这支球队比赛，你是在跟119年的传统、历史和底蕴比赛。"同样，把"我方资源"纳入变量的原因之一，就是让你的竞争对手（销售人员）和你所在的公司对战，而不是你俩单挑。这可能是提高胜率最有效、最容易的办法之一，但也是销售人员最容易忽略的方法。他们很注重"知彼"，却很少注重"知己"。比如，作为一个大单的销售人员，你是否碰到过下面这些情况？

- 支持资源不足。
- 支持人员的能力不足。
- 承诺与实际交付不一致。
- 资源协调困难。
- 方案质量无法保证。
- 无法交付或交付延期。

资源很重要，但资源很难协调。现在你回想一下，有多少订单是因为内部资源使用不当而丢的？或者这样问：你因为竞争对手丢的单多，还是因为自己人丢的单多？

在策略销售中，除了"我方资源"这个变量，其他变量都是用来分析客户或者竞争对手的，也就是对外的。只有"我方资源"是对内的，是用来分析自己人的。

同时，我方资源与策略销售的基本思想有关。策略销售追求的从来不是一定做成订单，天底下没有这种方法论，它追求的是以最高性价比做成订单，也就是单位时间内回款最多（这也是大部分销售人员的梦想）。不仅要能做成订单，还要计算投入。既然追求最高性价比，就要考虑我方资源。

订单运作的本质是项目管理，项目管理的本质是一套基于目标、应对变化的方法论。大单管理的目的在于调配各方资源，让它们在短时间内形成合力，实现我们想要的结果。项目管理和运营最大的区别是，项目管理是独特的，而运营是重复地做某些事情。

卓越的项目管理能力是拿下订单最重要的能力之一。不过，不可思议的是，很少有销售人员学习过项目管理。

当我们说资源时，其实是在说一个项目到底要投入什么样的人和物料、做哪些事情、怎样组织、时间怎么安排等方面的事情。我们要通过项目管理尽量减少资源的投入。

大单管理具有项目管理最本质的特征：管理变化。站在订单运作的角度看，大单管理具有三个很明显的特点。

1）独特性。每个订单的"玩法"都不一样，这决定了每个订单需要协调的资源不一样，你要结合 SSO 考虑怎么搭建班子。

2）临时性。临时性意味着人员不固定，什么时候结束不固定，因为什么而结束也不固定。这也意味着每次你都要临时搭建班子去协调资源，并且这个班子还随时会变动。

3）渐进性。开始时谁都说不明白一个订单该怎么做、需要多长时间、需要投入什么资源，一切都是不确定的，只能有一个大致的方向（SSO）和推进的方式。

既然订单运作的本质是项目管理，那么接下来我们就可以引入项目管理的一些方法，再结合销售过程的一些特征，找到在大单销售中组织人员和控制成本的策略。

第二节　组织策略

作为一名优秀的销售人员，除了要追求高赢单率，还要追求以下三个目标。

1）做可交付的订单：在售前阶段就要考虑可交付性。

2）做性价比高的订单：控制成本，不干得不偿失的事情。

3）长期保持良好的客户关系：这样才能保证永远有订单。

要达到以上目标，我们就要考虑大单销售在人力资源、时间资源，以及组织和资源协调等方面的策略。

拿下大单通常是团队作战的结果，这就带来了一个问题：做一个大单需要多少人参与？你可能听说过华为的"铁三角"，觉得三个人参与差不多。实际上，"铁三角"是一种按照销售职责分工的模式，不是指参与人数。它也可以是"铁两角""铁四角"，甚至"铁八角"。销售角色是订单运作过程中划分出的职责。所以，这个问题正确的问法是：一个销售项目要做哪些事情？如何根据这些事情来划分职责并组织人员？

一、订单管理任务

1. 过程管理

这里所说的过程管理,是指识别订单变化、分析风险和优势、制定销售策略、执行策略这四个步骤。一个策略执行完了,情况又会发生新的变化(也可能是竞争对手或者客户发生变化),于是要再执行一遍这个过程,就像齿轮一圈圈地转动,形成订单的轨迹和运作过程。策略销售的每一个分析和执行过程,都是以当前时间和订单全貌为基础展开的。这种基于此时、全局以及变量的设计确保了管理的精细度,这正是过程管理的精髓所在。

2. 方案管理

大单销售几乎都是方案销售,通过挖掘需求和设计方案推进订单是其重要的销售手段。方案管理包括需求挖掘和方案设计。销售人员不仅要更深、更广地挖掘客户需求,也要设计高价值的、打动人心的方案,同时还要准确地表达和传递方案的价值。

方案管理通常由售前人员(又称销售工程师)负责。其主要职责包括需求挖掘、售前方案设计、产品演示与测试、销售培训与演讲。

3. 交付管理

我采访过一位销售总监,想了解他的时间都花在哪些方面。他告诉我,大部分时间都是用来和实施部门"打架"的。我问他为什么,他说:"我的员工'打'不过他们,我必须亲自上。"

他负责的产品比较复杂,销售人员在售前阶段很难把控交付难度,同时,整个订单管理比较混乱,造成销售前期的承诺与后期实施的脱节。最后,问题就都堆到了交付阶段集中爆发。

我的领导曾经语重心长地告诫我:"所有的售后问题都是销售人员造成的。"他的意思是说销售人员经常过度承诺,通过吹牛来拿订单,以致造成很多售后问题。

在传统的订单运作组织中,交付人员很少介入售前人员的工作,基本都是销售人员拿下订单,然后交付人员拿着交接单,奔赴"布满地雷"的陌生战场。接下来就是交付人员在交付阶段问题频出,交付阶段的故事比售前阶段更精彩。但是,大单的复杂性决定了不能这样做,许多项目延期、烂尾都是这样做导致的。

销售人员必须保证订单能交付。这就要求做交付管理。交付管理的内容包括需求界定、方案审核、项目后期实施参与、协助回款、期望管理、客户满意度管理等。但是，交付的职责通常由实施部门的人员承担，这意味着销售人员自己吹过的牛，需实施交付的人员配合，才能保证订单的可交付性，以及基本保证双赢的实现。

拿下订单靠销售人员，做大订单靠售前人员，而回款则要靠交付人员。

二、团队分工与协作

1. 资源协调浪费了太多的时间

做大单必须进行分工，但分工并不是指团队人员各行其是，而是要有管理、有组织地行动。接下来我们就要讨论订单的组织。市面上有无数的图书或文章讨论销售队伍的组织建设，但是很少有人讨论围绕订单的组织建设。

公司越大，订单越大，销售人员花费在内部协调上的时间和精力就越多。销售人员总是面临两场战争——对内的和对外的，而对内的战争消耗销售人员的时间和精力往往更多。

在和一家大公司的CEO讨论大单运作中内部资源协调问题时，我谈到很多公司的销售人员要花费50%的时间和精力协调内部资源。这位CEO淡定地说："我们公司是70%。"接着，他又补充道："凡是能把70%的时间和精力用来协调内部资源的销售人员，业绩都不错。"

我对这位CEO的这个结论将信将疑，又去问该公司的销售人员，他们的回答是："我们通常用90%的时间和精力来协调内部资源。"

2. 不能直接套用"铁三角"

说到围绕订单的组织建设，有人可能会问，可不可以直接套用华为的"铁三角"呢？恐怕不可以，因为绝大部分企业都不具备直接套用的条件。

第一，华为的战略客户有上万家，几乎每家客户都要做客户经营，也就是说，"铁三角"更多是一种长期存在的客户经营组织，而不仅仅是为做订单而设立的组织。但是，大部分销售组织面对的客户可能不是需要长期经营的客户（只有战略客户才值得经营），不值得长期留存。

第二，华为的"铁三角"是建立在LTC（从线索到回款）流程之上的组织，也就是我们常说的"把组织建立在流程上",组织以流程为依托,为流程服务。LTC涉及研发、生产、采购等多个部门的联动和协同。这样复杂、庞大的流程大部分企业都不具备,建立起来也是旷日持久的,所以也就无从呼唤炮火,无法获得后端大平台的支撑。

一家大型软件工程公司学习了华为的"铁三角",照搬了华为所有的角色和职责分工,不但没有起到作用,反而加剧了公司内部的矛盾。原因是资源有限,除了销售人员这一角色,另外两个角色(方案经理和交付经理)都身兼多个订单的工作。该冲锋的时候,销售人员却找不到方案经理和交付经理,公司现在最大的矛盾变成了"三角"内部的矛盾。

现在我们面临一个两难的选择:一方面,作为临时性组织,每次有事,销售人员都要四处找人,但有时找到的人未必合适,有时甚至连不合适的人都找不到,而大单的情况每天都会有变化,这就造成了"对内的战争";另一方面,"铁三角"这样的组织,公司资源和组织流程都不支持,看着很好却不实用。

3. 订单组织

针对上述问题,我们借鉴"铁三角"的方式,结合订单运作的特点,提出一个新概念——订单组织,如图5-1所示。

图 5-1　订单组织示意图

如图5-1所示,订单组织由内圈的三个角色构成:销售经理为订单成功负责,他是项目经理,也是订单的最高指挥官和第一责任人;方案经理为需求和方案负责；交付经理为按时、高质量交付以及回款负责。外圈是做单过程中可能临时调用的人，包括公司高层、其他内部资源（如实验器材）、支持人员（如行业经理、专家、技术人员等）、外部资源（如行业协会的资源）。

关于订单组织，还有以下几点补充说明。

- 订单组织是相对固定的，从项目立项（自己公司的项目立项，不是客户的项目立项）开始到完全交付，这个组织一直都存在，项目完成之后，这个组织才会被撤销。
- 一般情况下，三个角色由三个可能来自三个不同部门的人承担，他们共同组成订单的客户界面，与客户内部不同的人打交道。
- 订单组织以行政命令的形式固定，也就是由公司或部门正式宣布组织的形式。这是一种授权，并且具有一定的强制性，可避免临时找人的种种弊端。
- 外圈是临时性资源，如请高层出面见客户老板、带客户参观样板客户等。资源协调的责任人是内圈中的各个角色，如协调高层工作的是销售经理，协调行业经理工作的是方案经理，协调技术人员工作的是交付经理。协调的资源可能不是人，而是政策、样板客户、设备、耗材等。
- 三个角色以销售经理为核心开展工作，他是订单的最高指挥官。当然，三个角色的分工也会有灰度区域。比如，方案经理是个销售高手，他可能直接承担销售经理的部分工作。
- 每个角色都有目标，即我们在本节开篇提到的三个目标，不过，最重要的还是客户满意而不是回款，这是基于双赢原则。也正因为如此，很多工作都需要三个角色之间相互协同。比如，回款责任人是交付经理，但是销售经理也要参与回款事宜。
- 公司对订单组织要充分授权，要将价格权力、方案权力、费用权力充分下放给订单组织，因为他们必须有自由裁量权，这样才能更好地完成订单。比如，销售经理要有最低价格的审批权。
- 在可能的情况下，公司还可以把奖金分配权力、考核权力、评价权力也下放给订单组织，让销售经理从销售人员转变成管理者。

三个角色的具体职责如表 5-1 所示。

表 5-1　三个角色的具体职责

销售经理（项目经理）	方案经理	交付经理
1. 组建团队 2. 制定 SSO 和销售策略 3. 监控和执行策略 4. 识别订单风险和优势 5. 合同签订质量把关 6. 合同履行质量监控 7. 协助交付经理回款 8. 长期客户关系的建立、维护和拓展 9. 协调公司高层资源 10. 协调客户参观，为客户申请低价 11. 奖金分配和绩效评价 12. 订单复盘、经验萃取和客户漏斗管理	1. 挖掘机会，激发客户兴趣，促进购买行为发生 2. 理解、深挖、扩展客户需求 3. 管理客户期望 4. 制订客户化解决方案，引导解决方案开发，通过解决方案为客户创造价值 5. 通过客户培训、方案演示、销售演讲等手段传递价值 6. 进行产品方案测试 7. 提供价值主张和价值分析，用方案获取信任 8. 协助交付人员顺利交付 9. 协同后台研发、设计、生产	1. 为订单前期销售工作提供支持 2. 对整体交付与客户满意度负责 3. 及时、准确地为客户提供优质的产品 4. 协助销售人员进行合同关键条款控制、合同谈判、合同交接、合同履行和变更，提升项目契约质量和履约质量，促进对客户的契约化交付 5. 作为交付管理者，负责对交付的监控与问题处理 6. 承担项目业务量预测和交付资源需求预测、规划、调配等交付资源日常管理业务 7. 对回款负主要责任

订单组织看起来很像"铁三角"，但二者之间有本质的不同。

首先，订单组织是一个因订单而设立的组织，它的起点是项目立项，终点是订单交付。如果后续无须进行客户经营，订单组织便会撤销。如果后续需要进行客户经营，则订单组织可以保留，也可以重新设计（客户经营和订单运作的组织要求是不一样的）。

其次，订单组织不需要 LTC 的支撑，资源更多是靠三个人灵活地协调。大部分订单所需要的资源并没有那么复杂，而大部分企业也没有 LTC 这样的流程。尽管订单组织达不到"铁三角"和 LTC 结合带来的协同水平，但是对一般的大单而言也基本够了。

我建议将订单组织以行政命令的方式固定下来，这样销售人员可以节省出大量的时间和精力。涉及金额越大的订单，销售人员在资源协调方面花费的时间和精力就越多。在订单组织中，规定协调由谁负责，就由谁负责，负责人一般出自资源部门，协调起来难度小很多。

三个角色可以同时负责几个订单，但是只要担任了某个角色，就必须全力承担该角色相应的职责。临时性组织最大的问题是经常临时换人，无法把控工作质量。构建订单组织的好处是：

1）提升效率。订单组织本身就是一种效率提升方案，专业的人干专业的事，是最有效率的方式。

2）提升协作质量。做过大单的销售人员都明白，临时拉人有多难。更重要的是，这种临时拉人的方式常常会带来意想不到的结果，因为临时拉来的人不了解订单情况，其工作质量和水平无法得到保证。而相对固定的订单组织可以很好地解决这个问题，实现由要人到安排人的转变，从而为未来的客户经营奠定基础。

3）保证信息的高质量。策略销售的关键之一在于信息的全面性、及时性和准确性。订单的信息来自方方面面，如人员、业务、组织机构等。通过与客户方的人建立对应的关系，如方案经理对接客户技术人员，就能更容易地获取全面的订单信息。高质量的信息是策略销售的基础。

4）专业针对性强。订单组织固定后，组织成员有所分工，分别负责对接不同的人，而不仅仅是对自己的方案或交付负责。利用业务之便，获得不同的人的支持就变得容易很多。更重要的是，三个角色始终参与订单流程，有足够的时间有针对性地解决问题。

5）保证客户界面的简洁。客户很讨厌的一件事是，在整个订单周期内（从立项到交付），他们要不断地和供应商内部的各种人打交道，其间很容易产生各种误解、担忧、抱怨、共识重建等问题。而建立了订单组织后问题就不存在了。订单组织麻雀虽小，五脏俱全，全权负责客户的采购过程，无须客户亲自去协调供应商内部不同的人，这会大大提高客户满意度。

6）足够的管理灵活性。打仗时，有一个"三三制战术"，即三人一组，以保证相互之间看得见、听得着、配合密切且灵活。管理也是如此，订单组织由三个人组成是较为合理且灵活的方式。

7）负责到底。很多公司会把客户满意度作为考核销售人员的依据。客户满意度取决于售前承诺、售后交付以及公司对客户期望值的管理。这是一个贯穿始终的系统工程。没有人比销售人员更希望客户满意，但客户满意并不是只由销售人员来负责。订单组织可以很好地解决这个问题。

接下来我们分析一个实际使用订单组织的案例。

一家供应商主营的产品是设备、软件、耗材的一体化方案，订单金额在几万元到几千万元，交付工作量不大，通常1～2周即可完成。在运作大单时，它采用的是类似订单组织的模式。

它有订单评审机制，类似于我们在前面提到的理想订单。一旦立项，它就会以领导指定的方式成立订单组织，其基本分工如下：

- 销售人员：一般是指本地的销售经理，担任项目经理的角色，是订单的最高指挥官，负责客户关系运作、策略制定、投标、合同签订、收款，以及企业内部高层资源的协调。
- 售前工程师：也就是方案经理，一般来自总部售前部门，负责方案设计、售前培训、客户参观协调、协助销售人员进行客户关系维护、竞争对手调查、标书设计、售前部门资源协调。
- 售后工程师：也就是交付经理，一般来自本地，和销售人员处于同一个区域；负责需求调研、产品演示和测试、客户方使用人员关系维护、订单交付、售后部门资源协调。

我们分析一下这个案例中使用订单组织的优缺点。优点具体如下：

第一，节省协调精力。因为有正式的立项和任命，这个组织是相对固定的，销售人员无须在运作过程中再耗费大量的精力去协调资源。

第二，专人专事。设计这个组织的目的就是实现专业的人做专业的事情。从分工上看，这是可以实现的。

第三，信息更全面、更准确。组织中可以实现信息相互验证，三个人分别从客户高层、技术人员、使用人员、采购人员处获取信息，既保证了信息的全面性，又保证了信息的准确性。这为策略制定奠定了坚实的基础。

第四，组织中的人员可以以业务之名频繁地接触客户，然后通过相互引荐，做实、做透客户界面。

第五，阻力减小。在某一方碰到阻力时，可以通过另外两方的优势化解阻力或跨越阻力。

第六，售后工程师的参与保证了交付工作的顺利执行，他会制约销售人员或者售前工程师，不要做出不切实际的承诺，以保证交付。

第七，权责明确，资源利用率高。销售人员作为项目经理，拥有一定的权限，可以安排其他人的工作，而不是仅仅进行协调。这三个人还会参与其他订单，以避免因工作周期不同而导致的分工不均。比如，由于需求和产品复杂性不高，所以售后工程师就把很多售前的工作做完了，而售前工程师则承担了部分销售人员的责任。

缺点主要包括：

第一，销售人员的权限不够。大部分权力还是在销售部门管理者的手里，这造成了内部管理上的一些摩擦。此外，销售人员没有奖金的分配权或建议权，给其他人安排工作会比较困难。

第二，协同方式不明确。该订单组织虽然责任分工明确，但是协同方式不明确，这会给实际运作带来困难。

第三，缺乏相互评价。销售人员没有对售前工程师和售后工程师进行评价的权力，当然，售前工程师和售后工程师也缺乏对销售人员的评价权力。

第四，售后工程师和销售人员的流程顺序不合理。交付是由售后工程师完成的，但是收款的责任却主要在销售人员身上。而除了首付款，客户付款的决定因素是交付质量，这是由售后工程师决定的。

三、资源评价

在策略销售中，我们将资源按匹配性进行评价，结果主要分为以下四类。

1）非常匹配：资源与 SSO 以及 SSO 背后的采购影响者的匹配性很强。

2）基本匹配：资源与 SSO 以及 SSO 背后的采购影响者有一定的匹配性，但程度有限，还需要外部更好的资源作为补充。

3）较差匹配：已经设定了订单组织，但是资源与 SSO 以及 SSO 背后的采购影响者缺乏匹配性。

4）缺乏组织：还没有建立订单组织，属于临时找人。

第三节　内部资源协调策略

可能出于各种原因，你的公司无法成立专门的订单组织，做订单需要随机协调资源。这时你会发现，经常出现紧急情况，所以协调资源的效率就成了关键。具体怎么做呢？可以遵循下面的流程。

假设销售部门的销售人员 A 想要售前部门的顾问 B 支持自己的订单，那么内部资源协调流程图如图 5-2 所示。

这个协调流程现在被很多公司采用。说明如下：

1）A 直接找 B 协商，如果 B 同意，这事结束。

2）如果 B 不同意，A 协调 B 的领导 B1，如果 B1 同意，这事结束。

3）如果 B1 不同意，A 找自己的上级 A1，让 A1 协调 B1。这一步可以反复多次。如果 B1 同意，这事结束。

4）如果 B1 始终不同意，A1 去找 A1 与 B1 的共同上级 C 协调，由 C 做出最终决策，这事结束。

除了流程，销售人员还要建立自己的内部资源网络。千万不要认为别人帮你是天经地义的。别忘了，无论你的公司有多少资源，你都希望最出色的人帮你，而最出色的人永远最忙，他为什么一定要帮你呢？

当年我的 CEO 给我讲过一段他自己的经历。

当年他做销售的时候（在国外）还没有手机，销售人员每次出去见客户时，总会有一些咨询电话打到公司前台。前台的工作人员会将这些电话记录下来放到一个筐里，销售人员回来后，就自己到筐里找。

但是我的 CEO 不一样，他经常会带点零食给前台的工作人员。凡是找他的电话，工作人员都会很认真地回复，并且将认真整理过的谈话记录写到一张纸上交给他。

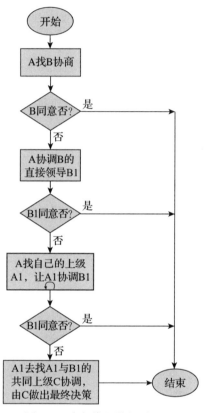

图 5-2　内部资源协调流程图

把内部资源当成你的客户，许多事情便会豁然开朗。销售就是要协调好各种内外部资源，一起出去"打群架"。

第四节　时间管理策略

一、销售人员的时间管理策略

有了职责、角色和组织，还有一个问题要解决，即销售人员怎样管理自己的时间，合理安排工作。很少有销售人员或销售部门管理者关注这个问题，他们认为只要拿下订单就好了，从来不计较投入多少时间。其实这个问题只要换个问法，就会立刻引起警觉。

如果投入相同的时间，是不是可以有更大的收获？

你有两个选择，在同一时间内，做一个 10 万元的订单或者做一个 50 万元的订单。如果你选择了 10 万元的订单，就损失了 40 万元的机会。

大单周期长，投入的时间和精力多。麻烦的是，即使几个人投入了几年的时间，也未必能拿下订单。更麻烦的是，如果这些人将时间放到别的订单上，也许已经拿下了订单。所谓销售人员的时间管理，就是管理自己一年的时间投入和订单产出关系。该做什么、不该做什么、先做什么、后做什么是管理的重点。一个销售团队的时间管理也是如此。

站在策略销售的角度看，最重要的成本是时间，也就是为订单投入的人力成本。因此，充分利用时间也是一个非常重要的策略。

对大部分公司而言，一个销售人员手里会同时有多个订单。销售人员分配时间的方式通常是非常随机的，即有事就处理事，没时间就挤时间处理。但是，策略销售追求的是单位时间内回款最多，这个单位时间是多长呢？你可以理解成一个考核周期，比如一个季度或者一年。怎么分配时间才能使你一个周期内的回款最多呢？

我们可以把订单运作大致分为四个阶段：一是找线索阶段，也就是进入订单之前。销售人员满世界打电话寻找订单的阶段；二是激发兴趣阶段，你和客户见过面了，觉得他有购买的意愿，此时应该积极地跟进，和客户讨论需求；三是深入运作阶段，即客户的方案评估阶段，你天天带客户参观、讨论技术、汇报方案，这时你已经和客户很熟了；四是商务签单阶段，对客户来说就是采购决策阶段，这时你要做的是解决客户的顾虑、准备合同、商议价格、签订订单、组建交付团队等。

一个销售人员可能会同时跟进多个订单，如果多个订单不同阶段的事情都赶到一块儿了，应该先做什么呢？

我想大部分销售人员肯定会先做第四阶段的事，把订单签了再说。这是对的，千鸟在林，不如一鸟在手。

还剩三个阶段——找线索、激发兴趣、深入运作，应该选择先做什么？

如果你选择先深入运作，就错了。正确的顺序是：先找线索，再激发兴趣，最后深入运作。综合起来，做事的顺序应该是：商务签单→找线索→激发兴趣→深入运作。

这是史蒂芬·E.黑曼提出来的一个时间利用规则。为什么是这样的顺序呢？史蒂芬·E.黑曼的解释是避免过山车效应。

所谓过山车效应，是指每个月或每个季度业绩的不均衡性。例如，上个月完成了120%，这个月只完成了40%，差距很大。

如果你选择先深入运作，就意味着你是从下往上做，即按照商务签单→深入运作→激发兴趣→找线索的顺序操作。这样做，你会把漏斗"做空"，因为只有漏出（做成订单或丢单），没有流入。如果等漏完了，你再去找线索，那么在从找线索到商务签单这段时间内你将没有业绩，而这段时间可能很长（大单运作周期长）。这就是过山车效应。

过山车效应在销售过程中非常常见，而这种不确定性对公司运营的损害是非常大的。这意味着公司始终处于危险之中。你可以查看你或者部门四个季度的销售额是否存在这种情况。虽然过山车效应可能有季节的原因，但是更多的是因为销售人员时间管理不当。

策略销售中所说的时间管理，不是指做计划、定闹钟，而是指根据重要性对事情进行选择和排序。

可能有人会质疑，如果不及时回复客户电话、不及时完善方案导致订单丢了，怎么办？如果订单运作到了这个阶段还会因为你晚回了一会儿电话而丢单，那么一定是你的运作基础过于脆弱，即便你及时回电话也会丢单。

我们一直在说如果四个阶段的事情赶到一起了，我们应该如何处理。实际上，你可能会说，我大部分时间根本就没事做，怎么会四个阶段的事情都赶到一起呢？

销售人员为什么会很悠闲？不是因为没事做，而是根本不知道该做什么。一般情况下，销售人员要么等着客户给自己安排事情，要么按照自己的习惯做完常规的事之后等结果。如果销售人员按照策略销售的原则做订单，那么他们不可能没事做。因为策略销售的原则就是，只要不签单，必有风险在；只要有风险，就要尽量去处理。这个原则肯定会让你忙起来。

二、时间管理评价

对时间管理的评价有点复杂，它评价的是一个具体的销售人员或订单组织如何在不同的订单中分配自己的时间，千万不要简单理解成对订单紧迫性的评价。

要判断时间分配是否合理，自然就要判断订单各阶段的优先级。关于优先级的判断，我们将采用第七章"变量四：采购流程"中的采购阶段分类，而不是按照传统策略销售中的销售阶段分类。因为不同的公司虽然销售阶段有很大的不同，但是采购阶段是基本相同的。

订单各阶段按照优先级从高到低排列的顺序如下。

1）最优先投入：采购决策阶段。

2）优先投入：订单之前阶段。

3）一般投入：需求形成阶段。

4）次一般投入：方案评估阶段。

5）最次投入：签约之后阶段。

采购决策阶段的优先级最高，签约之后阶段的优先级最低。有了优先级，我们需要评价在当前订单阶段，销售人员投入的时间是否充足，评价结果有以下三个。

1）时间充裕：在本阶段，销售人员有足够的时间处理订单，随叫随到。

2）基本保障：在本阶段，处理重要事件的时间有保障，但是偶尔会不能及时响应。

3）投入不足：在本阶段，对于重要事件，销售人员经常不能保证足够的时间投入。

关于时间管理，传统策略销售采用的是漏斗管理模式。这种模式可以很好地进行多个订单的管理，即当你手里有多个订单，而时间发生冲突时，你知道应该先处理哪一个。不过，这种模式也有一个很大的问题：无论是在国内还是在国外，更常见的都是业绩漏斗模型，也就是漏斗模型常用于业绩管理而不是时间管理。由于几乎所有的客户关系管理系统（CRM）都支持业绩漏斗模型，而一个团队同时使用两种漏斗模型很容易造成混淆，所以，我们放弃了传统策略销售的漏斗模型。

第五节　退出订单的策略

大单常常会有多家公司参与竞争，而获胜的往往只有一家，这意味着其他家在这个订单上的付出变成了沉没成本。对大部分公司来说，赢单率通常小于20%，甚至小于10%，这意味着超过80%甚至90%的销售成本都被浪费了。

这个成本不可能完全避免，但是如果能及时止损，迅速退出那些很难做成或者根本做不成的订单，无疑可以大大节约成本。所以，接下来，我们讨论一下退出订单的策略。

一、为什么不愿意退出订单

关于退出订单，有一件很让人困扰的事情：它应该是个策略问题，但是常常被归结为态度问题，这导致了策略执行的混乱。

销售人员大都奉行精神胜利法，他们认为"没有打不下的山头""没有搞不定的客户""没有干不掉的对手"。但是，这种精神胜利法在策略执行中引发了一个很严重的问题：销售人员认为退出订单是一个很丢脸的行为，无法向公司交代，以致部分销售人员采取的策略是，只要客户不赶自己走，他们就默认有戏，继续跟进，直到丢单后才找个理由应付领导。相反，如果半路退出，理由就不好找了。更麻烦的是，领导还会觉得销售人员没有拼搏精神，不适合做这一行。

销售人员应该清楚自己到底要的是什么。如果要的是结果，正确的做法是把时间和精力放到那些大概率可以做成的订单上。

没有人愿意承认失败，但是聪明人会尽快逃离正在下沉的船。我这样说，并不是否认精神或态度的重要性，而是希望你在确定了正确的策略之后再努力，要学会在正确的道路上奋斗。

不愿意退出订单，除了上述原因，还有一个重要原因：销售人员总觉得还有希望。

如果问一个销售人员，没有希望的订单要不要退出？我想，大部分人都会说"要"。不过，如果问希望很小的订单要不要退出，很多销售人员就会犹豫，他们可能会说："万一成了呢？"

虽然对于一个订单我们无法定量计算其成功概率，但是可以进行定性分析。既然是"万一"，那就是在追求万分之一的成功概率，成功的可能性极低。

二、判断退出订单的时机

退出订单并不算难，难的是不知道什么时候退出。一方面，你确实投入了很多，而投入越多，越不想放弃；另一方面，你似乎总能看到希望，因为极少有客户会直接告诉你，你没戏了。相反，他们总会告诉你，只要方案好、价格低，我们就选你。

我们在理想订单部分已经谈过不进入订单的策略（其实也是一种退出订单的策略），接下来我们再谈一下，在运作过程中如何判断是否退出订单。对此，我们提出了四条判断标准，也是四条黄金法则。

必胜不可知，但必败是可以知道的。只要符合以下四条黄金法则中的任意一条，你就要开始考虑是否该退出订单了。

1. 听指导者的建议

根据指导者的建议判断是否退出订单的方法，是最简单易行的判断方法。你可以去问你的指导者："你觉得我们还有多大希望？"

极少有销售人员愿意问这样的问题，因为这可能意味着亲手毁灭心中的希望。只要指导者不主动说，销售人员就会假装还有希望。但是，如果连你的指导者都觉得没有希望，你就要评估是否该退出订单了。

2. 判断 SSO 与 SPO 的接近程度

通过 SSO 与 SPO 的接近程度判断是否退出订单的关键在于，SSO 的四大变量是不是你和客户一起确定的？如果不是你与客户共同确定的，而是客户明确告诉你的（SPO），那么这就危险了，你可能需要考虑退出订单了。这个问题我们会在下一章中详细讲解。

3. 看协作程度

协作程度是对客户是否支持你，以及客户与你的协同工作是否顺畅的衡量。反对你的人越多，越不可能拿下订单。通过协作程度判断是否退出订单，需要注意以下三点。

1）这里所说的协作程度是指订单后期的协作程度。前期的衡量没有太大意义，因为刚进入订单时，大部分人都不会支持你。

2）要判断支持你的人在公司的决策力度，也就是要判断是重量级人物支持你，还是普通员工支持你。

3）要注意反对者，特别是注意那些强烈的反对者。可能反对你的人不多，但是其中有一个人极力反对，他就可能会让你的前期努力功亏一篑。

4. 看承诺目标

所谓承诺目标，是指客户答应销售人员接下来为推动订单运作所采取的行动。

想想这样一个场景，你希望客户引荐你见他的老板，客户不答应；希望引荐技术人员，客户不答应；希望引荐采购人员，客户还是不答应。总之，凡是你希望客户做的事，他一律不做。这意味着面前这个人是你的超级反对者。有这样的人在，销售过程将会变得非常坎坷。

通过承诺目标判断是否退出订单的标准是，客户是否连最低承诺都不给。不给最低承诺，意味着客户已经确认：与你签单对他个人不利。

面对上述四条判断标准，也不是一定要选择退出订单。如果你有特殊资源，比如巨大的产品优势、客户高层的支持，你也可以选择继续，但是在大部分情况下，你应该选择退出订单。

当然，我们说的退出订单，不是指明确地告诉客户"我不干了"。更多的情况是你不再投入了，只是静静地等待这个订单是否会发生有利于你的变化。"静观待变"也是一种策略。

除非是公司的战略要求（比如，公司规定从竞争对手手里抢到的订单提成增加3倍），大部分销售人员的目标都是多回款、快回款，也就是我们一直强调的单位时间内回款最多。这个目标又导出了第二个结论：做容易做的订单。这就要求我们必须有效管理自己的时间，而有效管理时间就必须有选择地放弃。所谓有选择地放弃，本质上就是做容易做的订单，放弃难做的订单。

放弃不是失败，恰恰是不败。

| 第六章 |

变量三：单一采购目标

销售是一场控制权的争夺。客户希望尽量掌控采购过程，销售人员希望尽量影响采购过程，而两者之间的战场就在销售目标和采购目标之间。

销售也是一场主动权的争夺。是你带着客户走，还是客户带着你走，这决定了订单的走向甚至归属。而客户带着你走，很大可能就是竞争对手在带着你走。

第一节 理解 SPO

回忆一下我在前面讲的 SSO，你是不是觉得挺难实现：我们凭什么能决定卖给客户什么、什么时候卖、多少钱卖？

的确，客户有自己的坚持，这个坚持就是 SPO。在结构上，SPO 和 SSO 极其相似，也包含四个变量（使用范围、客户期望、客户预算、签约时间）。不同的是 SPO 是客户定的，而 SSO 是销售人员定的。SPO 四个变量的具体内容如下。

1）使用范围：这次采购要覆盖的部门、分公司或相关单位，不仅包括使用部门，也包括参与采购的相关部门，如负责检测的技术部、负责审核的法律部、负责组织的集团办。

2）客户期望：客户希望的解决方案。客户期望不仅包括对产品或方案的期望，也包括对服务的期望，甚至包括客户对自己所在组织的一些诉求。

3）客户预算：客户希望花多少钱。这里是指本期预算，也就是本次的采购金额。

4）签约时间：客户希望的签约日期，通常精确到月甚至日。

SPO 是指客户打算买给谁用、买什么、怎么买、什么时间买。

关于 SPO，有一个问题需要搞清楚：SPO 是怎么来的？

虽然我们说 SPO 是客户确定的，但是必须清楚的是，在大单销售中，这四个变量看起来都有很强的专业性。比如，没有供应商，客户能算出价格来吗？算不出价格怎么定预算？

SPO 往往源于供应商，要么是你，要么是你的竞争对手。当然，偶尔也能碰到非常专业的客户，他们自己就能定 SPO。所以，重要的不是客户的 SPO 应怎么满足，而是它的产生过程。

你可能会问，SSO 和 SPO 这对"双胞胎"谁是"哥哥"谁是"弟弟"？这很难说，大部分情况下 SPO 是"哥哥"，SSO 是销售人员根据客户的 SPO 二次设计出来的。不过，有些时候，客户真的不知道自己该买什么，可能会完全听从销售人员的建议，这时 SSO 就是"哥哥"了。

一、透视 SPO

SPO 对客户的作用和 SSO 对销售人员的作用一样大。首先，SPO 决定了客户怎么买，也就是决定了采购流程和采购程序。比如，决定是否招标，是否上会，是否有谈判小组，是否成立专门的采购委员会，是单一采购源还是竞争性谈判。

其次，SPO 决定了谁参加此次采购，这是销售人员最重视的事情。比如，覆盖哪些部门，就需要哪些部门参与；有哪些部门参与，也就基本确定了有哪些人参与。

再次，SPO 决定了要在哪个层级上做决策。比如，1000 万元的订单由总部做决策、100 万元的订单由分公司自己做决策。当然，它还决定了由谁出钱，是财政拨款还是自筹资金。这反过来又决定了采购的决策权掌握在谁手里。

最后，SPO 决定了紧迫程度。比如客户急于签约，可能后续有基于本次采购的重大事项。还有很多，我将在后面分别说明。接下来，我举一个例子让大家体会一下。

一位 ERP 系统的销售人员知道了一个招标项目。于是，他初步联系客户，得到了如下信息。

- 客户是一个以生产、销售为核心的制造业集团。
- 信息中心侯主任说他计划在一个月后发标书，标书发出后一周内开标。
- 本次信息系统采购为其集团总部的业务，涉及采购部、生产部、储运部。
- 销售人员询问详细需求的来源，侯主任说由信息中心负责向各部门收集、汇总和鉴别相关需求信息，由他统一提交给供应商。
- 客户第一次采购大型的信息化系统。
- 侯主任没有透露详细预算，只是说总金额（产品＋实施）不应超过 300 万元。
- 招标团队还没组建，但据侯主任估计，由相关业务口的主管副总、部门主管、侯主任以及侯主任的几个手下构成。
- 通过事后闲聊得知，侯主任是老员工，调任信息中心主任大约有一年时间。

看完上述信息，你就大概知道客户的 SPO 了，如表 6-1 所示。

表 6-1 客户的 SPO

使用范围	采购部、生产部、储运部、信息中心
客户期望	采购管理模块、生产管理模块、储运管理模块，数量也基本确定
客户预算	300 万元
签约时间	一个月之后

客户是需求专家，他很难独立地把期望（方案）描述得很清楚；销售人员是

方案专家，只有销售人员能清楚地描述方案，大部分订单都是如此。而上面的案例中，客户的 SPO 已经很明确了，由此我们可以推导出以下四点。

1）使用部门已经确定。竞争对手可能已经接触了这些部门的相关人员。也就是说，竞争对手已经给他们做了工作。而面对被人做过工作的人，我们工作的难度会提高。

2）方案已经确定。客户大多不能独立确定方案，很有可能是竞争对手确定的。可以肯定，竞争对手会让客户尽量接受他们的优势方案。竞争对手的优势往往就是我们的弱势，我们可能被迫用自己的弱势方案与竞争对手的优势方案竞争。在这种情况下，通过拼方案拿下订单将变得很困难。

3）预算已经确定。客户不与供应商协商就做预算是不可能的。这进一步证明了竞争对手的存在。最关键的是，谁能确定预算？肯定是订单的最高决策者。最高决策者认可了这个预算，也就意味着在一定程度上认可了竞争对手的方案。换句话说，最高决策者支持竞争对手的方案。

4）时间已经确定。可以看出来，客户很急。有些着急是客观的，比如赶工期。但是大部分采购都没那么急，比如采购 ERP 系统。那为什么客户会着急呢？如果你在竞争中是遥遥领先的一方，你肯定想尽快签单；反之，就希望延迟签单。现在有人希望尽快，由此你可以大致判定有人遥遥领先了。但为什么竞争对手能遥遥领先呢？必然是有项目的最高决策者的支持。所以，3）和 4）可以相互验证。

以上信息蕴含的内容还需要验证，不过，至少让你有了大致的判断。当然，也可能是竞争对手做完上述工作后出局，你"捡漏"了。即使这样，难度依然很大。竞争对手做了那么多工作都出局了，可见客户的要求一定很高。

这个订单的难度很大，现在，你已经进入别人的战场。如果你决定继续跟单，除了进一步了解情况，还能做点什么来"破局"呢？

二、销售人员的任务：让 SPO 靠近 SSO

SPO 是战场，但不一定是你的战场。你的 SSO 与客户的 SPO 越靠近，SPO 才越有可能是你的战场。当然，前提是你认真规划了你的 SSO。特别需要提醒的是，此处的靠近不是指 SSO 靠近 SPO，而是指 SPO 靠近 SSO。

客户的 SPO 决定了他怎么买，也决定了你怎么卖。因此，你必须很努力地让客户的 SPO 靠近你的 SSO，这是销售人员最重要的任务之一。虽然在大部分情况下，你的 SSO、客户的 SPO、竞争对手的 SSO 会相互碰撞，碰撞出第二个 SPO。

综上所述，SPO 是透视仪，能让你看到竞争对手是谁；是校准器，让你知道自己的 SSO 和客户的 SPO 之间还有多大的差距；是试金石，能够测试出你和客户彼此间的信任程度。如果你总是不知道客户的 SPO，或者 SSO 不是你定的，那么你和客户彼此间的信任程度堪忧。

三、建立简单事实思维

面对客户的 SPO，销售人员最容易犯的错误就是认为这一切都是理所当然的。其实，每件事情都有其背景。比如：

- 预算为什么是这个金额？
- 竞争对手是怎么进入订单的？
- 客户为什么提出分两期实施？
- 第一期的实施范围是怎么确定的？
- 客户为什么要考虑更换供应商？
- 客户为什么要求服务及时？

……

"于不疑处有疑"是销售人员应该具备的一种基本思维模式。要知道，项目中已经存在的事实，往往都是前期客户决策的结果，而客户做出决策必有原因。所以，销售人员要时刻牢记：每件事情都有其背景。这个背景就是你运作订单的素材。这就是策略销售的简单思维模式。

四、SPO 评价

SPO 评价与 SSO 相关，也就是根据 SPO 与 SSO 的匹配度来评价。主要评价结果有以下四类。

1）完全匹配：客户的 SPO 完全是由销售人员引导制定的，SPO 与 SSO 的四大变量完全匹配。

2）基本匹配：虽有差异，但是差异不大。

3）差异较大：SPO 与 SSO 大部分都不一样，完全按照客户的 SPO 做，我们拿下订单的希望不大，因为客户的 SPO 往往受竞争对手的影响。

4）SPO 不完整：客户还没制定 SPO，或者 SPO 不完整，处于引导期。

接下来，我们结合 SPO 包含的四大变量——使用范围、客户期望、客户预算、签约时间，分析其中蕴含的销售策略。

第二节　使用范围

一、理解使用范围

在大单销售中，客户要采购的方案常常涉及集团多个部门或分公司。比如，ERP 系统几乎覆盖所有的部门，不仅包括使用方案的部门，也包括参与采购的部门，如负责测试的技术部门、负责审定合同的法律部门等。

使用范围通常是客户内部博弈的结果，销售人员要充分理解使用范围，具体如下。

- 先后顺序：为什么让一些部门先参与，让另一些部门后参与？
- 范围：为什么让一些部门参与，不让另一些部门参与？比如，在 ERP 系统采购中，为什么不让财务部门参与？因为财务部门是 ERP 系统的核心应用部门，并且很容易成功。你不仅要知道为什么有些部门会参与，还要知道为什么有些部门不参与。
- 上下关系：为什么是在某一个范围内（如部门内部），而不是在整个公司范围内决策？

一旦你知道了本次采购中客户的使用范围，你就理解了以下内容。

- 在形成采购需求时，客户会征求使用部门的意见，他们往往是需求的提出者。
- 在评定方案时，客户很可能会征求使用部门的意见，所以他们往往也是方案的评定者。
- 使用部门的领导很可能是较重要的采购影响者。
- 使用部门很可能不会出现在采购一线，也就是不直接和销售人员打交道，但是他们会深入地影响采购过程，甚至比那些直接和你打交道的人的影响力还大。

简单一句话：对一些复杂方案而言，你要弄清楚使用范围是如何确定的，这背后常常有故事。

二、理解可能的风险

使用范围往往涉及政治结构、客户关系、方案优势、客户应用、方案组合、利益分配等方面。貌似简单的背后充满着各种利益上的博弈。如果使用范围不是在你的引导下制定的，那么你可能面临多种风险。

1. 政治结构：高层管理者是协同推动力

首先看看 SPO 所涉及的使用部门，把这些部门组合起来，你很可能会看到有一个共同的领导，如某位副总裁。你可以想一想，为什么恰好是这位副总裁？他可能是变革的推动者（之所以采购，可能就是因为客户内部要推动某种变革），同时也可能是竞争对手的支持者。

然后还要知道为什么有些部门不参与，尤其是你觉得应该参与的重要部门。通过这些简单的事实，你将不仅能看出当前订单的政治结构，还能看出内部的博弈关系。

2. 客户关系：你可能已经落后了

如果竞争对手比你提前知道使用范围，甚至使用范围就是他们和客户一起制定的，那么他们可能会提前做这些部门的相关工作。如果竞争对手已经做过相关工作了，你再做可能就会非常困难，以致落后于对手。

3. 方案优势：你不得不用鸡蛋碰石头

如果使用范围是竞争对手与客户共同制定的，那么几乎可以肯定的是，竞争对手会从自己有优势的部门入手。而竞争对手的优势往往是你的劣势，这便导致你不得不以己之短，攻彼之长了。

三、使用范围的策略运用

1. 利用拆分与合并

客户在采购中经常会把采购产品拆分成几个包，或者把几个包合并成一个包。怎么拆分或者合并涉及的方面可能非常多，客户应主要考虑以下几点。

- 考虑和供应商的合作，避免被一家绑定。平衡与几家供应商的关系，避免一家独大。
- 基于技术等方面的考虑，专门为某家供应商拆出一个包，为它量身定做。
- 从决策流程上考虑，比如，拆分完了就可以放到下级决策，反之，合并完了就放到上级决策。

无论是拆分还是合并，都必然涉及使用范围。销售人员可以利用客户的想法，结合自己的 SSO 设计，让拆分或者合并后的包更适合自己。

2. 用方案的思维看使用范围

销售人员应站在方案的角度，看采购应该涉及哪些部门，而不是仅仅注意客户选择了哪些部门。这样做更容易成功交付，也更容易把订单做大。更重要的是，可以覆盖一些竞争对手没有覆盖的部门。

这里利用的是方案本身的结构性。比如考虑到 ERP 系统中库存管理模块和存货管理模块的关系，客户买了存货管理模块，最好也买库存管理模块。存货管理归财务部门负责，而库存管理归仓储部门负责，这样就把仓储部门拉进来了。

3. 调整范围

有些部门的领导可能反对本次采购，也有些部门的领导支持竞争对手，这时销售人员要考虑把支持竞争对手的那些部门踢出去。销售人员可以从下文讲的调整期望入手，也可以从实施难度、交付日期、树立榜样、前置条件等方面入手，说服客户减少部门。反过来，也可以运用这些手段增加部门。

4. 向上与向下移动

除了盯住平级的部门和组织，销售人员的眼光还要向上或向下移动。比如，看看能否把更高一级的集团总部拉进订单，办法是让集团总部也参与采购，如 ERP 系统里有一个领导决策模块适合集团总部采购；或者相反，通过控制预算，将采购的范围尽量控制在分公司内部。

5. 改变审批流程

一位销售人员运作了一个订单，产品是 OA（办公自动化）软件，客户是一家大集团的省级分公司，该集团的总部在北京。订单的金额是 200 万元。

这位销售人员的工作做得非常好，分公司上上下下都支持他。但是，按照分公司的审批流程，这样的采购需要集团的技改部审批。报告很快就提交上去了。不过，技改部没批准，理由是集团要进行统一规划。

这时，很多销售人员的想法可能是做集团的工作。但是，这位销售人员并没有盲目行动。原因是，一方面，山高路远，可行性不高；另一方面，既然集团要进行统一规划，很可能已经接触过供应商，甚至有了心仪的供应商，而销售人员对此事并不知晓，所以，肯定不是销售人员所在的公司。

于是，销售人员改变了策略。他和分公司商量，首先，送 OA 软件，不要钱；其次，增加一个咨询项目，项目的名字叫"如何提升办公效率"；再次，咨询的交付物是之前的售前方案；最后，咨询费用为 200 万元。咨询项目的审批无须经集团技改部审批，而是由集团企管部审批。很快集团企管部审批通过，项目大功告成。

在这个案例中，销售人员采用改变审批流程的做法，直接更换了审批部门，最终拿下了订单。

6. 以试点的名义选择部门切入点

以试点的名义选择部门切入点是一个很常用的做法。在哪个部门试点，该部门便成为销售人员制定策略的切入点。试点表面上看是降低客户风险，实际上试点很少有不成功的。一旦试点成功，就会使 SPO 更加靠近 SSO。

四、运用使用范围的原则

销售人员在运用使用范围制定销售策略时，最需要遵循的原则是搞清楚为什么是这些部门。其背后可能隐藏着一定的政治结构。顺着政治结构和方案结构，销售人员就可以引导客户设计有利于自己的使用范围了。这就像设计一条通路，设计好了，基本上就没有太大阻碍；设计不好，就会困难重重。

第三节　客户期望

一、理解客户期望

在策略销售中，客户期望也是一个重要的子变量。不过，在本篇中，我们要讨论的不是如何引导客户期望，而是如何利用客户期望找到更好的定位以赢得订单。

客户期望是客户自己提出的解决方案。你可能会疑惑，解决方案不是销售人员提出的吗？仔细想想你就会明白，在每一次采购中，客户都会对销售人员的方案（包括产品和服务）提出要求，举例如下。

- 要求采用安卓平台。
- 产品质量要达到欧盟标准。
- 售后服务要在两小时内到位。
- ……

这些都是销售人员的方案应该体现的内容，却从客户嘴里说了出来，原因很简单：客户就是购买自己的期望。

基于此，我们推导出另一个结论：销售人员的方案与客户期望越一致，客户就越会觉得它是好方案。

客户期望有时很模糊，有时很清晰，在大部分情况下，模糊意味着客户的采购才刚刚展开，清晰则意味着竞争对手的工作做得很深入。因为客户不是方案专家，他们很难在完全脱离供应商的情况下建立起清晰的期望。

客户期望是制定销售策略的一个非常重要的工具。为了更清晰地理解这一概念，我们有必要明确两个概念。

1）所谓需求，是指客户希望解决的问题。切记，这不是指客户对产品的要求，而是指客户自身的业务问题。如果客户有问题但不希望解决，那么这就不是需求，而只是问题。所以，我们有时也称需求为客户希望达到的目标。

2）所谓期望，是指客户自己认知的对问题解决方案（包括产品和服务）的要求。当然，这个"认知"很可能有供应商的引导。但这不是最重要的，最重要的是，客户已经认可了这些方案，并将自己的认知作为标准。

二、客户期望背后的信息

客户是需求专家，但是他们常常觉得自己是方案专家（销售人员则与此相反）。客户是最容易告诉你他们的期望的，也就是他们对你的方案的要求。这个要求可能较为粗放，也可能非常细致。如果你了解了客户期望，接下来就要从这些客户期望里找到对制定销售策略有价值的信息。

1. 你能看到需求

客户期望是客户提出的解决方案，是满足客户需求的措施，你要看到客户期望背后的需求。这也是我们不把需求作为一级变量的原因，因为它被包含在客户期望里。

2. 你能看到利益

一方面，解决方案在前端连接需求，在后端连接利益。客户采购任何一个方案都是为了获得利益。客户之所以倾向于这种或那种方案，是因为它能够带来客户希望获得的组织利益，也就是他们希望获得的结果。这正是客户判断方案好坏的标准。

另一方面，需求是客户的业务问题，相对中立，但是解决方案往往带有很强烈的个人偏好，而个人偏好往往涉及个人利益（个人的赢）。所以，运气好的话，你还能知道期望背后客户的个人利益。这是赢单的钥匙。

3. 你能看到竞争对手

如果你足够专业，那么你还能从客户期望中看到竞争对手的影子。因为客户不是方案专家，他们提出的期望很可能是受了竞争对手的影响。客户期望越清晰，意味着客户受竞争对手的影响越大。竞争对手往往习惯于把客户往自己的优势上引导，所以，通过客户期望，你还能清晰地看到竞争对手的影响表现在哪些方面，影响程度有多大，甚至能看出竞争对手的水平。当然，你还可以据此判断，你在竞争中处于什么地位，是落后还是领先。

4. 你能看到重要程度

你还能通过分析客户期望看到需求的重要程度。若客户着急满足某个需求，则意味着这个问题给客户造成的不良影响已经比较大了，或者有硬性的要求，如工期要求。这也是你应该关注的重点。

不仅如此，需求的重要程度往往还和是谁的需求有关。只论需求本身，并不一定能得到足够的重视，除非领导重视。你很容易找出来重视此需求的领导，你甚至可以导出一条"痛苦链"来。比如，你发现生产部长对残次品很在意，你向上追溯，发现是生产总监很在意，再向上追溯，你发现是生产副总很在意，你甚至可以一路追溯到CEO。不过要注意的是，不是CEO或者生产副总关注残次品，而是他们重视的事情分解到生产部长一级变成了关注残次品。你要做的是顺藤摸瓜，找出他们重视的事情。知道了他们重视什么，你就抓住了重点的事和重点的人，也就知道了你自己的工作重点。

除了上述内容，结合你所在的行业，你可能还会看到更多的信息。比如，客户倾向于国外的产品，那么你可能很容易知道竞争对手是谁。当然，不一定完全准确，这毕竟只是一种猜测。没关系，还有别的变量帮你验证，你也可以直接向客户求证。另外，证据可能比证人更可靠。比如，你知道了需求后，再询问是谁的需求，你就知道了采购影响者。这就是策略销售的结构化，每个变量都与其他变量存在着各种联系，这些联系也是一种相互印证的体现。

策略销售的目的是影响决策，影响决策的关键是影响决策者，所以策略销售真正关心的并不是方案的好坏和客户期望的高低，而是客户期望背后的人。

看透客户期望的基本逻辑是从客户期望看需求，然后看清楚需求背后的人，这些人都是对采购有影响力的人，即采购影响者，如图6-1所示。找到这些人，就可以按照采购影响者的分析逻辑展开策略制定了。

在不同的行业，客户对方案的要求差别很大，你能看到的信息也不同。不过有一件事是肯定的，你必须不断地揣摩，反复地权衡客户期望。最重要的是想清楚两点，它是怎么来的以及它如何被你引导。

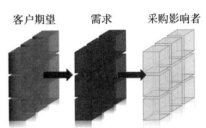

图6-1　看透客户期望的基本逻辑

三、客户期望背后的风险

做订单就是你和你的竞争对手在客户头脑中展开的一场战斗，谁能把客户的SPO拉到和自己的SSO更靠近的位置，谁就能获得好的定位。如果客户期望是你建立的，那么你就可以获得竞争优势。

如果你知道客户期望是怎么来的，那么你就知道风险在哪里。从采购决策流程的角度看，客户是先有问题，再评估问题带来的损失，最后再由领导决定是否采购。所以，当你看到客户有了很清晰的期望或者对竞争对手的方案比较认可时，你可能已经处于很危险的境地。常见的情况有以下几种。

- 你已经错过了和客户一起开发需求的阶段，客户不愿意和你讨论需求。所以，你也就无法改变需求。
- 客户已经在一定程度上认可了竞争对手的方案，找你不过是为了遵循程序或者查漏补缺。
- 客户的采购流程已经进入方案评估阶段，再让客户倒回来，对客户来说会有风险，所以难度很高。比如，已经和各个部门确认过需求，再改变需求很难。
- 客户先入为主了，判定方案好坏的标准已经初步建立。你想改变此标准，很难。

看起来用客户期望判断风险很容易，但实际情况是，客户为了达到自己的目的经常隐瞒真实期望，误导销售人员。常见的情况如下。

- 客户想为自己留余地，以防万一，需要一个"备胎"。
- 客户只是为了体现企业的采购流程所要求的程序公正。比如，必须有三家供应商参与比价。
- 客户为了压价，给第一候选供应商施加压力。

还有两点需要说明。首先，客户方不同人的期望可能不一样，有些人的期望是你建立的，有些人的期望是竞争对手建立的。期望由你建立的那些人，可以作为你的突破点。其次，客户期望只是判断定位的一个要素，如果要更精确地判断，还需要参考其他变量。

四、客户期望的策略运用

1. 当你处于不利位置时

处于不利位置有两种可能：一是客户把竞争对手的方案当作了他自己的期望；二是客户期望虽然不是竞争对手建立的，但是对你也不利。对销售人员而言，这两种情况都很不利。

处于不利位置时有两个办法可以应对。一是采取跟随策略，也就是告诉客户"我也行！我比对手还行！"。这是最被动的一种做法，因为评价标准已经被竞争对手植入客户脑中了，你按照别人的标准去做，吃亏的可能性非常大。二是干脆换个山头，让敌人来攻我，也就是让自己永远处于最有利的位置。这是策略销售提倡的策略。"换山头"也有两种做法，要么改变客户期望，要么换人（采购影响者)。怎么换山头呢？有以下几种常见策略。

（1）调整范围

现在，你可以通过问自己以下几个问题，来调整范围。

- 如果增加一些产品或服务，对我有利吗？客户怎样才能接受？
- 如果我想让一些人参与进来，我应该增加什么产品或服务？
- 如果我想让某些人走开，我应该把什么产品或服务去掉？
- 如果减少一些产品或服务，对我有利吗？客户怎样才能接受？

调整好范围后，你就可以取得先手优势。比如，在工程装修订单中，你的SSO里有机电部分，但是竞争对手的SSO或客户的SPO中没有机电部分，你就可以去做客户机电方面负责人的工作。如果你成功了，客户增加了机电部分，你就抢得了先手；如果你失败了，你最多也就是浪费一点时间和精力。

比较SSO和SPO的目的，是让你做与竞争对手不同的事情，而不是做相同的事情。否则，你做的大部分工作都会被竞争对手抵消。

（2）调整顺序

客户采购的方案可能会分为几个部分，如ERP系统中的财务模块、业务模块，装修项目中的五金材料、机电设备，配件中的标准件、定制件。对于先买什么后买什么，客户往往无所谓，但是对销售人员来说可能意义不同。请看下面的例子。

有几年，我当时所在的公司处于业务转型期，ERP产品不是特别成熟，财务模块很强，业务模块相对较弱。但是客户往往是财务模块、业务模块一起买。由于软件本身的整体性要求，先买什么就变得很重要了，只要第一期买了某一家的，第二期基本还是会购买这家的。

我们当时常用的策略是，找到客户方的财务部门领导，告诉他：企业的管理必须以财务为核心，钱管住了，一切都管住了；钱管不住，一切都管不住。

私下里，我们也会向这位财务部门领导建议，财务部门一定要抢先实施，因为业务部门实施失败的风险相对较大，而财务部门实施失败的风险相对较小。如果财务部门先实施成功，其他部门实施失败了，财务部门就是一枝独秀；如果其他部门也实施成功了，财务部门就取得头功。

这样既满足了客户的组织利益需求，也满足了个人利益需求，很容易说服客户。而我们想的是，只要财务部门先购买了我们的 ERP 产品，后面业务部门极大概率也会购买我们的 ERP 产品。

为了调整顺序，我们通常可以从以下三个方面说服客户。

第一，技术要求。从技术角度帮助客户分析调整顺序带来的价值或者减少的损失，如配套性、前后的连贯性等。

第二，重要性要求。向客户说明先实施重要的部分对客户收益的影响更大。比如，早买一年某重要产品就会多实现多少收益。

第三，紧迫程度要求。向客户说明调整顺序对客户项目周期的影响。比如，先实施某一部分，可以先通过消防验收，这样可以缩短项目周期。

（3）调整方案内容

相比于调整范围和顺序，调整方案内容是用得最多的方式。假设你要卖一套 ERP 产品给客户，现在有两种情况，看看如何处理。

情况一：客户要上库存管理模块。毫无疑问，仓储主管将影响本次采购，但是仓储主管非常反对你的方案，你"搞不定"他。

情况二：客户不要库存管理模块，仓储主管不参与此次采购，但是你和仓储主管的关系非常好。

对于第一种情况，有些销售人员可能会硬着头皮去说服仓储主管。但是，正确的做法应该是说服客户暂时不要上库存管理模块。如果客户接受，那么仓储主管就会被排除在这次采购之外。

对于第二种情况，可以反其道而行之，说服客户上库存管理模块，这样仓库主管就加入这次采购项目了。

当然，以上操作必须站在双赢的立场上，找到调整方案内容（扩展和移除）对客户的好处。调整方案内容除了促进签单，还有一个很大的益处：更容易交付。用你的优势赢得的订单当然更容易交付。这也是双赢的体现。

真正的高手可以通过调整方案内容，增加或减少方案背后的采购影响者。

我当年销售 ERP 产品的时候，有一个全球顶尖的竞争厂家，其产品线要比我们公司的长很多。有一个客户需要采购生产制造模块，我们公司和该竞争厂家都有，于是我们展开了激烈的竞争。竞争到后期双方呈胶着状态，于是竞争对手放了一个大招。

他们找到客户方的人力资源部门领导，说服他把人力资源模块也纳入。理由是生产工人工资采用的是计件制。如果生产制造模块上线了，人力资源模块没上线，那么核算计件工资时生产部门那边只需要按一下回车键，但人力资源部门这边却要算上三天。如果都上线，人力资源部门就很容易核算计件工资。人力资源部门的领导被说服了。他找到项目组，增加了对人力资源模块的需求。

这给我带来了巨大的麻烦，因为我们公司根本没有这个模块，若集成别人家的产品，客户又很难接受集成的方式。

不仅如此，这位人力资源部门的领导还很努力地去说服项目组中的其他人支持我的竞争对手，理由是如果不统一采购一家公司的产品，工资很可能会晚发。

你可能会觉得行业不同，很难实施调整方案内容的策略，其实这和行业的关系不大，而是与公司的综合能力有关。比如装饰行业，其包含的内容非常多，如设计、室内装修、消防工程、机电安装、净化工程、智能化改造、家具配置、标识标牌等，调整余地非常大。如果公司的综合能力很强，就会有非常多的手段影响客户的决策。

一家建筑企业在2019年业绩增长了近50%，同期竞争对手的业绩却显著下降。谈起增长的原因，这家公司的CEO坦诚地回答："经过这几年的积累，我们的综合能力取得了显著的增长，我们可以针对不同的竞争对手采用不同的销售策略。"

其实这家企业只是增加了别人很少有的板块。每次投标，他们都尽量向客户高层说明这个板块的重要性，尤其是这个板块与其他板块的关系，并最终说服客户高层增加对这个板块的需求。他们加入了一个小板块，却拉进来一个大人物。

他们利用竞争对手很容易忽略的一件事情：产品背后所站之人的影响力往往与采购金额不成正比，比如一个1000万元的订单，其中有50万元的产品背后可能站的是高级副总裁，而另外950万元的产品背后可能站的是总监。

如果产品单一怎么办？

很多公司的产品单一，似乎方案内容的调整余地不大。在这种情况下，有两种做法：一是找合作伙伴，完善方案；二是如果不能扩大方案的覆盖范围，就加大方案的服务力度。

我们首先要清楚什么是方案，方案可能包含产品，但并不是只有产品。我们卖产品是为了帮助客户解决问题，产品通常是解决问题的必要条件。比如，你卖给客户卡车用于运输，但是客户没有司机怎么办？因此，方案是解决问题的充分条件（至少接近于充分条件），除了产品，方案还包含很多其他内容，比如帮客户招聘司机或培养司机。

我们一直强调要建立产品之外的能力。调整方案内容的策略不是一个花招，而是最近20年来销售领域的主要发展方向，是继顾问式销售之后，销售领域变革的主要理论依据。

2. 如果你处于有利位置

前面我们一直讨论的是后进入订单的场景。如果你是第一个进入订单的人呢？

你和客户接触时，客户还没有被竞争对手影响过，那么你要做什么？

我们在协助销售团队复盘时发现了两个很有趣的现象。第一个现象叫"好订单没故事"。对于一些运作得很好的大单，我曾让销售人员上台分享经验，却发现他们没有多少可说的，基本都是基于客户方老板、客户方技术人员，以及其他人员的支持。他们并不是谦虚，而是根本就没有碰到太多的困难，因此也谈不上解决了多少困难。

这类销售人员在订单没出现问题时就成功签单了，所以没什么可讲的。正所谓，"善战者，无智名，无勇功"。

第二个现象叫"差订单炸碉堡"。确实有些订单是费了九牛二虎之力才拿下的，有很多引人入胜的故事。销售人员喜欢讲，大家喜欢听，领导喜欢点赞并号召全公司学习。但这不是我们提倡的。一个公司如果总是"炸碉堡"，每次都是后期才进入订单，毫无疑问，这个公司的市场工作出了大问题——每次都是竞争对手布好局，它才进入。

对于早进入订单的情况，很多销售人员首先考虑的是把竞争对手排除在外，但那时我们根本不知道谁是竞争对手，所以，针对竞争对手的思维模式并不可取。

在客户期望这个变量里，销售人员最重要的目标就是让客户认识到自己公司的方案是最好的。围绕这个目标，销售人员要做以下几个方面的事情。

1）影响评价标准。评价标准不仅仅是指评价的参数，更多是指让客户认可的价值，包括方案价值和对个人利益需求的满足。满足评价标准只是价值被认可的表象。

比如，华为在销售中常用的一招就是"一纸禅"，即用一张纸的价值分析去打动客户。如果客户认可，就接着往下谈，这等于是树立了评价标准。客户会拿着这张纸评价华为的竞争对手，华为只用一招就能屏蔽很多竞争对手。

2）扩大优势。也就是"高筑墙"，不管谁来，我要做的都是用高墙挡住。所谓高墙，就是尽最大努力扩大自身的优势，如进一步提高客户对你的支持程度等。

3）让更多人接受方案的差异性。如果你的方案（或者参照系）有很强的差异性，你要做的就是让更多人接受方案的差异性。当差异性部分深深植入客户的头脑时，他们就会自觉地为你挡住竞争对手。

对做订单来说，早进入的目的就是建立标准，然后巩固标准。不要抱有侥幸心理，认为竞争对手可能会放弃。宁可白做，也不能错过。

还需要强调的一点是，早进入不一定是指时间上的早进入。根据我的观察，很多销售人员虽然早进入了订单，但是并没有采取什么有效的行动。"早进入"是指**早进入客户的头脑**，也就是帮助客户建立期望，把我们的优势变成客户的要求。

五、运用客户期望的原则：在自己的战场上打仗

如何保证在自己的战场上打仗，最好的办法当然是最先进入战场。这也是当前销售流程的一个重要发展趋势，即从重视订单运作转向重视线索策划，工作前置是避免出现售后问题的关键所在。

除了早进入原则，我们还一直强调另一个原则：客户头脑中的期望必须是你参与建立的，否则你将处于不利位置。我非常反对"我也行"这种做法，也就是拼命满足客户已有的期望，和竞争对手拼个你死我活。

自己建立的期望自然体现的是自己的优势，这就为后面的订单运作打下了坚实的基础。好的开始是成功的一半。而主场作战，意味着天时、地利、人和的优势我们都能占据。

在订单运作中，SPO 这个变量居于中观位置，即要放在采购影响者之前考虑。要避免进入一个误区，那就是动不动就去"搞定人"。人情关系在销售中确实能起到一定的作用，很多人因此把人情关系和销售画等号，认为做销售就是做关系，这是不懂销售造成的误区。其实，上策是"加人、减人、换人"，中策是"说服人"，而下策是"削弱反对者的决策影响力"。

"加人、减人、换人"就是我们说的调整 SSO 和 SPO。如果有能力在这个层面上做好，其他层面上就几乎不费吹灰之力。"说服人"是指争取支持，而"削弱反对者的决策影响力"是指实在说服不了，只能削弱这个人的话语权。

销售人员首先要考虑的应是"加人、减人、换人"，其次是"说服人"，最后才是"削弱反对者的决策影响力"。在宏观、中观、微观不同层面上制定的策略，其效果有着天壤之别。下层的策略很难击败上层的策略。所以，制定策略时的顺序也很重要。

六、调整客户期望是在欺骗客户吗

销售人员调整客户期望看起来像是在欺骗客户，为了让客户接受自己的方案而忽悠客户。这其实是一个天大的误解。

首先，策略销售绝不提倡损害任何一方的利益，它坚持的是双赢，这不是口号，而是策略销售的基本原则，也是销售策略能够源源不断地涌现的根本。为客户创造价值，是优秀销售人员不变的信仰。

其次，销售中存在一个误区，即销售人员往往把客户的要求（期望）当成"圣旨"，拼命满足，误以为这就是以客户为中心。在这类销售人员看来，客户的满意度越高，签约的可能性就越大。他们从不怀疑客户说的不对。这样的销售方式本质上就是在拼产品。但是，如果仅仅拼产品就可以成功签单，那还要销售人员干什么呢？

销售人员是方案专家，而客户则是需求专家，所以客户提出的方案往往调整和优化的空间很大，这个空间就是销售人员的运作空间。也就是说，调整客户期望不是忽悠客户，而是在帮助客户优化方案，在优化的过程中，找到对自己最有利的销售策略。

七、你有能力调整客户期望吗

通过调整客户期望制定销售策略无疑是最直接有效的方法，但是这件事做起来并不容易。销售人员可能会把它理解为利用关系修改评价标准，但是它真正的意思是：通过让客户认可方案而调整评价标准。

重塑客户已有的期望需要对客户业务有深刻的理解，即专业程度。先举一个例子。

在一个订单中，我们是最晚进入的一方，在我们前面已经有了两个竞争对手，其中一个还是世界级的竞争对手。

客户是一家大型设备公司，生产周期长，成本核算难。所以，客户方的老板有一个非常重要的要求，即方案必须能算清楚成本。这不是一件容易的事情。

在做单过程中，我们了解到竞争对手的方案将成本问题解决得非常好。我们只有两条路可走：一是拼价格，用牺牲利润的方式拿下订单；二是改变老板的期望。

我们重新分析了这家客户的信息化建设历史，发现他们犯了一个很严重的错误：一直在"用造汽车的方法造火车"，即错误地将适用于大批量流水线生产模式的信息化产品应用于当前的大型单件生产模式，导致管理上的诸多难题。如果仍然沿着客户的思路做信息化建设，必然会失败。尽管竞争对手能解决成本核算问题，但是会造成更大的管理问题。

我们重新分析了客户的需求，找到了其真正的重点需求。需求变了，方案也会变。在接下来的汇报中，我们成功说服了客户方老板和其他采购影响者，最终顺利签单。

你的专业程度越高，你对客户贡献的价值就越大，你能改变的东西也就越多。一般销售人员可能只从操作层面考虑，售前顾问或技术工程师可能从流程层面考虑，而销售专家可能从战略层面考虑。如果你的方案能从战略层面高举高打，竞争对手基本就没有胜算了。

一位销售高手在谈到如何引导客户调整期望时，给出了以下四条原则。

1）由销售人员主导定义问题，而不是客户分析完问题后交给销售人员做。

2）抛出主流观点，引发客户转变思维。

3）以与高层的对话为切入点。

4）帮助客户提高预算，而不是占据现有预算的一部分。

他是这样说的，也是这样做的。在一个近3亿元的集成系统项目中，客户已经选择了供应商，并且进入了实施阶段，但是这位销售高手和客户方高层做了一次深入的交流后提出了当前项目存在的五个问题：统一设计存在硬伤、统一实施基本不可能、统一管理基本无效、各子项目招标将耗尽客户精力、无法满足快速响应的要求。这五个问题一针见血地指出了客户亟须解决的问题。客户方高层认为这五个问题完全命中（有些已经发生了），在经过后期的一系列运作后，这位销售高手成功与客户签约。

第四节　客户预算

一、理解客户预算

策略销售要求销售人员对每件事都理解，客户预算也不例外。如果你理解了前面的客户期望，说明你已经掌握了"理解"的方法，接下来就会很容易理解客户预算。

首先，这里的客户预算可能是正式的，如客户单位直接下文批准的；也可能是不正式的，只是客户方某个采购影响者提出的一个大概的数字或者心理预期。根据我的经验，政府单位、国有企业和外资企业在采购时会有比较明确的预算，民营企业的随机性较强。这和管理方式有关。不过，无论正式的还是非正式的，客户在签合同之前一定有预算，如果没有，他们就不会签合同。

其次，客户预算的形成与客户要采购的方案有很大的关系。简单的方案很容易确定预算，有些复杂的方案不容易确定预算。当然，如果客户采购过类似的方案，也容易确定预算。

最后，客户预算还涉及分期。比如，项目分三期，每一期都有大致的预算。但是，我们只关心第一期预算，因为策略销售是面向一个订单展开的。虽然也要考虑多期的收益，但是如果当期订单拿不下，考虑再多后期收益也没用。

二、客户预算能告诉我们什么

客户预算是销售人员非常关心的要素。如果客户已经有了预算但不是销售人员协助制定的，那么拿下这个订单的困难程度就会比较高。接下来，我们从策略销售的视角分析关于客户预算需要注意的方面。

1. 客户预算背后的采购影响者

对于复杂的方案，客户预算的制定是一个很麻烦的过程。其间一定会发生很多事情。首先，如果客户已经有了非常清晰的预算，毫无疑问这是客户方高层的意见。而制定预算的过程很可能有专业技术部门参与，因为价格和方案相关，而专业技术部门多半和供应商接触过才会制定出这个预算。也就是说，专业技术人员认可供应商的方案。当然，这些都需要销售人员去验证。其实在很多订单中，在立项会上确定好预算，也就基本上确定了供应商，后面就是走程序而已。

这告诉我们，客户预算背后的参与人可能包括第一候选供应商（客户最想合作的供应商)、高层决策者、技术支持者。所以,针对客户预算,我们要做以下四件事。

1) 知道客户预算背后的参与人是谁。

2) 搞清楚他们同意这个预算的原因。

3) 搞清楚谁支持竞争对手。

4) 搞清楚他们支持竞争对手的原因,以及这些原因背后可能存在的问题。

2. 客户预算背后的资金来源

对销售人员来说,资金从哪里来也是必须了解的信息,因为它决定了订单的真假、可能影响客户决策的出资人以及客户预算的确定性。

首先,客户的资金来源可能处于不确定状态。比如,指望政府补助或者供应商垫资,这时你就要好好考虑订单的真假了,你要判断应不应该继续跟进。

其次,出资人有时会影响决策。比如,银行可能会影响企业的选择,这时你就要考虑要不要覆盖这类采购影响者。

最后,资金来源也会影响客户预算的确定性。所谓客户预算的确定性,是指客户预算能不能轻易改变。比如,如果是由财政局拨款,则客户预算很难改变。如果是由客户方老板自己拍板,预算就相对容易改变。

3. 客户预算背后的方案和技术

客户预算往往与方案和技术是一体的。如果不是一体的,则说明客户预算的确定性不够,可以改。如果是一体的,那么你可能很难确定方案和技术的细节,但是方案和技术的高低层次是可以看得很清楚的。

4. 客户预算背后客户期望的价值回报

客户预算的确定说明客户对价值回报有了大致的了解,也就是说,客户肯定希望回报大于投入。反过来,客户预算就成了你为客户制作投入产出分析报告的依据。

这里有两种情况:一是竞争对手给客户做过价值回报测算了,客户也认可了这种测算,这就逼迫你制定出更高的回报率;二是客户在对价值回报的认识相对模糊的情况下制定了预算,这通常是因为他们相信回报必定远高于投入。

了解客户期望的价值回报,对于进一步制定销售策略至关重要。

5. 客户预算背后的竞争对手策略

如果足够聪明,你甚至还可以通过客户预算看出竞争对手在这个订单中的竞争策略，比如，很容易判断出竞争对手到底是低价冲标还是高价拿单。

很多时候，客户预算不是一个单一的数字，而是多个部分的组合。毫无疑问，这些组合背后就是竞争对手的策略，比如产品价格与服务价格的比例。

6. 客户预算的真假

客户告诉你的预算一定是真的吗？假的可能性其实也很大。大部分客户都不会直接告诉你预算，或者干脆告诉你一个假预算，目的是做价格比较或者希望你报低价。

遇到这种情况，你要做的是多方验证或者深入验证。假预算最大的特点是没有依据，只要你和客户交流得足够深入，比如进一步了解预算包含哪些产品、什么平台、数量多少，客户就很容易露馅儿。

7. 总体预算

如果一个项目分几期，可能会有一个总体预算，而我们说的客户预算往往是指第一期预算。你一定听过这样的说法："我们的项目分几期，希望和供应商能长期合作。"这句话很容易误导你。客户真实的意思就是让你在第一期降价。

碰到这种情况，最好的处理方法是告诉客户："我们也希望和您长期合作，所以，如果后面我们还能继续合作，后几期的价格一定会更优惠。"

三、客户预算背后的风险

客户预算背后的风险主要有以下四种。

1. 已有客户预算的风险

我们在前面谈过，客户一旦已经有了预算，基本上表明你进入得晚了。如果客户预算还不太确定，你要考虑如何引导客户预算。

2. 假预算的风险

客户告诉你一个假预算，目的有四个：一是压价；二是套方案；三是找陪标的人；四是他是竞争对手的支持者，试图通过虚高的假预算，促使你报高价，从而使你在竞争中处于劣势。

你从客户那里获取有价值的信息难度比较大，所以一旦客户告诉你他的预算，你就很容易相信。这很容易被竞争对手利用，比如，竞争对手让自己的指导者有意无意地向你透露一个假预算，或者告诉你："这个项目对我们很重要，预算不是我们考虑的重点，重点是方案一定要好！"你误信之后就会报出一个高价，导致丢单。假预算通常表现为预算不靠谱或比较模糊。

3. 客户预算变化的风险

客户预算变化通常有两种情况：一种来自客户内部，如削减预算；另一种来自竞争对手，比如竞争对手通过调整方案内容改变了客户的预期。

4. 没有客户预算的风险

没有客户预算有两种情况：一是客户尚未下定决心做项目；二是客户不想告诉你预算情况。第一种情况意味着订单周期很长，有半途而废的风险。第二种情况意味着你与客户之间的信任关系还没有完全建立，客户担心你套取预算信息。

四、价格的运作原则：设计价格而不是跟随预算

销售人员报价时，通常会考虑几个因素：自己的成本、客户的预算、竞争对手的价格。如果你也这样想，那就犯了一个错误：你不是在设计价格，而是在跟随预算。你的潜意识告诉你，一定要满足客户的预算，这样才能拿下订单。如果你认为客户制定预算就是为了省钱，那么客户不买岂不是更省钱？因此，除非是冲标，否则在一般情况下，都要先考虑引导客户预算。是控制客户预算还是被客户预算控制，这是 SSO 关注的重点。

当年我所在公司的 CEO 谈到他做过的一个订单，该订单金额大约为 5000 万美元，第一期为 1500 万美元。这是什么概念呢？在这之前，拿下一个 7 万元的订单我们就会在公司内部传颂，觉得是个大单。我们好奇地询问，为什么差异这么大？

CEO 回答道："其实产品差别并不大，但是销售方法差别大。你们是按照成本报价，而我是按照回报报价；你们是面向基层销售，而我是面向高层销售；你们是做采购人员的工作，而我是做使用者的工作。产品的价值是在使用者身上体现的，而采购人员虽然对价格了如指掌，但对价值却了解有限。"

当我们说价格设计时，我们是在说通过价格设计为客户创造更大的价值，从而获得更高的收益，而不是说用价格设计来欺骗客户。当你思考能为客户创造多大价值时，实际上就是在重新设计价格。

销售人员需要重新思考一个问题：你愿意接受客户报给你的价格，还是你报给客户的价格？前者基本上就是跟随竞争对手的预算，后者则是让客户接受一个全新的方案。

我们在前文中说过，SSO 中的价格是你给客户设计的价格，这个价格可以和竞争对手没有任何关系，完全是由你设计出来的。当然，这样做难度很大。但是，这意味着你没打算按照别人给你安排的路线走。**你给客户设计价格，本质上不是你给别人定价，而是你给自己定价。**

设计价格（通常比客户预算高很多）需要多方面的努力。

1）面向客户高层贡献价值：提供的价值必须是客户高层愿意接受的。
2）方案创新性强：不能和竞争对手一样。
3）独特性强：只有我们能提供。
4）敢于冒险：有一定的风险性。
5）时效性强：回报周期要尽量短。

五、价格策略

1. 拆分和合并价格

这是销售中较为常见的策略，一般价格低的订单，决策权力就会下移；反之，决策权力就会上移到高层或总公司。所以，如果客户高层有支持你的人，自然要合并价格，以获得客户高层的支持；反之，就拆分价格。

拆分价格还包含一个内容，就是如何在供应商之间分钱。你与很多供应商可能是既竞争又合作的关系。在同一个订单里，大家各有支持者，这时把其中一份拿出来分给其他供应商是实现联盟的最佳策略。拆分价格的原则是，把难做的、不赚钱的部分给别人。

2. 塑造价格

塑造价格就是塑造客户的心理预期。很多复杂方案，如 ERP、咨询类方案的价格波动非常大，客户往往也不清楚要花多少钱。当你在客户心中塑造了一个价格区间时，就隔开了你和竞争对手。

3. 低价冲单

当签单希望不大的时候，低价冲单也不失为一种好的策略。尤其是现在电子招标越来越多,"捡漏"的情况非常多,即使前期没有做工作,也可以直接冲。

不过,真正的低价不是把价格做到最低,而是比竞争对手低。其中的不同是你对客户的需求了解得非常细致,并且已经详细测算了成本。从表面上看,价格很低,实际上,成本也不高,而你的竞争对手看不出其中的缘由。

4. 报价策略

我们前面谈到报价,对于大单,报价的时间越晚越好。如果客户急于要你报价,你最好报一个价格范围,如 300 万~500 万元。只有进入决策阶段,才报出确切的价格。永远要记住一句话:客户在认可价值之前,任何价格都高。

5. 竞争对手报价

有一位从事建筑工程行业的老销售员,他有一项绝技,投标前,他总是能够比较准确地计算出竞争对手的报价(仅限于民营企业的客户)。

首先,他非常熟悉自己的业务,将项目成本计算得一清二楚。其次,他在行业里时间久了,大部分供应商内部都有他的朋友。他可以通过朋友了解采购产品的价格变化情况,从而大致判断出竞争对手的报价区间。最后,他会详细了解客户的需求,尤其是客户对品质的要求,针对客户的需求计算出大致的价格范围。

在一个行业里待久了,计算竞争对手的报价并不难。但是,不同的行业,了解竞争对手的报价的方法差别很大。接下来介绍一个投标中常用的方法:模拟法。

1)确定主控方(即处于领先地位的竞争对手)。了解其产品和历史报价,并基于客户预算进行推算。

2)配置主控方产品。根据客户的标书要求,确定核心标准和关键参数(3~5 个),配置出与主控方一样的投标产品,并与客户预算做对比。

3)配置我方产品。有两种配置方法:第一种是核心指标采用标准配置,其他功能性指标都尽最大可能地满足招标文件中的要求;第二种是低配法,即在满足核心指标要求的前提下,忽略部分指标的配置要求,以实现冲标。

4)模拟打分,分别算出敌我投标方技术、商务总得分。对于客观分,依照客观参考依据来打分;对于主观分,依照客户专家支持度来打分;对于拿不准的分,遵循严于律己、宽以待人的原则。

5)预判竞争对手的投标价,估算出最低投标价和最高投标价。综合竞争对手的历史投标价格、产品服务成本、销售过程成本、合理销售利润等因素，估算出竞争对手的最低投标价。根据行规、客户心理、客户预算等，估算出竞争对手的最高投标价。

6）反复调整我方的配置和投标价。根据价格分计算规则，设置好公式，依据竞争对手的投标价，反复调整我方投标价，计算双方价格分差，以能补回之前的分差为目的确定我方投标价。

第五节　签约时间

一、理解签约时间

首先要明确的是，这里所说的签约时间是指客户预计的签约时间，而不是销售人员预计的签约时间。签约时间一般会具体到月或日。对于大单，签约时间定了，其他时间节点基本上也就都定了，如招标时间、启动时间、结束时间、付款时间等。

签约时间和方案一样，由谁来引导非常重要。

二、签约时间能告诉我们什么

签约时间是我们要了解的一个重要信息，它背后同样隐藏了不少信息。

1. 确定这个签约时间的原因

为什么确定这个签约时间，这是一个首先要弄清楚的问题。这个问题的答案可能很简单，如生产不能停工、客户国庆节要开业等；也可能很复杂，比如，你可能已经与竞争对手就完工时间做过很详细的测算，但是在测算过程中，竞争对手可能已经埋好了"坑"。受竞争对手的影响而确定的签约时间，肯定对竞争对手有利。

其次，能确定签约时间的一般大概率是领导。我们要思考的是，领导为什么会确定这样的签约时间？领导考虑的不仅有竞争对手的影响，还可能有其他因素。所以，销售人员必须明确签约时间是怎么来的。这是制定销售策略的素材。

2. 签约时间的紧迫程度

假设客户确定的签约时间非常紧迫，你认为有点不合常理，这意味着什么？

想一下就能明白：如果你掌控订单，基本控局，你是希望尽快签单还是尽量慢地签单呢？肯定是尽快签单。反之，如果你成功签单的希望不大，你是希望客户尽快签单还是尽量慢地签单？肯定是尽量慢地签单。反推回去，如果客户确定的签约时间很紧迫，是不是说明订单有可能已经被竞争对手完全控局了？

因此，客户签约时间的紧迫程度往往是布局的关键。当然，客户也有可能因为自身的原因急于签约。

3. 签约时间之前和签约时间之后

有一次课间休息时，一位学员请我帮他分析一个正在运作的订单。他提到，客户很着急，希望项目在 11 月 15 日之前就能上线。我问学员为什么是这个时间，他说这是客户要求的。我又问他客户为什么这样要求，他很奇怪我为什么这样问，但仍然很不情愿地去询问了客户。客户的回答是：11 月 20 日有重要领导来公司视察。

知道了这个信息，这个订单中能够表现的东西就非常多了，比如：

- 设计方案时可以突出重要领导关注的内容，提高项目的政治高度。
- 重新调整方案实施周期，可以先做领导在视察中要看到的部分，确保视察效果。视察中不需要看的部分可以往后放，以保证项目的整体质量。
- 可以为客户提供用于向重要领导汇报的项目报告。

……

如果这样做，客户支持你的可能性是不是会大大提高？

在很多采购中，客户之所以确定某个签约时间，往往是因为该签约时间之前或之后有事。销售过程就是一个"没事找事"的过程。事越多，你就越有机会为客户创造价值。所以，你要考虑签约时间之前或者之后可能会发生的事，再推导出这些事对你签单的影响。

4. 签约时间的确定性

这个签约时间能调整吗？如果不能调整，意味着什么？是不是意味着这是一个很重要的人物确定的签约时间，或者客户非常看重这个签约时间？这个重要人物是谁？客户为什么如此看重这个签约时间？

在销售领域有一个定律，凡是客户重视的事项背后一定有关键的利益诉求或目标。所以，你需要弄清楚客户的利益诉求或目标是什么。客户的利益诉求是销售人员的抓手，如果知道并能满足它，销售过程便会势如破竹。

三、签约时间隐藏的风险

每个变量背后都隐藏着风险，同时也蕴藏着破敌制胜的优势。是风险还是优势，要看你怎么利用这些变量。签约时间这个变量所隐藏的风险包括以下几点。

1. 已确定签约时间的风险

如果客户已经确定了签约时间，这往往比确定了方案更麻烦，因为方案的确定很多时候取决于技术，而签约时间的确定很可能取决于客户方高层。这可能意味着客户方高层对竞争对手的认可。

2. 没有确定签约时间的风险

所谓没有确定签约时间，就是当你进入订单的时候，客户没有告诉你确切的签约时间。这里存在两个风险。

一是客户还没确定要不要做这个项目。没有签约时间的项目可能是个假项目。客户有可能拿着你做好的方案去找报价更低的供应商。

二是客户不愿意告诉你确切的签约时间，可能存在信任风险。这当然也是对你不利的。如果客户说得很笼统，比如，客户说"这两年争取把这事做了"，这其实也相当于没有确定签约时间。

3. 签约时间紧迫的风险

我们在前面已经谈过，如果是竞争对手造成的签约时间紧迫，就意味着竞争对手已经占据优势，担心节外生枝，希望尽快签单，不给他人操作的时间。当然，除此以外，签约时间紧迫还存在不能如期交付的风险。比如，一些竞争对手有能力如期交付，而你未必能够做到。

4. 调整签约时间的风险

如果签约时间突然被调整，这是为什么呢？调整签约时间包括两种情况：一是签约时间推迟或提前；二是客户提出项目分期。

签约时间推迟往往是后来者在搞事，而签约时间提前则可能是领先者在行动。当然，也可能是客户遇到了突发状况。通常推迟的情况比较多。一旦发现推迟，销售人员必须搞清楚原因，不要轻信那些表面的理由。签约时间推迟在销售过程中是个非常危险的信号，很有可能导致项目被取消。

项目分期往往意味着两件事：一是竞争对手在项目前期有优势，而在后期优势不够，这一点我们在讨论客户期望时说过；二是针对项目前期内容（期望），客户方有许多人支持竞争对手，竞争对手的想法就是先把客户"拉上船"。当然，这些都是猜测的，需要进一步去验证。所谓的风险都是需要验证的内容。

四、签约时间的策略运用

在战争中，我们经常会听到"兵贵神速"这样的策略，也会听到"拖死对手"这样的招数。这些其实都是对"时间"这个变量的合理运用。

1. 确定签约时间

如果客户还没有确定签约时间，那么你就有机会引导客户确定。对大单来说，客户往往并不清楚怎么买，这正是你的机会。最好的办法是协助客户做采购计划。在倒排计划里，有些事情是可做可不做的，这为你提供了缓冲的机会。你想提前签约，就少安排一点事；想推后签约，就多安排一点事。

当然，确定签约时间依然是以双赢为基础的，至少不能损害客户的利益。否则，你的竞争对手很容易找到突破点。确定签约时间要考虑的因素非常多，可交付性、竞争对手的情况、客户的前后排程等，每个因素都涉及利益博弈。所以，销售人员需要很谨慎地引导客户确定签约时间。

2. 向前调整

前面说过，如果你是优势方，在竞争中处于领先地位，最好的办法就是尽量说服客户早签约。其实对很多客户来说，签约时间的早晚并不重要，这就给我们提供了一个调整的余地。如果客户已经认定你了，你就应该尽快把采购程序走完。可采取的策略主要包括以下几种。

1）设定承诺目标。这是最好用的一种方法。所谓设定承诺目标，是指在每次拜访中都安排好客户的采购工作。我们在《技能篇》里详细讲过这一点，此处不再赘述。

2）规划采购计划。领先时还要防止竞争对手捣乱。你领先了，竞争对手当然希望将签约时间推后。防止节外生枝有一个绝招，就是提前与客户规划好采购计划。

大部分销售人员都遵循客户的采购程序开展工作，他们的想法是尽量把客户安排的事情做好。但是，很多产品或方案，尤其是客户没有买过的，客户也不知道怎么买，或者至少不专业。他们需要销售人员来帮助他们安排，此时销售人员可以制订一个行动计划，在和客户确认后，就可以将这个行动计划作为你们共同的行动纲领。这样做就基本规避了竞争对手捣乱。关于行动计划的制订，第九章里有相关的案例可供参考。

3）计算利益与损失。简单来说，就是告诉客户早一天签约的好处多很多，损失少很多。这里要注意的是，损失对客户的刺激远大于利益的诱惑。所以，计算损失往往是最容易让客户快速采取行动的一种方式。

4）把握时间节点。按照前面了解到的时间节点及其前后可能发生的事情，推动客户提前安排。比如，不要错过评奖、申报等时间节点。

5）利用紧急事件。大单的采购影响者很多，如果某个采购影响者比较着急，就可以快速启动采购流程。所以，找到令某个采购影响者着急的紧急事件，或者通过放大其痛苦让他着急起来，是一个常用的策略。

紧急事件未必是真实发生的，你可以通过设想紧急事件来刺激客户。比如，供应商不能按期交付、临阵换掉实施人员、开发周期加长、测试没通过、确保冬天到来之前通车、确保亚运会之前测试通过等。

向前调整不仅可以发生在你在竞争中占优势的时候，也可以发生在你的产品和服务有优势的时候。比如，竞争对手需要15天才能完成，而你只需要10天，这时你也可以想办法向前调整。

3. 向后调整

当你不是优势方时，你可能要考虑向后调整时间。首先，要理解客户关闭订单通常需要满足以下三个条件。

1）客户必须做好准备：如预算、人员安排等前置条件都已经具备。

2）客户愿意并且能够做出决定：所有采购影响者都同意采购，或者至少大部分同意。

3）客户有效地评估了所有潜在供应商：客户认为当前的选择是最好的。

理解了这三个条件，你只要找到不满足其中任何一个条件的理由，就可以说服客户延期了。

除此以外，还可以谈一谈风险。想象一下，作为司机，你什么时候会刹车？

答案是遇见障碍物的时候。所以，向后调整签约时间最好的办法是，向客户说明他们可能面临的风险。

大单采购一定存在大量的风险，各行各业都是如此。比如 IT 企业，采购中可能面临的风险包括兼容性风险、软件风险、硬件风险、扩容风险、外部入侵风险、内部信息分享风险，甚至还有权力再分配风险。这些风险足以让客户止步。在 ERP 领域里一直有一句话："上 ERP，'找死'；不上 ERP，'等死'。"我们经常会用这句话作为说服客户向后调整签约时间的理由。

我刚开始做大单销售的时候，很多订单都是"拖"出来的。当时我经验不足，很多订单一盯就是 1~2 年，以至于竞争对手都烦了，不盯了，最后订单就是我的了。这让我一度认为签单的诀窍就是让客户把所有"折腾"你的招数都使完。虽然这种想法不对，但"拖"字诀也确实是制胜的方法之一。

销售人员希望客户延缓立项、招标、签合同、启动项目的情况通常包括：

- 与竞争对手相比处于劣势。
- 在客户招标阶段才进入订单。
- 销售人员所在公司资源紧张。
- 客户内部支持者离职等。
- 产品价格有重大调整。
- 客户不具备启动项目的条件，启动项目可能对双方不利。
- 供应商供货不及时或原材料有问题。
- 客户不清楚自己的需求，或者技术部门和业务部门意见不合。

4. 拆分与合并

拆分是指把项目分成两期或者多期做，合并是把多期合并成一期做。我们在讨论客户期望时也讲过拆分，通常用于"减人"策略。除此以外，拆分还包括以下几种情况。

- 把难交付的内容拆分出去。
- 把一部分拆分给客户的关键利益方。这并不是指满足私人利益需求，而是考虑到客户也要维系和经营与供应商之间的合作关系。
- 把一部分拆分给自己的合作伙伴，目的是提升赢单率，比如，把一部分拆分给品牌排名第一的厂商。

我在做软件销售的时候，常常会拉着行业知名的硬件厂商、数据库厂商一起去。在和客户谈的时候，我会表明我们提供的是整体方案，若客户方的某些采购影响者倾向于这些大厂商，也就更倾向于选择我。

接下来说说合并，先看以下案例。

在一个项目中，我们占了很大优势，客户基本上确定选我们了。但是，由于预算不够，在谈判过程中，客户提出要么降价，要么分两期。这显然对我们不利。

我方谈判人员提出如果分两期做，价格就要在现在的基础上提高50%。客户觉得没有道理，一个项目分成两期，为什么要提高价格？我方的解释是：一旦拆分，很多事情要做两遍，工作量会大幅增加，相应的费用也要增加，自然价格要提高。

客户接受了我方的解释，最后没有拆分，双方顺利签约。

签下这个订单的策略是用低成本来促使客户合并项目。当然，还可以利用验收节点、技术要求、赶工期等理由让客户同意合并。最常用的一种方法是，利用相关性说服客户合并项目。所谓相关性，是指技术上的结构关系。比如，做这件事，必须先做另一件事等。

关于合并，需要特别提醒的是，很多时候客户提出拆分项目，销售人员很容易答应，觉得能签单就行。实际上，这会导致销售人员损失惨重，甚至相当于丢了大半个订单。相反，如果销售人员再稍微努力一下，客户很可能就不拆分了，从而避免二次采购的不确定性。

5. 利用时间

前面都是在讨论调整时间，其实还可以利用时间。

一位销售人员在一个设备采购订单上遇到了一个难题：客户方使用设备的人员被竞争对手"搞定"了，成为自己最坚定的反对者。这个人想尽各种办法来刁难这位销售人员。比如，先逼着销售人员报价（其实这并不归他管），然后以价格过高为由拖延签单；又如，去掉了所有对销售人员而言占优势的评分项。

在万般无奈之际，销售人员突然想到在和老板沟通的过程中，老板说过设备要在5月上线。于是，销售人员找到老板的秘书，请秘书反映一个问题：如果采购竞争对手的方案，出于技术原因，设备是不可能准时上线的（这一点连那位反对者都无法否认），而我们可以保证准时上线。

老板直接打电话给反对者询问设备能不能在 5 月上线，反对者慌了，连夜给销售人员打电话，要求尽快签约。

在这个案例中，销售人员就是利用了时间的确定性。而这种确定性的来源是客户方老板说过要在 5 月上线，老板的话必须重视。

在很多行业中，如建筑工程等，时间（工期）的确定性很强，也是客户考核供应商的关键指标。销售人员可以利用时间做很多工作，如制订倒排计划、风险预案、材料排期等。

6. 利用紧迫感

这个策略的核心是制造或者利用紧迫感，在时间节点不变的情况下压缩时间，改变客户的采购规则，从而使自己处于有利位置。

五、运用签约时间的原则：占优势时兵贵神速，处劣势时拖住客户

大单的特点就是充满变化，策略销售的作用就是处理变化。不过，当你占据优势时，要防止竞争对手利用变化，这就要求你在可能的情况下，尽量要求客户早日签约。一般情况下都是销售更着急卖，而不是客户更着急买。

有一次，我陪同手下一位经验丰富的销售人员去和客户高层见面。双方谈得很愉快。这位领导让我们准备一下合同，说等下周负责采购的主任出差回来就可以签约了。

这时，这位领导旁边的一位年轻技术人员说话了："你们提供了应用方案，可不可以再给我们提供一份技术方案？这样我们好做技术准备。"

技术方案涉及数据库、服务器等的配置。这个要求合情合理，销售人员立马答应本周内将技术方案给他们。但是，在接下来的一周内，销售人员并没有理会这个要求，也没有准备技术方案。

我有点着急，问这个销售人员原因，他对我说："不用担心，先签了合同再说。现在给他们技术方案，万一有问题，合同可能就黄了。反之，如果先签了合同，技术方案可以慢慢来，保证让他们满意。"

后来这个订单成功签约，销售人员有效地控制住了局势。

在采购过程中，的确有些行政工作耗时较长，如拨款速度慢，但是也有很多工作时间是可以缩短的，如测试时间、汇报时间等，甚至有些可做可不做的工作

可以省掉。不给竞争对手运作时间，就是不给自己添麻烦。夜长梦多，缩短做梦的时间，节外生枝的事情自然就会少了。

想要缩短时间，提前签单，需要采购链条上的每个采购影响者都行动起来。这比将签约时间推后困难得多。

相反，当销售人员处于劣势时，要找到目前可能存在的风险，告知客户，尽量拖住客户。这时只需要采购链条上的一个采购影响者采取行动就可以了。

第六节　让 SPO 更加靠近 SSO

打胜仗的原则是把对手拉到自己的战场上来战斗，尽量不打遭遇战。如果对手已经布置好了战场，那么你要做的不是亮剑，而是换个战场。

学习 SPO 与 SSO 的目的就是尽量让客户的 SPO 靠近你的 SSO，这就是布置战场。把从前的战场（SPO）布置成现在的战场（SSO）。当然，你必须以实现双赢为出发点，才能做到这一点。客户之所以愿意接受你的安排，是因为这样做对他有利。这不仅仅是商业道德问题，更是策略问题。

为什么让 SPO 靠近 SSO 如此重要？因为 SSO 就像汽车的方向盘，稍稍一调整，方向会发生巨大的改变。SSO 变了，采购影响者、影响程度、采购意愿、评价标准，甚至竞争对手都变了。

让我们回到本章开头的那个 ERP 系统订单，再看一下这个订单后面是怎么进行的。

销售人员拜访了几个部门的负责人，包括采购部刘部长、生产部丁部长、储运部张部长、信息中心侯主任，以及几个部门经理的上级秦副总和韩副总，首先确认自己的判断是否正确。结果发现以下情况：

- 侯主任实际上是最重要的采购影响者。
- 侯主任已经和竞争对手达成共识。他是竞争对手最坚定的支持者，也是我方最坚定的反对者。
- 生产部丁部长坚决反对上这个项目。
- 韩副总也觉得上这个项目意义不大。
- 储运部张部长对上项目的态度不积极。

如果把 SPO 直接当作 SSO 来运作，当时的形势如表 6-2 所示。

表 6-2　形势分析

采购影响者	采购角色	采购意愿	决策权力	对我方的支持程度
信息中心侯主任	领导/技术把关者	购买意愿强烈	大	彻底反对
生产部丁部长	使用者	抵触本次采购	大	坚决反对
采购部刘部长	使用者	着急解决问题	中	中立
储运部张部长	使用者	认为没必要采购	中	不感兴趣
秦副总	使用者	着急解决问题	大	勉强认可
韩副总	使用者	认为没必要采购	大	不感兴趣

表 6-2 中的部分内容你可能还不完全了解，不过，单从对我方的支持程度（后面叫协作程度）一项便可以看出，这个订单没戏。如果你是那位销售人员，接下来你会怎么办呢？没猜错的话，很多销售人员可能会有如下做法。

- 比竞争对手更"猛烈"地去争取那几个部门的部长及侯主任的支持。
- 和竞争对手拼产品，希望通过产品优势打败竞争对手。
- 努力把价格控制在 300 万元，也就是拼价格。
- 协调资源，抓紧写方案，在月底前投标，碰碰运气。

实际上，销售人员要想拿下这个订单，需要换一个思路。

首先看使用范围。我们知道竞争对手覆盖了四个部门，但是几乎可以确定，他们没有覆盖四个部门之外的部门，如财务部门、销售部门。因为竞争对手的 SSO（也就是客户的 SPO）没有涉及这些部门。如果你能说服这两个部门参与进来，你可能就不会落后于竞争对手。运气好的话，这两个部门的部长都反对竞争对手，因为他们在前期选型时被排除在外。

接着看方案（或产品）。如果你的产品有优势，你就可以设计一下，把有优势的产品纳入你的 SSO。这需要你先了解客户的需求。比如，你的财务模块强，你就可以主动拜访财务部门，倾听他们的需求。

再看价格。如果你认为 300 万元的订单客户方中层就可以做主，而你又知道侯主任已经被竞争对手"搞定"了，那么你必须换掉项目的最高决策者（这个想法是不是很大胆？）。这就需要重新找一个更高级别的人来当决策者。怎么才能让更高级别的决策者进入订单呢？把价格做高。可是怎么做高呢？除了提供更多的产品，你还需要把这个项目由部门级别变成公司级别，比如与公司战略相连接、与公司数字化相连接、与公司转型相连接。

最后看日期。现在的日期对竞争对手是有利的。你必须拖住客户，否则，你连运作的时间都没有。怎么拖住呢？最好的方法就是展示风险。你需要和不同的人谈仓促上项目的风险有多大。当然，你也可以和客户方高层谈为什么需要全公司统一规划，订单金额变大，日期必然也会向后推。

结合上述思路，销售人员又重新定义了自己的 SSO，如表 6-3 所示。

表 6-3　重新定义的 SSO

使用范围	采购部、生产部、储运部、财务部、销售部、信息中心
方案	采购管理模块、生产管理模块、储运管理模块、财务管理模块、销售管理模块
价格	700 万元
日期	半年之后

有了这个大致的思路之后，销售人员开始落实相关情况。

首先，销售人员找到主管财务的副总裁，并向他强调财务模块应在 ERP 系统中占据主导地位，谁掌握了 ERP 系统的主导权，谁就掌握了公司的实际话语权。ERP 系统中没有财务管理模块是一种不科学的做法。

其次，找到销售部部长和主管销售的副总裁谈客户关系管理，谈进销存产的整体性，谈以销定产，让他们意识到没有销售管理模块，采购、储运、生产都是"无头的苍蝇"。

最后，找到公司总裁，谈整体规划的重要性，谈仓促实施 ERP 系统的风险，以便让项目暂时停下来。

经过一番努力，销售人员有了如下收获。

- 客户的项目主导者换成了主管财务的副总裁。
- 获得了主管财务的副总裁的支持。
- 添加了财务管理和销售管理模块。
- 拿到了帮助客户做总体规划的权力。
- 把销售部李部长发展成了自己的指导者。

当然，其间也有一些不如意的事情。比如，生产依然是客户的重点，生产部丁部长没有被排除在外，侯主任也依然在项目组中，支持竞争对手，而且因为订单金额变大，竞争对手增加到 8 家。

可见在实际工作中，你很难完全让客户按照你的想法去做，SSO 与 SPO 一碰撞，往往会有第三个目标出现，但至少我们现在所面临的形势比开始时好多了，如表 6-4 所示。

表 6-4 新形势分析

采购影响者	采购角色	采购意愿	决策权力	对我方的支持程度
主管财务的副总裁	领导	购买意愿强烈	大	很支持
信息中心侯主任	技术把关者	购买意愿强烈	中	彻底反对
销售部李部长	使用者	购买意愿强烈	中	很支持
生产部丁部长	使用者	抵触采购	大	反对
采购部刘部长	使用者	着急解决问题	中	中立
储运部张部长	使用者	认为没必要采购	中	不感兴趣
秦副总	使用者	着急解决问题	大	勉强认可
韩副总	使用者	购买意愿强烈	大	中立

从表 6-4 中很明显能看出，销售人员有了一定的主动权。最重要的是拿到了做总体规划的权力，这个权力能够使主管财务的副总裁成为项目的最高决策者，使项目朝着有利于销售人员的方向发展。

让行动计划（策略）在你规划的 SSO 下展开，这种思维模式相较于我们日常做订单的思维模式有很大不同，看起来是不正常的思维模式。这是因为我们习惯了客户让做什么就做什么。

这种思维模式最重要的特点是：你要在规划 SSO 上下大功夫，并且需要对自己的 SSO 有一定的坚持，即坚持使客户的 SPO 靠近你的 SSO。

需要注意的是，在让 SPO 更加靠近 SSO 的过程中要始终坚持双赢原则，不是你在财务方面有优势，就可以把财务部门拉进来，而是你必须先站在客户的角度思考，然后再考虑自己的利益。

这就是策略销售，你设计的 SSO 才是你最重要的核心竞争力。因为你在 SSO 中添加了财务管理模块，所以你寻求财务部门的支持；添加了销售管理模块，所以你寻求销售部门的支持；你希望提高订单价格，所以你和客户谈战略；你设定了日期，所以你和客户谈风险。如果客户的 SPO 里有生产管理模块，而你的 SSO 里没有生产管理模块，你就不需要找生产部门。

总而言之，策略销售的核心在于：一切从 SSO 出发。没有 SSO，就没有定位，没有竞争对手，没有采购影响者，没有理想客户……没有一切。

有了 SSO，意味着订单的运作都经过了精心的规划与设计，否则每一场战斗都可能是遭遇战。

| 第七章 |

变量四：采购流程

当我购买人生第一辆车的时候，在"买不买"这个阶段，我犹豫了两年；决定购买之后，在"买什么车"阶段用了两个月，逛了十几家4S店；不过，决定买什么车之后，讲价、交钱、提车只花了20分钟。

你会发现，不仅仅是买车，小到购买一瓶矿泉水，大到购买一批飞机，任何采购活动都经历几乎相同的过程，并且这些过程也展现出几乎相同的特点（如前松后紧）。而这些过程和特点对于我们拿到订单至关重要。这就是我们接下来要探讨的采购流程。

第一节　理解采购流程

策略销售中的有些变量非常明显，如竞争对手，也有些比较隐晦，如我们接下来要谈的采购流程。

采购流程是实现 SPO 的路径。你可能会说，采购流程我也关注，我知道客户什么时候招标、楼盘什么时候封顶、软件什么时候上线。这些不是采购流程，而是采购程序。我们来看一下采购程序和采购流程的定义。

采购程序是指客户采购的行政流程，如项目立项、领导签字、邀请供应商投标、合同审核、组织技术交流会等。最典型的采购程序是招标，从准备发标到最后定标需要十几个步骤。采购程序是大家都看得到的工作程序，是采购流程的外在表现。

采购流程的全称是采购决策流程，是指参与采购的相关人员决定将一个订单交给哪家供应商的决策过程，包括决策者的相互博弈、妥协和协同；同时，也是指**客户决策倾向性的变化过程**，表现为客户内心倾向性的变化和采购关注点的变化。它是一种心理活动，是动态变化的过程。

采购流程是采购程序背后的逻辑，采购程序是采购流程的外在表现。在大单中，客户不一定有采购程序，但一定有采购流程。采购程序可能会写在规章制度里，但是未必执行。采购流程肯定不会写到纸上，但是一定会执行，它是由决策心理学而不是管理学决定的。

在策略销售中，谈到"流程"这个概念时，有两点需要说明。

首先，在大单销售中，采购影响者很多，采购是集体决策的过程，而处于哪个阶段取决于每个人的认知。在同一时间点，不同的人可能有不同的认知，有的人可能觉得需求还没形成，有的人觉得价值评价已经开始。关于采购处于哪个阶段，到底听谁的？

这个问题不难回答，以行政流程为准，也就是上面说的采购程序。如果客户已发招标书，就认为到了方案评估阶段。因为行政具有强制力，所以据此判断大致准确。

其次，我们再次强调，这里说的"流程"当然是指采购流程。但是，对销售人员来说还有个销售流程，之所以将二者做对比，是为了让销售人员的销售动作和客户的采购动作保持一致。

我们在《技能篇》中会把采购流程分成了十个环节，之所以分得那么细，主要是因为沟通行为需要细致入微。在《策略篇》中，采购流程是一个中观因素，无须特别细致，销售人员只要知道自己在特定阶段应用什么策略即可。所以，在这里我们把采购流程分为以下五个阶段。

1）订单之前：客户还没有启动购买行动，也就是没有做好购买的准备。

2）需求形成：客户形成需求和期望的阶段。这个阶段不能跳过，客户只有知道要解决什么问题和怎么解决，才会启动购买行动。

3）方案评估：客户对各家供应商的公司实力、产品方案、服务质量等进行评测的阶段。

4）采购决策：客户解决顾虑、评估价值、谈判价格、签订合同的阶段。

5）签约之后：客户使用销售人员的产品来获取价值的阶段，尤其是指前期，即刚使用产品时。

销售人员的工作内容就是影响客户的决策。当客户的关注点发生变化时，订单的定位和销售策略也将发生变化。也就是说，销售人员要根据不同的客户关注点制定不同的销售策略。当然也可以反过来说，销售人员要通过流程引导客户的关注点。客户各个阶段的关注点，具体如下。

- 订单之前：这时客户没什么关注的，他还没打算买。
- 需求形成：客户关注问题是否存在，值不值得解决，投入多大成本解决。
- 方案评估：客户关注明确的采购标准、谁最符合自己的采购标准，客户不只关注产品方案，也关注供应商的公司实力、服务质量、增值内容等。
- 采购决策：客户关注后续的风险、成本，以及顾虑能否被打消。
- 签约之后：客户关注何时能看到结果，可以获得什么价值，以及获得多少价值。

利用采购流程制定策略的逻辑是利用不同采购阶段的整体特征，引导客户的关注点和采购程序，为客户铺就通往 SSO 之路。

第二节　采购流程中的风险和优势

一、销售流程与采购流程的协调程度

如何查看采购流程中的风险和优势呢？主要是通过比较销售流程与采购流程

的协调程度，即相较于客户此时此刻的采购流程，销售人员的销售流程是落后、超前还是一致。

1. 落后

"落后"是指销售人员进入订单时，客户的采购流程已经过了某些阶段，或者在运作过程中，销售人员没有跟上客户的采购节奏。这是一个很危险的状态，它意味着销售人员在按照竞争对手的游戏规则玩。

在这种情况下，销售人员常犯一个错误，即妄图省掉前面的工作，直接跟上客户的步伐，客户让做什么就做什么。

我们一直强调，大单销售是集体决策，而所谓集体决策不仅是指一群人开会做决策，也指采购流程的每个阶段都有不同的人做决策。比如，有人确定需求，有人确定评价标准，有人确定方案，有人确定价格……你错过了某些阶段就意味着错过了某些可以争取的人，他们可能不会投票给你；与此同时，你还可能错过了了解需求、引导标准、共建方案等机会。这当然很危险，有时错过就是永远。

2. 超前

"超前"是指销售人员设计的策略针对的是客户还未进行到的阶段，如过早地掏产品（跨越需求形成阶段），希望通过说服老板直接签约（跨越需求形成和方案评估阶段）。这些行为可能偶尔会成功，但是策略销售追求的是大概率成功。销售人员可以跨越采购程序，但不能跨越采购流程，决策永远都是按照逻辑展开的。

"超前"本质上就是对客户的忽略，甚至是蔑视。在客户看来，销售人员不关注他们的需求，就等于不关注他们的利益，不关注他们的方案评估，就等于不尊重他们选择的权力。客户会认为销售人员把他们当猎物了。

我做销售时，曾遇到过"三颗子弹"现象。所谓"三颗子弹"，是指销售人员与客户交流的三个重要内容：产品、价格、与领导见面。

我们要求销售人员打出这"三颗子弹"时要"直击要害"，也就是打出去就能打动客户，推进订单。但是我们发现，很多销售人员在见到客户的前几分钟内就把"三颗子弹"打完了："我们的产品绝对很好，可以给你优惠价格，实在不行，让我们领导跟你谈。"

这其实就是"超前"的表现，子弹打完了，什么效果都没有，后面只能听天由命了。

3. 一致

我们认为最好的情况是"一致"。在这种情况下，每件事情都是销售人员和客户商量着来。实际上，在大部分情况下，销售人员会带着客户向前跑。这种情况最典型的一个特征是，客户什么事都愿意和销售人员商量。比如，要不要开研讨会，研讨会有谁参加、开多长时间，都是客户和销售人员商量出来的。

不过，有一种情况会被误认为"一致"，那就是客户让销售人员做什么销售人员就做什么，销售人员等着客户下命令。这不是"一致"，而是销售人员在被动地接受，实际上是"落后"。

出现这种现象的原因是，很多销售人员没有采购流程的概念，缺少采购流程思维，看不到采购的时间线，导致缺乏主动设计，只能跟着客户和竞争对手跑。

一致为什么如此重要？首先，它意味着你可以通过调整采购流程的策略（增加、减少、拖延、加快、改变），获得更好的定位。比如，销售人员可以通过增加标前评审，排除竞争对手埋下的很多陷阱。又如，销售人员可以将方案评估改成产品测试，这样就能避开竞争对手中能说会道的顾问了。

其次，在认清当前所处阶段后，销售人员可以结合客户的关注点设计策略。客户关注什么，销售人员就做什么，这样的策略更容易被客户接受和实施。

最后，一旦发现客户走偏了或者走慢了，销售人员可以引导客户按照自己的节奏走，这样可以大大缩短签单时间。

相反，不一致是一种非常危险的情况，这会给订单带来很大的风险，具体如下。

- 跟着竞争对手走。
- 销售人员被挑选。
- 销售人员要加倍地努力去"补课"。
- 即使想"补课"，客户也未必给机会。
- 销售人员会给客户一种试图控制采购决策的印象，而采购决策权是客户非常看重的权力。

某大型企业的业务覆盖全球各地的电信公司。电信公司一般在当年七八月就会制定下一年的战略规划。经过几个月的酝酿，下一年开始实施。

于是，这家企业的销售人员每年5月就开始引导客户的战略规划，对客户高层以及各个部门进行培训，做趋势沟通、市场分析。当然，在这个过程中，销售人员会"顺便"把自己企业在方案、技术、资源等方面的优势展示给客户。

知道了客户在哪里，再看看自己在哪里，销售人员就能明确自己在采购流程中的位置了。如果销售人员没有和客户保持一致，接下来就要考虑设计策略，跟上客户的步伐。

二、采购流程中的其他注意事项

除了在采购流程中的位置（也就是节奏），在采购流程这个变量中，你还需要注意以下四点。

1）采购流程的隐蔽性。采购流程往往并不明显，销售人员很容易忽视，总是打哪儿是哪儿。销售人员不能仅从时间维度上看订单，这样会看不到客户之前做的事情和之后要做的事情。

2）阶段的不均衡性。我们划分的五个阶段，其发展并不是匀速的。在签单之前的四个阶段，是越往后越快，越往后变化越多，所以，越往后也越不稳定，越危险。这就要求销售人员越往后越警惕。但是如果把握得当，后期可以弥补前期的不足。或者反过来说，如果前期落后，销售人员要学会利用这种变化和不稳定性超车。

3）顶峰的不稳定性。每个采购周期都会在某个时候达到顶峰，当达到顶峰时，销售人员会发现自己处于不稳定状态。比如到了方案评估阶段，客户迟迟不公布评测结果。原因是此时已经到了采购的一个决策点，一旦决策，客户内部就会有争论、博弈、碰撞，故而使得顶峰具有不稳定性。销售高手常常利用这一点，让竞争对手先达到顶峰，在客户内部对竞争对手的方案（或者需求、价格）出现争议时，再使出撒手锏（如产品之外的价值、客户的关键需求等），一下子扭转敌我态势。

4）阶段的衔接性。顶峰的不稳定性决定了订单可能随时被终止或者延缓。销售人员要在这个时刻问客户一个问题：进入下一步是否符合客户的最大利益？如果客户答不上来，说明销售人员可能发现了问题的根源。这也将是销售人员推进订单的关键。

三、对于销售流程的评价

在策略销售中，我们会对销售流程做两方面的评价：一是所处阶段，也就是上面所谈到的五个阶段，这个评价用于定位当前所处的采购阶段；二是相对位置，关于相对位置一共有三个选项，分别是落后于采购流程、超前于采购流程、与采购流程保持一致。

需要说明的是，如何在处于不同阶段的订单之间做出取舍排序？它仍然遵循我们前面提到的规则，当多个订单在时间上发生冲突时，工作顺序是先处理处于采购决策阶段的订单，其次是处理线索，即处理处于订单之前阶段的订单，再次是处理处于需求形成阶段的订单，然后是处理处于方案评估阶段的订单，最后是处理处于签约之后阶段的订单。当然也要考虑订单本身的重要性，如考虑订单金额的大小。

第三节　采购流程中的策略

在说策略之前，你必须先告诉自己，销售是一个过程，你不能指望一蹴而就。我为什么要强调这个不说自明的道理？主要是因为一个现状：很多销售人员即使面对大单，也觉得自己可以一次拿下。每次和客户沟通时他们都恨不得立刻签约，这让他们失去了对采购流程阶段的判断。我们确实也听到或者看到过只用一两个回合就拿下订单的案例，但是，这种情况需要天时、地利、人和，很难复制。更重要的是，这些高手在拿下这些订单的同时，也用同样的方法丢了更多的订单。

利用采购流程制定策略的原则是与客户的步伐保持一致，这就有三个问题需要处理。一是销售人员落后了，需要把客户拉回来（你不能向前赶，因为不能跨越采购流程）。关于如何把客户拉回到销售人员所在的位置，《技能篇》里有详细介绍，有兴趣的读者可以自行了解。二是销售人员超前了，需要尽快回到客户所在的位置，老老实实"补课"。三是我们要着重谈的——**销售人员始终与客户保持一致**，也就是充分利用每个阶段的整体特征设计策略，让自己处于最佳位置。这并不容易，订单是不断变化的，随时随地与客户保持一致需要销售人员具备很强的策略能力。

与客户保持一致有三个关键点：首先，知道客户处在哪个阶段；其次，知道在这个阶段客户关注什么；最后，根据客户的关注点制定策略。

结合前述的五个阶段，我们依次说明每个阶段的策略。

一、订单之前

一家公司销售 AI 产品，软件、硬件都有，他们的产品可以帮助客户节约能源、增强安全性、降低人力成本。

在销售过程中，他们碰到的最大问题是不知道找客户的哪个部门，能源部门说是设备部门的事，设备部门说是信息中心的事，信息中心说是生产部门的事。他们的销售人员像皮球一样被踢来踢去。

我们研究的大单销售经常出现两种情况。一种是订单金额很大，客户经常采购，他们知道怎么采购，如谁测试、谁批资金，内部已经建立了采购路径。对于这种情况，销售人员要考虑的是如何找到切入点。比如，向医院销售系统软件，信息中心是起点。销售人员一般会和医院的信息中心建立长期的联系。有项目了，先奔着信息中心去，接着可能是医务科，再是主管副院长、院长等。

不过，另一种情况更为普遍，对大部分客户来说，他们并不是天天进行这种大单的采购，可能很多年才会采购一次，也可能一辈子就采购一次。对客户来说，最麻烦的是不知道怎么采购，也就是不知道谁参与购买、按照什么流程购买、按照什么标准购买。这对销售人员来说是一个巨大的挑战。客户没有建立采购路径，销售人员不知道找谁（连客户自己都不知道找谁），找不到订单的切入点，无法推进订单。

客户不知道怎么买，销售人员就不知道怎么卖。所以，销售人员的当务之急是建立销售路径，即明确先找什么人，后找什么人。

路径设计与订单的具体情况息息相关。有可能销售人员一开始就见了老板，也有可能见的是使用者或技术人员，还有可能七拐八绕还是不得其门而入。但是一开始就见老板正确吗？一上来就展示产品正确吗？我认为，这些都不是最优路径。比如，当你不了解客户的情况时，一开始就见老板可能会适得其反。

在这里，我推荐一种路径：先找到感兴趣者；接着让感兴趣者给你推荐可能使用产品的人（不满者）；最后让不满者给你推荐有权力批准采购的人（权力者）。这是尼尔·雷克汉姆推荐的一种路径。也就是说，从感兴趣者（往往是对技术感兴趣者）到不满者再到权力者，这条路走起来很顺。

1. 感兴趣者

所谓感兴趣者，可能有以下多种情况。

- 希望从你身上学习的人。
- 希望掌握新技术的人。
- 从前用过你的产品的人。
- 信任你的人,也可以是由信任你的人转介绍过来的(也转移了信任)。
- 技术狂人。
- 喜欢尝试新鲜事物的人。
- 喜欢炫耀的人。
- 恰巧是产品方面的专家。
- ……

感兴趣者可能在公司内部,也可能在外部。比如,很多销售团队会问我关于CRM的选型问题,他们把我看成CRM产品专家。又如,我当年做ERP产品销售时,会通过很多高校老师接触客户。

正因为感兴趣的点和人很多,所以感兴趣者很好找。你可以通过转介绍、市场活动甚至"陌拜",找到这些人。如果实在找不到,你还可以自己发展感兴趣者,比如用《技能篇》里谈到的兴趣触发器。

特别提醒的是,感兴趣者不一定是有需求的人,他们可能没有问题要解决。用策略销售的术语说,他们有个人利益需求,但没有组织利益需求,甚至不参与购买。找他们的目的是接触不满者,并了解客户的相关信息。也正因为如此,销售人员要特别小心,不要把他们作为使用者来对待,不要挖掘需求,不要放大痛苦。当然,更不能将他们作为采购影响者看待,认为"搞定"他们就可以了。销售人员要做的是激发他们对新技术、新产品、新观点、新趋势的兴趣,可以经常问他们下面这些问题。

- "谁会担心××问题?"
- "谁会对这个产品感兴趣?"
- "这事做好了,对哪个部门的好处最大?"

了解以上问题后,接下来就是让他们介绍不满者(通常是使用者)。在这里销售人员容易犯一个错误:把注意力全部放在了感兴趣者身上,误以为感兴趣者能推进订单,没有及时地通过感兴趣者向不满者移动。感兴趣者不会推进订单,他们只是想学习。当然,销售人员也要对他们有耐心,以培养起信任感,否则,很难得到他们的推荐。

当销售人员接触感兴趣者时，后者可能会说："我不负责采购，即使要采购也不是我或者我们部门采购。"这时，销售人员要想办法减轻他们的压力。比如，告诉他们不是让他们采购，而是想多听听他们的建议，或者多了解一下这个产品未来的发展趋势。

2. 不满者

新产品好卖还是老产品好卖？答案往往是后者。新产品不好卖有很多原因，从调查来看，有一个原因影响很大：销售人员执着于用新产品的新功能打动客户，而不是用客户的问题和老产品的不良影响激发不满者，把客户变成不满者，从而促使其做出购买行动。

客户为什么会买东西？因为他们有需求。客户为什么会有需求？因为他们有问题要解决。有问题就一定有需求吗？未必，只有问题造成的痛苦让人受不了的时候，问题才会变成需求。

不过，痛苦的形成也有一个过程，开始的时候并不是痛苦，而是不满。不满是采购的动力，所以我们需要找出不满者。谁不满呢？最可能是使用产品的人。无论新产品还是老产品，不满者总是最重要的人物，甚至比领导还重要。常见的情况如下。

- 感觉浪费有点严重。
- 感觉效率有点低。
- 感觉销售人员没有斗志。
- 感觉新产品销售不如预期。

不满是采购的动力，发现不满者是销售人员必备的重要能力之一。找到不满的原因，销售工作才真正开始。针对客户的不满，销售人员有两件事要做。

第一，把不满转化成痛苦。不满是零星的、偶发的、浅层的，痛苦是广泛的、持续的、深层的。

第二，让不满者引荐领导。

除了帮我们构建销售（采购）路径，对于已经有严密的销售路径的客户，不满者也是重要的切入点。不满者之所以不满，就是因为从前的解决方案不能满足他们的期望。所以，销售人员一定要想清楚，自己的产品方案在解决谁的问题。

有不满，就会希望改变，想改变必然要得到领导的同意，这时就很容易利用不满者引荐领导。

3. 权力者

如果条件允许，销售人员在接触客户时应该先去见客户方高层吗？这个问题在销售领域的争议一直很大。其实这个问题的本质不是先见谁，后见谁，而是销售人员能不能打动高层。而打动高层的前提是做了充足的准备，否则，不如不见。更何况，在大部分情况下，高层不是销售人员想见就能见到的，所以，要珍惜见高层的机会。

关于权力者，我们会在第九章"变量六：采购影响者"中详细介绍，这里只说以下几点。

第一，权力者是指在本次采购中拥有最后决策权的人。

第二，不要试图逼迫权力者绕开其他采购影响者直接做出决策。这看似简单的做法却很难成功，即使成功了，随之而来的麻烦可能也会让销售人员后悔不已。因为大单决策涉及多方面，要从技术、实用性、预算、流程等多个方面权衡。

在销售路径没有建立起来的时候，我推荐销售人员沿着感兴趣者→不满者→权力者这样的路径前进。但是，实际情况可能千变万化，比如有时会出现重合的现象，权力者就是不满者，或者感兴趣者就是不满者等，销售人员应灵活应变。

这种路径有几点需要特别注意。

1）这是在订单之前建立的路径，此时还没到真正开始销售的时候，所以，销售人员要遏制自己想展示产品的冲动，不要急于销售。销售人员现在要做的只是找到信息，尤其是客户的需求和期望。

2）要将不满者作为焦点，找出他的问题和痛苦。不过，一开始不满者并不会向销售人员吐露自己的痛苦，所以销售人员需要耐心地引导他。

3）即使不满者不为销售人员引荐权力者也没关系，只要他愿意向权力者转达自己的不满和我们的解决方案就可以。销售人员当前的目的是建立销售路径。

4）即使销售人员接触了不满者，也不代表销售人员已经详细了解了其需求。只有详细了解了客户需求，并将销售或者采购路径搭建起来，才意味着客户愿意买了。接触不满者，只意味着销售刚刚开始。

二、需求形成

我们总说"好的开始是成功的一半",好的开始如此重要,主要有三个原因。

第一,客户大多具有先入为主的思维模式,一旦他的头脑中形成了固化的印象,就很难被改变。

第二,如果销售人员最早进入订单,就可以从容地布置战场,包括需求的设定、采购影响者的覆盖、指导者的发展、采购流程的引导、预算的设定、交付时间的确立等。

第三,当客户第一次做一件事情的时候,他是饶有兴趣的,但是,当他不断地被要求重复做一件事的时候,他往往会失去耐心,甚至会拒绝。这就是先下手为强,后下手遭殃的道理。

一位销售人员在第一时间进入了一家医院的信息化建设项目,按照采购程序,这个项目需要做需求调研。销售人员很重视这件事,带着公司的两位售前工程师认真地拜访了每个科室,每天从早上8点调研到下午5点。整整10天,把十来个科室的需求都调研清楚了。

等他们调研完了,竞争对手才知道有这个项目,于是也要求调研。但是,科室的领导对此的反应是:"实在没时间接待了。"

谁受得了这样反复的折腾呢?大家都很忙。科室帮助销售人员解决了竞争对手。

既然是需求形成阶段,我们就再说说"需求"。每个销售人员都会说"需求"两个字,"了解客户需求"是销售人员最喜欢挂在嘴边的话,不过,大部分销售人员其实并不懂什么是需求。比如,客户说要买10台投影仪,这10台投影仪是客户的需求吗?当然不是。需求首先与客户希望实现的目标有关。在实现目标的过程中,客户会遇到一些问题,但因为希望实现目标,所以他必须解决这些问题。这些希望解决的问题就是需求。

客户有了目标,就有了问题要解决;有了问题要解决,就有了采购方案的可能,于是需求就产生了。

了解了什么是"需求",销售人员的第一反应可能是努力去了解客户的需求。这当然有必要。不过,策略销售考虑得更多的是如何利用需求制定策略,也就是销售人员在需求形成阶段应该制定哪些策略?

利用需求制定策略，主要从六个方面入手：加深、提高、调整、替换、扩展、移除。所谓"加深"，是指找到客户没有发现的重要需求（不是简单的隐性需求）。所谓"提高"，是指提高客户的目标。所谓"调整"，是指调整客户实现需求的先后顺序。所谓"替换"，是指用一种需求替换另一种需求。所谓"扩展"，是指增加需求。所谓"移除"，是指减少需求。客户需求管理取决于你与客户的对话的高度和覆盖范围。

关于扩展和移除，我们在 SSO 和 SPO 里已经说过，此处不再赘述。接下来着重讲一讲加深、提高、调整和替换。

1. 加深

销售人员很喜欢说创造差异，因为差异能带来竞争优势。差异首先来自需求，这是最根本的差异。有了需求差异，你才能创造产品差异、服务差异和公司差异。

在如何创造差异这个问题上，销售人员常犯两个错误。第一个是指望通过产品、服务创造差异，但是在当今这个同质化严重的时代，这很难做到。当然，如果你的产品、服务确实与对手有较大的差异，也可以从这个方面考虑。第二个是销售人员一旦率先进入订单，就一股脑儿地把自己能做的全部展示给客户看，就像在菜市场卖菜一样，潜台词是：你自己挑！

这样做虽然有先入为主的优势，但是别忘了在大单销售中，客户往往没有能力挑。这就造成了在客户看来大家都差不多的印象。所以，第一个策略就是替客户挑出那些他挑不出来的需求。

我们团队经常帮助客户设计角色目标清单（Target Clear List，TCL），就是按照客户类型整理出不同采购影响者可能关注的需求。通过头脑风暴，一般整理出四五十个需求是轻而易举的事情。

在一次角色目标清单设计中，一位销售总监提出了一个疑问，他说："这些需求都是对的，但是我们知道、客户知道、竞争对手也知道，大家都知道，如何体现差异性呢？"

他的意思是，需求多少并不重要，重要的是找到可以体现差异性的需求。

在接下来的几天时间里，这位销售总监带着几位专家，针对 50 多条需求重新进行了研讨和设计，最后找出了 5 条他们认为能体现差异性的需求。这 5 条需求符合以下三个条件。

- 隐蔽性：你不说，客户不知道；你一说，客户吓一跳。
- 持续性：这个需求如果得不到满足会持续"贡献"负能量，产生不良影响。
- 重要性：这个需求产生的不良影响很大。

这种做法就是从深度上找差异。

怎么找到符合上述三个条件的需求呢？可以采用丰田创始人丰田佐吉提出的五个"为什么"（5Why）方法，也就是连续问五个"为什么"。下面举例说明。

1）为什么业绩差？因为丢了一些大单。
2）为什么丢了一些大单？因为出现了一些偶然的情况，导致订单失控。
3）为什么订单会失控？因为我们没有预料到这些情况会发生。
4）为什么没有预料到？因为事前缺乏分析和推演。
5）为什么事前缺乏分析和推演？因为我们不知道如何分析和推演。

五个"为什么"一问，需求立刻就找到了，这个方法简单实用。

在大单中，需求数量不是最重要的，找到符合这三个条件的需求才是最重要的。但这并不容易，不仅需要销售人员对客户有深入的了解，还需要对客户有细致的分析。不过，销售人员一旦找出这样的需求，就可以打开客户的心扉，进而找到进入订单的钥匙。

2. 提高

如果你觉得无法从深度上找出差异，还有一种办法：通过提高目标找出差异。既然需求来自目标，那么目标变了，问题就变了；问题变了，需求就变了；需求变了，方案就变了；方案变了，差异就有了。我们先看一个案例。

我曾经辅导一家办公家具公司做场景库设计，它的很多客户都是互联网公司。大家讨论了一个客户工作场景，即员工在工位上办公。这是一个常见的场景。销售人员对这个场景非常熟悉，用很短的时间就分析出了十几个关于员工在工位上办公的常见问题，如布线乱、空间小、容易受到隔壁工位影响等。这似乎大功告成了，接下来只要说明如何解决这些问题就可以了。

看完讨论结果后，我问了大家一个问题："公司为什么要给员工配置工位？"

刚听到这个问题时大家都笑了，好像这是个不言自明的问题。但是笑了一会儿之后，大家突然又沉默了，卖了这么多年办公家具，自己却从来没有想过这个最基本的问题。

经过热烈的讨论，大家得出了一个看似匪夷所思又合情合理的结论：公司给员工配置工位的一个重要原因，是老板希望员工多加班。不过，正是这种匪夷所思，创造了差异。

现在很多互联网公司的员工大多都是年轻人，他们面临着购房压力，而租住的房子条件可能也不尽如人意。如果公司的环境、工位设计得比家里舒适，那么他们可能更愿意在公司里待着。所以，好的工位配置是年轻人愿意加班的一个重要原因。

接下来我又问：“要创造什么样的条件，才能让员工愿意加班？"

大家很快就有了答案，如椅子要可以让员工在上面睡觉，工位要隔音，储物空间要大一些。请注意，大家说的这些答案都是为了实现新目标（让员工多加班）所必须具备的条件。

最后我问了一个问题：“如果要让员工产生家的感觉，我们的工位设计理念应该怎样呈现给客户？"接下来大家重新构建了工位场景，基本步骤如下。

1）赋予场景一个新目标，而不是解决问题。
2）针对新目标，重新设置实现的条件或需求。
3）利用我们的方案给客户创造一种新体验。
4）利用这种新体验，实现新目标。

重新构建的工位场景比旧场景好很多，说服力得到了极大的提升。这就创造了差异。我们将案例中这种创造新需求的方法称为目标场景法。它的作用是提高客户的目标渴望度，并最终提高客户的期望值。

目标在场景中的作用就是制造落差。客户的现状存在很多问题，但是客户在这个场景里沉浸了很多年，已经察觉不出哪里有问题了。我们必须把客户从旧的场景中拉出来。只有客户愿意改变，销售人员才有销售机会。

我们帮助客户重新设定了场景目标，这使新场景与现状之间形成了落差，而落差的大小决定了客户采取行动的迫切程度。

在销售人员的能力范围内，这种落差越大越好。大家可能会觉得设定过高的目标，销售人员无法帮助客户完成。其实，高目标并不一定比低目标需要付出更多，关键是看你怎么思考。很多时候，高目标与低目标之间不存在成本差异，而是存在思考角度的差异。这种角度差异就是我们说的以客户为中心。

为什么重新设定目标如此重要？有如下几个原因。

1）目标具有说服力。每个目标背后都隐藏着一个需要你去说服的决策者。比如，你要说服老板，你的新目标就要贴近公司的战略方向；你要说服校长，你的新目标就要与升学率提升相连接。用更高的目标说服决策人。

2）目标具有竞争力。如果你的目标优于竞争对手，你其实就已经占据了一个制高点。

3）目标是衡量标准。在案例中，最开始给客户提供的价值无非就是布线整齐、空间宽敞等，这些每家公司都做得到。但是如果让客户用"让员工多加班"这个标准来衡量价值，那么你就处于领先地位了。所以，目标的另一个作用就是促使客户重新建立衡量标准，而目标本身就是衡量标准。标准不仅有高低，还有不同。这种不同能帮你构建销售优势。换言之，你能不能设定不同的目标，决定了你能不能构建销售优势。

4）重新设定目标的本质是激发销售人员的创新思维。现在的项目销售尤其是大单、大客户销售，不再是拼关系、比产品，而是比洞见，也就是比销售人员对前瞻性需求的理解。当客户被新目标激励时，销售人员与竞争对手之间的差异就被创造出来了。

目标场景法的作用之一就是通过描述场景，给客户创造一种全新的体验，从而促使客户支持你。接下来，我们看一个完整的案例。

一家做互联网教育（K12）的公司，其产品和方案广泛应用于各种客户工作场景，比如上课、心理辅导、自习、招生、新教师培训等。每个场景还可以再细分为更多的小场景。

如果按照传统的做法，销售人员可能会这样说。

学生上晚自习的时候，经常出现的问题是找不到老师答疑、聊天、睡觉、不认真学习、不知道学什么。

如果你是学生，那么上晚自习的时候再遇到问题，你不用问老师，只需要在我们的平台上输入问题，答案就会自动出来，非常方便。

如果你是老师，学生只要使用平台，后台就会记录时间和浏览内容，这样你就可以监控学生是否在认真学习。

此外，平台针对每个年级都设置了50门以上的课程，学生可以随时学习，这就解决了不知道学什么的问题。

在实际工作中，销售人员这样说常常会遭到拒绝，比如：我们会安排学生上我们自己的课，不需要外部资源；我们自习课老师会布置作业，更有针对性。

现在我们用目标场景法，重新规划一下自习场景。

李校长（角色），你想过一个问题没有：为什么要让学生上自习呢？仅仅是让学生查漏补缺，还是让老师歇歇？

在我们看来，自习的意义远不止于此。自习真正目的是建立学生的自主学习能力，因为自主学习能力是成绩提升最有力的保障。所有好学生都有一个共同特点，就是自主学习能力强，所以，培养自主学习能力是提升成绩最好的方法。（目标）

怎样才能养成自主学习的习惯呢？这需要创造环境，让学生"会"自主学习，让学生"能"自主学习，让学生"不得不"自主学习，并且能够"坚持"自主学习。做到这四条（条件），自主学习能力就很容易被培养出来。

怎么才能做到这些呢？

首先是"会"自主学习。如果学生在上晚自习的时候，打开线上学习系统，通过点击自测功能，找到自己的弱项，系统根据自测结果自动生成学习计划，学生自行修正学习计划（行为）后按照学习计划自主安排自习时间，这就保证了学生"会"自主学习。学习计划是学生自己参与设计的，他也愿意履行对自己的承诺（体验）。

其次是"能"自主学习。当学生实施学习计划的时候，线上资料库将相关课程、作业、练习、答疑等自动按照学习计划推送给学生，配合学生落实学习计划，这就保证了学生"能"自主学习。随手就能找到，点开就能学习，学习的难度会大大降低，这也会激发学生的兴趣（体验）。

再次是"不得不"自主学习。系统将学习计划同步上传给老师，并且在学习小组里同步展示给所有人（行为），这就形成了一个自我承诺的氛围，同时使学生有了"不得不"学的压力（体验）。当然，学生也愿意按照自己制订的学习计划学习。

最后是能够"坚持"自主学习。通过线上的测试板块，可以不断衡量学生的学习情况。明确的衡量标准（行为），是对学生学习的持续改善的一种激励（体验）。自主学习的持续动力来源于不断的正反馈。

通过创造这四个条件，自主学习的目标就比较容易实现。当然，这只是我们从前的一些经验，还要看领导的想法。

这种方法你感觉怎么样？其实，销售人员提供的方案与之前是一样的，但是在校长看来完全不同。这就是目标场景法的威力。

总结而言，目标场景法的整体逻辑是利用目标说服最高决策者，利用条件区隔对手，利用方案创造体验，利用体验说服使用者。

在互联网行业流传着这样一句话："每个行业都值得被互联网改造一遍。"同样的道理，每一个与你的方案相关的客户业务场景都值得被设计一遍。设计当然不容易，比如，工位场景和自习场景都需要你进行非常深入的思考，提出前瞻性的想法和不一样的构想。但是，正是这种"不容易"，让你真正有了竞争力。

销售人员要做的不仅仅是满足客户需求，更是和客户一起实现目标。这就是目标场景法的思想基础。

3. 调整

在需求形成阶段，销售人员最重要的任务是发现问题、放大痛苦、选择自己能解决的问题去引导客户。在这个阶段，销售人员可能发现了很多需求，这些需求对客户来说也许同样重要，但对销售人员和竞争对手来说可能完全不一样。比如，销售人员卖的是培训平台，线上产品很丰富，这是销售人员的优势。但是客户线上线下产品都需要，如果销售人员说服了客户先做线上后做线下，那么销售人员运作订单就会容易很多。一旦客户认可了销售人员的优势产品，后上的弱势产品也会很容易被客户接受。然而，如果这个过程反过来，即先做线下后做线上，可能就对竞争对手非常有利了。

而先实施什么后实施什么，主要取决于客户对痛苦的感受以及对目标的渴望，也可能会受到技术和应用场景的影响。在ERP系统的实施过程中，这种情况非常常见，还有可能受到行政方面的影响，如先做着急验收的事情；也有可能受到资源的影响，如人员安排。所以，只要本着双赢的原则，销售人员就有很多办法可以说服客户同意调整。

4. 替换

客户需求中可能会有一些是你满足不了的，如果不处理，在订单的后继运作过程中，它们就会变成你的"小辫子"，客户和竞争对手可能会随时揪住以制约你。

怎么处理这些无法满足的需求呢？

作为一个培训师，我经常会接到一些稀奇古怪的客户需求，如培养"打硬仗精神"、怎样全员营销、如何一招制敌等。碰到这样的需求，我的解决办法是一步步地追问客户深层次的需求，看看客户为什么会有这种想法。比如培养"打硬仗精神"，从理论上讲，"打硬仗精神"是无法通过培训获得的，培训只能解决知识不足和技能不足带来的问题。通过深入的分析我发现，其实问题就是客户不会制定和管理业绩策略。分析到这里，客户的需求就被替换掉了，而业绩策略的制定和管理对我来说驾轻就熟。

替换策略不是指换掉客户的需求，而是指通过深入挖掘找到根本的需求。可能你会问：如果确实解决不了，怎么办呢？这时，你要判断这个需求是不是客户的核心需求。如果是，你就要考虑退出。记住，永远不能欺骗客户。

需求形成阶段，最需要做的当然是了解客户的需求。不过，除了了解客户的需求，还有几件事也需要做。

第一，借助了解需求的机会实现第一次覆盖，即见到所有参与采购的影响者。关于覆盖，我们会在第九章中详细介绍。这里需要说明的是，需求形成阶段尚处于订单运作初期，客户的采购路径还没有明确建立。也就是说，谁参与采购可能还没有完全确定。这对销售人员而言不一定是坏事，因为客户自己都没想清楚的时候，就是销售人员可以施加影响的时候。这个阶段的主要目的是了解需求、创造差异、引导期望。但记住，千万不要展示产品。

第二，引导客户建立采购程序。对于大单，大部分客户都不知道怎么买，也就是没有采购程序。需求阶段正是引导客户建立采购程序的好时机。注意，这里说的是采购程序，而不是采购流程。采购程序包括招标还是议标，要不要做测试，有没有必要试用等。

第三，考虑竞争对手，看看可不可以通过引导客户的需求，把竞争对手排除在订单之外。

第四，销售人员要注意，到底是需求在引导自己，还是自己在引导需求？这个问题的答案将决定你在竞争中的位置。

三、方案评估

在绝大多数情况下，无论销售人员前期怎么努力，在进入方案评估阶段之后，客户都会找几家供应商货比三家。运气不好的话，销售人员就是在这个阶段被找来比货的那家供应商。对很多人来说，这个阶段才算真正进入了销售阶段，他们一直指望着通过和竞争对手拼产品、拼服务、拼公司实力获得订单。

1. 识别方案评估阶段

在方案评估阶段，你首先要回答的问题是：客户是否真的到了方案评估阶段。这个问题并不容易回答。大单都是由多人决策的，这就会造成一个问题：有人觉得已经到了方案评估阶段，有人觉得还在需求形成阶段，还有人觉得已经到了采购决策阶段，怎么判断呢？

我们说客户期望一般有两种形式：一种是要求；另一种是措施。前者较为粗糙，比如客户说"家具要结实"，这就是要求。后者较为细致，比如客户说"我要柳木的，而且是15年以上的柳木，必须用大料，也就是柳木的树干"，这就是措施了。如果客户和销售人员谈措施了，这就表明到了方案评估阶段。

方案评估阶段最重要的特征是：客户已经在准备评估标准了，甚至已经有了详细的评估标准。

评估标准一般符合两个特征。首先，评估标准反映客户需求，很大程度上就是对需求满足度的数字化衡量。其次，它体现差异性，没有差异就没有选择。比如，客户的评估标准是产品在 −30℃ 的环境中仍可以使用，首先客户可能确实有使用环境方面的需求，其次虽然未必能碰到 −30℃ 的环境，但是依据客户的评估标准可以淘汰掉一部分供应商，这就是差异性的重要性。

需要说明的是，销售人员可能认为是先有需求后有标准，其实未必。比如，在招标过程中请一些专家做评审，这些专家的心中早就有很多标准了，这些标准未必源自当前客户的需求，它们可能先于需求产生。

另外一点需要说明的是，并非所有的评估标准都会被客户清晰地列出来。更多的时候，它们藏在客户的脑子里，不管清晰与否，一定有。所以，销售人员必须深挖。评估标准就是对客户期望的衡量，客户的评估标准不清晰之时，就是销售人员引导的最佳时机。

2. 落后就拉回

知道客户处于某个阶段后，销售人员可能面临两种情况：第一，已经落后了，销售人员被客户"邀请"了；第二，销售人员一直和客户共舞，双方处在同一个阶段。

如果是第一种情况，毫无疑问，销售人员要把客户拉回到需求形成阶段，具体策略包括：

1）找到更多需求，让客户意识到从前没发现的东西。

2）找到更多人的需求，尤其是那些前期没参与的人的需求。

3）找到那些还没进入这个阶段的人，然后找到他们的问题，放大他们的痛苦。

4）"旧瓶装新酒"，表面上看起来需求不变，实际上需求的内涵已经发生了重大变化，销售人员需要重新定义客户问题。

5）告知客户风险，让客户知道如果前期需求定义不完整，后期存在巨大的隐患。

接下来提供一个具体的做法。

如果你接到了一个详细的需求，你要注意，你很可能已经落后了。这时你首先要做的是调研客户方高层，最好多调研几位。如果能见到客户方高层，一定要问他一个关键问题："这次项目建设，你最关注的是什么？"

一方面，你会发现，在大部分情况下，客户方高层的关注点和你接到的详细需求有出入；另一方面，对客户来说，高层的关注点不能忽视，所以，你才有了重新定义需求的机会。

如果你觉得重新调研很难，比如客户说"所有的关注点都在给你的报告里了"，那么你就要从报告里挑毛病。一旦挑出毛病，就拿着这些毛病，以"澄清"的名义见客户方高层。若挑不出毛病，建议你退出这个订单。

3. 与客户共舞

接下来，我们着重讨论在方案评估阶段如何与客户共舞。既然是方案评估阶段，就会有评估标准，即销售人员常说的参数、分数与人数。关于评估标准，销售人员就有三件事要做。

第一，理解评估标准，包括理解每个评估标准的重要性，知道是由谁制定的，为什么这样制定。

第二，确定哪些评估标准需要引导。

第三，结合自己的情况引导评估标准，可增加、减少、调整、替换等。

（1）理解评估标准

有时评估标准会以正式的书面材料展现，如招标书，但是在大部分情况下，尤其是刚刚进入方案评估阶段时，评估标准往往在客户的脑子里，这时你要把它们"挖"出来。

挖掘评估标准可以采用《技能篇》中的 MEN 模型，再加一个白板销售法。

首先，你拿出一张白纸或准备一个白板，接着向客户提问："这次采购，你选择供应商的标准是什么？"

客户十有八九会说几条标准，如质量、抗噪程度、稳定性、价格等。客户说什么，你都把它们记录在白纸或白板上。如果客户不说，你就马上用控制类提问，让客户选，比如："我看到很多客户在选择这种方案时，看重服务响应速度、备品备件以及线上服务，这些是不是也是你关注的？"

把客户在控制类提问中选择的标准也记录到白纸或白板上，直到穷尽为止。当然，熟悉控制类提问的读者都明白，这本身就是一个引导客户需求的过程，你可以把你的优势放进去。列示完毕后，你接着判断重要性。在这里，我引入尼尔·雷克汉姆发明的一个小工具：标准区分器。

首先在白纸或白板上画一条竖线，画完之后马上问客户："咱们给这些标准排个序吧，在你看来，最重要的标准是什么？"不出意外的话，客户回答不出来，因为在进入方案评估阶段之初，客户会认为所有标准都是同等重要的，很少有人能给出清晰的排序。

这时，你要和客户进行讨论，并针对客户认为重要的前三个标准，问客户："为什么这些如此重要？"这个问题可能引出需求，引出领导重视的标准，引出当前客户的个人利益需求。而你不仅要知道标准和顺序，还要知道这是哪个采购影响者的标准，并且知道他为什么重视这个标准。你只有了解了足够的信息，才能真正地影响标准。你画出的标准汇总图可能如图 7-1 所示。

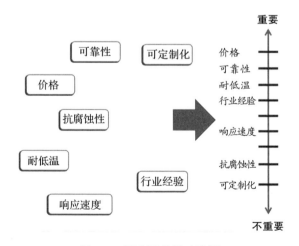

图 7-1　标准汇总图（示例）

最终，你把所有的标准按照重要性做了一个排序。通过这个排序，你知道了四点：一是有哪些标准；二是谁重要，谁不重要（顺序）；三是这些是谁的标准；四是这些标准背后的需求是什么。如果运气好，你可能还会知道第五点：客户怎样衡量这些标准。

（2）确定哪些评估标准需要引导

有了关于标准重要性的排序，接下来你再画一条竖线，把自己公司的优势从强到弱做一个排序。比如，你公司排名前三的优势是产品抗腐蚀性强、可靠性强、行业经验丰富等。之后，将客户标准与我方情况连接起来，如图7-2所示。

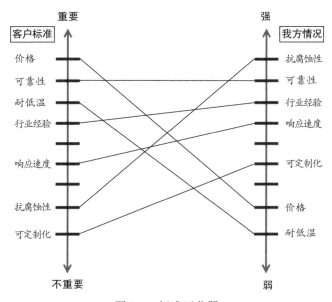

图 7-2　标准区分器

从图7-2中你会发现，有些连线很陡峭，这表明存在巨大的差异；有些相对平缓，这表明存在较小的差异。这张图可以告诉你，"我方情况"和"客户标准"的匹配度。请注意，陡峭分两种：一种是客户认为重要的标准，但它们是你的弱项；另一种则是这些标准是你的强项，但客户认为不重要。

结合匹配度，你基本能判断出自己的竞争力大小了。如果都是陡峭的连线，就可以考虑退出订单；相反，如果都是较平缓的连线，就有成功签单的可能。

画完标准汇总图后，你还需要把标准分成三类：关键性指标、重要指标和一般性指标。关键性指标是你必须要和客户匹配的，重要指标是你要争取与客户一致的，而一般性指标可能是你要避免掉入的陷阱。

标准区分器不仅能让你避免陷入自我认知的陷阱，更重要的是，还能时刻测量客户对标准的认知的变化。由于重要的不是标准本身，而是标准是怎么形成的，所以这背后的形成原因就是你引导客户的基础。当然，它还可以用于测试你和客户的要求还有多大差距。如此，你就可以评测出自己在客户心里可以打多少分了。

（3）引导评估标准

有了评估标准，接下来的策略就针对如何影响评估标准展开了。一位销售总监对我说过，销售就是影响客户评估标准的过程。虽然我不完全同意他的话，但是影响评估标准是销售工作的重要一环，这肯定是没错的。对很多销售人员来说，标准可能是与产品、价格同等重要的销售要素。

关于评估标准的引导，有九个可以制定策略的基石，即有无、轻重、隐现、固定与临时、重新定义、死活、粗细、评估方式、评估者。

第一，有无。每个事实后面都有一个故事，每个评估标准后面都有一个原因。**所谓评估标准，本质上是对客户希望通过采购所获得的结果的衡量，也就是对希望获得的组织利益的衡量**。比如，客户希望提升工作效率，希望减少 20% 的库存等。不过，评估标准的实际表现形式要复杂得多。

首先，有些结果不直观或者需要在使用产品后才能衡量，那么就可以直接评估有无实现结果的功能。比如，想减少 20% 的库存，就直接把有没有库存管理功能作为评估标准。这告诉我们一件事，如果你想引导评估标准，就要先问问自己的产品可以带来什么结果，然后，看看客户要不要这个结果。

评估标准是对客户所需结果的衡量，而结果又源于客户的需求，所以，判断结果是不是客户所需要的是帮助客户定义评估标准最重要的一个方法。

理解了这个逻辑，我们就清楚了引导评估标准的最佳时机在需求形成阶段。你帮助客户定义了什么需求，最终就会有什么样的评估标准。

这似乎是一件很容易的事情。但是，大部分需求其实你和你的竞争对手都非常清楚，而这些需求所形成的评估标准，并不能真正把你和竞争对手区分开来，甚至你可能还会为别人作嫁衣。所以，在需求形成阶段，你要做得更深、更细和更多。所谓更深，我们在前面讲过了，这里不再赘述。所谓更细，是指你能找到更细分的问题根源。以成本为例，别人只说了成本，你却找到了管理成本、冗余成本、人工成本、停工待料成本等。所谓更多，就是找到别人没有发现的需求。

这就要从你的产品差异性出发，挖掘你能解决什么竞争对手解决不了的问题，然后，努力把它发展成客户需求。

其次，评估标准除了由需求引导，还可以"无中生有"。客户常常为了选型而制定评估标准，有时会选择一些与想要的结果关联度很低的标准，这也没办法，既然客户要选，总要做一个区分，既然做区分，就要有差异。有时这些差异对客户实现结果根本没什么实际作用，唯一的作用就是淘汰供应商。比如，买手机时，摄像头是1亿像素还是5000万像素，对我这个"摄影盲"来说没什么区别，但是当其他参数差不多的时候，我肯定选1亿像素的手机。

评估标准一旦确定，人们就会努力捍卫这个标准，而不再考虑为什么是这个标准以及标准的重要性了。所以，你要学会重视那些不太重要的标准，它们可能会是压死骆驼的最后一根稻草。这一招叫"下闲棋"，看似可有可无的东西，最后却成了决定胜负的关键。

这告诉我们，一些产品差异性虽然对客户没有太大的意义，但是依然可以被客户纳入选型标准。你可以检查一下你的标准区分器，看看哪些是你有而客户没有的。

最后，在标准方面，销售人员常犯两个错误。一个是一旦客户树立了标准就拼命去满足。殊不知，你的竞争对手也是这样想的，于是，你们又在相互消耗。所以，你首先要做的是调整，也就是增加或减少标准。

另一个则相反，拼命改变客户认为重要的标准。你要明白客户为什么认为某个标准重要，这意味着它背后有重要需求。也就是说，改不了的不要硬改，任何时候都别忘了双赢原则。所以，正确的做法是，你要看看那些客户没有涉及的标准。你可能会觉得没有涉及的就是客户不重视的，其实未必，没有涉及的往往是客户没想到的或者想得少的。这时，你的操作空间会大大增加。

第二，轻重。所谓轻重，是指每个评估标准的权重不一样。

假设你要买房，你会经历一个有趣的过程。开始的时候，你的要求会很多，比如位置好、楼层好、小区好、户型好，最关键的是价格还要低。而且，你会认为这些标准都很重要，一个都不能妥协。

当你看了一些楼盘之后，就会发现，你必须做出一些取舍，比如，在位置和价格之间、在房间布局和朝向之间。也就是说，评估标准的重要性会有一个排序，甚至你会放弃一些标准。

客户也一样，开始时都希望买到完美的产品，直到发现不可能，于是，考虑对评估标准进行排序，看看哪些才是自己真正想要的。比如，为了质量牺牲价格、为了效率牺牲操作便捷性、为了战略牺牲短期利益等。

换言之，当客户确定评估标准的权重时，就是你改变客户标准的机会（如果客户觉得所有标准同等重要，说明他刚刚进入或者还没有进入方案评估阶段）。

在前面，我们已经用标准区分器找出了你和客户在评估标准上的差异，现在你可以考虑如何引导了。关于引导评估标准，要注意以下几点。

- 双赢：找到你的优势对客户的价值。
- 需求：客户根据需求建立的评估标准，到底正不正确。
- 他有我无：客户需要的你却没有，这不是强弱的问题，而是有没有的问题；你要认真考虑这个评估标准对客户的意义是什么，到底能不能剔除。
- 他无我有：你有的客户却没有放到评估标准里；你要考虑如何让客户接受，你能够给客户带来的组织利益和个人利益是什么；同时，如何利用这些差异化标准，而不是价值标准，屏蔽竞争对手。
- 陡峭：你要考虑为什么会出现如此之大的差异，这可能是竞争对手做的局。

销售中有一个原理："**任何缺点背后必然藏着一个优点，任何优点背后也必然藏着一个缺点。**"比如，产品质量好，价格就会高；产品坚固耐用，就会笨重；反之亦然。所以，你要学会从缺点中看到优点，从优点中找到缺点。辩证地看事情，就很容易知道如何引导评估标准了。比如，当客户不能接受你的某个缺点时，你就强调它背后的优点；当客户喜欢对手的某个优点时，你就强调其背后的缺点。当客户喜欢你的某个优点时，你就可以利用它抵消你的一个缺点（比如产品价格高）。当客户知道竞争对手有一个缺点时，你则可以放大这个缺点。

有些评估标准的轻重，你几乎无法改变，比如价格总是很重要的，但是有些却是可以引导的。

对客户来说什么是重要的？首位的当然是战略，所以，你需要让你的强项向战略靠拢。基本原则是：能向战略靠拢的就向战略靠拢；不能向战略靠拢的就向关键成功要素（Critical Success Factor，CSF）靠拢。所谓CSF，就是客户所在行业的最重要的成功要素。比如开饭店要考虑位置、菜品、卫生、服务，这四条就是餐饮行业的关键成功要素。

不能向CSF靠拢的就向组织层靠拢；不能向组织层靠拢的就向流程层靠拢；

不能向流程层靠拢的就只能向岗位层靠拢了。其实，你靠近了岗位层，也就能顺藤摸瓜靠近战略层，只是一般销售人员在战略层面上很难理解或者很难说服客户。

你不仅要找出什么对客户来说是重要的，还要让客户认为你的强项同样重要。当然，这仍要从双赢的角度出发。

除了 CSF，引导评估标准的另一个重要方法就是放大痛苦。站在策略的角度放大痛苦可以分为几步：首先，找到你的强项；然后问问自己，没有你的这些强项，客户可能的损失是什么；再问问自己，谁会在意这些损失；最后，把这个人找出来和他谈。一旦他觉得痛苦无法承受了，你就很容易建立评估标准了。

需要注意的是，权重有时是很明确的，比如满分 100 分，价格占 40 分；有时也可能是不明确的，每个人对权重的评价可能都不一样。这就需要你了解每个采购影响者心中的想法。

利用轻重引导评估标准，常用的方法就是增加你的优势权重。当客户的一些标准你无法满足，而另一些标准恰恰是你的优势时，你要做的就是增加这些优势的权重，也就是让客户看到它们的重要性。

第三，隐现。对方案评估来说，有时会有很明确的标准，可以供评委们逐条打分；有时也会比较模糊，只是任由大家讨论，看起来很不正规。对于不正规的方案评估，有两点最重要：一是影响程度，即说话的人的决策权力大小；二是支持你的采购影响者能不能说明白。

你可以设想一下，客户现在要开会，讨论谁的方案更好，支持你的采购影响者会怎么说呢？无非两种：一种是夸你的方案很好，这其实没什么用；另一种是说明为什么需要你的方案或者需要你的方案中的某些功能，也就是论述使用你的方案可以怎样解决他们的问题，带来的价值是什么。这就很重要了。

销售人员常常忽略的问题是，在大部分情况下，支持自己的采购影响者是说不明白的。所以，销售人员的工作就是让他说明白。但是，这很难判断。解决办法是，通过提问帮助他说明白。例如：

"你觉得这样做为什么可以把库存降下来？"

"操控性为什么很重要？"

"为什么你会喜欢这个功能？"

第四，固定与临时。有些东西客户经常买，怎么选择非常清楚，你很难改变其评估标准。反之，有些东西客户很少买，他也不知道该怎样买，这就需要临时制定标准。区分固定标准与临时标准很重要，固定标准很难改变，大部分情况下只能努力满足。

对一些大客户而言，如何满足其固定标准，有一个策略——"千里埋线"。

房地产公司通常是设计院的大客户。由于天天建房子，房地产公司对如何选择设计院轻车熟路，也会有一些清晰的门槛，比如在本地有没有设立办事处，设立了几年。

一家大型设计院瞄准了一些大房地产公司，认真研究它们的各种标准后"千里埋线"。比如，提前几年就按照房地产公司的门槛注册办事处或者分公司。仅仅是注册，也没有花太多成本。等到符合条件了，再进入房地产公司的供应商库。这个简单的招数可以屏蔽掉很多有实力的竞争对手，因为大部分竞争对手都是临时抱佛脚，有了订单才去做工作。

关于固定标准，销售人员常常会有一个认知误区，即固定标准不可改变。其实，尽管很难，但没有什么是不可以改变的，关键是要清楚固定标准为什么设立和谁可以改变它。那些看似很有道理的标准，背后往往有一个前提或背景。比如，为什么需要本地化服务？这是因为之前一直没有线上服务这个手段。有了云，有了SaaS，线下服务就变得可有可无了。

这告诉了我们一件事情，一旦你发现有些固定标准挡了你的路，不妨挑战一下，改变它。不过，要有理有据，清楚标准背后的客户逻辑。

既然标准是结果的反映，那么你可以倒推用结果说服客户，而结果的达成往往受多种因素影响。比如，一家火锅店的客户要的结果是某种特殊的味道，这可能受食材、加工方式、调料、配比等多种因素的影响。你可以通过这些复杂因素改变标准，避免客户只盯着你满足不了的那个标准。

第五，重新定义。一个标准一旦定下，往往很难改变。如果这个很难改变的标准对你不利，那么你该怎么办呢？策略是改变标准的内涵，你可以在表面不变的情况下，重新定义标准。

有一次买车，我先看的是沃尔沃，觉得不错，但本着货比三家的原则，又看了另一个品牌的车。店里的销售人员问我看中车的什么性能，我告诉他最看重安全。而这个品牌的车不像沃尔沃那样以安全著称。

销售人员镇定自若，他首先了解了我对安全的认知（其实我的认知并不深），之后，开始给我讲主动安全与被动安全的区别，并给我灌输了一个理念：安全不是单一的防撞，而是一个综合性概念。接下来，他又不失时机地引导我的其他需求。最终我选择了这个品牌的车。

其实定义标准是件很专业的事，如什么是质量好、什么是操作简单，你应该比客户更专业，这种"专业差"让你有了帮助客户重新定义标准的机会。比如，什么是成功的培训？这个标准很难说清楚，你可以把它定义成认知改变、行为改变，当然，如果你胆子大一些，甚至可以把它定义成业绩改变——这就改变了"成功"的内涵。

客户有个习惯，如果他们认为某个标准比较重要，你越是唱反调，他们就越坚持（想想你和别人争论时的状态）。盲目地挑战客户只会增强其信念的坚定性，所以不要"硬杠"。

需要提醒的是，重新定义是指在不改变客户标准的情况下，改变客户对标准的认知。重新定义不是玩文字游戏，它的本质是更加深入地理解客户的需求。比如客户要的解决方案是 J2EE 平台，背后可能是安全需求，但是满足安全需求未必一定要用这个平台，你也可以用其他方案，这就是重新定义的意义。

第六，死活。评估标准会有两种："死分"，即客观分，如注册资金、价格等，销售人员很难改变（当然，是否使用这些标准是可以改变的）；"活分"，即主观分，如施工难度、易操作性等，是可以改变的。

有一次我为一家公司做订单分析，一位销售人员上台说了他的订单情况及客户关注的标准。他做得很出色，客户非常信任他，很多评估标准都是他引导客户确立的。整个流程我看下来没什么大问题。

不过，一位老销售员提出了不同意见，他问这位销售人员："你定的评估标准都是'死分'吗？"

销售人员说："是的，这样做更容易控制。"

老销售员说："不对，这样反而容易丢标。按照《招标投标法》，现在甲方不能限制参与投标的厂家数量，如果有一些有实力的大公司冲标，你就很危险。"

老销售员接着说："你做到这一步，说明和客户的关系已经非常好了，为什么不能引导一些'活分'呢？比如美观程度，可以设计成5~10分，这样支持你的人就容易给你打高分了。最重要的美观程度对客户很重要，这也是双赢。"

老销售员说得对，设置评估标准的基本原则是，对你有利的，尽量用"活分"，而你的硬件条件有优势的，尽量用"死分"。

第七，粗细。有些指标虽然很清晰，但是比较粗糙，属于粗指标。比如，本地有样板客户，这种指标就比较粗。相比之下，有些指标就比较细致，如最近三年，本地有五家新客户。

粗细之间就是你的操作空间。如果情况对你不利，比如你只有一家样板客户，当然要选粗指标。反之，如果你有五家新客户，当然要选择细指标。所以，加强并优化你可以满足的关键决策标准至关重要。

第八，评估方式。标准定了、人定了，接下来就是确定评估方式了。有时评估方式决定了签单的成败。

在一次投标中（企业内部招标），共有10人参与评估，我事先算好了，其中7人支持我，3人反对我，所以，我有百分之百的把握拿下这个订单。

评估结果出来了，确实是7票支持，3票反对，但是我输了。客户说，他们是按照部门计算的，反对我的那3人来自两个部门，支持我的那7人来自同一个部门。我输在没有把握评估方式。

不同客户的评估方式差别很大，包括上会、审批、当面汇报、投票表决。即使是正式的招标，在方式上也有很大的调整空间。比如，要不要述标，要不要标前发言，客户发言时说什么，这些都可以调整。

不过这些调整更多地依赖我们后面要谈到的采购影响者，所以，如何说服采购影响者是关键。

第九，评估者。有了标准和权重，客户开始使用这些做评估了，这时要考虑的问题就更多了，谁参加、人数多少合适等。组织评估是你的重要机会，尽管在正式投标中，你往往没有任何操作空间。

一家做调味品的公司，其主要客户是连锁餐饮企业，在它的众多销售活动中，最重要的活动就是试样，这有点类似于常见的评标。

参加试样的人员一般是客户方的老板、店长、厨师、研发人员等。口味有时很难说，和试样时间、个人爱好甚至前一天晚上吃的什么都有关系。客户一般会采用民主投票的方式决定是否选用。

这家公司有很多优秀的销售人员特别重视正式试样之前的预试样。他们会找到可能的试样参与者，预先做测试，等每个人都测试过了，再进行正式试样，这样就能提高成功的概率。同时，在预试样中，一旦发现有故意捣乱的人，在正式试样时，也可以想尽办法避开他。

关于评估者，你还要注意一点，就是我们后面要提到的技术影响者。很多技术影响者并非来自组织内部，比如政府招标会邀请高校的专家担任评估者，他们关注的大多不是结果或者需求，而是技术发展趋势。这时怎样调整以使你的方案符合他们的偏好就显得至关重要。

综上所述，我们一共介绍了九种影响评估标准的方式，前七种是影响评估标准本身，第八种是影响评估方式，第九种是影响评估者。其实还有其他影响评估标准的方式。比如，评估完毕后，若结果对你不利，你可以质疑，尤其是在正式投标时。虽然这样做副作用很大，但是到了生死攸关的时刻，也顾不了那么多了。再比如，在一些非正式的招标中，你可以通过控制参与评估的人来获得机会。除此以外，关于影响评估标准的策略，还有以下几点要注意。

- 时刻牢记，你的目标是提高自身优势与客户标准的匹配度，方法有两个：一是改变客户标准；二是让客户认为你确实符合其标准。
- 影响标准制定和评估活动的时机一共有七个：需求形成时、制定标准时、确定权重时、确定评估方式时、确定评估者时、答疑时和投诉。先下手为强，如果你在需求形成阶段就开始影响客户标准，非常容易成功，越往后越难。
- 你要相信，客户几乎不可能独立制定标准，其难度比客户自己写方案都大。
- 确定使用哪些评估标准是你的一个机会。首先，你要了解客户希望你符合什么标准；其次，通过"结果"引导客户明确他们真正需要什么标准；最后，要学会加入一些可区分你和竞争对手的评估标准。
- 有时标准的生命周期比订单要长，你可以通过了解之前类似项目的标准、评估方式、评估者的信息来弥补这一次信息的不足。当然，还要记得验证信息。

四、采购决策

采购决策阶段最关键的三件事：一是识别采购决策阶段；二是处理顾虑；三是谈判。

1. 识别采购决策阶段

终于到了临门一脚的时候了，这意味着销售人员迎来了最危险的时刻。从流程的角度来看，越往后越危险。

在这个阶段，首要问题是搞清楚你是否依然在和客户共舞。有太多的订单是被客户直接拉到了这个阶段，如邀标。表面上看，邀标是方案评估与采购决策一起进行，实际上，客户大部分的方案评估工作已经完成，只剩下一小部分需要再走一遍流程。

这个阶段的识别相对比较容易。首先，客户已经不怎么关心产品了，如果关心也是关心你实现不了的内容，而不是你能实现的（这也是顾虑的根源）。其次，客户开始关注价格了。从前客户也关注价格，但是没有花太多心思。这时如果你处于领先地位，客户会开始很认真地和你谈价格，甚至开始砍价了。再次，客户开始主动为你引见大领导了，因为价格和风险问题仍需要大领导决策。最后，客户可能有一个沉默期，因为客户要冷静下来认真思考，甚至进行一次集体博弈，统一各方意见。你可以通过这些表现判断客户是否到了采购决策阶段。

2. 处理顾虑

（1）顾虑的本质

订单风险来自客户的顾虑，顾虑来自客户对订单风险的担心，所以，在讨论顾虑之前，我们先讨论一下订单风险。

策略销售讨论的是大单。对客户采购来说，大单有两种：第一种是常规采购，如汽车厂或汽车配套厂长期从钢铁厂购入原材料；第二种是项目型采购，如一套装修方案、一台大型设备、一项建筑设计的采购等。

对于第一种，只是在第一次采购时，客户会担心订单风险，后面常来常往，担心就会少很多。我们说的订单风险主要来自第二种采购。

为什么这种采购会有风险？一是采购的产品或方案可能很复杂，比如，ERP系统通常有几万个功能，客户实在搞不明白；二是客户没有这方面的采购经验；三是采购影响者比较多，考虑的事情也多，多思必多虑；四是竞争对手之间喜欢争相揭露对方的风险。

客户所担心的风险可能来自各个方面，如产品、技术、服务、供应商、价格、政策、自己员工的能力、可能的额外投入、不可预料的麻烦等。其中，有些是事实，有些是无端的担心，但二者并没有什么区别，都以客户的认知为准。

风险在售前阶段一般不会发生。如果客户的某些采购影响者担心风险，就会提出异议。异议表面上看是客户提出的对组织利益受损的担心，实际上往往是客户担心自己的个人利益受损。这也是潜在的顾虑。

（2）顾虑的特点

首先，顾虑是一种认知行为，不是一种事实行为。也就是说，这是一种客户的心理活动，客户说有就有，说没有就没有。

其次，顾虑在大单销售中几乎一定会存在。在采购中，有一种很神奇的现象，采购人员非常厌恶风险，因为他们的考核标准叫作"不出事"。对销售人员来说，十个订单拿下一个来就是英雄，而对采购人员来说，十次采购出一次事就是罪人。所以，对后者而言，首要的不是买到好的产品，而是要买到不出事的产品。

再次，顾虑往往隐藏得比较深，客户一般不会轻易说出来。不说出来的原因有很多，有时是为了顾及销售人员的面子；有时是自己也不确定；还有时是觉得即使自己说出来了，销售人员也不会承认，干脆躲在后面偷偷观察。不过，最根本的原因是，顾虑是客户对个人利益可能受损的担心。比如，影响自己的地位，影响自己在老板心中的印象。由于涉及个人利益，客户在很多时候根本说不出口，往往以"价格太高"等理由拒绝销售人员。"价格太高"是销售人员最容易收到的异议，因为它简单，不需要做解释，而且给双方都留面子。更重要的是，销售人员向自己所在的公司解释为什么丢单也容易。但是，这通常不是真正的异议。销售人员还需要深挖根因。

（3）找出顾虑

顾虑的危害很大，又不容易发现，站在策略销售的角度，销售人员的任务就是将顾虑找出来。如何寻找呢？出现顾虑最明显的信号就是订单停滞。当你发现一个订单毫无理由地停滞的时候，几乎可以肯定就是客户有顾虑了。这是找出顾虑的第一个方法。

第二个方法是主动询问。既然顾虑是"几乎必然"会存在的，就不要心存侥幸，客户不告诉你，你就主动问客户。比如，你可以这样问：

"是不是还有我没说清楚的地方？"

"是不是还有什么担心？"

"有什么顾虑可以放到桌面上谈，我们一起看看怎么解决？"

大单的成功是随时保持警惕的结果。最危险的往往是你看不见的，尤其是在下列情况下，你务必要主动询问。

- 你的产品或方案涉及客户内部的变革，如 ERP 系统、咨询服务。
- 新技术、新平台、新方法。
- 你要替换掉客户多年的供应商。
- 有重要意义的项目。

第三个方法是观察客户对价格的态度。如果客户和你谈价格的时候不给你留一点余地，你就要意识到客户可能要舍你而去了。这是客户有顾虑的一个明显信号。

第四个方法是观察客户对你的态度。如果客户不愿意与你见面、不愿意回答你的问题或者吞吞吐吐，基本就是有顾虑了。

所有出现顾虑的信号都有一个共同的特征：**你觉得应该发生的事情没有发生，不该发生的却发生了**。掌握了这个原则，你就很容易判断客户是否存在顾虑了。

（4）处理顾虑的错误方式

现在找出了顾虑，怎么处理呢？销售人员在处理顾虑时要避免犯以下错误。

首先，假装客户的顾虑不存在。注意，这里的假装客户的顾虑不存在，不仅仅是指销售人员对客户的顾虑视而不见，更是指销售人员惧怕揭伤疤。好像大家都不说，顾虑就不存在似的。这是自欺欺人，正确的做法应该是主动出击，处理顾虑。其次，给客户"拍胸脯"。"我保证可以""你放一万个心""这绝对不会发生"，这些都是销售人员很喜欢说的话，可惜客户大多不会相信。再次，只处理异议，不处理顾虑。异议源于客户担心组织利益受损，顾虑源于客户担心个人利益受损。只处理异议，不处理顾虑，在大部分情况下都没用。

有两家软件公司，第一家在细分行业中排名第一，第二家排名第三；第一家有三种产品，每一种产品都只有一个版本在维护，而第二家光一种产品就有 27 个版本在同时维护。

我问了一下原因，情况是这样的：第二家的销售人员经常将客户提出的一些异议交给公司技术人员处理，如缺少什么功能、不支持某个平台、不支持某种数据库等，并且信誓旦旦地说，只要处理了这些异议，客户就会签单。

对于这些异议，第二家公司一般会立刻处理，这导致了大量产品修改，也增加了技术人员的工作量，关键是这样做基本没用。改了之后，客户又会提出新的异议。

而第一家公司却不着急处理这些异议，除非积攒到一定数量成为普遍问题，否则，就让销售人员自己想办法解决。这种"懒惰"反而成就了公司，因为大部分异议并不是客户的真实需求。

最后，还有一种错误的方式是恐吓，也就是销售人员常说的"逼单"。比如，月末优惠、马上断货、再不买就会涨价等，都是销售人员很喜欢使用的话术。"逼单"在小单销售中比较有用，但是在大单销售中，这招基本不管用，而且，还有可能适得其反。你越催，客户越觉得你隐瞒了信息，反而停止了前进的脚步。

（5）处理顾虑的策略

《技能篇》里详细介绍了顾虑处理模型。这里，我们主要讲几个策略。

第一个策略当然是积极地挖掘。客户很少主动说顾虑。等到客户主动说了，顾虑可能已经非常大了，处理起来往往为时已晚。

第二个策略是经常向你发展出的指导者询问可能存在的风险。销售人员要多问，这样才能知道问题出在哪里。这样做有一个好处，你往往会在订单的前期或中期就发展出指导者，而这时客户的很多顾虑还处于萌芽阶段，如果你能及时处理，效果就会好很多。

第三个策略是协助而不是代替，即协助客户处理顾虑，而不是代替客户处理。销售人员仅仅处理异议是不够的，因为顾虑本质上就是认为个人利益可能有损失，恐惧、担忧、焦虑都是这种心理活动的体现。它和第九章"变量六：采购影响者"中要谈到的"个人的赢"是一体两面的。顾虑是心理层面的，不是事实层面的。顾虑神秘而微妙，只有客户才能真正处理它。

怎么协助呢？办法是启发客户思考。比如，你可以对客户说"你觉得你的担心该怎么处理"，而不是"我觉得你的担心该这样处理"，还是那句话——人们总是被自己说服而不是被别人说服。

比如在咨询行业，客户常常会担心咨询效果不好，这种担心最终会演变成顾虑。客户会担心咨询效果不好而对公司上下无法交代，会担心领导对自己有看法，会担心员工抱怨。

如果客户对销售人员提出了这种担心，销售人员该怎么做呢？通常的做法是用案例证明、给出投入产出比等。但是这样做能消除客户的担心吗？未必。这种担心只有客户自己知道如何消除。最好的做法是问："你觉得我们怎样做才能让你放心？"

这个问题可以帮助客户思考消除顾虑的办法，同时也能让你更加了解客户，进而为客户提供处理手段。

3. 谈判

关于谈判，有太多的图书和资料可以参考，因此在本书中，我们不再深入讨论这个问题，只是提醒大家以下几件事。

第一，要把谈判与销售分开，而不要把谈判作为销售的一个活动或环节。**能用销售方法解决的，就不要用谈判手段解决**。谈判是最后的手段，就像战争是用于解决分歧的最终手段一样。为什么这样说？因为谈判意味着让步，不让步就不叫谈判，所以，谈判是一项昂贵的运动，能不做就尽量不做。为什么需要让步呢？在大部分情况下，都是因为销售人员在销售（采购）流程的前期阶段所做的工作不够充分。当然，我们也承认，对有些客户来说，你做得再充分，他们也会和你商谈，但那不是谈判。因为在谈判之前，他们已经决定与你签单了，他们只不过是想通过商谈寻求一些心理安慰。这告诉我们，只要在前期把工作做充分，谈判就会变成走过场。

第二，谈判中的大部分策略依然可以利用策略销售模型制定。比如，你的响应时间是优势，客户很重视，你就可以用这个优势去抵消价格高这个劣势。

第三，如果你把客户希望达成的价格理解成客户希望购买的方案（期望），就会发现，其实谈判和其他销售活动并没有本质上的区别。你要从客户的期望中看出客户的需求、动机，从利益角度谈，而不是从立场角度谈。

第四，先处理顾虑，在顾虑没有处理完之前，不要谈判。如果客户逼着你去谈判，一定要问客户一句话：如果价格合适，我们是不是就可以签约？这句话就是在挖掘客户的顾虑。

五、签约之后

在这一阶段，一共有六种类型的策略：积极落实后续事务、管理客户期望值、加强覆盖、转介绍、开总结会，以及定期评估客户需求。

当年做 ERP 系统销售的时候，每次同事签约之后，大家都会开玩笑说："又要换手机号了。"这当然是很多销售人员的玩笑话，意思是签完约终于可以松口气了，其他的事交给实施人员、服务人员就可以了。但对客户来说，签约才是一切的开始。所以，销售人员还不能放松。

在制定这个阶段的策略之前，我们不妨设身处地地想一想客户接下来要面临的情况。

签约后，尤其是付完第一笔款之后，客户的第一反应可能是：我会不会被抛弃？客户突然从强势地位变成了弱势地位，心理上难免有落差。这时你应该采取第一个策略：更加积极地帮助客户落实各种后续事务，如启动会、实施计划、人员安排、发货运输等。注意，这里说的是"帮助客户"，也就是你要和客户一起做这些事情。不要只是给客户一个计划，更不能把这些事情直接扔给别人。"帮助客户"不仅能把事情做好，还能给客户一定的心理安慰。

培训领域有一个 U 形学习理论，意思是人们在刚开始学习时热情高涨，接着感觉困难重重，最后收获满满，不过大部分人学习时都会被困在第二阶段（你学习策略销售也可能会这样）。客户也一样，开始时他也是热情高涨的，对你寄予厚望，这时你就要采取第二个策略：管理客户期望值。

为什么要管理客户期望值呢？有两个原因：第一，在售前阶段，你很可能调高了客户期望值，后面当然要"降降温"了；第二，客户可能自己也会把期望值拔得很高。

我们的目标是让客户满意。很多人将客户满意理解为为客户提供更好的产品、更好的服务，但是，这样做往往会增加成本，导致背离双赢的原则。而客户满意度取决于期望与现实的比较，所以要管理客户期望值。管理客户期望值并不意味着交付缩水，而是旨在提升满意度。

ERP 系统的实施是一件较为复杂的事情，成功概率较低。不过，好的销售人员总有办法让客户满意，他们非常善于管理客户期望值。最常用的一个策略是向客户说明不切实际的目标会有大投入和大风险，而只要客户稍稍降低一点预期，风险就会大大降低，投入也会大大减少。于是，期望值被降了下来，皆大欢喜。

客户进入 U 形谷底的时候，也是交付最困难的时候，这时你可以采取第三个策略：加强覆盖，即更加频繁地拜访客户，增加接触次数和覆盖更多人。你要让客户感觉到，你和他在共同战斗，在不断地一起解决问题。

在这个阶段，客户的抱怨肯定会增多。有时是你的问题，你要"灭火"。有时是客户的问题，但是"火"也会烧到你的身上，因此你要频繁地接触客户，把"小火苗"扑灭，要覆盖更多人，防止"火势"蔓延。销售人员在签约后最常犯的错误是只重视使用者，而忽略技术人员和领导。

历经千辛万苦，客户终于看到了曙光。客户对你的表扬开始增多，抱怨逐渐减少。这时就要采取第四个策略：让他给你转介绍新客户。

这样做有两个好处：一是客户切实发现了你的方案的优点，他知道向谁推荐，也知道怎样推荐；二是一旦客户给你转介绍了新客户，你们的关系会更牢固。这和承诺目标的原理很相似，客户一旦帮了你，就会倾向于再次帮你。

最后，交付完毕后，就要采取第五个策略了：最好和客户开一次总结会，或者至少和客户做一次关于这个项目的沟通。

一家国内知名的设计院经常接到一些大型项目。建筑设计往往是一个周期长、修改多、矛盾集中的事情。甲乙双方在项目开展过程中免不了会遇到各种磕磕碰碰，争吵也是常事。

这家公司每次做完一个项目，都会把客户方相关人员请到公司开一个总结会。这时项目已经结束，大家的心态都平和了很多。客户通常也能理解彼此间的摩擦是正常现象，甚至会做一些自我检讨。总结会基本上都是其乐融融的，这个会议不仅消除了甲乙双方间的隔阂，更为后面的继续合作打下了基础。

项目结束不等于一切都结束了，除了维护长期的关系，你还有最后一个策略要采取：定期评估客户需求。老销售员常犯一个错误，他们总认为自己和客户非常熟悉，客户有需求会自动找上门，所以，他们更重视对关系的维护，而不对客户需求进行评估。尼尔·雷克汉姆做过一个小规模调查，让销售人员评估50个老客户有没有新需求。开始时大家都觉得没有，但是结果证明，64%的老客户是有新需求的。所以，尼尔·雷克汉姆说，维护与老客户的关系的最好办法就是把更多的东西卖给他们。

也许从老客户的新需求里获得业绩的增长是最简单不过的销售途径，不过，有些销售人员太享受那种"攻城拔寨"带来的快感了，以致忽略了最容易得来的成功。关于老客户的关系维护，其实还有一个更高的境界：让老客户长期只买自己的产品。这就是未来客户经营要做的事情了。

第四节　为什么要引入采购流程变量

分析完了五个阶段的策略，还有一个问题要回答，即为什么要引入采购流程这个变量？

传统策略销售中并没有采购流程这个概念。策略是根据订单某一时刻的分析结果来制定的，即策略制定是实时的。既然是实时的，当然不需要考虑流程，一切都在当下。

不过，我认为采购流程对销售人员制定策略的影响很大。在不同阶段，客户会表现出不同的特征。比如，在方案评估阶段，客户不愿意和销售人员讨论需求，虽然销售人员可以将话题拉回去，但是很费劲。而这些特征的阶段性变化让销售人员有了制定策略的基础。观察客户所处的采购流程阶段并制定策略与客户保持步伐一致，这对拿下订单非常重要。比如，一旦招标书做好（程序），说明需求形成阶段已经过去了（流程），这时再想修改招标书，难度很大。所以，如果销售人员能够影响客户撰写招标书，让这个流程尽快完成，说明竞争对手进入订单晚了。从这一点来看，流程既反映顺序也反映时间，这让我们可以从新的维度去审视订单。因此，我认为即使"一切在当下"，也要考虑流程的不同阶段。

除此以外，引入采购流程还有以下几个目的。

第一个目的是让销售人员关注客户在不同阶段关注的内容。采购流程的阶段性源于客户采购的阶段性，在不同的阶段，客户关注的内容也不一样，关注流程可以让销售人员在正确的阶段做正确的事情。这也是我反复强调要和客户共舞的原因。这样会让销售策略很容易实施，因为同一时间客户也在关心同样的事，愿意配合你的工作。

第二个目的是让销售人员学会利用流程各个阶段的特性，把事情做"满"，挤占竞争对手的时间和客户的精力。在某些阶段，客户一定会做某些事，但是未必喜欢重复做某些事，你只要领先于竞争对手，抢先让客户配合你把这些事做完，你的竞争对手就很难再让客户配合。即使客户会配合，效果也不会太好。

第三个目的是让销售人员关注采购流程，从而更容易引导客户的采购程序。采购流程决定采购程序，而所谓和客户共舞不是让你跟着客户走，而是让客户跟着你走。你可以通过协助安排每一件事情，如测试、参观、召开技术讨论会等，获得竞争优势。

第四个目的是让销售人员利用采购流程，帮助客户做出最佳决策并展示自己的独特解决方案的价值。客户决策和对价值的认知是阶段性的。比如，客户只有清楚了自己的问题，才能理解产品的价值。

引入采购流程的好处还有很多，总而言之，它为订单的运作增加了一个审视维度，就像相对论把时间作为一个维度一样，使我们可以从更高的视角审视订单，制定策略。

| 第八章 |

变量五：竞争对手

"终于谈到竞争对手了，这些让我们咬牙切齿的家伙。没有他们，我们可能早就发财了。"千万别这样想，没有他们，你连销售这份工作都没有。

第一节　理解竞争对手

在讨论竞争对手之前，我们要先回答一个问题：为什么会有竞争？

很简单，因为客户认为你可以被替代。也就是说，你和别人同质化了。所以，竞争大师迈克尔·波特（Michael E.Porter）说：**竞争的本质就是找到一个无可替代的位置。**

不过，波特所说的竞争更多是指宏观层面的。我们谈策略销售是谈一个订单的归属，也就是在一个订单中阻止竞争对手的方法，所以策略要具体得多。

知道了为什么有竞争，接下来，还要了解不同的竞争模式。当我们说竞争时，我们好像理所当然地在说与竞争对手的竞争，但是，竞争不仅仅指与竞争对手竞争，还有以下三种模式。

1）与客户内部竞争。这两年金融领域的很多企业，如银行、证券公司等，更多地在自己开发软件而不是买供应商的产品，这无形中挤占了很多供应商原有的份额。所以，销售人员也要面对与客户内部的竞争。

2）替代方案。打败你的往往不是竞争对手，而是替代方案。大的替代方案是商业和技术模式的变革，销售人员无能为力。但是还有很多小的替代方案，如使用不同材料、由购买改为租用等，这也是销售人员要面对的竞争。

3）资源被挪用。比如购买设备的钱被老板拿去做市场宣传了。这也是一种竞争。这种情况销售人员经常碰到，但是很少有人认为这是竞争，只会哀叹运气不好。

综上，竞争模式一共有四种。后三种发生的概率比较小，销售人员很容易忽视，因此不会觉得丢单是自己的问题。其实，只要丢单，销售人员都有责任。

还有一点，我们需要清楚，当我们说竞争时，我们到底是在说竞争对手、竞争态势、竞争优势，还是在说销售行为本身？

整本书其实都在谈这个问题，包括SSO、采购影响者、采购流程、理想订单等章节，似乎销售就是竞争，竞争就是销售。所以，本章我会缩小范围，就谈一件事：相较于竞争对手，你如何获得领先位置或始终保持领先位置。

我为什么如此强调领先位置，有一个重要的原因：在销售中，游戏规则是由客户和第一候选供应商共同制定的，第一候选供应商围着客户转，其他候选供应商围着第一候选供应商转。一旦你处于落后地位，就很容易被人牵着鼻子走。

第二节　通过判断相对位置找到竞争中的风险和优势

竞争中的风险是什么？你可能会觉得是价格高于竞争对手、产品弱于竞争对手等，其实这些都不是。竞争中的风险只有一类：与竞争对手相比，你落后了！一旦落后，你就把订单的控制权拱手相让了，这才是最大的风险。与之相反，最大的优势就是你领先了，因为你可以和客户一起制定游戏规则。所以，在竞争对手这个变量里，最重要的是准确判断你与竞争对手的相对位置（请注意，这不是最后的定位，定位是综合判断）。

与竞争对手的相对位置最容易划分，一共有四种：领先于竞争对手、落后于竞争对手、平手、单一采购源（也就是没有竞争对手）。但是，容易划分和容易判断是两回事。在大部分情况下，客户不愿意告诉你他们对竞争对手的看法。更麻烦的是，不同采购影响者对不同的竞争对手有不同的看法，这些看法综合起来，就是你与竞争对手的相对位置。

如何搞清楚自己的位置呢？首选当然是问你的指导者。在整个订单运作过程中，你要经常问指导者一个问题：如果今天就要签合同，你觉得谁会胜出？这句话基本能判定你和竞争对手的相对位置。

如果你没有指导者，或者对指导者不放心，你需要做的就是观察客户方各个采购影响者对你和竞争对手的看法，通过这些信息判断竞争对手与你的相对位置。

一位销售人员在争取一个大单，他没有发展出指导者。在项目中期，他去见了一位主任（不是第一次见），这位主任是重要的采购影响者。他想深入做一下主任的工作，交流中，主任这样告诉他："我们没有那些乱七八糟的事情，大家就是为了工作，没有人敢做出格的事情，你也不要想那么多，回去把你的方案做好才是正事。方案好，价格低，你谁都不用找；反过来，你找谁都没用。"

这位销售人员回来问我，他现在处于什么位置？当然是落后了！判断方法很简单，如果你现在是第一候选供应商，你想想客户会怎么说？人们都喜欢报喜不报忧，如果你是第一候选供应商，客户当然会告诉你，你获得的位置是他的功劳。

如何判断竞争中你与竞争对手的相对位置？前面我们说到游戏规则的制定者，我们就沿着这个思路展开。下面的八条判断依据，能帮助你判断自己与竞争对手的相对位置。

1. 采购流程

如果你总是被安排，那么你很可能就处于落后位置了。比如，你接到通知，要提交方案、提交报价。在大单销售中，客户往往缺乏采购经验，他并不知道怎样安排采购步骤，这时候，他会和第一候选供应商商量。而你是被告知的，所以，你落后了。反之，如果客户与你商量采购步骤，你就领先了。

2. SPO

如果客户的 SPO 很清晰，那么你可能落后了，因为大单采购中的产品往往比较复杂，客户很难描述清楚。即使比较简单的产品，客户在使用范围、预算、签约时间方面也可能存在疑惑。如果客户的 SPO 很清晰，大概率和竞争对手有关系。最重要的是，客户如此清晰地向你描述，说明他接受了竞争对手的方案。反之，若客户的 SPO 是由你引导制定的，那就是你领先了。

3. 承诺目标

客户没有支持你的承诺目标，你就落后了。这也是《技能篇》里强调的一个重要概念。简单来说，就是看客户愿不愿意在你身上付出成本。比如，客户愿意来你的公司参观，愿意花时间和你讨论，愿意为你引荐技术人员等。客户兑现承诺，你就处于领先位置；反之，你就落后了。这可能是最重要的判断标准了。因为支持你的承诺目标是客户的行动，语言可以骗人，但是行动总是诚实的。

4. 高层

如果你一直见不到高层，基本可以判定你落后了，客户不想选你，所以不愿意推荐你去见高层。

5. 进入时机

客户不愿意和你梳理问题，就意味着你落后了，客户已经过了需求形成阶段。比如，你进入订单的时间比较晚，不是从需求形成阶段甚至方案评估阶段进入的。这时你就需要判断，客户愿不愿意退回到之前的阶段和你谈。如果不愿意，就意味着你落后了。

6. 异议

如果客户的异议特别多，就意味着你落后了。千万别相信那句老话："嫌货的才是买货的。"客户嫌弃你，很有可能是想找个理由淘汰你。当客户想买的时候，他总是会为"买"找理由；反之，他总是会为"不买"找理由。

7. 价格

若客户和你砍价时"刀刀见肉"，就意味着你落后了。如果你是备选，客户在和你砍价时，就没有任何心理负担。如果你觉得客户报给你的价格根本就没有可行性，甚至低于成本价了，那可能客户就没打算选你。如果你是客户的第一候选供应商，那么客户砍价时就会"温柔"一些。

8. 态度

客户找一个好供应商，比供应商找一个好客户难多了。如果你是第一候选供应商，客户对你的态度会好很多，愿意给你时间，愿意和你交流，愿意和你商量，还会向你请教各种问题。所以，从客户对你的态度也能判断出你自己与竞争对手的相对位置。

以上是八条判断依据，下面还有三点需要特别提醒销售人员注意。首先，在整个订单运作过程中，相对位置是不断变化的，你的竞争对手不会闲着，因此你要不断地观察，一旦发现自己落后了，就要制定策略，争取到领先位置。

其次，采购影响者很多，可能在有些人眼里你的排名靠前，而在有些人眼里你就靠后，你要识别出在每个角色眼里你的位置。

最后，可能你要问，如果有五家供应商，怎么判断你到底排第几位？不用判断，只要你不是第一，都是落后。因为在大部分情况下，客户只会和排名第一的供应商签约。

第三节　不要过度关注你的竞争对手

销售人员知道了相对位置，就知道了自己的优劣势，接下来就要制定策略，争取让自己一直处于领先位置，以便获得游戏规则的制定权。不过，在这之前，我们需要先说明一件事：**不要以竞争对手的行为作为制定策略的基础。**

战国时期，赵国国王赵襄子向王子期学习驾驶马车，学成后和王子期比赛，结果没有王子期快。于是，赵襄子抱怨王子期没有把技术都教给他。

王子期告诉赵襄子：驾车时马要安心拉车，人要专心控制马，你一直在关心是不是能胜过我，没有全心全意控制马，这才是你落后的根本原因。

传统的销售方法论认为销售就是销售人员、客户、竞争对手的三方互动，并以此延伸出了很多策略。不过，在价值型销售的方法论体系里，客户才是中心。过度关注竞争对手会让你迷失方向。因此，我不建议销售人员投入大量的精力研究竞争对手的各种资料，这种事可以交给市场部去做，销售人员的首要职责是把客户研究明白。

策略销售的一个重要原则就是不要过度关注竞争对手，而要关注客户，以及你与竞争对手的相对位置。为什么不要过度关注竞争对手呢？原因有如下几条。

1. 过度关注竞争对手，就是以己之短攻敌之长

一家建筑装饰类公司（我们称其为 A 公司）的销售人员最近刚刚"捡到"一个订单。之所以说"捡到"，是因为销售人员签下这个几千万元的订单几乎不费吹灰之力。

客户一开始并不了解 A 公司，随便找了几家供应商进行比较，但这几家供应商在介绍自己的优势时都会说一句：和 A 公司相比，我们的优势是……

客户听到几次 A 公司的大名后，就直接找到了 A 公司的销售人员，对他说："既然大家都在和你比，你当然就是最好的。"就这样，双方成交了。

IBM 也遇到过类似的事情，IBM 的一位高管说过："我们最好的宣传资料就是竞争对手。"这就是过度关注竞争对手的"恶果"。

关注竞争对手，最后的结局也就是拼价格。没猜错的话，你关注的竞争对手，一定是领先于你的。所谓领先，是指竞争对手的优势已经被客户认可。你关注竞争对手，其实是准备以己之短，攻敌之长，告诉客户："我也行！"这样做，即使你有优势，也会被竞争对手抵消绝大部分，最后就是与竞争对手拼价格。你愿意拼价格吗？

后面我们会讲到，策略的制定是利用优势，消灭风险。过度关注竞争对手并与之比拼他的优势，你就只剩下劣势了。

2. 过度关注竞争对手，会让你忽略客户

销售这个职业源于竞争，但是源于竞争并不代表要研究竞争。恰恰相反，销售人员永远应该把最主要的精力放在客户身上，而不是竞争对手身上。或者这样说：战胜竞争对手的方法几乎都来自客户，很少会来自竞争对手。忽略客户是销售过程中最致命的问题，忽略客户会让你失去目标。当你跑错方向的时候，你还怎么获胜呢？

3. 过度关注竞争对手，会让客户对你失去兴趣

过度关注竞争对手，意味着你会把竞争对手做过的事情又做一遍。客户自然会对你失去兴趣。

过度关注竞争对手，本质上是在关注自己内心的恐惧，这种恐惧会让你焦虑，进而做出一些无效甚至有害的行为，很多行为都是销售人员基于焦虑而非基于策略做出的。

当然，我们也不是说不要关注竞争对手，而是不过度关注。怎样算过度关注呢？过度关注最显著的一个特征是竞争对手做什么你就做什么，你把竞争对手的行为变成了制定策略的基础。比如，竞争对手的老板去见客户方董事长了，你也立刻拉着自己的老板去见客户方董事长。不过度关注是指通盘考虑策略销售的六大变量（也包括竞争对手），以六大变量为基础制定策略。

第四节　竞争中的策略

接下来谈谈竞争中的策略，一共有以下八类策略：独占策略、领先策略、落后策略、差异化策略、弱项处理策略、内部竞争策略、替代方案策略和打击对手策略。

一、独占策略

最好的竞争就是没有竞争对手，所以孙子说"上兵伐谋"。不过，这四个字被很多人误解了，它不是指打仗要用谋略，而是指用谋略做到不打仗，也就是不让竞争对手进入。这就是我们说的单一采购源的情况。独占策略的核心就是始终保持独占位置。独占策略主要包括以下几种手段。

1. 签订协议

常见的协议包括框架协议、战略合作协议、排他性协议等。签订这些协议等于拿到了"尚方宝剑"，客户可以理所应当地将其他供应商从竞争中排除。

一家设备供应商甲，长期与一家国有企业大客户合作。现在新的项目又来了，客户方新聘请了一位项目经理，这位项目经理引进了一家新供应商乙，并极力排斥供应商甲。

万般无奈之时，供应商甲忽然想到了自己公司和客户签订过战略合作协议，于是通过采购人员告诉项目经理，按照协议规定，如果你不优先选择战略合作伙伴，需要向审计部门说明情况。最终，项目经理还是选择了供应商甲。

框架协议、战略合作协议往往比较宽泛笼统，不涉及具体款项，比较容易签订；而且这类协议通常是由大领导签署，实际上是让大领导背书。

客户为什么愿意和你签订此类协议呢？原因有很多。比如，你的产品或方案满足客户的战略需要，符合客户的一项特殊技术标准；你提供了较为综合的服务，或者两方都有宣传的需要，等等。

2. SSO 手段

如果不想让竞争对手进入订单，可以利用 SSO 的几个特性：首先，增加特定需求，即你能完成但竞争对手完不成的；其次，缩短时间，让客户认为只有你才能按期完成；最后，在价格上做文章，让竞争对手认为无利可图。

3. 其他手段

我们说只有一家供应商时，有两种情况：一种是真的只有一家；另一种是有多家，但绝大多数是没有竞争力的。

对于第二种情况，要做的是排除缺乏竞争力的供应商，常用的手段包括获得唯一授权、增加保证金、增加服务选项、在资质上提高要求、增加惩罚项等。这些手段比较常见，在此不再赘述。

需要提醒的是，即使你获得独占位置，即没有竞争对手，也不能掉以轻心，因为有时客户也可能会成为你的竞争对手。

二、领先策略

一旦你处于领先位置，你要做的当然是保持住自己的领先位置。这时有四个手段可供考虑。

1. 增加覆盖频次

成功拿下大单是时刻保持警惕的结果。保持警惕就是指随时能找到订单蕴含的风险，全面、及时、准确地获取信息。这主要依赖于两个方面：一是发展指导者，二是反复覆盖不同的采购影响者。所谓覆盖，就是会见采购影响者。

既然已经处于领先位置，指导者估计也有了，那么，关键就是覆盖。强调"覆盖"是为了获取信息，而强调"反复覆盖"是因为情况是不断变化的，领先者肯定希望变化越小越好。

2. 加深客户对标准的认知

你处于领先位置，是因为客户认为你的产品更符合他们的标准，能给他们带来更多的组织利益和个人利益。所以，你要不断地加深客户对标准的认知，尤其需要加深客户方不同采购影响者对标准的认知。

3. 发展捍卫者

你领先了，毫无疑问，是因为有人支持你。但是，简单的支持是不够的，你必须有捍卫者，也就是"铁杆"支持者，他们是敢于冒着风险支持你的人。他们虽然未必能让你成功，但是足以帮你淘汰掉普通的竞争对手。

4. 向签单快速推进

你现在领先了，最保险的做法就是进一步拉大你和竞争对手之间的距离。你的竞争对手现在最缺乏的就是时间，所以，你要做的就是向签单快速推进。

尽管有时你很难推动，因为客户有自己的采购节奏，但是在大部分情况下，你都可以通过承诺目标、减少采购程序等手段快速推进。

总的来说，当你领先时，你要从"领先"两个字里悟出自己的优势，即你领先在哪里。知道了你自己的优势所在，你就要问自己，如何利用这个优势巩固并发展出更大的优势。

三、落后策略

这大概才是很多销售人员最需要的策略。

当销售人员落后时，要做的第一件事就是数数手里还有什么"牌"。

常常有人问我：你说的招数很好，但是，我们和高层不熟悉，产品一般，公司规模也不够大，这些招数怎么用？

如果你这样想，肯定是忘了本书开头所强调的，你要学习的是如何制定策略，而不是照搬策略。策略销售讲究的是因地制宜、以优制劣。你必须学会根据你手里有的"牌"制定"打牌"策略。如果没"牌"，就要想办法抓"牌"。所以，问题的关键在于，你要知道应该抓什么"牌"。抓不到好"牌"怎么办？那就退出，不做了。

1. 改变 SPO

如果你和竞争对手比赛跑步，现在竞争对手已经领先了，你怎么办？亮剑还是加油？都不对，最好的方式是干脆换个方向。当竞争对手冲到终点时，发现撞错线了，而此时如果你的方向对了，你就又领先了。这种做法就是我们前面一直说的，利用 SSO 改变客户的 SPO。

2. 利用替代方案

所谓替代方案，是指在客户目标不变的情况下，用不同的方式去实现。这对销售人员来说可能是一件比较难的事情，因为竞争对手之所以是竞争对手，正是因为你们的产品或方案相似。不过，这也是非常有效的方式。一旦成功，不仅会让你后来者居上，往往也能让竞争对手毫无还手之力。

替代方案的本质是对客户需求的深刻认知和对自己产品的充分了解。利用替代方案的做法可以参考《技能篇》里的参照系。

3. 覆盖

领先时要覆盖，落后时更要覆盖。在大单销售中，参与采购者人数众多，一般情况下，领先的竞争对手不会让所有采购影响者都满意，这就是你的切入点。你要做的是迅速覆盖所有采购影响者，看看谁对竞争对手不满意。然后，对这个采购影响者的需求、动机、期望进行深入的挖掘，把他变成你的捍卫者，并在这个基础上制定策略。在绝大部分情况下，只要你有足够的耐心，你总能挖到竞争对手的漏洞。

无论有多少人支持竞争对手，他都未必能成功；但是只要有一个人反对他，你就能找到突破点。

有一家公司常年都有很多项目，它与 A 公司合作了很多年，最近刚刚招了一次标，A 公司顺利中标。B 公司是 A 公司的竞争对手，在 A 公司中标后，B 公司并没有放弃，他们知道该客户公司后面还有项目。B 公司一方面从自己从前发展的指导者处获取信息，另一方面不断保持和客户公司各个采购影响者的往来（覆盖）。

B公司发现，由于A公司和该客户公司的关系太好了，以至于怠慢了很多人，服务质量也越来越差。

功夫不负有心人，机会终于来了，客户公司的一位主要领导调走了（变化），这位领导是A公司的重要支持者。于是，B公司更加频繁地覆盖，并利用了A公司的失误，最终获得了多数采购影响者的支持，把A公司从客户公司的项目中彻底踢了出去。

4. 切割

如果处于落后地位，确实不能吞下全部订单，你可以从订单中切出一部分来，包括切产品、切预算、切服务等。有时切割只是权宜之计，有时切出的这一部分就是你反攻的根据地。

一家销售服务器、存储器的公司有一个老客户，这个老客户每次都会从A供应商采购服务器，而从B供应商采购存储器。

现在有一个新机会出现了，客户要采购六台存储器。A供应商负责这个客户的销售人员找到了客户方的一位主任，他们的关系一直很好。这位主任决策权力很大，服务器的采购也是由这位主任负责。

不过主任很为难，对销售人员说："虽然B供应商的服务有问题，但是服务器和存储器都从一家买，我很难跟其他人交代。"主任透露服务器和存储器不能从同一家买。

于是，销售人员换了一个策略，他对主任说，可以把采购六台存储器的需求做切割，先从自己这里买两台存储器，给竞争对手施加压力，帮客户督促B供应商改进服务。

主任觉得有道理，就先买了两台存储器，A供应商这边提供的服务果然更好，但B供应商并没有改进服务。于是，主任有了换供应商的理由，其他四台存储器也从A供应商这边采购了。

四、差异化策略

很多销售人员遇到竞争对手的第一反应都是比差异，他们认为和竞争对手的产品、方案、价格的差异越大，工作就会变得越轻而易举。这也没什么错，不过，销售人员首先要理解什么是差异。

有一次我们部门开会，CEO也参加了，会议的主要内容是征求销售人员对新产品的建议和意见。你可以预料，很快这次会议就演变成了批判大会。卖不出去的原因被归结为产品有问题，同时销售人员还把竞争对手的产品大大赞扬了一番。

静静地听完大家的控诉，CEO沉声问了一句："竞争对手的产品那么好，为什么不是全世界的人都买他们的产品？"

CEO的意思是差异首先来自客户，而不是产品本身。

所谓差异，必须符合两个条件：首先，它必须是客户认可的；其次，它是我有而竞争对手没有的，或者是竞争对手的弱项。

很多销售人员把差异简单理解成了后者，但是客户不认可的东西，差异再大又有什么用呢？所以，从这一点上讲，差异的本质是优势，是能给客户带来价值的优势。客户找差异，本质上就是找价值。所以，差异化是指客户对需求满足度的感知的不同，对价值的体验的不同。

这个定义与传统的销售方法论有很大差别，让我们有了更多的方式来体现差异。首先，它告诉我们可以从需求角度体现差异，而不仅仅是在产品上体现差异；其次，它让我们可以从认知角度对需求进行区分，进而形成差异；最后，它让我们可以在传递差异的方式上体现差异。因为差异最终表现为客户的认知，你影响了客户的认知，也就造就了差异。

接下来，我们谈谈如何体现差异。

1."快"字诀

让我们先看一个案例。

我的一位下属运作的一个订单已经岌岌可危，于是请我出面和客户吃了一次饭。饭局上，我直言不讳地问客户："我知道我们希望不大了，但还是想知道问题出在哪里，以便我们后面改进工作。"

客户也很坦诚，直截了当地告诉我："你们的竞争对手的产品有一个功能，叫'内部超市'，这个功能是我们非常需要的，所以，我们倾向于与他们签约。"

听到客户这样说，我真的很生气，因为这个功能不仅我们的产品有，而且是我们公司发明的，其他公司都是模仿我们的。

回到公司，我问销售人员为什么不告诉客户我们的产品有这个功能，销售人员说："我以为他们知道。"

这个销售人员的问题出在哪里？

客户在理解新产品时会有一种"先入为主"的心理惯性，他们往往认为第一个向他介绍某个功能的供应商，就是唯一拥有这个功能的供应商。

案例中的问题不在于客户，而在于销售人员。销售人员为什么没有第一时间告诉客户？不是因为他懒惰，而是因为他对客户的需求了解不足。如果销售人员知道客户有这个需求，他一定会告诉客户。所以，方案层面的"快"是指对客户的需求了解快，而不是指展示产品的速度快。要快速了解客户的需求，然后快速展示产品，这样客户才容易"先入为主"。

对于上面的案例，你可能会有一个疑惑：销售人员现在告诉客户是不是也一样？已经晚了。当客户认为仅竞争对手的产品拥有这个功能的时候，就会与竞争对手更亲近，竞争对手就可以利用这个支点（手里的"牌"），进一步赢得客户的支持。销售人员一步慢，步步慢。

所以"快"字诀还有一层含义，即你是第一个灌输给客户某些理念的，客户一旦接受你的理念，你就找到了支点，从而可以快速推进订单。

2."多"字诀

让我们先做一道数学题。

假设 A 公司的产品有 10 个功能，A 公司的竞争对手 B 公司的产品也有 10 个功能，而且两家公司的这 10 个功能一模一样，甚至可以这样认为，它们同时代理了同一家公司的产品。这算同质化吗？

你可能会认为产品已经完全一样了，当然算同质化。这是销售人员的视角。实际上，客户并不是这样看的，客户的视角是需求视角。

假设客户有 10 个需求，他首先找到 A 公司的销售人员，A 公司的销售人员采用的是产品型销售方式，直接向他背诵了产品的 10 个功能。大家可以想象一下，在销售人员背诵这 10 个功能的时候，客户在做什么？没错，客户在努力地将产品功能与自身的需求相匹配。能匹配出几对，完全取决于客户。比如客户匹配出了 6 对，他就会认为产品只有 6 个功能，匹配不出来的直接跳过。

大家注意到没有，在这种情况下，匹配的主动权在客户手中。产品与需求之间的匹配是由客户控制的，客户匹配出了什么只有客户知道，销售人员只能听天由命。

客户又找到了 B 公司。B 公司的销售人员采用的也是产品型销售方式。这时可能会出现两种情况：一种是客户匹配出了 5 对，这时 A 公司占优；另一种是匹配出了 7 对，这时 B 公司占优。

A 公司和 B 公司的成功与否竟然都取决于客户，这就是匹配失控的结果。

我们假设 B 公司的销售人员采用的是价值型销售方式，他没有向客户背诵产品的全部功能，而是先挖掘客户的需求。他认真地询问客户到底需要什么，找出了 10 个客户需求，然后针对这 10 个需求介绍产品功能，这时客户就会认为 B 公司的产品有 10 个功能。他就比 A 公司的销售人员（采用的是产品型销售方式）更有优势。

B 公司之所以强，是因为 B 公司的销售人员控制着产品与需求之间的匹配。在这种情况下，B 公司的销售人员把命运掌握在了自己的手里。

我们接着推演：A 公司的销售人员想，这不行，我也要采用价值型销售方式，于是也转头去挖掘客户的需求。他也找到了 10 个客户需求，并且自己的产品也能满足，这时是不是又同质化了？

在这种情况下，两个销售人员都在控制产品与需求之间的匹配，那么怎么才能赢呢？

处理方法是找到第 11 个、第 12 个、第 13 个甚至更多的需求。这些多出来的需求叫作隐性需求。所谓隐性需求，就是客户没提出来但是确实存在的需求。

所以，"多"字诀就是找出更多的客户需求，你要相信每个客户都是不一样的，一定有很多的隐性需求等待你去挖掘。

3. "重"字诀

除了更快、更多地了解客户需求，进而形成更多的差异，还有一个常用的策略，就是找到更重要的需求。这就是"重"字诀。

首先要理解什么是"重要"。"重要"不是指客观上的重要，而是指主观上认为重要。重要性主要取决于个人的利益需求。换言之，对实现个人的利益帮助越大，这个需求就越重要，反之则不然。关于个人的利益需求，我们会在第九章里说明。

既然如此，我们就可以在需求的重要性方面体现差异。办法也很简单，如果销售人员希望客户认为某个需求很重要，就要把这个需求未得到满足带来的痛苦放大，以使客户将这个需求排到更重要的位置。

4. "硬"字诀

差异还有"软硬之分"。这是销售人员非常容易忽略的。"硬差异"是指在客户认知中比较容易衡量的差异，如价格差异；"软差异"是指在客户认知中比较难衡量的差异，如服务、开放性、全平台等方面的差异。

差异的软硬之分非常重要。硬差异很好界定，而软差异客户往往说不清楚，一旦说不清楚，销售人员所认为的差异就不存在了。所以，销售人员要特别关注如何将自己的软差异传递给客户。

大单销售都是由多人决策的，这意味着每个人会有不同的标准。当标准不一致时，客户内部会倾向于用硬差异来区分，这样大家都容易接受。想想你的部门是怎么评价优秀销售人员的？是否用回款快来评价？其实评价销售人员优秀与否不能简单地看回款指标。

现在你知道为什么价格在销售中如此重要了吗？不仅是为了节省成本，更重要的是它容易衡量。差异的软硬之分告诉我们一个道理：你必须让软差异"硬"起来，或者让竞争对手的硬差异"软"下去。怎么做呢？

第一，你要有个软硬差异表，把你各方面的差异分成两类，这样就很容易找出哪些是软差异。

第二，你可以通过"数字化""扩大化"和"货币化"让差异"硬"起来。比如，你的产品可以降低客户方一线工人的操作难度（这是个软差异），从而节约工作时间。这时，你要将差异数字化，如每个工作日可以节约 0.5 小时。然后将差异扩大化，如一个月一个工人工作 22 天，就可以节约 11 小时；一年就可以节约 132 小时，也就是 16.5 个工作日；100 个工人一年就节约 1650 天。最后将差异货币化，一个工人一天的工资为 300 元，100 个工人一年就可以节约 495 000 元。

你在向客户做介绍时，要强调差异将节约成本 49.5 万元，而不是仅仅给客户讲你的产品怎么省人工、你的产品的操作方法客户更容易掌握等。49.5 万元这个数字更容易被记住。这就是差异的"硬"化。

5."大"字诀

无论你处于领先位置还是落后位置，其实最好的创造差异的方法还是我们在《技能篇》里谈到的参照系，也就是为客户提供洞见。所谓提供洞见，是指你要比客户看得更远。这种洞见将改变客户的需求，从而改变整个订单的运作方向。

洞见往往来自四个方面：客户的战略、客户行业的关键成功要素、外部环境的变化和创新的方案。

提供洞见虽然很难，但最有效，而且是现在全球销售领域的一种主要趋势。提供洞见可能需要专家的协助，而如何用洞见说服客户，则需要整个团队的持续努力。

6. "外"字诀

"外"字诀其实也是一种额外价值，只是比较复杂。如果你做不了参照系，你可以问问自己，除了产品、服务，你还能为客户提供什么。

这种额外的价值常常与你对客户需求的深刻理解有关，你对客户需求理解得越深刻，你就越容易找到可以为客户贡献额外价值的地方。它的意义在于，当你的支持者用这个额外价值作为支持你的理由时，竞争对手会哑口无言。

7. "明"字诀

我的一家客户有非常好的企业文化，提倡以客户为中心、健康自然、长期合作等理念。老板认为，这些理念可以成为竞争力（暗差异）。但是，对销售人员来说，这些理念很难被直接用来说服客户采购。最后，他们设计了一系列具象化的工作，如帮助客户拍摄宣传片；给客户进行两次关于研发的培训；成立体验中心，让客户自己做测试；提供设备，帮助客户做研发；等等。这就非常"具象化"。销售很容易讲出来。这就是把不容易表现出来的优势变成容易看到的、"明"的竞争力。

以上是七条差异化策略。不过，这些都是基于产品、需求、价值的差异化，不是基于订单运作的差异化，而后者才是更广阔的差异化。比如，你知道别人不知道的，这是信息差异化；你能看到订单的全貌而别人不能，这是订单分析的差异化；你能建立别人无法建立的优势，并利用优势制定策略，将优势转化为胜势，这是制定策略的差异化。销售人员的价值之一，就是创造差异化。这些正是本书的核心所在。

五、弱项处理策略

前面我们一直谈的是如何利用自己的优势获得领先地位，那么，如果你有明显的弱项怎么办？

这就要用到我在前面采购流程部分说到的一个原则：任何一个缺点背后都藏着一个优点，任何一个优点背后都藏着一个缺点。

当年做软件销售的时候，我们的竞争对手拿下了一个重要的客户：某大型工程局。

分析了竞争对手的产品之后，我们发现他们的产品有一个很重要的特点：安全性更强。我们的产品为什么安全性稍弱呢？因为我们的产品采用了不同的技术。但是，这种技术有一个优点——速度快。换句话说，对手是用安全换速度，而我们则相反。

速度快能带来什么优势呢？工程局的很多施工队都在深山老林里挖隧道、架桥梁，那些地方的信号通常不好。如果速度慢，使用起来很容易出问题。我们调研了客户，发现果真如此，有时保存一下数据需要5分钟，客户很难忍受。客户数据的安全级别并不高，我们可以保障。

这成为我们的突破点。经过一番努力，最终我们成功了。不仅如此，接下来我们还拿下了该企业系统内其他十几个工程局的订单。

在这个竞争激烈的时代，非常突出的优点往往很难找。如果有，几乎可以肯定是牺牲了其他方面的利益。比如，有些车省油，是因为车体轻，这是以牺牲安全为代价的。这就可以作为销售的突破点。

智慧不是多么神奇的东西，不过是看得见一件事情的正反面。

六、内部竞争策略

所谓内部竞争，就是客户自己做。客户自己做可能有多种形式，如客户信息中心自己开发软件，客户旗下有一家和你公司类似的公司，等等。

遇到这样的事情，销售人员要注意两点：一是了解一下客户明明可以自己做，为什么还找你，到底是对内部不满意，还是仅仅走个形式；二是防止被套方案，这个问题可以通过理想订单变量来判断和处理。

如何应对来自客户内部的竞争？采取的策略主要是合作而不是竞争，除非你确定客户对内部供应商非常不满意。

一家在业内很有实力的软件公司，主要服务于金融行业的大客户，但是这几年，这类客户掀起了一股"自研风"，自己招聘团队，自己搞研发。

这家公司的老板找到我，希望我帮他找到击败这种内部对手的方法。其实这根本不可能，客户已经招聘了上千人并组建了研发队伍，怎么会因为你而停止研发?

我问老板:"哪些是内部研发做不了、做不好或者不愿意做的事情,而这些事情你做得比较好?"老板的回答是平台构建、项目管理、基础构建。

好了,剩下的事情就比较容易了,找到客户方研发负责人,就用这些优势和他谈合作。别忘了,研发负责人也要完成任务,他们招聘了上千人,必须拿出成果来,他们也很着急。而供应商能让他们大大减少工作量,这是双赢。

当然,如果你确定客户对内部供应商不满意,就什么都不用说,把他们当成外部竞争对手就可以了。其中,最常用的方法就是算成本。

一家软件公司遇到了内部竞争,客户觉得产品挺简单的,他们自己也能研发,研发完之后还能提升自己部门的业绩。

销售人员和客户谈了自己公司的发展历程,包括最近六年的融资数据、盈利情况、开发人员的数量、专利情况、发展情况。简单来说就是,你现在看到的这个几十万元的产品,是我们花了上亿元的研发成本和几次死里逃生的探索才开发出来的。

客户被吓住了,最终放弃了自主研发的想法,并选择了这家软件公司的产品。

七、替代方案策略

替代方案有两种:一种是技术层面的,比如用一种材料代替另一种材料,销售人员无法掌控,因此本书中不讲。另一种是商业和应用层面的,销售人员可以掌控。我非常建议销售人员用创新的思维影响客户,因为这往往是降维打击。

如果你的竞争对手创新了,你该怎么办呢?答案是找风险,用风险阻止客户,尤其是采购人员。所有的创新都必然会有风险,而采购人员最怕风险,尤其是需要改变从前经营模式的风险。

八、打击对手策略

你当然想"痛殴"你的竞争对手,但是直接告诉客户竞争对手的问题,客户往往不信,更重要的是还显得你不够大气。怎么才能让客户知道竞争对手的弱点呢?你可以利用供应链上的人。比如,你是给酒店提供地板的,你可以利用窗帘、五金建材、门窗的供应商来打击竞争对手，这些人和竞争对手没有利益冲突，他们说的话客户往往会相信。当然这要基于事实。让客户知道竞争对手的问题，也是对客户利益的保护。

第五节　竞争就是价值比较

我刚做销售的时候，总认为打败竞争对手就是销售的全部。随着对销售的理解越来越深刻，我才发现，客户才是所有问题的答案，而竞争对手只是问题的制造者。

真正的竞争优势来自你能为客户提供更多和更大的价值。客户对你所提供的价值的认可程度，取决于你的产品服务、价值主张，你针对采购影响者做的工作，以及你是如何制定策略的。

在策略销售中，最关键的就是把竞争对手带到自己的SSO里来，也就是将竞争对手带入自己的战场，因为在自己的战场上，一切都是对自己有利的设计。不过，这可能仅仅是理想状态，因为做到这一点并不容易，它需要专业和策略，更重要的是还需要坚持双赢的原则。需要专业，是因为你要看到客户真正的需求，建立真正符合客户利益的SSO；需要策略，是因为你需要设计对自己有利的SSO，阻击你的竞争对手；需要坚持双赢的原则，是因为在大部分情况下，客户的SPO和你的SSO都不一样，你要坚持下去，做一些看起来和竞争对手完全不一样的事情，而让你坚持下去的理由就是双赢——这才是竞争的意义。

在竞争对手这个变量里，有几点是我们要特别注意的。

1）你与竞争对手的相对位置，这决定了你的竞争策略。

2）所有的优势都源于你对客户的价值贡献，而不是你与竞争对手的比较优势。

3）当你发现自己落后时，首先要考虑的是调整自己的SSO。

4）当我们说竞争优势的时候，不是指产品、方案、价格上的优势，而是指客户方采购影响者的认可。

有没有彻底解决竞争对手的办法，答案是肯定的，那就是对战略客户进行客户经营，这是我的下一本书要讨论的内容。

| 第九章 |

变量六：采购影响者

大单最大的特点就是参与决策的人多，人多导致事多，事多导致周期长，周期长又导致变化多，变化多又导致不确定性强。反之，如果我们能把控采购中的"人"，就能在很大程度上把控订单，甚至减少不确定性。减少不确定性，这就是我们研究采购影响者的目的。

第一节　认识采购影响者

一、关于采购影响者的常见认知误区

所谓采购影响者，是指决定订单给谁做的人。他们决定了SPO，决定了采购流程，决定了评价标准，并最终决定了供应商。这似乎是一个简单的概念，不过，真正要搞清楚却并不容易，这里面存在很多误区。

1. 认为采购影响者由组织结构决定

说到采购影响者，你的第一反应是不是会想到客户的组织结构图，就是那种表明职位、姓名、部门的树状结构图？

这是销售人员最常犯的第一个错误。这种错误会导致销售人员把无关人员当作采购影响者，把职位高的看成重要的采购影响者。

在客户看来，一次采购尤其是大型采购就是一个项目。虽然很多时候并没有明确组织形式，比如选型委员会，但是实际操作模式就是项目操作。采购影响者这个群体就是为完成特定任务而存在的临时性项目组成员。

项目操作具有两个特点：一是临时性；二是项目制。临时性是指采购时组织一群人，采购完了这些人的权力会被自动收回。虽然很可能有采购部门，但是采购项目组里远不止采购部门的人，甚至可以没有采购部门的人。

临时性决定了项目组里的人是"现管"，而不是"县官"。比如，你是做数据中心机柜的。在一个大型数据中心项目中，老板把项目全权委托给了副总裁，副总裁把机柜采购的任务交给了技术部长。这时采购影响者就是技术部长，而不是老板或副总裁。

你可能会说，老板和副总裁难道不能干预项目吗？当然可以，但是，他们的干预无非两种：一种是间接干预，也就是通过技术部长干预；另一种是改变项目组织，比如换为由副总裁全权负责，这就剥夺了技术部长的权力，这时订单就发生了变化。但是，只要这个变化还没发生，我们就必须把技术部长看成这次采购任务的最高指挥官。策略销售首先要看当前的事实是什么，这就是"现管"的意义。

在一个采购项目中，大家各司其职，有负责技术的，有负责价格的，有负责使用的，有负责项目管理的。他们本身也是一个组织，这个组织和实际的职位（比如部长、主任）可能有关系，也可能没有关系。你只需把握他们在"采购"这个项目里的作用，因为你的目标就是拿下订单。你当然可以参考组织结构图，但请记住，你的目的是甄别真正的采购组织。这通常不是一件容易的事情。

2. 认为采购影响者一定是客户组织内部的人

需要澄清的是，采购影响者不一定是客户组织内部的人，他们也可能是客户组织外部的，如高校专家、教委的人、银行的人等，有时甚至是竞争对手的人。你只需知道是谁在影响采购，而不用管他们隶属于什么组织。

3. 认为采购影响者一定是选型委员会的人

假设客户公司发了文，指定了参与这次采购的人员，那么采购影响者是不是就是这些人呢？管理学家明茨伯格说，每个公司都有一个隐性的组织。站在策略销售的角度，准确的说法应该是：这些人是采购影响者，但是采购影响者未必只有这些人。比如，某个部门经理是使用者，项目组采购时经常要征求他的意见，他不在项目组里，但他依然是采购影响者。

在大单销售中，形式化的东西非常多，我们要做的是准确定义真正担当职责的人。这些人才是你要争取的人。

4. 认为采购影响者是固定的

在整个采购过程中，采购影响者是固定的吗？未必，一切都是变化的，采购影响者可能增加、减少或变更，甚至整个采购项目组都可能直接解散。在策略销售中，一切都是变化的。

5. 认为采购影响者是 SPO 里确定的那些人

这个问题强调过很多遍，采购影响者是 SSO 而不是 SPO 里确定的那些人。如果 SPO 里有生产部长，而 SSO 里没有，生产部长就不是采购影响者。虽然销售人员往往没有这个胆量坚持按照 SSO 去开展销售工作，但必须这样做。

二、分析采购影响者的维度

我们研究采购影响者的目的有四个：首先是知道如何加人、减人、换人，这在 SSO 部分谈过；其次是扩大覆盖面，避免遗漏和出现关系空白；再次是知道如何争取他们的支持，这是销售人员做得最多的工作；最后是知道如何利用他们帮助自己。要做到以上四点，我们需要从以下七个维度剖析采购影响者，分别是采购角色、影响程度、结果与个人的赢、政治结构、覆盖程度、采购意愿、协作程度（见图 9-1）。

图 9-1　剖析采购影响者的七个维度

- 采购角色是指采购影响者在采购项目中所扮演的特定角色，反映了他们与被评估的采购项目之间的关系。
- 影响程度反映采购影响者与决策权力之间的关系。
- 结果与个人的赢是指采购影响者希望在本次采购中获得的组织利益与个人利益，也就是其与本次采购项目利益之间的关系。
- 政治结构反映采购影响者之间的关系。
- 覆盖程度反映采购影响者与信息之间的关系。
- 采购意愿反映采购影响者与产品或方案所带来的变化之间的关系。
- 协作程度反映采购影响者与销售人员之间的关系。

这七个维度基本可以指导针对采购影响者的绝大部分工作。基于这七个维度的结构化分析结果，销售人员可以对采购中的"人"进行360度观察。接下来我们逐一介绍。

第二节　采购角色

所谓采购角色，是指客户方采购影响者在一个采购项目中的不同分工。这种分工不仅决定了不同采购角色的决策依据和评估重点，也决定了销售人员针对不同采购角色的工作重点。

我们先看一个虚拟的案例，理解一下不同的采购角色。

某市教育局要开展全市 120 所中学的线上课堂建设项目，预算大约为 5000 万元，资金由财政局拨付。市教育局局长非常重视该项目，很快组建了项目组。该项目由教育局常务副局长全权负责，教育局信息办协助把关技术，信息办主任牵头，采购办员工负责招标过程，同时抽调了某实验中学负责教学工作的主任、某附中的王老师作为业务方面的代表。

在这个案例中，出现了以下五种角色。

- 教育局副局长：虽然号称该项目由他全权负责，但是他的主要职责是预算决策、风险控制，我们称这种角色为经济采购影响者（Economic Buyer，EB）。
- 教育局信息办主任：她是技术把关人，如网络、平台、数据库、系统等技术把关，这种角色叫技术采购影响者（Technology Buyer，TB）。
- 教学主任和王老师：这个项目建设好后就是给他们用，好不好用，他们说了算；他们从应用方面进行评估，我们称这种角色为使用采购影响者（User Buyer，UB）。
- 教育局采购办员工：他的主要工作是确保整个采购过程符合招标要求，不能违法违规，我们称这种角色为程序采购影响者（Program Buyer，PB）。
- 教育局局长：局长并未直接参与采购，因为他已经将项目全权委托给副局长了，但是，毫无疑问，他对副局长有影响，我们称这种角色为间接采购影响者（Indirect Buyer，IB）。当然，任何影响 EB、TB、UB、PB 的角色都可以叫 IB。

从以上案例可知，站在角色的角度看，采购影响者可以总结为两大类：一类是直接采购影响者（Direct Buyer，DB），也就是直接参与决策的，包括 EB、TB、UB、PB；另一类是间接采购影响者（IB），这类人在 DB 的外圈，他们通过影响 DB 来影响决策。

关于采购角色（下文简称角色），我们需要做一些说明。

第一，角色表明了采购决策的依据。角色是按照采购影响者在采购中的决策依据划分的。我们没有使用"采购决策者"这个常用词，而是使用"采购影响者"，就是因为后者体现了集体决策的特点。"采购决策者"这个词容易让销售人员产生错觉，好像某个人可以全权决策。实际上，EB 是从预算和风险的角度决策，TB 是从技术的角度决策，UB 是从使用的角度决策，PB 是从程序的角度决策，而 IB 则是通过影响其他人影响决策。

除了 IB 以外，每个人都是决策者，每个人也都不是全权决策者，所以，"采购影响者"这个词更合适。因为每个角色都会对订单的最终决策产生影响。

第二，一个采购项目中通常会有 4+1 种角色。EB、TB、UB、PB 这四类角色一定有。IB 出现的频率也很高，但是通常比较隐蔽，需要耐心寻找，这也是销售人员经常说的一个词：关系托关系。

还有其他一些情况，看似特殊，实际上还是有这四类角色。比如，有些长期订单，像汽配、钢材等工业品，不是一单单地签，而是签长期合作协议，之后分期进货。开始时不确定价格，直到确定价格时，EB 才会出现。所以，角色没有变化。再比如，第一次采购时 TB 会出现，后期 TB 不再出现，因为默认后期的同种产品都合格。但是采购新产品时，TB 又会出现。

第三，采购影响者是变化的，但是角色不变。还以上面的案例为例，如果局长亲自介入，副局长的权力可能就会被剥夺，这时局长就是 EB。又如，增加或者减少一个老师，这也正常。在一个项目中，这种事情会频繁发生，这就是我们说的"变化"。

第四，一个人可以同时担任多种角色。在上面的案例中，信息办主任是 TB，现在假设这个项目中的一部分由教育局应用，如汇总分析、大数据萃取，并且应用评估由信息办主任负责，那么她也是 UB。所以，是角色决定了人，而不是人决定了角色。没有哪一个人一定是某个角色，关键是看他做什么事，所以一个人可以同时担任多种角色。

第五，TB、UB、PB、IB 可以是多人。有多个技术人员把关，这很正常；有多个使用者参与评测，这也很正常；招标办、甲方同时安排人负责招标，这也没问题；有多个间接采购影响者，这也正常，所以 TB、UB、PB、IB 可以是多人。但是 EB 只能是一个人。为什么呢？因为 EB 被认为是最后拍板的人。无论董事会决策还是总裁会讨论，最后总要有一个人拍板。

千万不要误解，"最后"的意思不是指全权决策，而仅仅是指最后决策，是顺序上的概念。如果 TB、UB、PB 没选你，你肯定到不了最后决策阶段。所以，在某个时间点上，EB 只能有一个。如果出现了两个 EB，那么其中一个一定是假的。比如，上例中若局长不放心，让副局长事事都向自己汇报，那么局长就是 EB，而副局长可能变成了 IB。

第六，角色都是评估者。很多人会觉得只有 TB 是评估者，其实不然，这些角色都是评估者，只是评估的东西不一样，EB 评估钱和风险，TB 评估技术，PB 评估过程的合规性，UB 评估产品好不好用，而 IB 则是通过影响其他四种角色影响评估结果。

很多时候评估的方式会让大家产生误解，如 TB 评估往往非常正式，如开会、写报告，而 UB 评估可能只是谈一下自己使用产品的感受。其实，形式不重要，重要的是对决策的影响。

第七，角色的本质是人。这句话的意思是角色不是部门、公司或分厂，你不能说技术部门是 TB，也不能说招标办是 PB，只能说张三是 TB，李四是 PB。决策是人做的，这就要求我们必须把角色落到具体的人身上。

第八，IB 也不能忽视。除了 IB，其余角色都是并列关系，只有 IB 是外圈的。不过，老销售员都明白，有时外圈的影响力更大，所以，我们不能忽视 IB。

接下来，我们将详细讲解五种采购角色。

一、经济采购影响者（EB）

很多销售人员可能有过"搞定"客户老板直接翻盘的经历，也可能有过见不到老板功亏一篑的经历。不论销售人员是想把单做大还是希望快速签约，都离不开 EB 的支持。获得 EB 的支持是销售中最重要的事情之一，不过，这也可能是销售中最难的事情之一。销售人员碰到的困难可能包括以下几种。

- 根本就不知道谁是 EB，认为谁官大谁就是 EB。
- 知道谁是 EB，但见不到他，他太忙了。
- 见到了 EB，但不知道怎么谈，无法获得他的支持。
- 见完了 EB，建立不起信任，无法长期地保持沟通。

……

接下来，我们来详细说说争取 EB 支持的策略。

1. 理解 EB

EB 相当于项目组中的最高长官，虽然这个项目组可能根本没有正式任命。行政职位并不是认定 EB 的标准，不过一般情况下，EB 确实有一定的职位，越是大订单，他们的权力往往越大。

另外，由于采购影响者是变化的，且每个订单的情况可能都不一样，而我们又要分析 EB 的共性，所以，后面会采用"高层""老板"等称呼来指代 EB。当然，还是要提醒大家，不要简单地套用。

要想争取 EB 的支持，首先要了解高层关注什么；其次要了解他们是如何影响订单的；最后要理解作为大单销售人员，你应该怎样认识自己。

企业高层关注的事情，一般可以归纳为以下七个方面。

1）财务收益。一个企业可以被简单地理解为一部机器，若投入小于产出，就是赚钱的机器；若投入大于产出，就是赔钱的机器。高层，尤其是老板，是这部机器的看护者，他们的使命就是让这部机器赚钱。而任何一次采购的目的都是让这部机器运转效率更高。多赚钱或者少花钱是高层最关注的事情之一。

2）管理运营。高层也是管理者，所以，管理也是他们关注的要点。高层负责包括战略、流程、岗位、文化、组织等在内的各个层级的管理运营。

3）产品研发。它具体包括市场调研、研发组织、研发管理、产品设计等。

4）客户与市场。德鲁克说，企业存在的意义就是创造客户。找到更多的市场，开发更多的客户，或者在现有客户的基础上做更多的事情，这些都是高层关心的问题。

5）合作伙伴。合作伙伴包括供应商、供应链、大学、研究所等，它们是公司良好运转的重要保证，也是高层关注的重要方面。

6）竞争对手。没有高层不关注竞争对手，高层的职责之一就是不断发现超越竞争对手的方法，无论是在技术层面上还是在管理层面上。

7）政策监管。高层要关注如何利用政策法规，如何避免监管风险。

以上七个方面，前面三个是内部的，后面四个是外部的，基本涵盖了高层关注的所有事情。当然也有没涉及的方面，如战略、企业文化等。

关于这七个方面，我需要说明一下。

首先，对于这七个方面，销售人员首先关注的可能是自己的产品或方案涉及的方面。其实，我想说的是，作为大单销售人员，你首先要做的是理解某一个方面或某几个方面，如供应商体系建设、市场体系建设、组织与流程建设等。高层关注的永远是整个公司或者自己负责板块的发展和完善。

其次，这七个方面具有普遍性，客户公司每年都会有自己的战略部署，高层在某个时间节点上，肯定还会有更具体的目标，当然，这些目标基本上也都是基于这七个方面发展出来的。所以，你要关注的是在高层负责的体系里，他的近期目标是什么。

前面我们一直谈的是面向企业（TO B）的销售，如果你是面向政府（To G）的销售，客户是政府、学校、事业单位等，高层领导关注的内容还会有所变化。他们更多地关注以下几点：政策监管、公众利益、群众体验、舆情投诉、工作创新、上级任务。

To G 与 TO B 的运作思路一样，只是关注的重点有所不同，关键在于销售人员愿不愿意下功夫研究。我看到一家公司，将对政府工作报告的解读做成销售工作指南，贴满了一面墙。可见，他们下了多大的功夫。

2. EB 在采购中如何发挥作用

高层是"县官"，当他们作为 EB 时，就是"现管"了，此时他们关心什么呢？用一句话来回答就是：本次采购会在前面提及的七个方面带来哪些收益和风险。收益和风险是 EB 用来影响订单的两个决策要素，简单来说就是趋利避害。既然 EB 是通过这两个因素来影响采购的，销售人员也可以用这两个因素反过来影响 EB。

首先是收益。在 TO B 交易中，客户购买的是生产资料，而不是生活资料，采购生产资料的目的就是赚钱。以买车为例，如果是购买家用轿车，很少会有人关注投资收益率；如果是购买用于运输的卡车，你会发现，客户会很认真地计算油耗、载重、修理费用，以便算出多长时间能回本。

EB 关注收益，也就是关注本次采购在财务收益、管理经营、产品研发、客户与市场、合作伙伴、竞争对手、政策监管这七个方面能带来什么改善，这些改善又会如何影响自己的绩效，为了获得这些绩效付出那些成本是否值得。也就是说，EB 首先通过衡量投入产出比来发挥决策作用。

一位销售人员一直想见到一位大名鼎鼎的企业老板，但是这位老板非常忙，见面之后，他对销售人员说："我只有五分钟的时间，一会儿还有个会，你尽快说。"

这时销售人员该怎么办呢？销售人员的回答是："我不需要五分钟，我只需要一分钟。我就想告诉您三句话：一是您公司现在在残次品方面的浪费每月高达上百万元；二是我的一家客户通过服务外包每年可节约 300 万元左右的费用；三是这两件事情，我都可以帮您改善。"

老板听后，说："你坐下谈。"他们很快达成了合作。

销售人员要做的就是把自己的产品或方案落实到七个方面上和 EB 交流。如果销售人员觉得这些事情离自己的产品或方案很远，就应该进一步把七个方面划分为组织、流程、岗位三个层面，一层层地落地。

需要说明的是，EB 通常是管理运营专家，所以，科学的管理理论、严密的逻辑、可落地的措施、成功的经验也都是 EB 看重的。一个不够专业的销售人员通常很难打动 EB。

其次是风险。EB 是订单的守门员，也是最后一道防线，前面所有忽略风险造成的损失，最终都要他来承担。所以，EB 的风险意识比任何人都强。这里的风险是指销售人员带来的风险。为什么销售人员会带来风险呢？

因为客户采购任何东西都意味着客户将会面临一定的变化，如购买 ERP 系统，意味着公司管理将会发生大变革；换供应商，意味着需要重新磨合。而有变化就意味着会有风险，如财务风险、安全风险、人事风险、权力再分配风险。EB 深知收益越大，风险越大。有时，对 EB 而言，规避风险比获得利益还重要。

我曾经为一家公司做过一次培训，那次培训是他们的 CEO 安排的。这位 CEO 刚刚上任不久，之前是一个业务部门的领导。该公司大约有 700 名销售人员。

上完课，我建议 CEO 导入一种销售工具，以便增强对大单的掌控力。这种销售工具不复杂，是一张表格，CEO 也非常喜欢，但是我明显地感觉到他对于导入销售工具非常犹豫。他只是对参训的销售人员说"建议使用""尽量采用""鼓励试用"这样的话。

后来我和 CEO 交流，他坦承，担心自己不能服众，一旦大的变革引起销售队伍的震荡，会对业绩造成较大的影响。

EB 善于从销售人员身上嗅出风险，一旦发现风险过大，他们很可能直接叫停项目。有意思的是，层级越高的管理者，对风险的态度越是坦率，他们都非常清楚一个道理：做什么事都会有代价。这一点销售人员务必注意，因为销售人员习惯于告诉客户没有风险，这样反而会遭到 EB 的怀疑。

3. 见谁，你就是谁

可能有人会觉得，作为一名销售人员，去和客户谈体系建设是不是太难了？如果你也这样想，那么你还不是一名合格的大单销售人员。

大单销售有一个原则：**见谁，你就是谁**。见 CEO，你就是 CEO。这不是指你的名片上要印"CEO"三个字母，而是说你必须像 CEO 一样思考，否则，你无法获得他的支持。他关心流程，你就要懂流程；他关心成本，你就要懂成本，你要和他站在同一高度上对话。如果你做不到，只能请你的同事帮忙，那么 CEO 信任的将是你的同事，而不是你。

大单销售人员要像客户方 CEO 一样思考问题。如果做不到，至少要像副总裁一样思考。总之，客户方 EB 是什么职位，销售人员就要像那个职位的人一样思考。其实，很多大单销售人员经常会被客户请去做高管。

我的一家客户有 400 多名销售人员，做的都是上亿元的大单。刚开始和他们合作时，他们的老板告诉我，公司很多销售人员会被其他公司挖去做 CEO。我开始还不信，觉得可能对方是小的创业公司才会这样。后来我发现，不少挖他们公司销售人员的公司都是响当当的公司。

这家公司的销售人员大多都具有高管思维。什么是高管思维？即在自己的业务领域内，考虑这样几个问题。

- 在我的公司或者我负责的业务范围内，未来的发展趋势是什么。
- 我今年或者近 3 年的战略目标和业务目标应该是什么。
- 为了达成目标，我必须做的事情是什么。
- 达成目标，我面对的最大风险是什么。
- 与行业内主要对手相比，我的表现如何。

这几个问题是高层必然会考虑的，所以，也是大单销售人员要考虑的。大单销售人员不仅要考虑这些，还要考虑如何帮助他们完成目标。高层最希望销售人员做的事情是：讨论我的目标，并帮助我实现目标。

4. 关于 EB 的策略

EB 在决策中往往是最重要的角色，销售人员常提到的所谓决策者，其实就是指 EB。但是，争取 EB 的支持是一件非常艰难的事情，他们地位高、经验多、识人准。而对销售人员来说，EB 又是认不准、见不到、谈不成、处不好、没法用的。所以，关于 EB 的应对策略，我要讨论的东西比较多，具体包括以下五方面的策略：识别、约见、沟通、解除风险、建立长期信任。

（1）识别的策略

你是不是觉得识别 EB 是一件很容易的事情？谁官大，谁是 EB。如果你这样想，就犯了一个错误。永远记住，EB 是"现管"，不是"县官"。

一家软件供应商 A 正在运作一家银行的订单，销售人员把工作做得非常好，银行上上下下都支持他，竞争对手没有任何机会。现在离签单只剩最后一步：上会。

会议由行长主持，类似的会议就是走个形式，行长一般不会过问太多。会议开始了，行长开门见山："大家觉得应该选哪家？"

与会人员一致表示选 A，没有一个反对的。行长沉吟半晌，问道："怎么可能所有人都选同一家呢？这里面是不是有什么问题？"

这句话杀伤力巨大，所有人都沉默了。行长也没再多说什么，转身离去。

这个订单最终的结果是选了两家供应商：一家是 A；以及另一家本来已经不抱期望的，这下突然被天上掉下的馅儿饼砸中了。

很显然，这个订单销售人员识别错了 EB。我问了销售人员原因，他告诉我，以前类似的订单都是科技部部长担任 EB，没想到这次不一样。

识别 EB 不是一件简单的事。一是角色总是处于变化之中，赋予 EB 的权力可能随时会被收回；二是 EB 也喜欢安排一些人手在前面挡事；三是其他角色喜欢冒充 EB，以便诱导销售人员多关注自己。

不过，也有积极的一面，在销售人员的眼中，某个时间节点上，EB 只有一个。也就是说，在同一个时间点，不可能出现两个 EB。当然，这并不意味着 EB 不可以变化，我们强调的是，在订单的某一时刻只有一个 EB。

识别 EB 可以遵循以下五个原则。

1）职位原则。虽然我们一直在说"县官"与"现管"的不同，但是 EB 的职位通常不会太低。EB 往往是采购团队中职位最高的那个人，因此通过职位识别是第一原则。关于职位，销售人员需要特别注意三件事：一是订单金额越大，EB 的职位往往越高（这很好理解）；二是当客户组织处于动荡期时，如组织调整、收入下降、外部威胁增多，EB 通常会由更大的官担任，这是因为动荡期的决策难度会增大，需要更大的官来做决策；三是当客户内部出现巨大争议的时候，EB 也会换为职位更高的人。

2）预算原则。这里所说的预算包含两种情况，即参与预算和拥有预算，前者是指参与订单的预算制定过程，后者是指这笔钱归谁花。一般而言，这两种情况 EB 都符合，尤其是后者。客户如果已经进入采购程序，大致预算也就有了，谁能控制这笔预算，谁就是 EB。对于大公司，预算可能已经下发到了某个部门，这个部门的负责人往往就是 EB。

3）发起原则。项目发起人是 EB 的可能性较大，因为发起项目意味着两件事：发起人感受到了问题的严重性，并且他有能力发起采购。所以，销售人员要经常问客户："这个项目是谁发起的？"或者问："哪位领导希望换掉供应商？"

4）结果原则。这个项目所带来的组织利益对谁的影响最大，即谁最渴望得到这个结果，这个项目做好了谁受益最大，谁就是 EB。结果是采购的核心动力，组织会倾向于把最终采购权赋予对结果负责的人。需要提醒销售人员的是，结果原则并不是使用原则，不是谁使用，谁就是 EB，而是产生的结果对谁意义最重大，谁就是 EB。

5）指导者原则。因为"县官"和"现管"的错位，很多组织都有两套系统，一套写在文件里，一套实际运行，这种微妙的区别只有内部人士才能搞懂。所以，询问指导者谁是 EB，是最好的方法之一。

总而言之，EB 的识别是一个多维度的概念，不能仅仅从一个维度去考虑。我强烈建议销售人员在 EB 识别上多下功夫，保持慎之又慎的态度。在这个问题上犯错误丢单的实在太多了。很多销售高手专门利用竞争对手的这个错误，出其不意，一击制胜。

（2）约见的策略

知道了谁是 EB，接下来当然是想办法见到他，但是职位越高越难约见。要想见到 EB，我们需要先回答四个问题。

1）EB 为什么愿意见你？作为一个大单销售人员，你不能像一般销售人员那样硬闯，那不是勇敢而是鲁莽。一旦激怒 EB，你丢掉的可能是几千万元的生意。想见到 EB，我们首先要回答一个问题：EB 为什么愿意见你？

EB 愿意见你，最可能的原因是：他认为你能解决他们内部人员解决不了的问题。所以，你要想清楚，你能帮助他们解决什么问题。这件事并不容易，这意味着你的竞争对手就是 EB 本人，因为你在解决他解决不了的问题。沿着这个结论延伸下去，EB 希望销售人员做什么呢？

肯定不是介绍产品方案，因为这些是由 UB、TB、PB 负责的，EB 只想知道结果。如果你是奔着介绍产品方案去的，那么你被赶出去的可能性很大，而且后面可能永远见不到 EB 了。

帮助 EB 解决问题，获得他想要的机会，这是 EB 需要的。如果你能做到这一点，就很容易见到 EB。不过，如果你希望和 EB 建立长期的联系，你就要再进一步，做 EB 信赖的顾问。当顾问当然也是解决问题，不过，不是解决一个问题，而是不断地帮助 EB 解决问题。要做到这一点，你需要有关于客户业务的洞见，甚至有参照系。

2）见之前需要准备什么？知道了 EB 为什么见你，接下来就是做准备工作了。这也是销售人员常常忽略的地方。你可能愿意拿出两周的时间准备标书，但是你愿意拿出两小时的时间准备与 EB 的见面吗？

有一次我去广州出差，正是三伏天，中午我联系了一位建筑施工行业的销售人员，想和他聊聊天。我问他在哪里，他说在跑工地，当时广州的气温快 40℃ 了，我问他："这么热的天跑工地干什么？"

他说："下午要见一个客户高层，要收集一下见高层的素材。"我问他："工地上能有什么素材？"他说："现场能看到的东西很多，比如，客户通常选择什么层次的供应商、对质量的要求、管理水平等。"

这位销售人员在业内的业绩非常出色，每年单单奖金就能拿到几百万元，且当时已经做到了总裁助理的位置，可即使如此，每次见客户高层，他依然会很认真地准备。

销售人员要拿出应聘的精神去准备与 EB 的见面，否则，就真的要去应聘了。在销售过程中，与 EB 见面被誉为"生死时刻"。不过，很多销售人员都是糊里糊涂地"赴死",见面一结束,就被踢出局了。

见 EB 之前需要准备什么呢?在回答这个问题之前,要先回答另一个问题:在见面过程中,EB 会怎么考验销售人员?他考验什么,销售人员就准备什么。

以下几点是 EB 考验销售人员的切入点。

第一,你懂我吗?即销售人员了解 EB 吗?知道 EB 的需求、了解 EB 的行业、研究过 EB 的这次采购吗?这是在考验销售人员的专业性。对 EB 而言,销售人员的专业性是建立信任的基础,也是创造价值的基础。EB 需要的是能够和他一起创造价值的专业人士。

第二,你能帮我吗?即销售人员是清楚地知道如何利用他们的产品帮 EB 解决问题,还是仅仅想卖产品给 EB?如果是后者,EB 不可能信任销售人员。这是 EB 在考验销售人员对自己是否有价值。EB 都是极致的"结果"主义者,不会在没用的事情上浪费时间和精力。

第三,你说了算吗?如果你凡事都要向上司请示和汇报,那么 EB 还不如直接和你的上司谈。这是在考虑风险性。我在前面说过,销售人员带来的风险是 EB 决策的依据之一。在 EB 看来,权力越大,能承担的风险就越大。

第四,你是个好人吗?即销售人员的职业道德怎么样,会不会说谎,是否专业,承诺的事情能办到吗?这也是站在风险的角度考虑问题。

知道了这些,接下来销售人员就知道怎么准备了。

第一,了解客户公司正在发生或者未来可能发生的变化,主要包括以下方面。

- 战略:比如,客户公司最近要进军哪些领域,要开拓哪些市场,有哪些战略合作,推出了哪些新产品等,销售人员必须把握好大方向。
- 重组:客户公司最近有没有进行组织变革,这个组织变革是由谁发起的,他为什么要发起这次组织变革?这几个问题可以让销售人员更深刻地理解当前的采购项目。
- 职位升降与奖惩:客户公司最近谁升职了,谁降职了,谁受到奖励了,谁受到处罚了,以及这些升降奖惩的原因是什么。
- 投资并购:客户公司最近在投资方面有哪些动作,这些动作意味着什么,是否和战略有关。

这些信息都很容易找到,如通过客户公司的微博、官方网站、百度、今日头条、微信公众号等。很多信息，客户恨不得告诉全世界，所以非常容易查到。最简单的办法是阅读客户老板的发言稿，这也非常容易找，因为在你见 EB 之前，很可能已经和其他角色很熟悉了，他们可以给你提供帮助。

第二，理解客户公司的关键成功要素（CSF），是销售人员了解客户公司业务的抓手。同时，能理解 CSF 也表明销售人员了解客户所在的行业。

CSF 是指一些特性、条件或变量。如果公司能够适当且持续地维持和管理 CSF，就能对公司在特定产业竞争中取得成功产生显著的影响。CSF 是支持或威胁公司目标达成的关键力量，决定着公司的生存与发展。一个公司的能力或资源通常就体现在关键成功要素上。

在任何一个行业或市场中，都有一些与其他行业不同的因素对取得成功起着关键的作用，这些一般意义上的 CSF 称为行业 CSF。其实，本书中的六大变量就是大单销售的 CSF。作为大单销售人员，你面向的行业是相对固定的，所以，你应该早就对这几个行业 CSF 了如指掌了。

第三，了解客户的财务状况。如果可能，销售人员最好读一下客户的财务报告，上市公司的这些资料都是公开的。如果不是上市公司，销售人员可以从客户那里进行了解。从财务报告中，销售人员能读出客户的利润来源、成本占用、运营情况、改进方向等信息。这是大单销售人员的基本功。如果读不懂，可以去请教自己公司的财务人员，不过，这也说明销售人员还不是一个合格的大单销售人员，还需要努力修炼。

需要说明的是，让销售人员准备这些信息，不是仅仅将其作为与 EB 的谈资。一方面，它可以促使 EB 与销售人员建立信任；另一方面，销售人员可以从这些内容中找到 EB 关注的内容，为创造价值打好基础。

第四，了解 EB 关注的目标和机会。

有一次，我去拜访一家互联网公司的销售副总裁，他希望做一次销售能力提升培训。在去之前，我与一个刚从他们公司离职的销售人员进行了一次两小时的交流，比较详细地了解了他们公司的现状、问题、目标等情况。

在和销售副总裁交流的过程中，我逐步引入我所了解到的情况和我对现状的分析结果，这位销售副总裁听着听着就站了起来，绕过会议桌，站到我面前，惊讶地问道："你怎么会比我们更了解自己？"

设想一下，如果你和 EB 会谈时这样说："通过前期和贵公司员工的交流，我知道贵公司今年有三个重要目标——新产品的渗透、欧洲市场的开拓以及品牌力的提升，在这些方面，你们有没有进一步的举措？"你会发现，EB 会对你刮目相看，一是因为你很用心，二是因为你把话题定位到客户业务而且是高层的业务目标上了。

前面我们说过，EB 关注的就是七个方面。不过，针对不同的行业和企业，还需要进一步细化。你和客户谈的目标就是指这七个方面的改进目标，你要做的只不过是把你的产品或方案与客户的目标相结合。了解 EB 的目标是在与 EB 见面之前最应该做的准备工作，也是你赢得 EB 长期信任的最重要的手段。

此外，还有一点要说明，EB 是更愿意抓住机会还是更愿意解决问题？答案是前者。虽然 EB 愿意直面问题，但是他们的工作职责是面向未来，所以，你要了解这次采购是 EB 为抓住什么机会而采取的行动。

第五，准备问题与答案。

我见过的 EB 有两种极端情况：一种是一见面他就滔滔不绝，他说完，见面就算结束了；另一种则相反，他总是在观察你、考验你，不论你问他什么，他都先问你："你觉得呢？"

销售人员与 EB 的交流必须建立起双向通道，有问有答、有来有往，因此，销售人员在和 EB 见面前必须准备好问题，同时，最好准备好这些问题的答案。

准备什么样的问题和答案与具体的场景有关系。不过，一切必须围绕 EB 的业务目标展开。也就是说，销售人员设计问题时必须以 EB 的业务目标为核心。

一家建筑设计院的销售人员在和 EB 见面时，会预先准备一个 SMART 模型。其中，S 是指战略（strategy），如客户项目的定位；M 是指项目管理（management）；A 是指艺术（art），即设计思想、美感、概念等；R 是指结果（result），即这个项目要达到的收益目标，如营业额、招商数量、月租收入等指标；T 是指设计团队（team），如客户对设计团队的要求。

然后围绕这五个方面准备问题和答案，比如以下问题。

- 这个项目的定位是什么？
- 在项目管理方面，您最关注的是什么？
- 对于设计，您有哪些要求？
- 对于在建的综合体，您的预期收益是多少？
- 您对设计团队有哪些具体要求？

可能你会问：准备多少个问题合适？答案是问题在深不在多。你要关注的不是你问了多少个问题，而是这些问题能否让你和 EB 深入地沟通。深入地谈三个问题，比肤浅地谈三十个问题更能打动 EB。职位越高的领导关注的目标越少。

最后要说明的一点是，在准备问题时，销售人员最好把问题的答案也准备好，如果不能确定，就多准备几个答案。之所以如此，是因为与 EB 见面等同于参加一次面试，在整个沟通过程中，EB 随时都在问自己："这个销售人员够专业吗？"

接下来，我们看一家公司的销售人员在见 EB（三甲医院的院长）之前关注的内容。

- 院长关注的核心目标与医院的发展规划。
- 院长的目标与我们的产品、方案的连接。
- 医院的特色诊疗服务。
- 近期院长的工作重点。
- 我要问院长的问题。
- 院长可能问我的问题。
- 项目价值分析。
- 项目风险与预案分析。
- 项目承诺目标。

如果你有幸收集到了一大堆客户的数据，接下来你要做什么呢？你首先要做的是分析这些数据。从数据中提取有用的信息和洞察是销售人员最重要的能力之一，你需要从纷繁复杂的数据中读出以下内容。

- 企业文化：尤其是决策文化，是一个人说了算，还是大家民主评议。
- 这个项目的战略意义：EB 喜欢做有战略意义的事情。
- 风险：看看 EB 关注的风险有哪些。
- 权力：看看当前这位 EB 的权力到底有多大。
- 政治结构：看看这位 EB 是如何行使权力的。
- 历史：看看这位 EB 从前的经历。

根据对这些数据的分析，你要找出一个问题的答案：EB 到底关注什么？这包括他想做什么、正在做什么，他希望谁来做，他希望做成什么样。你未必能一次性地找到所有问题的答案，但是你必须带着这些问题去找答案。

为什么我会强调洞察力呢？你可以对比以下三种提问，看看哪种更好。

- "张总，您对产品有什么需求？"
- "张总，我看到您公司未来的战略目标是降本增效，对吗？"
- "张总，我看到您公司 CEO 在讲话中谈到，未来三年的核心是降本增效，您是采购部门的领导，针对这个要求，您下一步的想法是什么呢？"

在客户看来，上面三句话中，第一句话没有体现出任何准备；第二句话体现出有所准备，但是没有提炼；第三句话则是带着洞察来见面，是有备而来，客户当然愿意与提问者交流。

3）什么时候见 EB？做好了准备后，接下来的问题就是：什么时候见 EB？这里所说的"时候"是指整个订单周期中某个合适的阶段。

你可能认为是决策阶段，也就是采购流程的后期，因为你经常会在那个阶段见到 EB，他们会在这个时候出来和你砍价。但是根据美国销售专家尼古拉斯·里德（Nicholas A.C.Read）和史蒂芬·比斯特里茨（Stephen J. Bistritz）的一项调查，见 EB 的最好的时候是需求形成阶段，其次是采购决策阶段，最差的时候是方案评估阶段。需要说明的是：这项调查的被调查对象很多都是中国企业的高管，而且来自各行各业，调查持续了十几年。

从调查结果看，EB 喜欢在采购之初和采购后期接触销售人员。为什么 EB 会在这两个阶段出现？源于他对风险和价值的关注。在采购之初，他要甄别自己在意的问题到底是不是问题，要不要解决，大约要花多少钱解决。这时，他对很多事情都不清楚，正因为不清楚，所以谁都想见。EB 搞得越明白，门就会关得越紧。

在采购后期，他会关注回报价值与成本，同时也会关注方案本身的风险。至于中间阶段，要么涉及技术，要么涉及具体怎么用，自然会有 TB、UB 帮他处理。

知道了 EB 什么时候想见你，你见他就容易多了。不过，你还要注意一点。我们说见面的时候，并不是指只见一次，而是指这个时候最容易见到。如果条件允许，你最好天天见。有时，我们会担心天天见过多地打扰 EB，这其实取决于 EB 自己的意愿。如果你能不断地为 EB 提供价值，他可能很高兴天天见到你。一位销售人员在一个采购项目中和 EB 见了 30 多次，你可以想象，在这种情况下销售人员对订单的把控程度。

4）怎样见到 EB？很多销售人员总是刻意回避 EB，这不是因为自卑，而是因为恐惧，他们担心自己哪句话没说好就前功尽弃了。但是，只要你没见到 EB，订单成功的可能性就很难超过 50%，原因是 EB 有一票否决权。所以，见不到 EB 的销售就是在赌运气，和掷硬币没什么区别。所以，再难也要见，不能让自己的命运掌握在别人手里。

怎么见呢？当然要和具体的情况相结合，常见的方法包括电话约访、陌拜、外部转介绍、异地公关、内部人员推荐等。前两种基本都会被拒绝，不到万不得已，尽量不要用。调查结果显示，外部转介绍对于见基层、中层比较管用，对于见高层则作用不是太大。所以，我们着重谈谈后两种。

异地公关，这里的异地既可以是外地，也可以是客户公司之外。这样做有以下两个好处。一是容易形成平等的地位。在办公室里，EB 通常是俯视销售人员的。但是在异地，EB 会平视销售人员。这是一种很有意思的情况。在平视的情况下，EB 更容易也更愿意与销售人员进行深入的交流。二是在异地 EB 会更放松，不需要刻意维系在公司的人设，也会更有安全感。

怎么在外地见 EB 呢？机会其实有很多。EB 经常到外地开会、参观考察，这些都是好机会。可以选择合适的时间给 EB 打电话，表示想尽地主之谊，基本上都能约成功。如果不成功，说明 EB 不打算选你，你可以选择退出了。

EB 不见你，是因为他认为你没有价值。但是，他没见到你，你又没法证明自己有价值，这是一个悖论。怎么办呢？答案是通过内部人员推荐。尼古拉斯·里德和史蒂芬·比斯特里茨的调查表明，内部人员推荐是所有见 EB 的方法中成功率最高的。

EB 为什么会信任内部人员的推荐？一个重要的原因是，他认为你已经通过内部人员了解了他们的情况，在这个基础上的谈话更有价值，也更高效。当然，内部人员的推荐也是对销售人员的背书。既然是背书，你就要找 EB 最信任的人来背书。针对这个人，你应展开深入的沟通与交流，然后以他为支点去接近 EB，具体策略如下。

第一，阐明风险。任何采购都会有风险，大单更意味着有较大的风险。下属碰到风险的第一反应往往是向上汇报。利用下属的这个习惯，你可以加重其对风险的担忧情绪，然后向他阐明：这样的风险必须让领导及早了解，并做出预案，否则，一旦出现问题，可能会给公司带来巨大的损失，也会牵连到他自己。

我在做 ERP 系统销售的时候，会先向内部推荐人阐明上 ERP 的十大风险，最后再加一句："上 ERP 找死，不上 ERP 等死。但是，领导们往往意识不到风险，以为买 ERP 系统就像买汽车一样，买来就能开，一旦出现问题，他们通常会认为是下属办事不力。"

这时，内部推荐人往往会邀请我与他的领导直接沟通，因为一方面他自己说不清楚，另一方面他认为我说的话更有力度，所谓"外来的和尚会念经"。

第二，表现专业性。既然别人要为你背书，当然要先考查一下你，所以，在内部人员面前，表现专业性是赢得推荐的好方法。

第三，问大问题。大单销售通常要做很多调研，调研中当然要问很多问题，你可以利用这个机会，问内部人员一些大问题，如公司的战略、流程、组织建设。总而言之，对方不懂什么就问什么，这样就更容易让他把你带到 EB 面前。

第四，让其他高层推荐 EB。如果你有机会见到客户的其他高层，这时，你可以直接提出来请他推荐。这对他来说只是举手之劳，没有那么多顾虑，比较容易成功。

第五，组织会议。可以通过内部人员组织相关会议，EB 一般会出席会议，这时你就有了见到 EB 的机会。当然，对于这样的会议，你要反复强调其重要性。

第六，利用"落差"原则。你可以拉你公司高层去见客户公司内部的低级别人员，然后让对方在 EB 面前推荐自己。因为这样做给足了对方面子。这种"上马打下马"的策略很容易取得成功。

第七，请已有供应商帮忙。如果以上六条策略你都无法做到，还有一条路。了解一下这位内部人员负责的业务板块买过什么产品，然后找到该产品的供应商，请他们帮忙。

（3）沟通的策略

历经千辛万苦，现在终于有机会见到 EB 了，接下来的问题就是：如何与 EB 沟通（包括谈什么和怎样谈）？这里所说的沟通不是指一次沟通怎么做，而是指在会见 EB 时要做的事情，可能涉及多次与客户高层的沟通。

有一个问题需要先搞清楚，你见 EB 的目的是什么？可能有很多，比如：

- 了解更多的信息。这是见每个采购影响者都要做的事。
- 建立关系。这当然需要，与 EB 搞好关系是拿下订单的基础。

- 传递价值。这需要你向 EB 说清楚你的公司、你的产品能给他带来的价值。
- 推进订单。比如获取承诺目标，EB 的承诺是订单推进最重要的动力之一。
- 确定价格。EB 关心成本，这当然也应该是目的之一。

可能还有其他的目的，但是最重要的是厘清目标、创建方案框架、共同创造价值主张以及获取承诺。

接下来，对上述四件事，我们逐一说明。

第一件事，厘清目标。

EB 是最好的获取信息的对象，不过你要清楚需要通过他了解什么。首先，依然是目标，这是最重要的。了解目标并不是简单的一句话，而是指对目标做深入的剖析。比如，你可以这样问 EB："我看到医院网站上您的讲话，其中提到要在三年内建立智慧化医院，这是医院当前最重要的工作目标吗？"

这句话是确认目标的重要性，防止喊口号，当然，也是和 EB 同频。如果 EB 确认了这个目标，接下来就是剖析，比如还可以这样问 EB：

- "树立这个战略目标的目的是什么？"这是在为创造共同的价值主张做准备。
- "如果要实现这个目标，要解决哪些问题？"这是在了解需求。这一步可能要讨论很长时间。
- "这些问题中，哪个最重要？"这是在了解需求的优先级。
- "在您看来，实现这个目标的主要执行者应该是谁？"这是在讨论政治结构。
- "您怎么看待为实现这个目标所需付出的成本？"这是在了解预算。

在这个阶段，最关键的是把目标分解成你可以解决的问题。当然，有些问题不是你能解决的，不过没关系，你只要帮助 EB 厘清目标就好。如果在这个过程中，你能发现 EB 没发现的问题，你就已经在为 EB 贡献价值并与 EB 建立信任了。

这个阶段的提问会比较多，你要注意几点。

- 提问来自你事先的洞察，洞察来自你搜集的信息。
- 提问时要把你的洞察加进去，这样会让 EB 感觉你的功课做得很足，这是 EB 很看重的事情。
- 提 3~5 个问题足矣，问题不在多而在深。你可以多提问，但是不能在太多的方面讨论。一旦打开了一个缺口，就要冲进去，而不是再打开一个缺口。
- 不要连续提问，比如"我有个问题……我还有个问题……我有最后一个问题"。你要做的是与 EB 讨论问题。在对方回答完一个问题后，要向对方输出你的观点，也就是输出价值。
- 少问背景，多问认知。比如，我们问预算，不是直接问预算多少，而是问 EB 对预算的看法。EB 是思想者，你要激发他思考，多了解他的认知，这需要非常细致地设计问题。
- 不要展示产品。无论 EB 怎么引导，你都不要展示产品。
- 多问相关数据，为后面价值主张的创造奠定基础。
- 遇到差异不要惊讶。销售过程中有一个很有趣的现象，当你与 EB 交谈时，你会发现你以前了解的很多信息都是错的。这很正常，高影响力的人通常比低影响力的人掌握的信息更加完整、准确和及时。所以，信息不一致是很正常的事情。

第二件事，创建方案框架。

了解情况后，当然就要进入创建方案框架阶段。一定要注意的是，这里所说的框架是大致思路，你不可能和 EB 讨论技术参数、使用方便性这样的细节。

可能与你们公司那些工程师说的方案不一样，与 EB 谈的方案是指如何完成 EB 的目标，以及方案如何影响客户公司的收入、利润、市场份额、用户满意度、战略投资、运营等。注意，这里的重点是"如何"，而不是"多少"。

EB 通常经验丰富，他们相信逻辑、相信证据、相信数据。所以，当我们说"如何"的时候，不应该是一句简单的承诺，比如"我们保证随叫随到"，这没人信，而应该是一种论证过程，也就是介绍能够保障随叫随到的各项措施。

当你和 EB 一起创建方案框架时，需要遵循一个原则——让高层先表达自己的想法。比如，你可以这样问："这个问题既然困扰您这么长时间了，您考虑过怎么解决吗？"

对于沟通形式，我的建议是采用白板销售法，因为 EB 不是技术专家，他需要用更直观的方式参与到方案框架的创建中来。所以用白板或者白纸，边画边聊，可以更好地让 EB 参与进来。

在创建过程中，首先要把你的洞察考虑进去，其次一定要围绕着目标展开。既围绕目标，又能体现专业，EB 一定会感兴趣。

创建方案框架不是简单地告诉 EB 结果，而是和 EB 一起找出问题的答案，哪怕你早就知道，也要和 EB 一起重新走一遍这个过程。在这个过程中，你问得最多的一个问题应该是"在您看来，这个问题的解决思路应该从哪里入手呢？"，以引导 EB 一起创建。

第三件事，共同创造价值主张。

我一再强调，EB 重视价值。有了方案，接下来当然要确立价值。这需要解决两个问题，一是这个方案最终能创造多少价值，二是 EB 是否认可这些价值。这两个问题的解决依赖于你和 EB 共同创造的价值主张。

之所以强调"共同"，是因为很多销售人员喜欢把自己能带给 EB 的价值一股脑儿地倒给对方。他们总觉得自己说了，客户就信了。实际情况没那么简单，客户可能会怀疑很多事情。比如：

- 这个销售人员可信吗？
- 他用来计算的数据可信吗？
- 别的公司获得的价值能直接照搬到我们公司吗？
- 我们公司获得价值的周期是不是过长？
- 我们公司一定能获得销售人员承诺的价值，还是只有 50% 的概率获得？

……

这些怀疑会让销售人员的价值呈现变成自说自话。不要忘了，价值只有被认可才能成为推进订单的力量。

近年来，"价值主张"这个词被提及的频率非常高。所谓价值主张，就是销售人员提出来的关于自己可以为客户贡献哪些价值以及贡献多少的说明书。它包含价值贡献点确立、价值计算、投入产出分析三个部分。

第一个部分是价值贡献点确立。

价值贡献点确立是对贡献价值的定性描述，比如可以节约成本、可以提升效率、可以降低事故率、可以减少投诉、可以提升体验等。

价值贡献点的确立主要要完成两件事。一是销售组织定义出价值贡献点，比如节约人力，但是不需要量化。价值贡献点确立是创造价值主张的开始，但是很多人却认为它是结束，也就是说到这里就完了。只说价值贡献点确立是打动不了 EB 的，因为你的竞争对手也会这样说。二是"验证"。主要验证两件事：第一，验证你贡献的价值是不是客户需要的，只有客户需要的才有价值；第二，验证你创造的价值到底对准什么层次和什么角色，是操作层、管理层还是决策层？是 EB、UB、TB 还是 PB？

价值贡献点的确立是让你能够参与游戏的关键，因此你的价值贡献点确立要包含以下五个方面。

- 对准战略或者 EB 关注的目标。
- 关键业务问题：比如客户面临的关键挑战、问题等。
- 你的改进方案：当然不是详细的方案，只需说明你从哪些方面进行改善，比如通过线上训练的手段、依靠自动化平台等。
- 价值：陈述定性的价值，比如提高订单转化率、提升市场占有率等。
- 可信度：也就是证明你确实可以做到，可通过案例、数据、演示等来证明。

下面这段话就是一个完整的价值贡献点确立过程。

贵公司目前的一个重要战略目标是进军线上（战略），并为此准备了三年。但是现在看效果并不明显，我想这涉及很多问题，其中最关键的是缺乏线上人才（关键业务问题），利用测评系统（你的改进方案），可以快速选拔人才，大大缩短人才培养时间（价值）。这种做法在多个互联网公司都得到了验证（可信度）。

当然，你为客户贡献的价值可能不止一个方面，你需要一个个地去测试，看哪些方面是客户真正感兴趣的。价值贡献点确立的本质就是价值识别，识别客户到底关注什么。它通常不需要做文字性报告，口头表述即可。

贡献点一般分为两个部分，一是关于如何帮助客户降低成本的，二是关于如何帮助客户增加收入的。价值贡献点清单，如表 9-1 所示。

我曾经协助多家公司设计过价值主张，发现几乎所有的公司，价值贡献点都想得不全。也就是说，通过简单的列示清单的方法，你就可以找到更多的可以打动客户的地方。这也是你能够"算过"对手的基础。

第二个部分是价值计算。

价值主张是最终呈现给客户（尤其是 EB）的东西，所以要经得起客户的质疑，这就需要用到价值计算了。有了价值计算，才能量化价值主张。价值计算是量化价值主张的依据。

表 9-1 价值贡献点清单

类别	收益	对投资收益率的影响	产品或方案应用说明
降低成本	降低库存（增加库存周转次数） 降低废品、返工及维修的发生率 缩短生产周期 提升工厂设备及工人的生产力及利用率（当现有设备还够用时）	节省由多余库存所引起的持有成本，不享受最低采购成本 节省由废品、返工及维修所引起的人工、物料及管理成本 节省由于生产周期差异而引起的库存持有成本 节省由于工厂设备生产力差异而引起的人工及管理成本 节省工人闲置工时所浪费的人工成本	来自物料的计划成果，保证物料正确、数量无误以及供货及时 来自物料和生产的控制 来自车间的工单排程、工序说明、物料说明，以及工序及流程的优化
增加收入	缩短新产品由研发到市场投放的时间 提高市场占有率 减少应收账款，增加应付账款，加速资金回笼（提高总资产周转率） 提升客户的满意度及忠诚度	增加利润或收入，来自新产品投放市场时间缩短 新产品提前进入市场，抢占市场份额，享受高价格及高利润 加速资金回笼，来自生产周期缩短 满意的客户会介绍更多新客户，有助于进一步提高市场占有率	研发管理与控制 财务分析及管理 生产计划管理

利用价值贡献点确立进行了验证后，你就可以大致知道客户对哪些方面的价值感兴趣。找准方向后，就要确认数据了，这是决定整个价值主张能否获得客户信任的最关键的一步。这些数据肯定和你贡献的价值有关，主要分为两部分。

一部分是计算业务成本和业务收益所需要的数据，比如：某产品的年产量、人工成本、研发投入，以及原有做法的成本或收益。

另一部分是客户使用我们的方案的成本数据，简称方案成本，比如：客户在你的方案上的大致花费；设备的安装成本；维修成本；配套成本，比如软件要有配套的数据库、网络、服务器等；还可能有节约下来的钱，比如卖掉原有设备收回的成本，这要从总成本里减去。

特别提醒大家，业务成本节约与方案成本没有任何关系。所谓业务成本节约，是指用了我们的产品后，客户能节省多少费用。方案成本是说明用我们的方案要花多少钱。如果不能证明方案成本更低，那么要证明投资收益率比竞争对手更高。

在价值贡献点确立、价值计算和投入产出分析三个部分中，最重要的就是价值计算，而价值计算中最关键的不是你算出了什么，而是你是怎样算的。计算逻辑和数据来源，是客户信任的基础。在这个过程中一定要注意以下几点。

- 尽最大努力用客户的数据而不是假设的或者同行提供的数据。
- 尽量用权威的数据，比如客户公司的财务报表（对外公布的）中的数据等。
- 尽量用 EB 信任的人提供的数据。
- 注意不要涉及客户的隐私，以免引起客户的警惕。
- 有些价值贡献确实没法量化，比如士气提升、沟通效率提高，也要列示出来，但是要说清楚客户内部谁同意过。

价值计算表共三张，投资收益分析表（见表 9-2）、成本表（见表 9-3）和无形收益表（表 9-4）。

表 9-2　投资收益分析表（示例）

客户名称：		
解决方案	产品：AX 装载系统	
	服务：	
	能力：	
类别	收益	量化的计算（每年）
降低成本	降低库存	15 万元
	降低废品、返工及维修的发生率	12 万元
	缩短生产周期	45 万元
	提升工厂设备生产力	132 万元
	减少待工	27 万元
	总节约成本	231 万元
增加收入	缩短新产品由研发到市场投放的时间	245 万元
	提高市场占有率	223 万元
	减少应收账款，增加应付账款	21 万元
	总增加收入	489 万元
每年投资效益＝总节约成本＋总增加收入＝720 万元		

表 9-3 成本表（示例）

客户名称：	
解决方案	产品方案：数字化医院解决方案
	服务：
	能力：
类别	成本
1. 解决方案成本	120 万元
2. 加上：与解决方案有关的成本 　　　　安装成本 　　　　培训成本 　　　　其他	19 万元
3. 加上：配套成本 　　　　硬件/网络 　　　　其他软件 　　　　设备/机房 　　　　维修	49 万元
4. 减去：避开成本（原有系统设备要花费的） 　　　　维修 　　　　升级换代	17 万元
5. 减去：卖掉原有设备所得的净值	12 万元
6. 一次性总投资成本（1～5 的总计）	159 万元

表 9-4 无形收益表（示例）

客户名称		
解决方案	产品：AX 装载系统	
	服务：	
类别	收益	客户中谁同意过
无形收益	提升公司内外部沟通效率 加强对市场变化的灵活适应性 提升公司员工士气 提高客户满意度 建立良好及专业的形象	

价值的计算过程可能比较烦琐，但是只要数据真实，计算起来并不难。价值计算中除了要做收益计算，还要做成本计算，这样才会有可信度。成本计算也和具体的方案有关。价值计算是获得 EB 信任的基础，也是获得 EB 信任的关键，计算时一定要慎之又慎，结果要经得起检验。

第三个部分是投入产出分析。

也许你的收益比竞争对手低，或者你的成本比竞争对手高，但是如果你的投资收益率比竞争对手高，那也可以作为客户支持你的证据。

投入产出分析表是对前面三张表格的汇总，示例如表 9-5 所示。

表 9-5　投入产出分析表（示例）

解决方案	产品	无人叉车整体解决方案
	服务	车间作业流程梳理
方案使用年限	3 年（2022 年 3 月 1 日～2025 年 2 月 28 日）	
业务改善	减少 10 个司机，安全事故率降低 82%，作业时间增加 54%	
因为产品方案而增加的收益（A）	每年 1300 万元，三年共 3900 万元	
投资成本（B）	3 年共 1200 万元	
投资收益率（A/B）	每年 108%	
投资收益验证与追踪	每季度做一次价值评估	
成本回收周期	11 个月	
三年使用周期的净收益	3900 万 – 1200 万 = 2700 万元	
无形收益	助力数字化工厂建设，提升企业形象	

如表 9-5 所示，投入产出分析表主要说明以下几件事。

第一，描述方案使用年限，也就是方案发挥作用的时间段。

第二，说明成本，直接写具体数字即可，无须写计算过程。

第三，说明投资收益率。比如投资成本是 1000 万元，产品方案每年给客户带来的净收益是 250 万元，投资收益率就是 25%。换言之，四年就可以收回投资成本，之后的收益都是净利润。很多销售人员只喜欢说价值，不喜欢说投资收益率，而 EB 关注的就是投资收益率，而不仅仅是价值。所以，要说明投资收益率和成本回收周期。

第四，投入产出分析表确实汇总了前面三张表的内容，但是，并不能只给客户展示最后这张表，而是每张表都要展示，因为你要让客户确信你的计算过程也是正确的。

第五，客户之所以相信你的价值计算，主要源于两个方面：数据来源可靠和计算过程合理。如果数据来源有客户内部人员背书，那么你取得 EB 信任的可能性就非常大。

第六，如果有无形效益，要简单说明，比如降低离职率、提升士气、增强凝聚力、提升执行力等。

描述价值主张除了可以用上面的表格模式外，还可以用下面的方式描述，比如：

降本增效是当前公司关注的大事，目前各分公司的网络与硬件维修服务是由我们总部信息中心负责的，共有 2000 台左右的设备，设备故障率在 15% 左右。维修次数每年约 300 次，每次服务时间大约是 1.5 人天，每年总服务时间是 450 人天，大约为两人年（按每年 220 个工作日计算）。服务成本为一人一年 15 万元左右，两人共 30 万元左右。

使用我们的远程诊断系统后，每次服务时间平均在 0.5 小时左右。如果按每天工作 8 小时计算，则每年总服务时间为 300 次 × 0.5 小时/次 ÷ 8 小时/天 = 18.75 人天，即由原来的 450 人天降低到 18.75 人天，服务成本是 1.25 万元，每年可节约 28.75 万元。

这套系统需要投资 12 万元，但你可以在 5 个月内回收投资成本。我们曾经在 ×× 公司执行过类似的解决方案，都达到了上述效果。"

投入产出分析看起来并不复杂，不过生成过程并不简单，因为你不是要告诉客户一个价值数据，而是要客户相信你说的数据。投入产出分析表的生成过程就是价值识别、价值计算和投入产出分析过程。

关于价值主张，有几点需要特别说明。

首先，价值主张作用巨大，不仅可以用来打动 EB，还可以为你的支持者"输送炮弹"，打击对手。因为价值主张是一种硬指标，它比软指标更有说服力。让我们设想如下几种情况。

- 你有价值主张，竞争对手没有：这时支持你的人就有了"炮弹"，他们会说："×× 家算得如此清楚，而其他厂家不敢做任何承诺，不选 ×× 家选谁？"
- 你和竞争对手都有价值主张，但是他们的投资收益率比你低，这时支持你的人会说："当然要选投资收益率更高的啊，难道要选更低的吗？"。这个理由无可辩驳。
- 如果你的价值主张没比过竞争对手，也就是他们的投资收益率比你高，那么接下来你要做的是帮助支持你的人找竞争对手的漏洞，只要找出一个漏洞就可以把竞争对手置于死地。

其次，价值主张可以建立信任，主要体现在三个方面：通过价值贡献点确立的验证作用建立信任，通过与 EB 共同创造价值主张建立信任，通过让 EB 理解价值主张建立信任。

有些销售人员可能会担心自己实现不了这些价值，或者担心 EB 将价值主张写到合同里，影响最后的收款。但是，从某一方面来说，策略销售的目的是双赢，而价值主张就是在计算双赢，你不能逃避。另外，你也可以坦率地向 EB 阐明风险，也就是投资收益率是多大，以便获得 EB 的理解。这不是减分项，反而是加分项，因为 EB 明白，任何变革都会有风险，而最大的风险就是隐藏风险。

创造价值主张需要来自客户内部的数据，这需要你做很多工作。你也许会觉得很难办到，但是不要畏难，这种付出完全值得。因为仅仅靠展示产品价值，在大单销售中你很难获得客户的信任，尤其是 EB 的信任，而价值主张可以很好地解决这个问题。因为**它不是产品价值，而是客户价值**，产品本身并没有价值，除非客户认可它。

再次，价值主张的设计不是一蹴而就的，它往往需要经历多个回合，你要不断问自己以下几个问题。

- 业务领域是客户关注的吗？
- 价值贡献点确立是否与采购影响者相关？
- 解决方案是否解决了客户最关注的问题？
- 我们提供的价值是否与竞争对手的不同？
- 计算过程经得起质疑吗？

价值主张的关键不是追求完美，也不是每个细节都要考虑到，而是可信度高。你不要害怕多次修改，反而要喜欢多次修改。正是因为多次修改，你才能把客户拉进方案设计；也正是因为多次修改，客户才更相信你的价值主张。

最后，价值主张可以单独使用。我们在前面谈到了厘清目标、创建方案框架、共同创造价值主张，千万不要认为它们是工作流程，它们只是策略，可以拆开来用。也就是说，可以直接拿着价值主张和 EB 谈——很多大公司都有类似的做法，目的是验证 EB 是否关注这些价值，如果不关注，就要重新设计价值主张或者放弃订单。

价值主张和产品价值呈现的最大区别在于，价值主张是用客户的数据呈现的。我们总说让客户参与的方案是客户最认可的方案，同样我们也可以说，基于客户数据设计的价值主张是客户最认可的价值主张（结果），而认可是推进订单的力量。

第四件事，获取承诺。

通过和 EB 沟通，我们做了三件事，一是厘清了目标，二是创建了方案框架，三是共同创造了价值主张。接下来，还有最后一件事要做：获取承诺。

EB 的承诺价值千金，因为只有他可以利用自身影响力做别人做不了的事情。更重要的是，他有权力命令其他人做事。而作为销售人员，你也可以把 EB 的承诺当成"尚方宝剑"。

当然，向 EB 要什么样的承诺需要结合具体情况，以下几种情况较为常见。

- 需要与其他人配合时，销售可以这样问："接下来的工作，您看我和谁配合比较好？"
- 需要举办多人参加的活动时，比如会议、参观样板客户等，可以请 EB 发话。
- 邀请高层见面时，也就是促成 EB 和你的领导见面，可以这样说："我们张总一直希望拜会您，在我来之前还特意叮嘱我看你是否方便。"

除了获取承诺，你还要想办法长期与 EB 保持联系。比如这样说："李总，我想在项目后续的推动过程中，尤其在关键节点上与您及时沟通，保证这个项目按照您的要求推进。您看，我加您微信，或留一个您的电话、邮箱可不可以？"这样就可以频繁互动了，不过，在关键节点上最好面谈。

还有一个常见做法就是你可以在会见之后，写一份会谈的总结报告，范例如下。

尊敬的 ×× 总：

您好！

非常感谢您对我们公司的信任，和您交谈我们收获很大。在这次的交流中，我们的主要议题是"现行的管理体系无法客观地对营业情况进行正确评价"。

在会谈中，您认为主要原因有如下几条。

1. 数据随意性强且准确性差。
2. 数据量大，无法与往年的数据做对比。
3. 没有规范、统一的数据平台，各分店对业绩指标理解不一致。

您认为如果具备如下能力，现状将会得到有效的改善。

1. 集中建立全公司的数据平台，资金流与物流有效协同。
2. 形成系统的概念，改变原有的管理模式，提供以数据为基础的管理模式。
3. 规范公司的作业流程，进一步提升对业务标准化的要求。

您的意见非常重要，为了高效推进整个项目，我们制订了下一步的行动计划（见附表）。在您和××先生（项目负责人）看过后，我将在×月×日上午与××先生就细节问题进行电话沟通。希望得到您的宝贵意见。

××公司：×××
×年×月×日

附表：行动计划

活动	负责人	日程	进展情况
拜访领导	甲方A先生负责协调	3月1日	已经完成
提交数据迁移可行性报告	B销售负责提交	3月4日	已经完成
需要调研财务部、销售部和供应部	乙方顾问C先生	3月5日	
提交解决方案	B销售	3月8日	
方案讲解	乙方项目小组	3月9日	
实施启动大会	双方参与	3月15日	
项目上线运行	双方参与	4月1日	
效果评估	双方参与	6月30日	

这份总结报告有两个作用：其一，让EB看到你的专业和靠谱，领导对及时响应是非常重视的；其二，后面的安排其实也是承诺目标，如果EB同意了，你就可以按部就班地展开行动了。

（4）解除风险策略

前面的四件事是说与EB的沟通，接下来谈谈风险问题。我们在前面谈到EB关注风险，那么销售人员怎么处理风险问题呢？可以采用以下几个策略。

第一，坦率地向EB说明风险。不隐瞒风险，反而有助于得到EB的信任，因为这说明销售人员很专业。

第二，制定风险预案。单纯说明风险是不够的，还要说明怎么解除风险，在这个过程中，要尽量把客户拉进风险处理过程中。

第三，表现权力。EB会观察销售人员，认为销售人员的权力越大，销售人员可以调动的资源就越多，抗风险能力也越强。

第四，解除 EB 信任的人对风险的担忧。如果 EB 信任的人认为没有风险或风险不大，EB 的担忧就会大大减少。

（5）建立长期信任的策略

我们一直强调 EB 关注风险，而风险往往来自供应商，所以 EB 会非常注意观察供应商身上可能会造成风险的蛛丝马迹。他观察的点有两个：一是销售人员的诚实专业；二是供应商的实力。后者是销售人员无法改变的。我们只说前者，也就是销售人员如何给 EB 留下好印象，以便建立长期信任关系。

EB 会观察销售人员的哪些表现呢？美国销售专家尼古拉斯·里德和史蒂芬·比斯特里茨在《向高层管理人员销售》（*Selling to the C-Suite*）一书中做了一个调研，结果显示，对亚洲高管来说，他们对销售人员的排名前三的期待依次是：愿意承担责任、了解事业目标、快速回应需求。

所谓愿意承担责任，是指言出必行，行必有果。销售人员向 EB 承诺的，必须做到。EB 对销售人员的长期信任源于销售人员提供的结果，而不是销售人员的销售技巧。

大部分 EB 都希望和供应商的高管直接会谈，为什么？因为供应商的高管承担风险的能力更强，这也是供应商的高管比销售人员更容易和 EB 建立信任的原因。调研证明，大部分普通销售人员都没有信守自己当初对 EB 的承诺。

所谓了解事业目标，是指销售人员不要只关注当前的销售机会，还要关注 EB 的长期和长远目标。在帮 EB 实现目标的过程中，销售人员的机会也会自然出现，这就是双赢的神奇之处。

所谓快速回应需求，是指当 EB 因为某些琐事而频繁地麻烦销售人员时，也需要销售人员第一时间做出回应。注意，这里说的是琐事和频繁。时间长了，销售人员总会有所懈怠，而这会导致失去 EB 的信任。建立信任就像在沙滩上盖大楼，建起来需要"一砖一瓦"的努力，而倒塌只是一瞬间的事。

我在对建材行业做调研的时候也发现了这一点。在 110 位建材行业销售人员的反馈中，有 92 位销售人员都认为客户非常重视快速回应需求，这大概和建筑行业的复杂性有关。

在建立信任的过程中，销售人员不仅要在工作上帮助 EB，也要在生活中与之建立私人关系。销售人员很容易犯的一个错误是，只关注其中一方面的关系。其实，忽视任何一方面的关系都会让销售人员前功尽弃。

EB 是销售人员最重要的资源之一。在一个采购项目中，双方也许只会见上几次面，但是对销售人员而言，这种资源也许比奖金更重要。这也是销售这个职业给你的额外馈赠。另外，对于大单客户，销售人员的公司未来有很大可能要做战略客户经营，而战略客户经营的一项重要内容就是高层关系管理。所以，销售人员与 EB 建立长期的信任是至关重要的事情。

二、技术采购影响者（TB）

接下来谈的 TB，可能是与销售人员打交道最多的角色了。在大单运作过程中，总是有各种各样的考试，是考试就会有考官，TB 在采购过程中就担任技术考官的角色。下面我们将从理解 TB、TB 的关注点、TB 的介入时机、争取 TB 支持的策略、利用 TB 的策略五个方面详细讲述。

1. 理解 TB

说到 TB，你的第一反应是不是认为他就是技术人员？TB 确实可能是技术人员，不过也可能是法律顾问、监理、财务人员、审计人员、设计人员等。TB 是技术把关者，但是这里所说的"技术"包含很多类型。在一个大单中，TB 往往表现为多种人。比如在 ERP 系统销售中，TB 指网络专家、数据库专家、管理专家。准确识别 TB，是按照 TB 的标准开展工作的前提。

好消息是，TB 一般不会隐瞒自己是 TB 的事实，因为 TB 要和你讨论技术问题，会光明正大地表示自己了解过多家供应商的产品和技术，所以其身份比较容易识别，TB 也比较容易见到。关于 TB，需要注意以下六点。

1）TB 可能来自外部。TB 很多时候来自组织外部，如评标专家、外部顾问、大学教授等。因为技术往往具有稀缺性，组织采购时不得不请外部专家帮忙。更重要的是，这样做还能体现公平性和技术权威性。这也提示我们，采购作为一个项目，其角色的来源并不限于组织内部，有时甚至 EB 也来自组织外部，如来自银行、高校，或者由投资人亲自担任 EB 等。

2）说"不"很有力。你是不是觉得 EB 一定比 TB 说话更管用？其实未必，采购过程中的几乎一切都是变化的。TB 往往是具有特殊影响力的角色，毕竟专业的技术没多少人懂，他们凭借自身的专业性而提升了自身的影响力，这种影响力最直观的体现就是"点头不算，摇头算"。他们否定一家供应商或一项技术是非常轻松的事情。但他们不是最终决策者，技术上的认可只能作为决策的条件之一。

有一位销售冠军在分享自己的经验时说，他会把重点放在 TB 身上，主要的工作就是引导 TB 建立技术标准，让招标书对自己有利。他的理由是，一旦技术标准确立，EB 就不敢轻易更改，因为 EB 不精通技术，硬改可能会面临风险。

尽管我不完全赞同这位销售冠军的做法，但是这也说明了 TB 的重要性。

3）喜欢新技术又担心风险。TB 还有一个特点，就是总在安全和技术创新之间寻求平衡。一方面，他们必须保证方案是符合标准的，不能带来风险；另一方面，作为技术人员，他们总是对新技术怀有强烈的好奇心，喜欢学习。

比如，在建筑领域，建筑设计人员就有这样的特点：一方面，作为半个艺术家的建筑设计人员总是希望推陈出新，喜欢用新材料来呈现自己的设计；另一方面，他们又要赶工期、保安全、要回款，所以，建筑设计人员又趋向于采用经过市场检验的材料。

4）TB 熟悉供应商。想想在采购中谁和供应商打交道最多？往往是 TB。不仅是在采购过程中，在日常工作中他们也经常和供应商来往，因为供应商所在的领域往往是 TB 的专业所在。

5）TB 往往是"伪高手"。这是指他们对采购方案的理解比供应商差很多。这是一件颇具戏剧性的事情，考官的水平比学生要差，但是他们却为学生打分。不过，反过来想，这也是好事，这给了销售人员引导的空间。

6）TB 可能有技术偏好。TB 作为专业人士，在技术方面多少都会有自己的造诣，这种造诣也最终成了他们的技术偏好。虽然 TB 在采购中的作用是保证产品的质量、选最优方案，但有时他们也会为满足自己的技术偏好而选择次优方案。

2. TB 的关注点

我们谈角色的关注点，目的就是找到获取角色支持的切入点和策略。TB 是技术把关者，他们的所有工作基本都围绕着"把关"这两个字展开。所以，他们的关注点可能有以下四个。

1）技术风险。把控技术风险是 TB 的分内职责，一旦技术上出问题，TB 就是第一责任人。TB 如何把控技术风险呢？最常用的手段就是依据标准。不过，标准的弹性空间很大，从国标到欧标，从"能用"到"好用"，从"客观"到"主观"。这些空间也是销售人员的运作空间。

2）UB 的满意。想想 TB 忙活半天是为了什么，就是为了让 UB 能用好。需求来自 UB，最终使用的人也是 UB，UB 的满意就是 TB 的工作成果之一（尽管有时候会有博弈）。这是一种重要的制约关系。

3）供应商之间的技术差异。比较的目的就是要说出不同，这是选择的依据。"不同"也分为主观不同和客观不同。很多时候，对销售人员而言，主观不同比客观不同更重要。

一家安防设备厂的销售人员参与了一个平安城市的项目投标，投标过程中有一项技术测试。结果，这位销售人员的方案只获得了第五名。

销售人员向我抱怨公司的产品不好，我了解了一下 TB 的情况，告诉他，这不是产品的问题，而是他自身的问题。但是销售人员拼命解释，说测试是客观的，掺不得半点假。

销售人员运气很好，由于各种原因，这个项目在测试之后停了一年多。第二年，项目重新启动，测试也重新展开，这次销售人员的方案获得了第一名。我问销售人员原因，他说："客户换了个 TB。"

4）新技术的应用。采购的过程一般也是一个新项目建设的过程，新项目自然会更多地考虑采用最新的技术。这对 TB 来说是一次学习的机会，也是一次积累自身技术优势的机会。当然，他们也会关注新技术的风险，这也给了销售人员运作的空间。

3. TB 的介入时机

TB 一般什么时候介入订单或采购？很多销售人员觉得从头至尾都在和 TB 打交道。如果你也有这种感觉，很可能是因为你介入订单太晚了。"太晚"的意思就是你在方案评估阶段才介入。

可能你还会有一种感觉，就是 TB 在项目一开始就与供应商接触。这是因为 TB 承担了 PB 的角色。我在前面说过，TB 常常对供应商比较熟悉，所以，有时客户公司也会让某个 TB 承担初期选择供应商的任务。一旦出现这种情况，你务必要注意，需求主要还是源于 UB，你不能跳过采购流程阶段。你可以以 TB 为切入点，但还是要回到 UB 那里去，不要指望通过直接展示产品，就能获得 TB 的支持，进而拿下订单。

最常见的 TB 介入时机是在方案评估阶段，评估方案是他们的职责。不过，方案评估阶段有个重要的特点：承上启下。如果销售人员介入订单时发现自己在方案评估阶段，应该尽量促使客户回到需求形成阶段。同样，TB 也是把方案评估阶段推向采购决策阶段的关键。

4. 争取 TB 支持的策略

知道了 TB 关注什么，争取 TB 的支持就容易多了。具体策略如下：

1）从职业发展入手。一个化工厂信息中心的工程师，他会认为自己是化工行业的还是 IT 行业的？十有八九是后者。所以，这里有个切入点：帮助他提升职业竞争力。这里所说的提升职业竞争力，是指让他知道采用你的产品技术能让他学到很多东西，这有利于他的职业发展。

另外，销售这个职业有个先天优势：你的客户群体往往就是 TB 跳槽时的主要考虑对象。试想一个地产公司的工程管理人员，他最可能跳槽到哪里去？肯定是另一家地产公司的相同岗位。而这一家也应该是你或者你公司的客户之一。

2）从业务入手。产品方案往往是服务于 UB 的，TB 的工作就是为了 UB 更好地使用。这里有两个切入点：一是通过 UB 做 TB 的工作，前提是 UB 支持你；二是通过 UB 的"业务应用"制约 TB 的"技术标准"。在大部分情况下，技术标准是为业务应用服务的，所以站在应用的角度考虑，可以改变技术标准。

3）从学习入手。可能没有比 TB 更愿意学习新技术的角色了。如果销售人员能给 TB 提供一些学习新技术的机会，尤其是还能拿到证书，这将是非常好的争取 TB 支持的机会。这里的关键是给 TB 描述美好的技术愿景，尤其是在提升职场竞争力方面。

我在做软件销售的时候，销售的产品与竞争对手的有一处不同，我们的产品用的是 JAVA 语言，竞争对手的产品用的是 C 语言。站在技术的角度，可以说二者各有千秋。

不过，随着互联网的兴起，JAVA 语言在市场上日渐火爆，很多 C 语言程序员都转做 JAVA 程序员了。所以，我们每次和 TB 谈的时候都会谈一件事："在中关村，JAVA 程序员的工资是 C 语言程序员的 3 倍。"这是事实。这样说很容易获得 TB 的支持。

4）从合作伙伴入手。TB 背后往往有很多供应商，这也是你的切入点。我在做软件销售的时候有个习惯，会问客户硬件是从哪儿买的（指哪家供应商），然后顺藤摸瓜找到他们，请他们当指导者。有这样的指导者，后面的事情就好做多了。

5. 利用TB的策略

"搞定"一个人意味着两件事：一是让他支持你；二是让他帮你争取其他人的支持。而TB可能是整个采购过程中和你打交道最多的人，所以，也常常是策略设计的重点关注人群。利用TB的策略主要包括以下五个方面。

1）传递信息。TB是最佳的指导者人选之一，因为他们上接EB，下接UB；上接需求形成阶段，下接采购决策阶段，对采购流程中的各种信息都知道得比较清楚。另外，他们熟悉各家供应商，对竞争对手的情况也了解得较为清楚。最重要的是，在整个采购过程中，销售人员接触TB的机会很多，便于运作。

2）屏蔽对手。屏蔽的意思是根本不让竞争对手进来，尤其是主要竞争对手，就算进来了也让他处于不利的位置。

我在前面说过，TB的特点之一就是熟悉供应商，常常会负责第一轮供应商的选择。TB不能决定比赛的结果，但是能决定让谁参加比赛。另一个起这种作用的角色是PB。

如果你比主要竞争对手先进入订单，那么你要做的事情就是尽快建立技术壁垒，而不仅仅是树立技术标准。最好的办法是让TB在你的技术领域里付出成本，如学习成本、采购成本等，也可以利用TB已付出的"成本"来屏蔽竞争对手。

我们有一位铁杆客户，合作了很多年，关系很好。有一次，客户有一个升级需求，订单金额大概是几百万元，按照规定，客户必须招标。

招标也不怕，我们有足够的把握能拿下这个订单，毕竟合作了很多年，客户内部都是自己的支持者。既然要招标，客户当然要找几家供应商参与，于是竞争对手进来了。

巧合的是，这家供应商的销售人员从前是个技术人员。他进入订单后，首先拜访了EB，也就是财务总监。财务总监很坦率地告诉他，不太可能替换原有供应商的产品。接着他又到了使用部门，UB对他更不客气。

没办法，他决定到TB那里碰碰运气。TB是信息中心主任，虽然不像EB、UB和我们的关系那么密切，但也还不错。销售人员同样没找到机会。

就在他准备撤出的时候，看到了客户信息中心的两台小型机。这两台小型机是IBM的AS400，当时的采购价近千万元。于是，他与信息中心主任有了下面的对话。

"这不是 AS400 吗?"销售人员问。

"你挺懂行啊,是的。"主任回答。

"用的是 UNIX 还是 OS400 操作系统?"

"UNIX。"主任回答。

"那你们都是 UNIX 系统管理员?"销售人员的意思是大家都通过了认证。

"这样说吧,咱们省一半的 UNIX 系统管理员都是从我们部门出去的。"主任很骄傲地说。

"那跑的是 DB2 数据库还是 Oracle 数据库?"这台小型机可以跑两种不同的数据库。

"DB2。"主任回答。

"那你们都是 DB2 数据库管理员了?"销售人员问。

"这样说吧,咱们省所有的 DB2 数据库管理员都是从我们部门出去的。"主任答道。

"那就不对了,如果你们还是采用原有供应商(指我们)的产品,那就要用 Windows 系统,SQL Server 数据库。"销售人员的意思是这两台 AS400 未来用不上了。

"没关系的,用到别处就是了。"主任说。

"不可能的,之前你们只上了财务系统,可以分开;现在是全公司统一,肯定要统一平台。"销售人员的意思是,客户公司在别的地方也用不上 AS400。

一句话点醒梦中人。信息中心主任马上要求我们的产品必须支持 AS400,理由是保护国有资产,可是我们又不可能改产品,这个订单就这样丢了。

除了保护国有资产,信息中心主任还有另一层想法:我不能失去职业竞争力。

如果你被 TB"锁在门外"怎么办?如果你的品牌好,可以直接找 EB、PB 投诉。如果你公司是市场排名靠前的供应商,TB 又有什么理由不上你进入呢?

如果你的品牌一般,那也可以找 PB,因为 PB 要体现公平性,也可能会把你拉入订单。永远要记住,大单中充满了多角色博弈。

3)打击对手。如果屏蔽不了,就只能打击,这是销售人员利用 TB 最常做的事情。

"打击"的意思是利用技术手段让竞争对手处于不利位置。采购人员既要考虑和公司现有的情况相结合，也要考虑公司未来的发展规划。这时，销售人员就可以利用这两点让 TB 将竞争对手的产品、技术放到一个不利的位置。比如，不能与当前的平台相结合，或者不符合未来的技术发展规划。

4）支持自己。TB 是标准的制定者，甚至是招标书的设计者，因此自然是销售人员必须争取的人。

几乎所有的销售人员都明白可以利用 TB 特定的标准，打击甚至屏蔽对手，我们在采购流程变量中也详细说明了怎么做。不过要提醒的一点是，最好学会利用差异标准，而不仅仅是结果标准。所谓差异标准，就是为了区分而区分，而不是为了获得想要的结果而区分。一旦一些不起眼的差异成为标准，往往会产生奇效。

5）揭示风险程度。技术风险很多时候是个概率事件，可大可小，这就有了弹性。而 TB 是技术把关人，在风险的评估方面有很大的权力，让 EB 不得不听，因为 EB 绝不愿意为 TB 承担技术责任。

三、使用采购影响者（UB）

买了东西总要使用，所以买的时候，总要征求一下使用者的意见。提供使用者意见的角色，就是 UB。

1. 理解 UB

1）UB 不一定是使用者。假设一家公司要给新招聘的 100 名员工配备 100 台计算机，如果你是那个卖计算机的销售人员，在你看来，谁是 UB？

是这 100 名员工吗？如果真是如此，按照本章第六节将谈到的覆盖原则，你就要接触这 100 名员工，这是不现实的。

实际上，这 100 名员工只是使用者，采购时并不用一一征求他们的意见，他们对本次采购也不会产生什么影响，所以他们不是真正的 UB。在这个场景下，真正的 UB 可能是这群新员工的部门经理。

当我们说角色的时候，不是指职位、工种、部门，而是指能影响采购的人。

2）UB 往往人比较多。EB 只有一个人，TB 可能有多个人，但是 UB 可能有很多。比如在 ERP 行业，一家企业的所有部门经理可能都是 UB；一项建筑工程项目中可能有几十个 UB。

3）UB 往往躲在后面。除了人多，UB 还有个特点，他们往往不出现在采购一线，和销售人员打交道的多是 TB 和 PB。如上面说的采购计算机，是信息中心（TB）或采购部门（PB）与销售人员打交道。

你可能经常看到希尔顿、索菲特、万豪等酒店，但你可能不知道这些酒店背后通常都有实力强大的投资方。在酒店建设或装修过程中，投资方肯定会参考希尔顿等酒店管理公司的意见，因为它们是使用者。如果你是设计、建筑或装修公司的销售人员，类似希尔顿等酒店管理公司的人就是你的 UB。注意到了吗，这些 UB 不仅仅是躲在幕后，甚至没在客户公司（即酒店）里。

UB 人多，又总是躲在后面，所以销售人员很容易忽略 UB，这就埋下了巨大的隐患。别忘了，虽然 UB 可能不会主动要求和销售人员见面，但是他们会参与采购决策。所以，不管他们见不见你，你都要见他们。

4）UB 的影响力未必小。由于 UB 总是躲在后面，所以销售人员往往认为其影响力不大，这是误解。实际上，UB 的影响力常常是很大的。比如采购财务软件时，财务部门 UB 的影响力就比信息中心 TB 的大太多了。

一位销售人员有一个合作了很久的银行客户，更确切地说，这家银行的一个部门是销售人员的客户。一个偶然的机会，销售人员知道这家银行的另一个部门要采购一个线上系统，于是通过内部转介绍找到了这个部门的负责人。负责人客气了几句，让他去找科技部（TB），并告诉他科技部全权负责此事。

接下来，销售人员的工作就主要针对 TB 展开了，效果不错，取得了 TB 的大力支持。客户的需求是把之前 PC 端的业务系统转移到移动端。由于之前的 PC 端业务系统由另一家供应商提供，因此顺理成章，这家供应商就成了销售人员的竞争对手。

相比于竞争对手，销售人员所在的公司很擅长做移动端产品，加之，TB 对原有的供应商很反感，认为他们的方案很差，技术也不行，于是销售人员信心满满。

按照银行的规定，这样的采购采用民主评议程序，有三个部门的人参加，分别为科技部的人（TB+EB）、计财部的人（也算是 TB）、使用部门的人（UB）。

两家供应商的价格不相上下。接下来就要比较方案，以便从技术层面进行评价。方案是销售人员所在公司的撒手锏。结果使用部门的负责人说了一句:"两家前期已经沟通得够多了,我们也已经很了解了,不用再介绍方案,直接投票吧。"

最后的结果是销售人员输了。

怎么输的呢?科技部和计财部的投票人是大家抽签决定的,其中只有一人支持销售人员,而使用部门的投票人是由部门负责人指定的,他们都按照部门负责人的意思行事,于是竞争对手顺利地拿下了单子。

所以,销售人员要牢记,影响力的大小不是通过角色,而是通过具体的场景来判断的。

5)UB 可能是需求的发起者。既然销售人员的产品、方案是用于解决 UB 的问题,那么 UB 才是需求的主要来源。不过 UB 只是需求的来源,未必是采购的来源,更不是预算的来源。最终买不买常常取决于 EB。

当然,有些新东西,如具有变革意义的产品,需求也可能来自 EB。

6)UB 是应用方面的把关者。采购其实是一个评估过程,UB 在采购中的作用就是在产品"好不好用"上把关。这可不是指产品易操作、界面漂亮等,UB 真正关注的是使用产品能带来什么样的结果,如节省工作量、降低返工率、节约时间等。UB 是真正评估产品效果的人。

不过,这里的效果不是指在战略、财务等方面的表现,而是指在 UB 当前工作上提供的实实在在的帮助。比如,此产品帮我节约时间了吗?让我的工作看起来更简单了吗?让我工作更轻松了吗?

7)UB 喜欢贵的东西。UB 不是专家,他们往往很难从专业角度判断产品或方案的好坏,他们倾向于从价格上判断好坏,贵的就是好的。TB 有时也有这个倾向,EB 才是最想省钱的人。

2. UB 的关注点

UB 的关注点不像 TB 那么多,确切地说,只有两个:

一是供应商的产品或方案到底能不能改善 UB 当前的工作状况。比如,能不能让他们更快、更好、更省力地完成工作。二是供应商的产品、方案是否会对 UB 自身产生影响。这里所说的影响指什么呢?举个例子来说明。

一家公司主要销售能源管理类产品,它为客户贡献的价值是找出能源管理方面的漏洞,为客户节省电费,同时发现一些不安全因素。

这看起来是非常有价值的，但是能源部门的领导却坚决反对。因为使用这种产品后，对他们的督促就会加强。从前他们只是处理故障，现在则要做更多的防范工作，这意味着他们的工作量会增加，同时，也会凸显出从前他们工作上的不足。

UB 都是一群很实际的人，他们未必能理解 EB 的愿景、宏伟蓝图。要想让他们支持你，一定要让 UB 看到产品或方案能给他们当前的工作带来什么有利影响。

3. UB 的出现时机

UB 通常会在采购流程的早期和中期出现，在后期涉及价格时，UB 通常不会参与。这里需要注意的一点是，早期的需求形成阶段通常比较漫长，甚至比后两个阶段的时间长几倍。

这个阶段之所以漫长，是因为需求的形成是一个痛苦逐渐放大的过程。也正因为需求的形成是一个过程，销售人员才可以参与这个过程，从而保证最终方案被客户接受。当然，UB 也会参与方案的评估，所以在采购中期也会出现。

UB 不仅是需求的发起者，也是价值最终的接受者，销售人员的产品或方案的价值极大可能在 UB 身上体现。

UB 在采购早期出现，这似乎与我们的常规认知不太一致。很多销售人员在刚刚进入订单时，往往首先接触的是采购人员。这很正常，一方面，采购人员往往是 PB，是召集者，所以销售人员会第一个见到他；另一方面，销售人员进入订单的时间通常比较晚，最有可能的进入时机就是方案评估阶段，因为那时客户已经找上门来了。

如果销售人员在采购早期把精力全部放在采购人员身上，就大错特错了，销售人员能见到谁和应该见到谁是两回事。

4. 争取 UB 支持的策略

1）覆盖。这是件看似简单的事情，但是从我的观察看，销售人员忽略 UB 的现象实在是太普遍了。但这正好是个机会，销售人员只要认真地拜访，争取 UB 支持的工作反而不难做。

这就像破案，最有用的方法还是挨家挨户地排查。这种苦功夫，很多自以为聪明的销售人员不喜欢下，但这是不可或缺的步骤。尤其是销售人员在刚刚进入一个大单的时候，一定要挨个儿"拜码头"。这样做既是为了收集信息，也是为了让 UB 有被尊重的感觉。只要销售人员见的人足够多，一定能找到突破口。这是一项烦琐的工作，对沟通技巧的依赖性非常高，但是并不难做到而且非常有价值。

2）体现关怀。仅仅覆盖是不够的，UB 还需要被关怀，因为 UB 经常被现实问题或者旧方案折磨，有一肚子的苦水。更重要的是，他们可能还有很多改进的想法。他们需要找人倾诉，尤其希望找到值得倾诉的对象。如果你的竞争对手对 UB 的关怀不够，那么你就可以在这里拿分了。

一位销售人员主要销售食材，客户是各种餐饮连锁店，UB 是店里的厨师。厨师对食材的意见是销售人员必须重视的。

厨师的下班时间通常比较晚，饭店的客人都离开后，他们才会下班。销售人员就利用这个时间，等到晚上 9 点甚至 10 点之后见到厨师，带点水果、小食品等，同时向厨师征求产品意见。厨师对他的印象特别好，对他的支持力度也非常大。更重要的是，厨师经常主动向采购部门要求购买销售人员的产品。

3）从需求出发。UB 既然是需求的主要来源，那么了解并满足 UB 的需求就是最好的争取 UB 支持的切入点。

这里有一个逻辑，UB 认为，只有销售人员真正了解了自己的需求，他才能满足自己的需求，自己也才会相信他的方案。很多时候，UB 并不关注方案，因为他们在方案方面并不专业。他们之所以信任方案，是因为他们认为销售人员了解了他们的需求。就像你信任医生开的药，是因为你看到医生的诊疗过程非常认真。所以，你要想获得 UB 的支持，最好的办法是让他们知道你了解了他们的需求。

4）从方案出发。从方案出发，关注的是解决 UB 的问题，而不是给 UB 介绍方案。对 UB 来说，他们自己是问题的最终解决者。在解决问题的过程中，UB 可能会遇到各种各样的限制，如资源、制度、能力、环境等方面的限制，销售人员要做的就是切实帮他们把问题解决了，而不是嘴上告诉他们使用自己的产品可以解决。

在中央空调行业，空调的安装是一个费时费力且技术含量较高的工作。不仅如此，安装之后，可能还会面临邻居投诉、房东不满、物业罚款等问题。如果销售人员在前期安装规划中能帮助客户避免这些问题，就能很容易获得 UB 的支持。

但是很少有销售人员关注这种事情，他们认为这些是客户自己的事情，和自己无关。

针对每个需求，销售人员需要让需求背后的那个 UB 彻底理解并接受方案。要想做到这一点，最好的方法就是和 UB 一起做方案，在这个"一起做"的过程中，让 UB 多输出他们的想法，他们输出得越多，越会觉得这个方案是他们自己做的，当然也会越支持。

"一起做"的意思不一定是指大家坐到一起开会，可能还有很多形式。比如，销售人员可以请 UB 验证自己的方案，在做方案时不断地向 UB 请教，征求 UB 对方案的意见等。

5. 利用 UB 的策略

1）制约 TB。如果你运气差，没有获得 TB 的支持，那么现在还有个机会，利用 UB 制约 TB。我在前文中说过，TB 的工作在很大程度上就是为 UB 服务的，因为 UB 毕竟是最终使用者。TB 必须考虑 UB 的意见，这就有了机会——UB 利用业务需求改变 TB 的技术标准。

一家物业公司 A 服务一家客户三年了，按照规定，该客户必须每三年重新招一次标。在本次招标过程中，竞争对手 B 利用 TB 赢得了竞争。

不过，A 多年来的服务质量一直很好，UB（各部门经理）很满意，而且，A 的销售人员和项目经理也很注重和 UB 的关系维护。换了物业公司之后，UB 发现物业问题多多，于是天天向相关部门反映，最后 B 物业公司被迫选择退出。于是该客户重新招标，A 中标。

当然，策略销售中一切都不是固化的，有时 TB 也能"干掉"UB。策略销售就是这样，一切都要根据此时此刻的情况判断。

2）从竞争对手的问题出发打击竞争对手。销售人员经常会碰到客户正在使用竞争对手产品，而竞争对手很可能也参与了这次采购的情况，销售人员往往觉得这是个麻烦，其实这也许是件好事。

一些大型的产品很难做到尽善尽美，因此 UB 很可能对现有产品有很多不满。这种不满就是销售人员打击竞争对手的机会。

销售人员经常要面对替换掉原有供应商的情况，但有一个有意思的现象是，他们几乎不去找 UB，总是围着采购人员转。其实，如果他们肯在 UB 身上下功夫，几乎一定能找到竞争对手的问题。一旦找到，就可以通过计算损失之类的销售技巧找到切入点，打击竞争对手。

3）利用细节打击竞争对手。

我在做 ERP 系统销售的时候，某竞争对手公司有一位很厉害的售前顾问，每次给客户做宣讲时，他总是从战略到组织、从流程到岗位、从价值链到供应链，侃侃而谈，总能打动客户高层。

怎么对付他呢？我们有个招数，就是利用 UB 对其宣讲的内容细节进行提问。在竞争对手的宣讲现场，到了答疑环节，UB 总会问一些诸如这个表怎么做、出库台账怎么处理的细节问题。售前顾问一般回答不了这些问题，现场气氛就会变得很尴尬。最关键的并不是制造尴尬，而是这让在座的客户高层意识到，能说会道还不行，想实施成功必须落实到产品细节上。

UB 关注的是使用，因此必然会看到很多细节问题。当你的竞争对手获得了客户高层支持时，你要学会迫使竞争对手向 UB 做产品演示，利用支持你的 UB 指出其存在的问题，以打击竞争对手。

4）利用组织利益说服 EB。销售方贡献的组织利益常常体现在 UB 身上，UB 才是价值的接收者。不过要特别注意，这里所说的价值不是对决策层（EB）的价值，而是操作层面的价值，也可能有管理流程层面的价值。价值是分层次、分角色的。

理所当然，UB 是帮助销售方展现价值的最好载体。而且，组织利益也是说服 EB 的最重要的手段。所以，UB 既是对付 TB 的工具，也是说服 EB 的工具。销售人员要学会更多地从 UB 身上挖掘他们所认为的组织利益。很多时候，销售人员挖掘出的利益可能和自己认为的完全不同。所以，当销售人员不知道能为客户贡献什么价值的时候，就去问问 UB 吧，然后以此为支点，说服 EB。

EB 是价值的定义者，而 UB 是价值的产生者。

5）重塑需求。UB 是需求的来源，需求是评价方案的依据，如果销售人员能说服 UB 改变需求，方案的评价标准立刻就被改变了。这就是我们在 SSO 和采购流程对应的章节中谈到的策略。

6）群体策略。虽然每个 UB 的决策权可能不大，但是 UB 人多，在投票中，所有 UB 的权力可能和 EB 或者 TB 一样大。人多力量大，所以争取他们的支持是拿下订单的捷径。

总的来说，利用 UB 最好的办法，就是比竞争对手更加深入、广泛、快速地覆盖 UB。销售人员千万不要嫌麻烦，更不能主观地认为 UB 没有用。

四、程序采购影响者（PB）

一位设计院的销售人员在一个订单中遇到了一个有力的竞争对手，竞争对手提供的概念设计让客户印象深刻。接下来是演示方案了。

由于销售人员跟客户内部负责组织这次选型的一位经理关系不错，他利用这种关系推迟了演示时间。销售人员的策略是先把竞争对手晾在一边，让大家渐渐淡忘掉竞争对手的方案。

与此同时，销售人员也在加紧准备，不过，不是在方案上做太大调整，而是创造了一个额外价值：为客户提供招商服务，包括招商方案设计、资源介绍等。

一个多月后，销售人员在演示方案的时候抛出了这个撒手锏，打动了 UB，再加上政治结构中的人员支持，销售人员胜出。

这个案例中出现了一个新角色：程序采购影响者——推迟演示的经理。

1. 理解 PB

1）理解采购程序。要理解 PB，首先要理解采购程序，还记得我们在"采购流程"中谈到的采购流程与采购程序的区别吗？

采购程序是指客户采购中的行政流程，如项目立项、样板客户参观、技术讨论、谈判等。采购程序是大家都看得到的工作程序，是可以表现出来的、清晰的、具体的任务。

采购流程则是采购程序背后的逻辑。比如，只有需求确定了，才能谈方案评估的问题。采购流程往往是内在的、杂乱的、不清晰的。比如，可能在方案评估阶段还会回过头来重新梳理需求。

程序是流程的外在表现。比如，客户的项目立项（程序）就是需求形成阶段（流程）结束的标志。采购程序具有以下四个特点。

第一，强制性与松散性并存。有些程序具有强制性。比如，有些程序按照规定（甚至法律）必须走，不能省略，如发标、公示。但是也有些程序，客户认为可要可不要，如和客户高层见面，所以程序也具有松散性。

第二，讨厌重复。一个程序一旦走过了，客户通常不愿意再走第二次，如果必须走第二次，客户通常也只会应付一下。销售高手很喜欢利用这一点设计策略，在竞争对手还没准备好的时候就把一些程序走完了。轮到竞争对手时，客户要么找理由不走，要么很草率地走。一旦竞争对手不走程序，客户就会以此为由淘汰他们。有时，客户宁可选择一个试用过的一般产品，也不会选择一个没有试用过的好产品。

第三，越重要越谨慎。这句话也可以这样说，如果客户特别重视某个程序，就说明这个程序要达到的目的对客户来说非常重要。比如，客户非要参观你的公司，这意味着他很在意你的实力；又如，在方案汇报会上，客户一定要自己的老板（EB）参与，这意味着老板很看重这个项目。

第四，顺序可调整。采购程序可能很多，但先做什么后做什么，顺序上并不严格，可以调整。

以上四个特点就是我们制定策略的基础。

2）PB是什么人。越是大订单，采购周期越长，采购程序也越复杂。这时会出现一类人，他们被称为联络人、项目经理、采购专员、办公室主任、招标办的人、招标代理人，或者招标办和客户采购部的人。很多情况下，PB会是采购部的人。在一些金额不是很大的采购中，PB还经常会是技术人员，所以TB经常会被误认为是PB。但是PB是个独立的角色，其对订单的影响力不亚于其他角色，而且发力角度和其他角色也有本质上的不同。所以，在本书中，我引入了"PB"这个角色。在传统的策略销售方法论中，PB经常和TB混淆，以致人们忽略了前者真正的作用。

PB是如何影响采购的呢？PB是采购程序的执行者和监控者。他们通过影响采购程序影响订单归属。比如：

- 更换、增加或者减少某些采购角色。
- 改变某些采购程序，如去掉标前评审、增加述标程序。
- 改变某些程序的内涵。比如参观供应商时，改变参观计划。
- 设定程序执行时间或者程序之间的间隔时间。

3）PB是采购的组织者。要不要做技术交流、要不要参观供应商、谁去参观样板客户、请哪些专家评标，这些事情都是 PB 说了算，或者由 PB 居中协调的。PB 决定了某件事做不做、谁来做、什么时候做、按照什么顺序来做。这些对销售人员来说太重要了，可惜很多销售人员只会等着客户安排，却想不到这自己可以操作。

我们的销售人员盯上了一个订单，这家客户情况很特殊，是竞争对手宣传了 10 年的样板客户。按理说这样的客户我们不应该去打扰，但是机缘巧合，我们的销售人员和客户方的 PB（同时兼任 TB）建立了深厚的友谊。

到了演示环节，通常的演示时间就是 1~2 小时。说实话，在这么短的时间内，客户根本看不明白这么复杂的产品，演示也就是走个过场，不能保证客户的利益。

同时，由于客户与竞争对手合作了 10 年，客户内部支持竞争对手的人非常多。于是我们和这位 PB 商量，改变程序的内涵，即换一个方式演示，每家供应商演示三天。演示到哪个部门，哪个部门的员工来看，大家说好才是真的好。

要想演示成功，需要做大量的准备，如用客户的数据演示。前期我们 11 个人精心准备了两周的时间，而竞争对手的准备远没有我们充分。

结果竞争对手演砸了，演示了不到 1 小时就演示不下去了。而我们因为准备充分，演示效果特别好，再加上 PB 的支持，最后顺利拿下了订单。

4）PB 是"公证员"。TO B 销售的一个特点就是希望用程序正义保证结果圆满，而 PB 就是为实现这个目的而存在的。PB 的一个重要职责是保证程序正义，所以他在采购过程中，会处处强调采购的公平公正。PB 这个角色很多时候像个公证员，他要表现公平，而表现公平的方式，就是按照程序做事。

当然，很多时候，PB 真正保证的是看起来的公平公正，实际上他既当运动员又当裁判员。作为裁判员，他要让所有人感觉到他是按照公平公正的方式来组织采购的，同时还要符合法律法规；作为运动员，他要亲自下场保障自己公司的利益。

5）PB 是汇报者。PB 总管全程，是最了解采购情况的人，所以通常由他向 EB 汇报采购进展。从这个角度讲，PB 可能是最能影响 EB 的人。

6）PB 是价格的操作者。价格在采购过程中是个敏感问题，所以通常会被报送给 PB（政府投标是直接开标）。价格对销售人员有多么重要无须赘言，它往往是决定销售成败的关键因素。

7）PB 喜欢冒充 EB。因为 PB 全程参与采购，又常常用行政手段参与，所以销售人员很容易把他误认为 EB。更重要的是，很多 PB 喜欢冒充 EB，或者把自己当成 EB，因为他们知道销售人员会在 EB 身上下大功夫。当然，除了 EB 容易冒充，更重要的是 PB 看起来确实像 EB。首先，他往往有一个职位，如办公室主任；其次，他常常和 EB 关系很好，否则很难被委以重任。

2. PB 的关注点

PB 的关注点主要包括以下六个。

1）程序合理吗？这里的"合理"是指要确保采购方的利益最大化。比如，可供选择的供应商足够多吗？评估充分吗？邀请的专家合适吗？把关严吗？

从理论上说，PB 要在采购程序上找到对公司最有利的选项。比如，某个大牌厂商没被邀请参与投标，这时 PB 就要过问了。

2）符合法律法规吗？有时 PB 仅仅是为了体现公平公正而设计和执行程序，可能较少考虑公司能否接受结果，较多考虑如何不让别人挑出毛病。这一点对于招标型采购尤为重要。比如，在招标过程中，客户内部的 PB 非常关注会不会被投诉。

3）领导满意吗？PB 时不时地就要向领导汇报采购情况，所以怎样汇报才能让领导觉得自己在努力工作且有成效，也是 PB 关注的重点。相比较而言，TB 则可能无所谓。

4）采购周期合理吗？这也是 PB 关注的事情。因为在启动项目前就已经确定了相应的时间，如签约时间、正式启动时间，PB 的任务就是要确保按照时间节点安排完成采购程序，没有特殊原因不能延期。所以，在整个项目中，真正关注时间的往往是 PB。

5）供应商的资质符合要求吗？TB 推荐了供应商后，PB 需要进行资质审核，这也是采购程序的一部分。关于允许什么样的供应商进来、进来几家，这是由 PB 决定的。同时，PB 也会有一些自己的非技术性的入门标准，如要求供应商必须拥有多家样板客户。

6）供应商会履行承诺吗？一次采购完成，大家可能会忘了 EB、TB，但是忘不了 PB。UB 使用产品的效果不好，还会向 PB 反馈。所以，PB 很重视供应商是否会履行承诺，如服务、交货期、品类等是否按照合同执行，这些都是 PB 关注的重点。

3. PB 的介入时机

简单地讲，项目立项（无论正式的还是非正式的）之后，PB 就一直在，直到签约，甚至交付。但是立项之前，PB 基本不出现。PB 是为开展行政活动而设立的，而在需求形成（不是需求调研）初期，并不涉及太多的行政活动，所以 PB 几乎不出现。

换言之，PB 一出现就意味着客户真的打算买了，因为 PB 往往是领导任命的或者委托的。如果你刚进入订单时就碰到 PB，说明你可能进入得晚了。对很多需要招标的采购方而言，项目立项了实际上就代表着选型基本结束了。因为项目立项要考虑的事情非常多，如预算、日期、产品等，需要供应商深度参与。这种深度参与，也意味着基本确定供应商了。

4. 争取 PB 支持的策略

如果不考虑个人关系层面，争取 PB 支持的切入点其实不多。因为很多时候，PB 这个角色的设立就是针对销售人员的，目的是规范采购程序。

对大单销售人员而言，争取 PB 的支持可以从以下几个方面入手。

1）从采购程序入手。大单销售有个特点：很多时候客户并不知道该怎么买，因为他们很可能很多年甚至一辈子才买一次。关于整理需求、评估方案，PB 也是一头雾水。但是，这对销售人员而言反而是优势，若销售人员能帮助他们梳理采购流程，则拿单的概率将变大。一个好办法是帮助客户设计项目采购任务书。项目采购任务书示例如表 9-6 所示。

表 9-6 项目采购任务书（示例）

序号	耗时	建议进展	责任
1	2 个工作日	业务部门调研	双方
2	1 个工作日	高层调研	双方
3	6 个工作日	初步方案设计	供应商公司
4	1 个工作日	方案定稿	客户公司
5	1 个工作日	方案汇报会	双方
6	1 个工作日	参观供应商	客户公司
7	1 个工作日	制订测试计划	双方

（续）

序号	耗时	建议进展	责任
8	4个工作日	产品测试	双方
9	1个工作日	成本效益分析	供应商公司
10	1个工作日	参观样板客户	客户公司
11	1个工作日	多部门联合测试	双方
12	1个工作日	提供合同给法律部门评审	客户公司
13	1个工作日	合同评审通过	客户公司
14	1个工作日	经验交流会	双方
15	1个工作日	签订合同	双方
16	1个工作日	项目启动会	双方
17	20个工作日	开始实施	双方

表9-6描述了PB如何开展工作。当然，采购的产品不同，程序也会不同。销售人员可以利用这张表教会客户怎么买。

表9-6不仅可以帮助PB，也可以为PB提供一种引导，作用非常大。只要你是做大单销售的，就必须有这张表，当然你可以结合实际情况随时调整。

2）请EB推荐。PB直接向EB汇报，EB的倾向性或者想法是PB的工作方向。所以，PB对EB推荐的供应商通常会比较重视，甚至青睐有加，有一定的倾向性。

所以，销售人员在见EB的时候，若条件允许，可以让EB给PB打个电话，或者可以问EB："您看，这件事接下来我和谁对接好？"得到EB的指引，订单运作得就更顺畅了。

那么，EB会安排谁做PB呢？几乎可以肯定，PB是EB很信任的人，因为PB会代表EB做很多工作，销售人员一定要把握好他们之间的政治结构。

3）准备好各种报告。这里所说的报告不仅指书面报告，还包括口头汇报，如参观报告、供应商分析报告、方案评估报告等。准备这些报告是PB的工作，非常耗时，销售人员可以帮忙准备，以此体现自身的专业性，从而获得PB的支持。

4）协助寻找专家。当客户内部缺乏专业PB时，客户往往倾向于寻找外部专家，这对销售人员而言是一个绝佳的机会。除了政府招标时有专家库外，大部分单位采购时都是临时找专家。这就给销售人员创造了机会，因为客户请的专家往往来自销售所在行业，销售人员熟悉的概率很大。

5. 利用 PB 的策略

1）利用项目采购任务书。前面我们说了项目采购任务书，它的用处不仅仅是给 PB 提供帮助，只要我们稍加改动，它就变成了一张项目协同表，如表 9-7 所示。

表 9-7　项目协同表（示例）

序号	计划时间	里程碑	建议进展	责任
1	3月3～4日	√	业务部门调研	双方
2	3月12日	√	高层调研	双方
3	3月14～20日	√	初步方案设计	供应商公司
4	3月22日		方案定稿	客户公司
5	4月4日		方案汇报会	双方
6	4月17日		参观供应商	客户公司
7	4月23日		制订测试计划	双方
8	5月4～9日		产品测试	双方
9	5月12日		成本效益分析	供应商公司
10	待定		参观样板客户	客户公司
11	5月19日		多部门联合测试	双方
12	6月1日		提供合同给法律部门评审	客户公司
13	6月8日		合同评审通过	客户公司
14	待定		参加经验交流会	双方
15	待定		签订合同	双方
16	待定		项目启动会	双方
17	7月20日		开始实施	双方

表 9-7 和前面的项目采购任务书相似，只不过明确了具体时间。当然，这个时间是和客户一起确定的。关于项目协同表，有以下几点需要说明。

- 销售人员需要主动用类似的表和 PB 协同工作，因为 PB 也有采购日期的限制，这相当于一张倒排计划。控制好了这张表，就控制好了采购程序。
- 表中的内容是销售人员和 PB 共同商量的，和采购任务可能有所不同，这很正常。这种商量的过程能让你有效地把握 PB 的关注点。我们在前面说过，越重要，越谨慎。
- 有了这张表，我们就可以和 PB 协同工作了，因为这相当于大家有了一份共同的工作计划。当然，计划可以调整，但是有了计划就有了推进的依据，你就可以经常说一句话："按照计划，我们下周应该……您看我们是不是要组织相关人员……"

- 项目协同表不仅具有协同作用，也具有督促作用。
- 里程碑实际上是双方对工作质量的确认，如果大家都满意，这件事就算过去了。如果不满意，我们也要知道应该怎么调整，一直调整到满意为止。如果每个阶段都满意，这个订单客户选别人的可能性就会大大降低。
- 有些日期可能提前定不下来，没关系，把时长写清楚即可，之后随时和客户商量具体日期。
- 有了这张表，PB 会觉得你很专业。当然，无论设计还是执行，一定要和 PB 商量，不要让 PB 感觉自己被你控制了。
- 设计项目协同表时一定要清楚每一步的工作目的和里程碑，里程碑是工作标准。

2）调整顺序。很多时候，采购程序的先后顺序决定着销售人员的"生死"，而 PB 往往注意不到这一点。比如，第一个还是最后一个讲方案？听第一个方案的时候，大领导往往精力充沛，到后面注意力可能就不集中了。更重要的是，第一个讲可以为后面的对手增加难度。例如在讲的过程中，提醒客户订单可能存在的风险，这样后面的竞争对手讲的时候，很容易陷入其中。

两位刚刚从一家大型煤矿集团离职的创业者，在公司成立不久后就收到了一家外地公司的邀标。这两位没有任何经验，上午讲标，他们早上才赶到客户公司，而竞争对手早已做了大量的工作。看到是一家新公司，客户以为他们没什么经验，就有意安排他们先讲方案。

这两位在讲的过程中，充分发挥了自己在煤炭行业的专长，给客户画了一个完整的方案框架，建立了四条标准。客户的采购影响者也是内行，一听就觉得有道理。接下来其他厂家讲方案时，客户就拿着这四条标准去提问，这完全难住了其他竞争对手。最后，这两位拿到了创业后的第一份合同。

3）增加或减少采购程序。对于非财政招标，很多程序都是可有可无的，但是每一个程序的背后都有采购者的考量。比如，参观样板客户的背后就是采购者考量供应商的方案可靠性和售后风险。当你真正理解了每个活动背后客户的考量时，就会知道如何通过增加或减少程序来制定对自己有利的策略。

销售新产品最让人头疼的一件事情就是没有样板客户，而比这件事更头疼的是客户非要参观样板客户不可，因为他不愿意做"小白鼠"。

当年我们最常用的策略有两个。一是和 TB、PB 谈，告诉他们即使去参观，也看不出什么。产品很复杂，培训几个月都未必能搞明白，参观几分钟怎么能看出产品的好坏呢？所以，最好的办法就是做测试和模拟（其实这也不是我们想做的，但是没办法），实打实地看到产品是否真的能满足你的需求。二是干脆和客户谈，试图把客户打造成样板客户。

对于财政招标，也并不是所有的程序都要走一遍，我们同样可以通过增加程序来打击竞争对手。举例如下。

一位销售人员在一个项目中遇到了一个难题。TB 支持竞争对手。大家知道，招标书基本是由 TB 操刀的，所以招标书比较有利于竞争对手。销售人员想来想去，只有利用客户方 PB 了。PB 其实不止一个，客户内部的 PB 是一位负责采购的主任，外部的 PB 是招标代理。销售人员说服客户内部的 PB，请他增加一个程序：标前评审。所谓标前评审，就是请外部专家在正式招标前对招标书进行一次评审，一般规模都比较小。这是符合规定的，是对客户利益的保护，而且也是 PB 职责范围内的事情。

PB 找到招标办，招标办当然表示同意，并邀请了几位外部专家评审标书。经过专业评审，招标书得到了修改，剔除了偏向性条款，保护了客户利益，打击了竞争对手。

类似的可以增加或减少的程序还有很多。比如是否直接开标，还是采取评定分离的流程；要不要述标；述标时间多长；要不要客户发言环节等。

4）利用程序的节奏。程序是活动的先后顺序，销售人员和竞争对手可能各自有支持者，不同的采购影响者在不同的采购活动中影响力不一样。比如，UB 在需求形成阶段很重要，TB 在方案评估阶段很重要，而 EB 在整个采购过程中都很重要。这时销售人员要学会利用程序的节奏，甩开竞争对手。

一家建材行业的供应商 A 参与了一个写字楼工程项目的采购。A 的专业性非常强，获得了客户方 TB 的充分信任。在客户出具的技术说明书中，很多内容都是TB让A参与撰写的。自然，A肯定会把自己的优势写进去。

A的竞争对手是供应商B。B是这家客户的老供应商了，前期参与过客户的不少项目，和客户采购部的人（PB）关系非常好。

接下来开了多次的技术讨论会，B只有一个策略：客户要求的都答应，技术说明书里要求的都能做到。而A所具有的优势在开工之前无法体现。

技术评审工作（方案评估阶段）很快结束了，A与B并没有拉开距离。现在到了采购决策阶段，要拼价格了，B的优势显现出来了。最后，B在PB的支持下获得了订单，A败北。

如何利用程序在弱势阶段跟上脚步，在强势阶段抓住机会获得领先，这是销售人员要考虑的。这有点像长跑，开始的领跑者未必就是最后的胜利者，跟随不等于落后，可能只是策略。

5）利用投诉。一旦发生投诉，就表明PB的工作不力，他们重则承担政治风险，轻则增加很多工作量。所以，销售人员往往不敢投诉，担心引起PB反感。不过，有时PB又希望有人投诉，因为只有投诉，PB才有理由采取行动。别忘了，PB是公证员，他们的工作就是表现公正，而处理投诉也是表现公正的一种方法。

我在给一家设备类企业做培训时，有学员提到一个很令他郁闷的问题："在投标过程中，一旦我们中标，就经常会被竞争对手投诉。问题是，竞争对手并没有确凿的证据，都是些捕风捉影的事情。但是，客户偏偏相信，或者将信将疑。结果，轻则重新招标，重则无缘无故把我们踢出这次招标。"

分析后发现，事情并不复杂：一方面，这家公司的销售人员经常忽略PB；另一方面，为了维护自己公平公正的形象，PB往往采取"宁可信其有，不可信其无"的态度。所以，销售人员常常会吃暗亏。

如果你是行业老大、老二或是知名品牌，却在招标过程中被拒之门外，你就可以投诉：凭什么不让领先者进入呢？或者在投标过程中，当招标人质疑的时候，可以以此为借口利用PB，增开标前答疑会，这样就可以有效打击竞争对手。

6）调整人员。PB是负责安排事的，采购活动的发生由PB驱动。这里面能做的事情就很多了，比如：会议让谁参加、不让谁参加，有多少人参加；投标时客户方代表是谁；什么时候开这个会。这些都很重要。

7）利用汇报。千万别忘了，PB是汇报者，无论是一次参观还是一次会议，都要汇报甚至写报告（有时 TB 也要写报告）。几乎没有人喜欢写报告，但这也是销售人员的机会。教会 PB 汇报是销售人员的基本功之一。你手里应该准备着一大堆汇报模板，以便随时调用。

8）限定竞争对手。PB 的职责之一是对供应商资质进行审核。虽然招标投标有了一些新规定，但是能做的事情依然很多，尤其是对招标的采购，比如修改参数。参数不仅仅包括技术参数，还包括"行政"参数，比如本地样板客户的数量、国产数量占比等。

9）设计活动。除了调整活动之间的顺序，还可以对活动本身进行重新设计。一个采购活动到底该怎么设计，这是 PB 几乎可以完全做主的事情，比如讲方案多长时间、谁先谁后、有没有答疑环节、是抽签还是事先安排好顺序。

10）改变评选规则。评选规则也掌握在 PB 手里，这里面可操作的空间很大。以下都是可以操作的事项。

- 选择不同的人参与评选。
- 改变规则，如在"采购角色"一节中所谈到的例子，不按部门抽签决定投票人，而由部门负责人指定投票人。
- 是否评定分离，要看你对中标的把握如何。如果你对中标没把握，就要给自己留出空间——评定分离，反之就要一步到位。
- 中标后修改相关要求，这也是由 PB 说了算的。很多需求在招标前确实不好界定，中标后修改也是为了保护客户的利益。
- 细化与粗化：标书中某些要求到底要写得很细还是很粗，这里面的可操作空间很大。
- 改变抽签方式，比如在决定讲标顺序、调研流程等方面。
- 通过加大惩罚力度的措施，打击恶意降价，把评分标准做细，利用评分标准最大限度地压缩投标人虚假响应的空间，提高投标人虚假应标的成本。
- 要求提供样品（样品一般比较贵），以此来打击围标行为。

11）打击围标。虽然相关政策严令制止围标，不过现实中总是屡禁不止。我们坚决反对围标，所以接下来就讲一讲站在销售人员的角度如何对付围标。我们从一个案例说起。

一家服务提供商 A 有一个老客户，已经合作多年了，客户对这家供应商很满意。不过，按照相关规定，客户必须每三年重新招标一次供应商。

招标工作是由一家招标代理公司（PB）组织的，这家代理公司已经为客户提供服务很多年了，彼此间非常熟悉。

A认为自己有100%的把握拿下这个单子，于是找了几家伙伴公司围标。投标过程很顺利，A评分第一。就在中标通知发下来之前，A公司的前台接到一个电话，电话那头说："我要找×××。"前台说："您稍等，我去找他。"

等前台把人找来，另一头已经挂掉了电话，本次招标也被招标代理宣布作废了。原因很简单，A担心帮自己围标的公司不认真，于是留的投标联系人是自己公司的人的名字。证据确凿，故招标代理决定废标。

你看出如何打击围标了吗？所有参与围标的公司都有一个特点：不认真。PB只要认真查细节，基本都能查出来。举例如下。

- 商务标：盖章、签字、授权不规范，证书过期、价格不一致等。
- 技术标：填写不规范、参数不一致、内容缺失等。
- 外观：缺少页码、字体不规范、密封不严等。

我曾经发动大家总结围标常犯错误，共找出了27项。如果按照这个标准，几乎一定可以找出对手围标所犯的错误。凡事最怕"认真"二字，只要足够认真，就能通过找对手的错误将其打败。

12）利用PB的政治正确和程序正义。别忘了，PB追求的是政治正确、程序正义。也就是说，当PB坚持政治正确的时候，他可以以此为理由帮助你。

一位销售人员进入一个订单时已经很晚了，而且客户的项目负责人只是一个职位不高的项目经理，他支持竞争对手。由于订单金额不是特别大，这个项目经理几乎是EB、UB、PB一肩挑。

销售人员没办法，只能从项目经理的上级入手。进展不错，上级很支持这位销售人员。

评标主要由项目经理和外部专家负责。开标前，领导说评标时会把项目经理换成一位部长，还叮嘱销售人员多赠送一些产品，以保证采购方的利益。

但是由于已经签过字的项目再更改负责人是不合规的，所以还是让项目经理去了。项目经理在现场根本没提赠送产品的事情，外部专家也不清楚，最后导致丢标。

丢标后，销售人员希望澄清一下赠送产品的事情，这样价格就比竞争对手的低了，但领导的意思是无法更改投标结果，否则影响太大，因此最终没能成功。

程序有很强的弹性，有些程序可有可无，可多可少。这正是销售人员的操作空间。

13）打击竞争对手。相较于TB，PB关注的范围可能更广泛，不仅可以从技术上，还可以从其他很多方面入手，打击竞争对手。比如竞争对手人员流失严重、保护国产品牌、安全限制、用工限制、五险一金的缴纳、战略调整等；再比如利用风险性、重要性限制小厂商，检查专利的真实性，提高投标费、退标费等。如果你可以为PB提供"炮弹"，这些都可以成为打击竞争对手的理由。这也是对客户利益的保护。

14）推进订单。采购过程中的大部分动作都是采购程序，比如召开技术研讨会、审批合同、参观样板客户。这些程序由谁来推动呢？最合适的人选当然是PB。PB往往是订单背后最有力的推手之一。所以，当一个订单停滞的时候，销售人员要学会利用PB推动订单前进。

15）引荐其他角色。PB是法定的组织者，由他引荐其他角色合理合法。不过，很多销售人员却把PB当成了一面阻碍自己推进订单的墙。

在外贸领域，销售人员通常见不到EB、UB、TB，打交道的总是对方的采购人员（PB）。采购中最多的动作就是询盘，询盘中最常见的问题就是价格问题，所以销售人员每天做的事情就是报价、等电话，但在大部分情况下都是石沉大海。非外贸企业也有很多这种情况，比如工业品销售。

其实一个好办法是，通过专业性突破PB，引出PB后面的角色。因为大部分PB的专业度都不够，他们只会提出针对产品的要求。这时销售人员可以逐步深入挖掘其需求，或者提示其风险，通过把事情复杂化，让PB无法应对。这样，PB背后的人就容易出现了。

PB是一个很有意思的角色，他往往有一种"暗"力量，在不经意间就能改变整个战局，而且还不容易被发现。立项之后，PB就一直在，直到项目交付，他的作用是持久的；他洞察每个采购影响者的情况，也是指导者的绝佳人选；他往往出现在采购的最前沿，销售人员只有突破他才能见到其他角色；他是EB的代言人，有时候影响力大得吓人；他在专业上总是依赖于供应商和TB；他坚持政治正确，总是显得很保守，宁可不做，也不能做错。所以，一旦你突破了 PB，你就找到了纵观全局的"天眼"，可以监控整个战场了。

五、间接采购影响者（IB）

前面我们说的 EB、UB、TB、PB 都是直接采购影响者（Direct Buyer，DB），他们无须假手他人，自己就可以直接参与采购决策。但是，还有一类人必须通过影响直接影响者来影响采购，我们将这类人叫作间接采购影响者（Indirect Buyer，IB）。对于这类人，销售人员也需要将他们管理起来。

如果再进一步细分的话，IB 还可以分为 EB 间接影响者、TB 间接影响者、UB 间接影响者、PB 间接影响者。但简洁起见，我们将 IB 视为和其他四类角色并列的第五类角色，且不再进一步细分。几乎每个大单都会有几层 IB，也就是所谓的"关系托关系"，不过我们只需体现一层关系，即如果 A 找到了 B（IB），B 找到了直接采购影响者，那么我们只体现 B，不再体现 A。

IB 有几个显著的特点。首先，IB 没有组织利益诉求，只有个人利益诉求，他们帮你是为了个人的赢，而不是为了让采购方获得好的结果。其次，IB 也有影响力大小之分，这里指的是对采购影响者的影响力。比如，老板配偶的影响力可能大于老板朋友的影响力。再次，IB 没有采购意愿一说，因为他们并没有买不买的考量。最后，IB 有支持力度大小之分，有的人可能会天天为你出力，有的人可能仅仅是帮你打个电话以示支持。

IB 是销售人员的支点，他的作用包括让你见到 DB、帮你获得 DB 的信任、作为指导者传递和验证信息、帮你实现 DB 个人的赢等。有时，IB 的作用比 DB 还大。

不过需要提醒几点：第一，IB 一定是通过 DB 发挥作用的，不能有了 IB 就忘了 DB，两边的工作都要做，完全依赖于 IB 是销售人员常犯的错误，比如把维护客户关系的任务交给代理商；第二，既然 IB 是通过 DB 发挥作用的，那么 IB 的作用依然有角色属性；第三，IB 对 DB 的影响几乎一定是通过个人的赢实现的，销售人员要特别注意 IB 满足了 DB 什么样的个人利益需求，这样就更易理解 DB 的关注点了；第四，注意其中的博弈关系，IB 和 DB 之间也有博弈关系。

六、角色之间是一种博弈与协同关系

首先，角色决定着采购影响者从哪个角度进行决策，或者说其决策的依据是什么。我们一直说大单是多人博弈，而博弈不仅取决于力量大小，也取决于发力的角度，这就像足球场上的射门，力量和角度都很重要。

其次，角色之间也是相互制约关系。一般情况下，UB 克 TB，因为 TB 选型在很大程度上是为了满足 UB 的需要；TB 克 EB，因为 EB 不愿意替 TB 承担技术风险；EB 克 PB，因为 PB 是政治正确的追求者，EB 能决定谁政治正确；PB 也可以克 UB，产品好、服务好不能代替政治正确，更不可能代替战略利益。这就是多角色博弈的概念。

在实际工作中，这种相互制约关系可能更复杂，不是上述的简单直线关系。比如，EB 的战略宏图不会受制于 UB 使用的方便性。策略销售永远是具体情况具体分析，重要的不是销售人员记住谁克谁，而是要知道有克制关系存在。寻找克制关系的办法就是凡事多问几个"为什么"。在每一个订单中，都要找出这种克制关系，并利用它制定策略。

再次，虽然我们解释了每个角色出现的时机，但这只是每个角色最可能出现的时机，而不是一定出现的时机。采购就像演一出戏，不是所有人在所有时间都站在舞台上。在订单之前阶段，UB 会出现（其实那时还不能确切地叫角色）；在需求形成阶段，UB 也会出现，但是往往不会主动出现，而是需要你去找他；在方案评估阶段，UB、TB 都会出现，但是 TB 更显眼；在需求形成阶段甚至订单之前阶段和采购决策阶段，EB 会出现；而在整个订单周期内，PB 可能一直都在。

这里要强调一点：这不是指在我们所强调的角色出现时机以外的时间段内角色就退出采购了，而是指他在这个时间段内不是主角，影响力会下降。或者这样说，一旦错过了窗口期，某个角色的影响力就会大大减弱。所以，销售人员在利用角色制定销售策略时，要学会抓住窗口期。

还要注意的一点：我们并不是要求你一定要在某个角色的窗口期内去见这个角色，其实最好的方式是最早见到所有角色。这就是先发制人的道理。

最后，我们还要严肃地提醒，角色是由你的 SSO 决定的，不是由客户的 SPO 决定的。

角色概念的确立，除了可以帮助销售人员找到争取角色支持和利用角色推进订单的方法外，还可以避免两个销售人员常犯的错误：一是遗漏采购影响者，二是太晚接触采购影响者。

七、采购角色评价

对于采购角色评价,主要把握以下两条。

- 每个采购影响者都应该承担一个角色,甚至多个角色。如果你不知道某个采购影响者是什么角色,那就应该尽快去找信息。
- 每个 DB 角色背后都应该有采购影响者。对绝大部分订单而言,EB、UB、TB、PB 都是存在的,IB 可能不存在。如果某个角色背后没有采购影响者,那么十有八九是你没找到,而不是没有。

把握以上两条,可以为销售带来两个好处。首先,避免遗漏采购影响者。本章第六节"覆盖程度"会谈到,一旦遗漏,对销售人员而言可能是灾难性的。其次,销售人员进入一个订单,要尽快按照角色找出采购影响者,并尽快接触。因为一旦采购影响者被竞争对手影响,你可能连接触的机会都没有,更不用说影响他们了。这就是先下手为强的道理。

第三节 影响程度

一、理解影响程度

采购角色决定在哪个方向发力,而影响程度决定决策力量的大小,也就是决定采购影响者在订单中决策权力的大小。

一位销售人员销售病人用的一种导管,价格比较高,单根国产导管的价格在 6 万元左右,而单根进口导管的价格为 9 万元。这位销售人员卖的是进口导管。

竞争对手一直守着导管室主任,做他的工作。而这位销售人员在研究了病人买导管的过程后发现,患者(UB)并不清楚两种导管的区别,在选择导管的时候会征询住院医生的专业意见。于是,销售人员把精力放在住院医生身上,悉心指导住院医生了解和使用导管。效果非常棒。他销售的进口导管获得了医生和病人的一致好评,销量也远超竞争对手。

在这个案例中,对于用什么样的导管,住院医生的影响程度显然大于导管室主任。

影响程度是指采购影响者对订单归属的影响程度，而不是指对你或竞争对手的支持程度。但是，影响程度和你的 SSO 有很大关系。

影响程度看起来是一个很简单的问题，很多销售人员会认为谁官大谁说了算。也正是因为有这种思想，他们通常会很努力地"搞定"领导。实际上，我们在前面谈采购角色的时候一直强调，策略销售是在一次采购范围内展开的研究和讨论，不是在组织内部，而是在订单内部，而职位只是影响影响程度的一个因素。

确定影响程度有以下几个重要作用。

1）影响程度决定了销售人员应该在谁身上下功夫。毫无疑问，影响程度越高，销售人员投入的时间、精力和资源就应该越多。对销售人员来说，没有比"时间"更重要的因素了，也没有比"找错人"更悲惨的错误了。确定了影响程度，销售人员就确定了主攻方向。做订单也会事半功倍。

2）影响程度决定了销售人员和竞争对手的博弈局面。在订单分析中，销售人员可以与竞争对手做对比，算算到底谁在订单中获得的影响力总和更大。如果算不出来，销售人员可以问自己一个问题：如果客户今天做决策，订单会是谁的？这个问题可以让销售人员知道风险在哪里。虽然现在的局面未必是最终的结局（策略销售追求的是最后的分数，不是现在的分数），但是分析现在的局面依然可以帮助销售人员找到工作方向。

3）影响程度是可以调整的。在整个采购过程中，客户终端某些人的影响程度不是固定的，而是变化的。比如销售人员可以通过调整 SSO 决定谁的影响程度更高，调整采购程序决定在哪个时间点谁有更高的影响程度，调整采购影响者人数以提高或者降低特定人的影响程度。SSO 决定了采购影响者在哪个领域有影响力，采购程序决定了采购影响者在不同时间影响程度的高低，采购人数决定了影响程度是被稀释还是被集中，这些为销售人员提供了操作空间。

4）影响力分为正式的影响力和非正式的影响力。正式的影响力主要来自权力或者授权，往往以正式任命的方式呈现。非正式的影响力可能来自多个方面，比如专业度。正式与非正式的影响力共同决定了影响程度。

二、什么在影响着影响程度

在一个民营企业的订单中，我发现其信息中心主任很专横，几乎是说一不二。别说和他平级的那些部长,就连比他职位高的副总都对他客客气气,甚至表现得唯唯诺诺。

后来深入了解了才发现,这位主任早在老板在海南创业时就和老板认识,而且还救过老板的命。因此,老板在发达之后,把他请到了公司做信息中心主任,并且非常敬重他。

为什么有的人说了算,有的人说了不算?回答这个问题并不容易,可能涉及文化、性格、权力等多种因素。影响程度反映一个人在组织中拥有的真实力量的大小,很少遵循公司的正式组织结构。

站在策略销售的角度讲,我们认为对影响程度有影响的因素有以下10个。

1)行政级别。行政级别一定会对影响程度有很大影响。这很容易理解。更重要的是,行政级别可能是最大的影响因素。

2)专业程度。人们通常会更信任专家,专业本身就是一种影响力。当然,这里所说的专家是和采购方案相关的专家。有时,专家不一定是指专业的行家,还可能是指年龄大的人、资历深的人和受人尊重的人。

3)个人利益(个人的赢)。如果这次采购对某个人的升职、评职称等个人利益有重大的影响,这个人就会比较活跃,这种活跃会提高他的影响程度。反之,会降低他的影响程度。这里要提醒的是,"活跃"是个中性词,他可能很积极地做正面的事情,比如支持你;也可能很积极地做负面的事,比如反对你。

4)决策文化。有些公司一言堂,有些公司很民主。一言堂的公司会抑制除EB以外的人的影响程度。多年的职业历练使得这些人学会了自我保护,他们通常会让渡自己的影响力给职位高的人。

5)性格。有些人敢说敢做,是意见领袖(Key of Leader,KOL);有些人谨小慎微,不愿意说话。在一个团队中,我们通常很容易识别前一种人,也会对他们的意见比较重视。所以,性格也影响了影响程度。

6)关系。谁和领导的关系好、谁被排挤、谁受器重、谁是谁的人,这些都对影响程度有影响。

7)工作范围。技术范围内的事当然是TB说了算,所以在技术决策上,如选什么平台,TB的影响程度会更高。同样,其他角色在自己的工作范围内也是如此。

8)采购阶段。在开始阶段,通常UB的影响程度要高一些,因为UB往往是需求的提出者;而在评估阶段,TB的影响程度会更高,因为这时候要评估方案了,该 TB 大显身手了；在最后的决策阶段，毫无疑问，权力属于 EB。当然，如果需求是由 EB 提出来的，那么在开始阶段，EB 的权力也很大。如果 UB 也参与评估，那么在中间阶段，UB 的影响程度也同样会提高。所以，销售人员要随时更新参与者的影响程度。

9）授权。有时领导会把一些权力授予下属，这时被授权人自然就会有更高的影响程度。

10）资历。一个老员工常常比一个新员工更有发言权，因此在公司的资历也是影响影响程度的一个因素。

三、利用影响程度的策略

影响程度既是可变的又是隐性的，你可能在订单中无法左右一个人职位的变动，却可以改变其影响程度。利用影响程度的策略包括识别、替换、提高与降低。

1. 识别

针对影响程度这个要素，最重要的策略就是知道应该在谁身上下功夫。你和竞争对手拔河，最好的策略是让有力量的人都来帮你。这是一个谁都清楚的事情，但是很多销售人员并不去做。不做的原因有很多，最重要的原因就是没有在识别上下功夫。所以，在列出了所有的采购影响者后，销售人员要做的就是认真鉴别每个采购影响者的影响力，不要想当然。这时投入的每一分钟，都可能会让你在后期运作中节省大量时间。

2. 替换

销售人员有个特点，"逆来顺受"。客户安排好采购团队之后，销售人员想的就是怎么争取采购影响者的支持。不过，销售人员可以更大胆一些，要考虑包括 EB 在内的人是不是可以换掉。当面对高影响程度的反对者时，销售人员要敢于从更高层面入手，如战略、流程、组织、绩效等层面，从而换掉高影响程度的反对者。类似的案例我们在前面讲 SSO 的时候讲过，此处不再赘述。

3. 提高与降低

销售人员知道了是什么在影响着影响程度，就知道了该如何提高或降低影响程度。比如，如果某个人支持你，并且你向他表明了这次采购对他个人有什么好处，你就会发现，他在订单中很活跃，他的影响程度会显著提高。又如，如果你利用采购程序,在支持你的角色影响程度最高的阶段行动,你就能迅速取得优势。

在一个订单中,销售人员遇到了一个坚决反对自己的 TB,这个 TB 还是一位主任,影响程度为中等。另外一位中高影响程度的总监(TB)支持自己,EB 态度相对不明确。对于两位 UB,销售人员则一直忽略了(竞争对手也忽略了),原因是两位 UB 没有在客户公布的选型团队里。

主任的各种刁难给销售人员带来了极大的阻力,而由于这个订单的特殊性,无法通过调整 SSO 将主任踢出决策圈,导致订单进程陷入了僵局。

这时,销售人员想到了 UB。通过支持自己的总监,他获得了见两位 UB 的机会。经过一番努力,他赢得了两位 UB 的认可。两位 UB 直接找到 EB(相当于更深度地参与决策),表明了态度。最终,EB 直接决策将订单给了销售人员。

在这个案例中,开始有五位采购影响者,其中,两位 UB 因为参与度低,所以影响程度低;主任(TB)虽然职位低,但由于非常活跃,凡事亲力亲为,所以影响程度是中等。后期两位 UB 的活跃度提升,影响程度变成了中高等。整体博弈局面发生了重大改变,于是销售人员获胜。

如果不能把反对者踢出去,就要想办法降低反对者的影响程度,让他没有较大的决策权。当然,这一策略是下策,之所以是下策,是因为反对者并没有被踢出去,后面他可能还会捣乱。"降低采购影响者的影响程度"是不得已而为之的事情,也是我们最不愿意看到的事情。

影响程度是衡量定位好坏的重要标准,如果影响程度高的人都站在你这边,你想输都难。影响程度也决定了你应该在谁身上多下功夫,谁影响程度高,你就应该在谁身上多付出精力和时间。另外,要注意采购影响者是如何发挥自身影响力的——这和角色相关,比如 PB 通过程序正义发挥影响力;还要注意那些非权力者的影响程度,他们太容易被忽略了。而很多时候,非权力者的影响程度可能高于权力者的影响程度。也就是说,非正式的影响力可能超过正式的影响力。

四、影响程度评价

正式的影响程度很容易评价,看职位高低就可以了,但是非正式的影响程度的评价并不是一件容易的事情,量化尤其困难。所以,我们采取定性而不是定量的方式界定。影响程度由低到高，共分为以下五类。

1）低影响程度（L）。这种影响程度的采购影响者往往是新人，没有什么官职，在公司内说不上话。他们有个特点，往往搞不明白领导的想法，也不知道采购过程中背后的推动力，只会按照领导的意图做一些行政事务。

2）中低影响程度（M-）。这种影响程度的采购影响者往往是职位低的老员工，他们什么事都明白，也知道领导的想法。领导尊重他们，但是不器重他们，他们只能看着事情发生，不能改变事情的发展方向。还有一种很特殊的情况，他们也可能是职位高但是不直接参与本次采购的人（IB）。这类人的影响程度在传导过程中被打了折扣。

3）中影响程度（M）。中层领导和专家，如信息中心主任、技术部经理、高校教授、评标专家等都具有中影响程度。他们往往是让事情发生的人，如参观样板客户、做技术评测、开技术交流会等。

4）中高影响程度（M+）。这种影响程度的采购影响者往往是获得了加持的中影响程度的采购影响者。比如部门经理也是专家，项目和他的个人利益密切相关，获得了大领导的授权等。

5）高影响程度（H）。这种影响程度的采购影响者是掌控结果的人，职位一般不会低。他们往往在订单最后表态。他们是 EB 的可能性很大。

在实际评测过程中，你可以先确定一个中影响程度（M）的采购影响者，然后根据前面的影响因素进行增减，一个增减项，就是 M+ 或者 M-，两个就是 H 或者 L。有增有减，可以相互抵消。

简单来说就是，在采购过程中，一些人看着事情发生；一些人让事情发生；还有一些人站在后面，掌控结果。

需要强调的是，影响程度要根据具体订单分析，而且经常会发生变化，所以我们要经常问自己"在这个时间点上，某个采购影响者的影响程度是多大"，而不是问自己"在整个订单中，他的影响程度有多大"。

第四节　结果与个人的赢

接下来我们要谈的内容也许是销售人员最为关注的事情之一。探讨结果与个人的赢就是在探讨一个问题：客户为什么支持你，或者为什么反对你？这是每个销售人员在每个订单中都想知道的，也是必须回答的问题。销售过程就像是一个猜谜游戏，谜面是结果，谜底是采购影响者个人的赢。

关于结果，有时被称作组织利益，有时被称作价值主张；关于个人的赢，有时被称作动机，有时被称作个人利益。我们在《技能篇》中讲过，二者本质上是在说同一件事。只不过，"结果"和"个人的赢"这两个词更能体现我想表达的内容。

一、客户为什么支持你

每个销售人员在每个订单中都要回答一个问题：客户为什么支持你？只有知道这个问题的答案，销售人员才能获得客户的支持，而获得客户的支持又是销售人员最重要的工作之一。

要回答该问题，我们需要先了解交易的本质。

销售人员工作的过程就是推动一场交易完成的过程。而交易之所以出现，是因为社会分工的存在。社会分工不是人类智慧的产物，而是人性中的利己心态使然。用《国富论》作者亚当·斯密（Adam Smith）的说法就是：

> 我们的晚饭并非来自屠夫、酿酒师或面包师的恩惠，而是来自他们对自身利益的关心。我们不是向他们乞怜，而是诉诸他们的自利心。我们从来不向他们谈论自己的需要，而只是谈论对他们的利益。

交易源于自利的动机，并且引发了社会分工。或者也可以这样理解，交易的本质就是自利。既然是"天下熙熙，皆为利来"，那么"利"自然就是判断支持与否的标准了。那么，站在 TO B 销售的角度看，"利"到底是指什么呢？

它首先是组织利益，在 TO B 销售中，采购影响者是在给组织买东西，组织花钱当然是为了给组织带来利益，如降低制造成本、节约人力、提升效率等。所以，组织评定产品方案时肯定会以带来的组织利益作为标准。

不过，采购决策是"人"做出的，按照亚当·斯密的说法，人天生就是自利的。所以，在做决策的过程中，采购影响者必然会考虑个人的利益。换句话说，每个采购影响者在参与采购的过程中都在努力寻求个人利益的实现，并将它作为决策的依据之一。你可能会觉得只有自私的人才会这样做，其实不然。这不是道德问题，而是人性问题，每个人都一样。而且，在绝大部分情况下，追求个人利益并不卑鄙，就像你也会在意自己的工资一样。

现在，我们可以得出一个结论，客户中某个采购影响者之所以支持你，是因为你既满足了他的组织利益，又满足了他的个人利益。反之，他反对你有三种情况。

- 你只满足了他的组织利益，没满足他的个人利益。
- 你只满足了他的个人利益，没满足他的组织利益。
- 你既没有满足他的组织利益，又没有满足他的个人利益。

所以，关于销售，我们引用史蒂芬·E.黑曼的话："销售就是给客户一个好的结果（组织利益），并满足每个采购影响者个人的赢（个人利益）。"这是我见过的对销售最好的定义了。这个定义一语道破天机，把销售人员要做的事基本说清楚了。

这个定义有三层含义。首先，请注意"并"字，技术销售只满足组织利益，关系销售只满足个人利益，但是，策略销售要求二者都满足。"双赢"这个词，最早不是指你赢我赢，而是指客户组织的赢（business win）和个人的赢（person win）。其次，这个定义说明组织利益也有角色属性，也就是说不同的角色关注的组织利益不一样。最后，这个定义强调是"每个"采购影响者，而不是"某个"。

二、结果

组织利益用"结果"来表达更为准确。销售中有一个著名的问题：客户要买一把电钻，他真正想买什么？

答案是：墙上的洞。

这可不是脑筋急转弯，而是西奥多·莱维特在《营销想象力》一书中提出的一个经典问题。他的意思是：人们不是在购买产品或方案，而是在购买产品或方案带来的结果。

客户想买的是结果，你卖的当然也是结果。所以，每个销售人员都需要思考一下，自己的产品或方案给客户带来的结果到底是什么。可能是质量提升，可能是返修率降低，可能是离职率下降，可能是效率提高，等等。

既然客户使用结果来衡量产品或方案，那么销售人员就要更多地去展示使用自己的产品或方案的结果，而不仅仅是展示产品或方案的功能。或者这样说，展示产品或方案的功能只不过是证明销售人员能给客户带来正确的结果。每个销售人员都需要认真地问自己一个问题：我到底卖的是什么？

当然，销售人员不能笼统地说卖的是结果，而是要将其细化为成本、工期、安全性、资源利用、会议室安排、缩短排队时间等这样的"结果"。

我对"结果"的定义是：**供应商通过自己的能力为客户业务带来的影响**。这里的能力当然包含产品和方案，但又不仅仅是产品和方案。

解释一下这个定义，首先，我认为对客户的任何贡献都可以使用"结果"来表示，从而影响客户的判断，这也是价值型销售的核心思想。其次，结果是从客户的角度出发的，不是从销售人员的角度出发的。再次，我们强调的是对组织的影响，不是对个人的影响。最后，也是最重要的，结果意味着对客户业务现状的改变，也就是我们说的改善甚至变革。

为什么"结果"比"组织利益"更准确呢？因为我们也可能会给客户带来坏的结果。结果是分好坏的，并不都是组织利益。

关于结果，有以下几点需要销售人员注意。

1）结果也是一种认知行为。在大部分情况下，只有在产品交付后，结果才能兑现，所以在售前阶段，你依然是在给客户"画饼"，接不接受完全看客户。你的职责是让客户相信你能给客户带来某种结果。所以，"价值+认知=结果"，相同的价值可能带来不同的结果，你给客户提供的价值如果没被客户认可，也是无用的。

2）问题与结果的关系。我们说问题是需求产生的原因，结果当然可以是问题解决后产生的利益。所以，问题是因，利益是果。这也说明了另一个销售原理：如果你想让客户接受你的产品或方案，你就需要把产品或方案的结果对准客户的需求，因为需求是客户已经承认的。这样，客户也愿意接受需求被满足后带来的结果。

3）结果具有角色属性。虽然结果比组织利益更准确，但是 EB、UB、TB、PB 关注的"结果"可能不同。比如，UB 可能关注易用性带来的时间节省，TB 关注数据安全。有时关注的"结果"不同，可能会带来各种角色间的相互博弈，比如 EB 关注成本节约，但是 UB 觉得贵的就是好的。

4）IB 没有组织利益诉求，即不关注结果。

5）不好的结果就是损失。你可以向客户展示可能遭受的损失，如竞争对手的产品、客户从前的方案等可能带来的损失。损失往往比利益给客户带来的影响大，因为人们大都是损失厌恶者。

6）产品价值与结果。产品给客户带来的价值看起来是结果，实际并不是，产品价值是从产品角度出发的，结果是从客户角度出发的。比如，你给酒店客房供应茶包，你怎么向酒店客户展示结果？可不可以说自己的产品"如兰在舌，沁人心脾，舒压解乏"？但是，买茶包的采购人员自己并不喝茶，喝茶的是住店客人，而他们没有选择茶包的权利。酒店客户想要的结果是提升住店体验、减少投诉、提高回头率、提高酒店的美誉度、提高品牌传播度。因此，茶包如何体现这一结果才是销售人员应该展示的。

结果是让客户选择支持你的原因之一，所以更好地展示结果是销售人员最重要的任务之一。我在《技能篇》里说过，展示结果有四个层次：笼统化、数字化、货币化、财务化。除此以外，我发现还有两个问题常常影响对结果的展示。

问题一：不知道带来的结果是什么。

几乎每个销售团队都会说产品和方案会给客户带来什么结果，但说对的并不多。比如，你为医院提供预约软件，你认为这个软件会给医院带来什么结果呢？

我们听到的"结果"往往包括缩短预约时间、方便就诊、少走路等。实际上，你在帮医院做以下事情。

- 作为客户管理平台，提升患者满意度，提高推荐率，增加医院收入，提升医院的评级。
- 作为资源管理平台，通过优化排程，可以最大限度地提升医生、设备、病床、诊室的利用率，增加就诊量，增加医院收入；与此同时，降低挂号窗口、化验窗口、检查窗口的人员占用率，从而大大降低成本。
- 作为运营平台，它是流量入口，也是客户出口。利用这个平台，可以从就诊、检查、取药、缴费、用药、复诊、健康教育等各个节点将医院与患者联系起来，更好地服务患者。

这样说，大家觉得怎么样？

为什么销售人员会说不清楚产品和方案带来的结果呢？归根结底，还是因为对客户业务不熟悉。尤其是不能站在高层的角度，以及组织和流程的角度想问题。

问题二：不知道怎样让客户认可带来的结果。

让客户认可带来的结果有三个策略。

1）让客户参与到结果的规划中来。我们在前面讲共同创造价值主张时解释过。除此以外，放弃你的PPT，用白板或白纸与客户一起规划结果也是一种非常好的方法。

2）数字化。数字化是一种很好的表现形式。在这里，数字化不是给予一个数字化的结果，而是把数字化的过程给客户说清楚，也就是你是怎么计算的。计算过程本身就是说服工具。还记得我们在前面说的价值主张吗？它就是数字化、过程化的结果表达模式。

3）用客户体验来呈现结果。很多时候，这比干巴巴的数字更能激励人心。这包括产品演示、测试试用、客户参观等。

结果往往是产品或方案实施后带来的，但是销售人员要在交付之前将它呈现给客户，并且让客户相信能获得这个结果。关于结果的策略，其实都是围绕这个问题展开的。

三、个人的赢

1. 理解个人的赢

这也许是销售中最神秘莫测、最能体现智慧的部分。大家经常听说的关系型销售，最喜欢在"个人的赢"这个子变量上做文章，而某些所谓的销售大师也常常在这方面愚弄大众。

什么是个人的赢？我们先从一个案例说起。

有一次我给一家公司做培训，他们新招聘了一批销售人员，虽是新员工，但都是老销售员。上课前我找到几位学员了解了一下情况，主要是想摸清他们的能力水平。我问了一个问题："你们怎么理解销售？"

一位学员很自信地对我说道："销售其实很简单，就四个字——投其所好。"

我接着问："怎么理解这四个字？"

他慷慨陈词："客户喜欢爬山，我们就帮着拎包；客户喜欢打球，我们就拼命鼓掌；客户喜欢钓鱼，我们就全程陪聊！"

他理解得对吗？永远不要将风格误认为实质，个人的赢并不是兴趣爱好，也不是吃饭送礼，而是指采购影响者希望在这一次采购中获得的个人利益的满足。注意，我们强调的是"这一次"。

和这些学员交流完，我又和他们大区的销售总监做了一次交流，这位总监深谙策略销售方法论，而且实践了很多年。我也问了他一个问题："这次培训，你最希望提升的能力是什么？"

他很干脆地告诉我："请崔老师务必讲清楚，个人的赢不是请客吃饭，它甚至都不能算是一种利益。"

"不是利益，是什么呢？"我接着问。

"你可以理解为一种内心驱动力。"他说。

"怎么理解这种内心驱动力呢？"我追问。

"比如，你要把一台设备卖给一所高校，一位大学老师负责这次采购，你当然要争取他的支持。你有两种办法，一是通过兴趣爱好迎合他；二是你发现他一直没评上教授，他为此焦虑不已，而评不上的原因是论文发表得不够多。于是，你告诉这位老师，用我们家的设备做实验，结果很多高端期刊比如SCI都认可，论文也比较容易发表。"他回答道。

上边两种方式哪种更容易打动客户？很显然，应该是第二种。这位总监对策略销售的理解算是深刻了。在这个案例中，要特别注意的是，"力"和"利"不是一回事。

什么叫个人的赢？我给出的定义是：采购影响者希望利用本次采购实现的内心的愿望。

这个定义不是很容易理解。个人的赢有三层意思：首先，它是个人的，不是组织的，这意味着每个人的赢都不一样，你很难猜测；其次，它是本次采购中个人想获得的，这就告诉我们，它不是指兴趣爱好，虽然有时候会重合；最后，也是最重要的，它是一种主观感受，不是真金白银的利益。

销售人员就是利用采购影响者想实现愿望的焦虑来获取支持的。所谓焦虑，就是指对实现欲望的渴望程度。比如上面的例子，这位老师为了评职称焦虑了很多年。这种焦虑就是销售人员可以利用来做订单的动力。其实，我们每个人都曾经为某些事情焦虑过，这些焦虑产生了比金钱更重要的行动力。你可以想象一下，是帮客户生病的母亲找到好医生重要，还是陪客户爬山打球重要？客户的焦虑就是销售人员最好的武器。

一位年轻的老板，自己也是一位很优秀的销售人员，常常会召集一些百亿级甚至千亿级公司的老板相聚，做私董会、开沙龙、办小规模聚会。这些老板对他的召集大都积极响应。

我问过他诀窍，他说其实很简单，这些大公司几十年来一直保持高速增长（否则也成不了大公司），但现在种种原因突然导致公司增长停滞或者放缓，那些老板自尊心受不了了，很焦虑，但是他们自己又解决不了这个问题。他就抓住这个焦虑，再借用一些外部专家的IP，很容易就把他们聚在了一起。

这就是"赢"的力量。决策越重要，人们越倾向于推动那个既符合个人利益，也符合组织利益的决定。这个世界总是宏观叙事，微观决策。

销售不是利用人的愿望达成交易，而是利用实现愿望的焦虑。可能你会问，既然有"赢"，是不是也会有"输"？是的，所谓个人的输是指客户认为买了你的东西反而会加重他的焦虑，阻碍他实现愿望，这也是前文中所谈到的顾虑的来源。

我举一些例子，让大家感受一下什么是个人的赢。

- 希望获得领导的重视。
- 希望工作更轻松。
- 希望让别人把自己当成成功人士。
- 希望获得拥戴。
- 希望得到董事会的认可。
- 希望提升自信心。
- 提升安全感。
- 获得同事的认同。

大家注意到了吗？我举的例子都是内心活动。那么，类似希望顺利跳槽、早下班、还清债、有能力交首付款是不是个人的赢呢？

不是，它们是实现个人的赢的方式。这个定义和传统的策略销售有很大不同，这种不同给了我们一个启发：我们要关注客户真正渴望什么及其渴望程度，并为此设计实现赢的方式，而不仅仅是满足客户提出的赢的方式的诉求，因为很多时候满足不了。比如，客户提出的赢的方式是顺利跳槽，如果你以为这就是个人的赢，就会通过给他介绍工作来满足其诉求。但是，如果你发现他跳槽的原因是与顶头上司的关系不和谐，就会有更多的办法来解决问题了。这有些像期望与需求的关系。

说到这里，也许你已经理解了叫"个人的赢"比叫"个人利益"更贴切的原因，虽然听起来有点怪。

关于个人的赢，销售人员常犯三个错误。

1）用结果代替客户个人的赢。这分为两个方面，一方面是根本不理解结果和个人的赢的关系，认为结果好就是一切都好，也就是不区分结果和个人的赢。这是顾问式销售最常犯的错误，这种错误会误导销售人员只关注结果，进而误导销售人员只关注产品和方案。

另一方面是把结果当成了个人的赢。举个例子，你认为"我的产品和方案可以使你减少加班"是满足了结果还是满足了个人的赢，或者二者都满足？如果你认为是满足了个人的赢，就大错特错了。有可能对方就是想赚加班费，这时结果和个人的赢就不一致。

2）用自己的赢代替客户个人的赢。加班的例子还说明一件事，客户个人的赢只有客户自己知道。销售人员不能用自己的认知代替客户的认知。这是销售人员很容易犯的错误。我喜欢美食，就要天天拉着客户吃饭；我喜欢跑步，就要天天拉着客户锻炼。史蒂芬·E.黑曼说："每个人都用自己的方式感受赢。"

3）胡乱猜测客户个人的赢。

"我一看就知道，他想要说了算。"

"我不用猜就知道，他想在领导面前显摆。"

"他肯定想要政绩，他刚上任，怎么可能不想要呢？"

这就是对个人的赢的胡乱猜测，越有经验的销售人员，越容易犯这个错误。客户有隐藏个人的赢的本能，销售有猜测个人的赢的冲动，而做销售最忌讳的就是胡乱猜测。

销售行业有一个著名的哲学问题：鸡为什么过马路？

鸡过马路的原因可能有成千上万种，如觅食、回窝、下蛋，等等。如果靠你的生活经验去猜，你猜对的概率可能连千分之一都没有。所以，这个问题的正确答案是：去问鸡。

你可能会说按照马斯洛需求层次理论逐渐缩小范围，一层层地试总可以吧？答案依然是不可以，因为这根本不具备可操作性。

首先，马斯洛的五个需求层次具有整体性。马斯洛虽然强调需求有五个不同层次，但他从来没有说过这五个层次在人的身上不能同时出现。马斯洛所谓的需求层次理论，只是说人的各种需要在不同时期会有不同程度的彰显和表现。

其次，人们做每一件事情往往都有很多动机，这些动机不是孤立的，而是彼此相连、相互融合的。作为销售人员，你要找出客户的那个很具体的个人的赢的诉求。即使将客户的需求细分成五个层次也不够，因为每个层次下还有很多子项，还是没法找出具体的需求。

胡乱猜测还存在一个问题：你很难验证真假。追求个人的赢是一种主观行为，只要客户不承认，你就永远不知道对错。

2. 关系与个人的赢

理解了个人的赢，我们再解释一下销售人员常挂在嘴边的另一个词：关系。这也许是销售人员说得最多的一个词了。

理解了个人的赢，你就会明白，所谓做关系（单纯指商务关系），就是满足客户个人的赢的诉求。所谓关系好，就是因为你能较好地满足客户个人的赢；所谓关系不到位，就是因为你为客户想得不够。

当然仅仅知道关系好或不到位还不够，还要学会做关系，这包括建立信任、相互驯养。前者我们在《技能篇》里讲过，这里不再重复。相互驯养，是指大家相互理解、相互帮助、相互妥协、相互包容。这是华杉先生在《华杉讲透孙子兵法》一书中提出的一个观点。这个观点给了我们一个启示：关系需要建立在双方平等的基础上。

关系和策略又有什么联系呢？很多人觉得有关系就行，不需要策略，其实，关系和策略不是相互替代的。建立关系本身就是一种策略，关系好是该策略带来的结果之一，同时也是制定下一步策略的支点。也就是说，"关系好"是我们所说的优势。不过，优势有很多种，而关系好只是其中一种。

3. 怎样找到个人的赢

一方面，实现个人的赢是客户支持你的理由，也是开启订单的钥匙；另一方面，我们又说不能胡乱猜测个人的赢。那么应该怎样找到个人的赢呢？这里介绍三条路径。

（1）问指导者

你的指导者可能每天和你的采购影响者待在一起长达 12 小时，你的采购影响者在想什么、做什么、遇到了什么事，你的指导者可能都清楚。这是最好的了解采购影响者个人的赢的方法。

（2）多问认知类问题

所谓认知类问题，是指类似这样的问题："你怎么看？""你的感受是什么？""这对你个人会有影响吗？""领导的态度是什么？"

这类问题直指客户内心，而问题的答案往往和个人的赢有关。所以，认知类提问是所有提问中最重要的提问，只要有机会，销售人员一定要多进行认知类提问。

（3）从客户重视的结果出发并深入挖掘

我们在前面一直强调不要胡乱猜测，却没说不能猜测，胡乱猜测和猜测的区别是有没有依据。

在采购中，你知道客户最重视什么吗？最重视和自己的个人的赢有关的事情。一件事和自己的个人的赢关系越密切，他就会越重视。这就为我们找到个人的赢提供了一条路径，如果你发现客户特别重视一件事，反复强调、不断询问，那么这件事很可能和客户个人的赢有关。比如，客户说"你们必须提供驻厂服务"，这时你就要深入挖掘背后的原因，你可以这样问："为什么提供驻厂服务这么重要？"

顺着这条思路展开，我们可以做很多事。比如，通过研究 EB 的内部讲话、客户公司内部发生的事情、采购影响者最近的家庭情况、客户公司内部谁受惩罚及谁受表扬等来推测采购影响者个人的赢。注意，一定要验证。研究、推测、验证，三个步骤缺一不可。

怎么验证呢？有一个好办法，你多向客户提议一些你认为能够使客户获得个人的赢的事情，看看他的反应。如果他的反应很积极，基本上就可以证实了。除此以外，认知类提问也是验证的好方法，也可以通过指导者验证。换句话说，三种方法可结合使用。

"结果"易发现、难满足，因为客户会直接告诉你，没有人会隐瞒想获得的组织利益；"个人的赢"难发现、易满足，因为客户有隐瞒自己动机的习惯。不过，你只要掌握一个原则，事情就会容易得多：客户也希望你知道他想要什么。

在这个过程中，客户会通过行为、态度、顾虑、担心让你去发现，关键是你是否在有意识地寻找。你要经常问自己一个问题：客户到底想要什么？可以这样说，只要你想找，就很容易找到。养成随时寻找的习惯对销售人员而言至关重要。

对于寻找个人的赢，还要注意一点：做一件事往往有很多动机。这意味着两件事：第一件事是好事，你满足不了A，还可以满足B，让你不会感到那么绝望；第二件事是坏事，有太多选择，反而为我们发现真正的动机制造了障碍。

发现并满足个人的赢是获得采购影响者支持的原因。销售人员务必要在这一点上较真，下大功夫寻找。

四、利用结果和个人的赢的策略

我们说结果和个人的赢的诉求能否得到满足是采购影响者支持或者反对销售人员的原因，所以，利用结果和个人的赢的策略就是发现并满足结果和个人的赢的诉求的策略。**销售人员的主要工作就是把各种采购角色的个人愿望构建成一个解决方案，并以结果的方式呈现。**

这里要把握一个关键：销售人员不是在满足结果诉求，而是在满足客户对结果的认知诉求。这就是结果和价值之间的区别。结果是客户认可的价值。

除此以外，你还要考虑双赢。满足结果诉求很可能和你付出的成本有关。比如，你很难满足客户既要质量好又要价格低的要求。

当然，还要考虑可实现性，否则你不仅会落个"吹牛销售"的坏名声，更重要的是，你还可能会失去一个客户甚至一个客户群。

1. 满足结果诉求的策略

1）与客户一起定义结果。满足结果诉求的目的当然是说服客户支持自己，并获得更有利的位置。虽然结果是客户想要的，但是客户对自己想要的结果未必很了解，更不用说进行数字化，这就给了销售人员一定的操作空间。

2）调整结果。对于结果，最可能的情况就是"对不齐"，销售人员的产品价值只能满足客户想要的部分结果,很难严丝合缝地满足。尼尔·雷克汉姆说:"大单销售中没有完美的解决方案。"也就是说,销售人员很难在第一次展示产品时就让客户点头称赞,而是需要不断地调整结果。

调整结果的第一个办法是调整顺序,把暂时满足不了的结果诉求向后调整。方法和前面谈到的调整 SSO 中的方案内容相似,也就是凭借专业性说服客户,调整满足结果诉求的逻辑顺序。

作为销售培训师和咨询顾问,我常常接到客户提出的要求,如希望建立完整的、系统的销售体系,以达到提高绩效的目的。这个要求听起来很合理,但是这个结果过于宏大,客户可能根本不具备建立销售体系的基础,而且可能未必愿意花很长时间去做。

这时,我通常会在调研的基础上,帮助客户找出最关键的销售场景,说服客户从训练和改善关键场景出发,这既是销售体系建立的一部分,又能立竿见影地看到业绩提升。对我而言,这还不用花那么多时间。这是一个双赢的结果。

客户对于自己想要的结果经常是模糊的、不切实际的、缺乏成本考虑的,这是我们调整顺序的基础。利用过程结果代替最终结果,引导客户关注现实,至关重要。

调整结果的第二个办法是利用成本说服客户放弃一些对结果的追求。这是在谈判中常用的方法。任何结果的获得都需要付出成本,如果成本过高,目前无法完成,客户往往会放弃想要的某些结果。

3)创造产品之外的价值。调整结果策略适用于销售人员无法满足客户需求的情况。但如果运用得当,销售人员甚至可以超越客户期望地满足结果诉求,这就是创造产品之外的价值的作用。这是撒手锏,因为这可以将销售人员和竞争对手彻底区分开。

所谓产品之外的价值,是指竞争对手和客户都想不到的价值。比如一家卖大米的公司,为其客户(餐饮连锁企业)提供厨房管理流程。产品之外的价值之所以重要,主要基于以下三点。

一是它不太可能被竞争对手抵消。产品之外的价值往往很多、很广、很难同质化,而销售人员提供的标准方案可能和竞争对手的半斤八两,因此销售人员可以通过产品之外的价值实现差异化。

二是产品之外的价值的使用时机。想一想就能明白,销售人员的竞争对手能提供的价值基本都会体现在方案里,当客户评估完方案,理解了价值,就已经到项目中后期了。而销售人员的产品之外的价值很可能不在方案里体现,这时销售人员在适当的时机抛出撒手锏,对手再去想办法应对就很难了。

三是产品之外的价值是支持者手里的牌,他支持销售人员的时候,总要有理由反驳支持竞争对手的人,而产品之外的价值就是最好的理由。创造产品之外的价值看起来很难,实际上也没那么难,它取决于三个因素:①对客户业务的深刻理解,也就是要往深处挖;②及时、反复地覆盖采购影响者,也就是往广处挖;③交叉优势,这是指多个优势之间的交叉点。比如,你公司拥有遍布全国的渠道销售队伍,及时响应能力较强,而客户也有全国分公司,基于这两个优势的交叉点,你可以向客户承诺你可以在全国范围内实现 2 小时内响应。所以,创新总在交叉处。

当你打算创造产品之外的价值时,你可以问问自己以下五个问题。

- 有没有客户没发现但可以创造价值的机会?
- 方案可不可以创新?比如,利用从前的旧设备节约资金。
- 有没有客户没发现的业务问题?
- 公司内部有没有可以为客户创造产品之外的价值的资源,如一位专家、一种管理制度、一次融资机会?
- 我的交叉优势有哪些?

再提醒一下,结果和价值是不同的。结果是客户想要的,而价值则是销售人员可以提供的,销售人员能提供的客户未必想要,尤其是产品之外的价值。所以,销售人员需要让客户有一个认知价值的过程,这并非是指把能提供的东西都展示出来,计算好价格,客户就会认可。

4)利用参照系。除了产品之外的价值,最好的办法当然是创造更大的价值。这就要依赖参照系的设计了。把价值与战略相连接,就是对竞争对手的降维打击。

除了降维打击,还有动态调整。如果满足不了客户想要的结果诉求,就设法引导客户的需求,引导客户的期望,引导客户的SPO。在大单销售中,几乎一切都是变化的,一切又都是相互联系的,销售人员只需要记住,结果本身是主观的就可以了。

一家做网络设备的公司，他们可以通过用终端模式代替分散的 PC 机应用模式，帮助客户实现将算力、存储、管理集中在后台处理。他们的产品非常适合分散模式的管理，比如区教育局对中小学机房的管理。

他们该如何打动教育局相关领导呢？如果仅仅是管理方便、故障处理及时，这恐怕只能打动教育局的信息中心（负责中小学机房电脑的维护）。但是如何换个角度，从如下几个方面来描述价值呢？

- 监控各个学校机房的设备使用情况，收集使用数据，并作为设备采购与分配的依据，节约采购资金，让国家的每一分钱都落到实处。
- 对使用频率、算力、存储数据进行智能分析，随时调整余缺；根据使用需求而不是根据学校大小科学分配算力、存储和终端设备，保证教育资源的均衡性，缩小城乡学校之间教学资源的差距。
- 监控教学设备的使用情况，对网络、硬件、软件的使用进行实时监督、控制和管理，通过集中管理，保证教育局的教学要求落实到位。

这样描述价值，就很容易变成教育局领导们所认可的结果。这就是与战略挂钩。

5）共担风险。很多销售人员会担心一个问题：我在售前阶段向客户承诺的结果，万一实现不了怎么办？首先，我们在前面"理解我方资源"一节里说过，你的承诺最好有交付人员把关；其次，客户想要的结果很多时候单靠供应商自己是完不成的，它需要双方共同努力。这时，一个好的策略就是把客户拉进结果的设计中来。比如，客户想要的结果是业绩增长，但是业绩增长这事不可能只靠你的产品就能实现，还需要客户方进行组织调整，具备相应技能，拥有配套资源，同时你需要和客户说清楚各自要付出什么，分清责任。一旦把客户拉进来，客户对实现结果的付出就会大大增加，结果也就更容易实现。

除此以外，还有一种满足结果诉求的策略，即利用政治结构实现多层次结果诉求的满足，我们将在"政治结构"一节里阐述。

2. 满足个人的赢的诉求的策略

笔者认为，历史上利用个人的赢的最好案例，就是在赤壁之战前，鲁肃说服孙权抗操的案例。那么多文武大臣都说服不了孙权，而鲁肃利用个人的赢，只用几句话就说服了。

结果易发现，难满足；个人的赢难发现，易满足。为什么易满足呢？简单来说，满足个人的赢的诉求的方式只有两种：一是绕开组织利益，满足个人的赢的诉求；二是通过组织利益，用结果满足个人的赢的诉求。

说到绕开组织利益，就绕不开一个话题：回扣。我知道市场上会有这样的做法，不过，我非常反对这样做。销售人员不是教唆犯，不能靠引诱别人犯罪来获得订单，所以我对此话题不做讨论。

接下来我说第二种方式：用结果满足个人的赢的诉求。

在我刚开始做大单的那一年，遇到了一个大项目。我花了很多心思来做这个订单，不仅是因为这个订单涉及的金额大，更重要的是一旦这个订单签下来，以后可以与客户有更重要的战略合作机会。

在订单中期，我们开了一次方案交流会，主要目的是向客户汇报方案。客户也非常重视，请了很多外部专家出席，算是这个项目的"大考"。

我们的顾问讲得非常好，从供应链到生产制造，从财务管理到销售管理，都做了很好的阐述。最后到了专家提问环节，他们提出的却都是与信息安全相关的问题，如 CA 认证、密码技术等，根本没有涉及客户业务。

我们根本没人懂。说实话，这些也不属于 ERP 厂商需要关注的范畴，我们一下子就被专家"钉到了墙上"。

危急时刻，我们的部门领导只说了一句话，一切问题就都迎刃而解了："各位都是顶尖的信息安全专家，如果我们有幸能与××单位（客户公司）合作，我们非常希望在信息安全领域得到各位专家的支持和帮助，共同服务好××单位。"这句话一出口，专家们便再也没有刁难我们。

出了客户公司，我问领导："为什么你说完那句话，这些专家都闭嘴了？"

领导说："这些专家背后都有公司，他们提这些问题表面看是在为难我们，实际也是在告诉我们，希望和我们合作这个项目，而我的表态就是答应合作。反正我们也要找人合作，和谁合作不是合作？而且他们更了解这家客户，也能更好地服务客户。"

你用给组织带来的结果满足了个人的赢的诉求，这就是个人的赢的解决方案之一。所以，个人的赢的另外一个说法是：某个采购影响者希望通过其为组织带来的结果而实现的个人愿望。

我举几个例子。

- 你或你的产品和方案帮助客户优化了生产体系，客户的生产部长因此被提拔为生产副厂长了。这恰恰是他孜孜以求的。
- 你的设备帮助客户提升了效率，客户的员工不用再天天加班了。客户的 UB 很讨厌加班。
- 你的传媒方案帮助客户实现了品牌形象的提升，市场经理在行业内露脸了，这让他成了行业内的名人。这一直是他想要的。

这看起来是不是不难？努力把产品和方案做好，把价值传递好就可以了。可是为什么这么多销售人员做不到呢？因为大部分销售人员都在重复犯一个错误：他们没有有意识地把结果和个人的赢联系在一起。

结果是客户认可的价值。客户之所以认可，就是因为满足了客户个人的赢的诉求。用结果满足个人的赢的诉求，可能会出现三种情况（见图 9-2）。

- 未连接个人的赢的价值：有些价值没有被认可为结果，属于冗余价值。
- 满足了个人的赢的诉求的价值：有些价值被认可为结果，满足了个人的赢，但是，结果与个人的赢之间的关系是客户自己做的连接。
- 未满足的个人的赢的诉求：有些个人的赢的诉求找不到结果去满足。

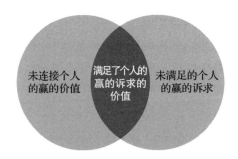

图 9-2 用结果满足个人的赢的诉求的三种情况

只有结果满足了个人的赢的诉求才能获得支持，并且满足的个人的赢的诉求越多、越重要，支持你的人就越多，支持程度就越高。所以，除了客户自己连接以外，作为销售人员，要刻意去连接那些冗余价值和未满足的个人的赢的诉求。

产品型销售关注结果，关系型销售关注个人的赢，可是谁来关注结果和个人的赢之间的联系呢？客户吗？大部分情况下，客户做得并不好。

比如，你告诉客户："我的方案可以降低残次品率。"可是客户方某个采购影响者说："我为什么要没事找事呢？做好了没人表扬，做错了还被骂？"

以上例子都很常见，碰到这种事，销售人员要么抱怨客户不负责任，要么抱怨关系不到位。其实只有一个原因，客户自己没有将结果和个人的赢连接起来，销售人员也没有帮助客户把二者连接起来。

为什么销售人员不主动去连接？除了不懂什么是结果和个人的赢，还有三个原因。一是销售人员没有有意识地去寻找个人的赢，反而用自己所认为的个人的赢去代替客户个人的赢；二是虽然知道客户个人的赢是什么，但是销售人员总想用其他方法去满足，而不是用结果去满足；三是觉得结果根本满足不了个人的赢的诉求。

正确的做法包括以下几种。

（1）通过覆盖连接冗余价值

这时，首先要问谁在关注这些冗余价值，然后要频繁地覆盖这些人，通过传递价值，反复测试是否能满足这些人的个人的赢的诉求。

我们在前面讲过，当客户表现出对某项结果的重视的时候，背后往往藏着个人的赢。这是很微妙的，需要你更多地了解客户，更深入地与客户交流才能找到个人的赢。

另外，个人的赢有时需要靠激发。比如，让采购影响者意识到领导重视残次品率降低，就是一种激发。客户要的结果和个人的赢其实都是可以调整的。我们在前面谈到了调整结果，个人的赢其实更容易被调整，也就是说，销售人员可以通过调整客户的结果和个人的赢来达成适配，进而激发出客户从前没有想过的个人的赢。

还是那句话，在大单销售中，几乎一切都是变化的。在结果与个人的赢的连接中，结果是可变的，实现结果的手段是可变的，个人的赢是可变的。所以，满足个人的赢的诉求并不是一件很难的事情，关键是销售人员是否建立起了这种意识。你只要一直想着要满足个人的赢的诉求，几乎就能找到相应的结果。

（2）已连接的个人的赢持续加强

客户要的结果来自对需求的满足，需求来自问题，只有问题造成的牵连影响足够大，也就是痛苦足够大，才会产生需求，而痛苦会激发大部分的个人的赢。这就像病疼痛越强烈，人们越渴望恢复健康一样。

一位研发总监发现公司已经连续几年没出过"爆品"了（问题），市场竞争力越来越弱（牵连影响），老板为此在会上多次批评过研发部门，觉得研发部门人浮于事，脱离市场，暗示他这位研发总监不称职。这位研发总监很担心自己在老板面前失去地位（痛苦），于是，他请外部咨询公司实施集成产品开发（Integrated Product Development，IPD）的管理改造项目。他希望通过实施这个项目，达到明年出"爆品"的目标（结果），让老板对自己刮目相看，从而实现"在公司站稳脚跟"这个个人的赢。

在这个例子中，结果与个人的赢天然就有连接关系，也就是客户自己连接了结果与个人的赢。换句话说，客户在打算买产品之前就建立了这种连接关系。但是，仅仅这样还不够，销售人员要做的是更加充分地满足个人的赢的诉求。销售人员需要思考一个问题：为了让研发总监在公司里重新树立权威，我还能做哪些事情？我还能从冗余价值里找到什么价值满足，或者冗余价值里没有，我还能创造什么价值满足。客户想要的结果来自需求，并通过产品或方案实现。而我们前面一直在讨论如何调整需求、调整方案，调整的目的之一，也是为了满足结果和个人的赢的诉求。

为什么要"多此一举"呢？因为你的竞争对手提供的 IPD 方案也能满足客户个人的赢的诉求，所以，你要满足得更多、更好。

（3）对于未满足的个人的赢的诉求，反向推导结果

如果结果满足不了，就从个人的赢出发，看看设计什么样的组织利益来满足客户的个人利益诉求。别小看这个逆向思维，它往往会让订单柳暗花明。这就是从个人的赢出发设计结果的思维方式，从结果到个人的赢就像拿着枪打靶，从个人的赢到结果就像拿着靶子顶到枪口上。

一家医药大厂的一种新止痛药由医药代表负责做市场推广。一开始医药代表采用的是 FAB 法⊖，但效果并不好。一方面是因为价格比竞品的贵了几倍，另一方面站在销售技术的角度讲，FAB 法其实并没有连接个人的赢，它到价值就止步了，更不用说连接结果。

后来在顾问的指导下，改用 SPIN 销售法⊜，效果大为改善。SPIN 将竞品的副作用（而不仅仅是止痛效果）连接到了医生怕投诉、担心护理量增大、害怕造成医疗事故上。SPIN 销售法连接了客户的输（痛苦），也就是连接了客户个人的赢，当然，也连接了结果（而不仅仅是价值，因为 SPIN 销售法让客户认可了价值）。

⊖ FAB 法，即按照特性（feature）、优势（advantage）、益处（benefit）的顺序介绍产品，在商品推介中被广泛使用。

⊜ SPIN 销售法是一种通过提问来引导客户思考、揭示需求并激发购买欲望的顾问式销售技巧。

但是依然有问题没解决，那些不怕投诉、不担心护理量增大、不害怕造成医疗事故的医生怎么办？毕竟人和人有很大的区别。

这就可以反向思考。我们通常都是告诉客户，结果会带来什么样的个人的赢，现在可以反过来，我们从个人的赢出发，思考设计什么样的结果，或者用什么方式表达结果。比如那些医生的个人的赢是希望追求进步，多出创新成果，多发表论文。供应商就可以反过来从这些个人的赢出发，从协助科研、组织研讨会、提供研究数据等方面出发去设计结果。

这个案例告诉我们，如果现有的结果满足不了个人的赢的诉求，那就从个人的赢出发，看看设计什么样的结果可以满足客户个人的赢的诉求。这就是我所说的反向思考。

关于个人的赢，特别需要注意三点。

1）结果的满足未必就是靠产品、方案和服务。采购过程本身也是实现个人的赢的过程，比如 PB 要让领导看到自己秉公执法，TB 要炫耀自己的技术能力，这时销售人员要配合不同的角色，满足他们的结果和个人的赢的诉求。

我们在向客户介绍方案时，总会有答疑环节。这时经常会有人提出很多刁难的问题，他们并不是竞争对手的支持者，而是希望在领导面前表现自己的专业性，如果能把供应商难住，自己当然就能露脸了。

这时我们的做法应该是在回答之前，猛夸他们问得好，甚至直接现场请教他们如何解决，让他们在领导面前挣足面子。

2）要注意两层决策与个人的赢的关系。我们在前面谈到决策分两层，先进行个人决策，再进行集体决策。在个人决策中，满足个人的赢的诉求的方式往往是产品、方案和服务等。但是在集体决策中，满足个人的赢的诉求的手段往往来自其他采购影响者。比如一个 TB 本来支持 A 公司，看到 EB（老板）支持 B 公司，于是，他也转而支持 B 公司了。因为他个人的赢变成了"不让老板对我有看法"。当然，他也可能坚持支持 A 公司，同样是为了实现他个人的赢。

3）好的结果未必能带来个人的赢，它也可能会带来个人的输。

我刚做销售的时候，卖的是财务软件，这种软件可以大大降低会计的工作难度和工作强度。在不借助财务软件的情况下，月底结账通常需要几天的时间，会计一到月底就加班，而现在只需敲一下回车键。

但是，很多会计却反对使用财务软件。一开始我百思不得其解，后来发现，在很多小微企业里，管理现金的出纳往往由老板娘或者老板的亲戚担任，做账的会计则另外聘请。如果做账的难度降低，那么会计就很容易被替代。

这就是好的结果带来了个人的输。顾问式销售总认为好的结果一定会带来个人的赢，所以，他们只研究组织利益而不是可以连接的个人的赢。

帮助客户连接结果与个人的赢，是获得客户支持的最重要的策略之一。当然，我们也得承认，有些采购影响者个人的赢就是无法通过设计结果去实现。碰到这种情况，销售人员不需要执着于实现所有的个人的赢，销售人员的目的是获得客户的支持，所以只需要比竞争对手做得更好就可以了。部分情况实现不了，可以通过放弃这个采购影响者（未必是放弃订单），或者用下一节将要讲的政治结构的方法去解决。

其实，客户也不会太难为销售人员。他当然希望在这次采购中实现个人的赢，所以他也会掂量这次采购可能获得的结果。结果多大，决定了个人的赢多大。

五、结果与个人的赢的评价

对结果和个人的赢的评价主要分为四种情况：未发现、发现不满足、发现可满足和确认可满足。

- 未发现：没有发现客户需要的结果或者个人的赢。
- 发现不满足：找到了结果或者个人的赢，但是不能满足。
- 发现可满足：找到了结果或者个人的赢，并且能满足，但是是销售认为的满足。
- 确认可满足：经过客户验证可以满足，并且是采购影响者认为的满足。

第五节　政治结构

一、理解政治结构

1. 什么是政治结构

除了采购影响者怎么发力（采购角色）、力量大小（影响程度），还有一个问题需要研究，那就是政治结构。它决定了采购影响者使用力量的方式，当然，背后也有对应的策略。

我给出的定义是：政治结构是指不同人之间的协作和竞争关系，包括 DB 和 IB，以及二者之外的人。注意，政治结构是指他们之间的关系，不是他们和销售人员的关系。

说到政治结构，你可能会有负面的看法，觉得就是政治斗争关系。实际上，政治结构分两种。一种是正面的、组织内部的正常竞争关系，包括资源、人才、项目等的竞争。这就是我们经常说的"比学赶帮超"。这是一种良性的竞争关系，每个公司都会提倡这种关系圈子。另一种是负面的，人们为了小集团利益会损害组织利益，钩心斗角、无所不用其极。我们研究的是第一种。

为什么不研究第二种呢？有两个原因：第一，策略销售绝不能以损害客户的利益为代价做订单，双赢是基本原则；第二，销售人员一旦介入第二种政治结构的利益纠纷，往往会带来灾难。

一家餐饮企业的老板最近终止了与一家调料厂商的合作，这家餐饮企业每年都会从这家调料厂买几千万元的产品，已经合作很多年了。

终止的原因是，这位老板偶然间看到一位客户的投诉，觉得某个菜品有方便面的味道，口感很差，主要是由调料造成的。于是，老板让秘书找这家调料供应商协商，让他们改善一下。这原本是一件很正常的业务层面的事情，可惜偏偏有人喜欢自作聪明。

这家餐饮企业负责供应商管理的是一位张姓副总，销售人员自然和这位张总的关系不错。销售人员认为跳过张总做这件事不合适，于是就自作聪明地给老板秘书打电话说："我建议不要调整了，调好了张总不高兴，调不好你老板不高兴，你两头不落好。"

秘书一字不差地向老板转达了销售人员的原话，老板大怒，宣布以后永不合作。老板的理由是：我们企业的事情，用得着你一个外人掺和吗？

客户高层非常忌讳外部的人参与自己公司内部的决策。了解政治结构，不是为了让销售人员参与政治，而是为了利用这种结构制定销售策略。

在第一种政治结构中，大家都希望通过组织利益实现个人利益，也就是通过结果实现个人的赢。比如，通过业绩提升实现个人的晋升。这才是销售人员应该大显身手的地方，因为销售人员恰恰能帮助客户做到这一点。

2. 政治结构的类型

政治结构一共有三种类型：第一种是工作圈子，比如一个部门或一个组织，这很容易形成圈子；第二种是专业圈子，比如，大家围绕一个专家形成圈子或者围绕一个行业"大咖"形成圈子；第三种是项目圈子，比如大家围绕某件（些）事、某个（些）项目形成圈子。在建筑建材行业，设计师身边经常围着一群供应商，希望设计师把自己家的产品融入设计。

这些不同类型的政治结构有以下几个共同点。

1）以一个大人物为核心，大家围绕这个大人物向外辐射，外层有一群成员。方便起见，我们将大人物叫作圈主，围绕大人物的人叫追随者，不在这个圈子里的人叫圈外人。注意，那些社会圈子、同学圈子不是我们研究的重点。

2）圈子内部已经建立起了信任，为了维护圈子的稳定，大家都会很珍惜这种信任，这降低了他们彼此磨合的成本，使协作更容易。

3）他们彼此支持，互利共赢。圈主通过圈子让自己的权力得以真正发挥作用，甚至超常发挥。追随者通过圈主的权力让渡发挥出更大的作用，实现了个人的赢。而他们的彼此互利，又最终成就了组织利益。利益的获得源于彼此的信任。

4）圈子之间可能存在着恶性竞争，也可能存在着良性竞争。

3. 信用货币

研究政治结构就是研究影响力和价值的传递关系，这可以为销售人员带来很多好处。

首先，政治结构是实现个人的赢的路径，我们提倡用组织利益实现个人的赢。政治结构提供了一种间接的实现方式，也就是信任货币。圈子因为信任而互利，因为互利而信任。所谓信任货币，是指利益的延迟交付。比如，在一次行动中，A 支持 B，A 当时并没有获得什么利益，但是积累了信任货币，B 会在其他事情上让 A 获得利益。信任货币不仅在 A 与 B 之间流通，还在整个圈子里流通；不仅出现在两个人之间，还同时出现在多个人之间。比如，大家发现 A 为这个圈子里的人做出了某些贡献，于是都很信任 A，A 就可以在合适的情况下，把这个"钱"取出来，用于获得其他人的支持和帮助，也就是利用信任货币获得个人的赢。

这种信任货币对销售意义重大。很多时候，我们很难满足每个采购影响者个人的赢的诉求。比如，甲是 TB，我们满足不了其个人的赢的诉求，但是我们满足了乙的利益诉求（乙未必是 DB），他们是一个圈子里的，我们就可以利用信任货币让乙去撬动甲。满足客户个人的赢的诉求是销售人员最重要的工作，而了解政治结构，会让销售人员的工作难度大大降低。除此以外，研究政治结构还可以带来以下好处。

1）政治结构可以帮销售人员建立起会见角色的路径。

2）利用他们之间的协同关系，销售人员可以事半功倍地建立起支持者圈子，叠加优势。

3）利用竞争关系可避免风险，防止陷入政治斗争。

4）政治结构让价值创造更容易，从而创造出与竞争对手间的差异。

二、识别政治结构

识别政治结构要避免两个误区。第一，政治结构并非组织结构，它不像组织结构那样有明确的任命，甚至直接写在客户的网站上。政治结构与组织结构的区别在于，政治结构是通过圈主和彼此间的信任发挥影响力的，而组织结构仅仅通过权力发生作用，权力只是影响力的一种组成要素。第二，要区分采购角色和政治结构。采购角色看起来也像是自成一个圈子，实际上并不是，它只是一个项目的临时组织。圈子是以信任为基础的，而不是以职责为基础的。圈子里的人未必有角色属性，除非你想让他扮演某种角色。采购角色和政治结构具有不同的采购影响者属性。

识别政治结构，最主要的是识别两个要素：一是识别圈主；二是识别谁在围绕着圈主转，即识别追随者。

当我们说圈主时，你是不是以为在说 EB？确实可能是，不过更可能不是。一方面，我们反复强调过，EB 未必影响力大，一定要结合具体情况进行分析；另一方面，圈主未必就是直接采购影响者（DB），他很可能是 IB，甚至连 IB 都不是。比如，某个追随者借助圈主的支持，提升了自己在会议上的影响力，但是圈主自始至终都不知道有这个项目。

识别政治结构的方法有很多，如：

1）问指导者。无论什么时候，指导者都是销售人员最可靠的信息源。像政治结构这种很隐晦的信息,除非是在客户内部待了很多年的人,否则很难参透。

2)研究关注点。圈主的关注点要通过谁实现,就表明他非常重视谁。尤其要关注战略实现的路径。反过来,追随者最在意谁的关注点,谁就是圈主。看起来正常的工作安排,往往可以从彼此的重视程度上识别出政治结构。

3)从组织结构图中找。虽然政治结构和组织结构不是一回事,但是从组织结构图中通常能识别出政治结构,有时还能识别出几个不同的政治结构。不过,一定要反复验证,不要臆测。

4)研究圈主的经历。圈主通常不会是无名之辈,如果销售人员确定了一个圈主,接下来就要研究他的个人经历,如毕业学校、工作部门、经历过的重大事项等,从这些经历中很容易看出谁和他有交集,从而识别出政治结构。

5)研究关联关系。研究工作中的上下游、配合关系、共同的项目组等,因为政治结构容易在工作关系中形成。

6)研究内部讲话、总结报告。同一个政治结构中的人要彼此支持,要尽量将功劳分给自己政治结构中的人,所以通过内部讲话(表扬和批评)、总结报告,很容易识别出政治结构。

7)研究圈主最近的活动和新闻。研究圈主经常和谁在一起做事情,圈主想宣传什么,它们由谁在执行。这些也能作为识别政治结构的参考。

8)圈主可以打破规则。圈主的一个重要特征是可以打破规则。比如可以不受预算限制,其他人只能遵守规则,按部就班。

9)彼此了解。政治结构的特点就是彼此都知道对方在想什么,尤其是追随者很清楚圈主在想什么,特别是最近在想什么。所以,销售人员可以经常询问他们对圈主最近提倡的变革或目标的看法。如果他们说得很详细,可以确定他们与圈主是一个政治结构中的人。

10)研究变革参与度。圈主会让自己政治结构中的人帮助自己完成重要目标。销售人员可以通过看是谁在帮助圈主做重要的、对圈主的目标有重大影响的事情来识别政治结构。

11)观察彼此在一起时的表现。比如开会时,追随者会非常在意圈主的想法,会积极回应,并认真落实到行动上去。

12)对风险的认知。同一个政治结构中的人,无论是圈主还是追随者,对风险的认知都很清楚。圈主关注具体风险,但往往不会表露出来,而风险的排除要依赖追随者，所以，追随者很清楚圈主在担心什么。

13）研究影响力。圈主的影响力自然很大，大到什么程度呢？他可以产生跨部门影响力，而追随者往往很难。所以，销售人员可以观察一下，当遇到跨部门的事情时，是谁在推动，这个人往往就是圈主。

总体而言，识别政治结构要抓住两条线：圈主要通过追随者发挥影响力，追随者要通过圈主实现自己个人的赢。圈主要想发挥影响力，就必须放权，但是越重要的事越难放权，一般圈主只放权给自己信任的人。因此，追随者要不断地证明自己值得信任，要积累自己的信任货币，为此他们要不断地了解圈主的想法，要积极承担责任，要帮圈主剔除风险，要表现出对圈主的尊重，进而获得圈主在政策和资源上的支持。这些都是识别政治结构的蛛丝马迹。

还有一个问题要说明：在一个订单中，会不会有多个政治结构？当然会有，而且这种情况非常常见。这时就会出现多个圈主和追随者并存的现象。

不知道你注意到没有，我们几乎都是沿着"正能量"在找政治结构，这也是双赢思想的体现。我们一直在强调，政治结构不能损害客户的组织利益，而要利用信任纽带更好地实现组织利益，并实现个人的赢。这不是"唱高调"，而是满足现实需要。

三、政治结构中蕴含的风险

在我的职业生涯中，有个问题至少被问了100次："客户分两派，我'搞定'一派，另一派就反对，反之亦然。我该如何处理？"

这就是政治结构中所蕴含的风险。其实风险不止这一个，不能有效识别和利用政治结构的风险还包括：

1）无法覆盖多种角色，因为别人根本不为你引荐。

2）你创造的价值别人不认可、不传播，你只能让很少的人知道你创造的价值，而且他们的层级很低，比如操作层。

3）因为站错队，你遇到了一群反对者，并且你根本无法战胜。一家公司的董事会共有九个人，其中总裁和六个副总裁是一个政治结构，常务副总裁和一个高级副总裁是另一个政治结构。若你站在常务副总裁这边，就意味着会有七个反对者。

4）不懂政治结构，你很难跨部门操作订单，而大单往往是跨部门的。

5）你可能会陷入"对赌"局面，也就是只能选择其中一方。

一位牧场饲喂设备销售人员正在跟进一个近亿元的大单，他已经为此投入了近两年的时间和精力，现在他遇到了一个难题。

客户共有六个采购影响者，分为两个政治结构，三人一组。这位销售人员将宝押在了其中一组上，在项目临近尾声时，他得到了一个令他万分沮丧的消息：他押的这一组集体离职了。

这位销售人员没有任何希望了，因为在整个订单运作过程中，他都是将另外三人视为对手，双方斗得你死我活，现在回头一切都晚了。

四、利用政治结构的策略

1. 利用政治结构实现个人的赢，获取大范围的支持

一位销售人员在一个软件订单中获得了一位 TB 的支持，这位 TB 只是一个普通的技术人员，不过在他的政治结构中，他背后站着部门主任和总工，总工是 EB。

这个订单的竞争对手实力很强，EB 实际上是支持竞争对手的。与竞争对手相比，销售人员的产品是 B/S 架构，可以在总部服务器端统一安装和维护，而竞争对手的产品是 C/S 架构，安装维护需要一家家地展开。

销售人员利用 TB，让他在会上提出了一个观点："咱们信息中心只有四五个人，下属单位又多，如果采用 C/S 架构，维护量会大增，人员至少需要增加 10 倍。"

总工很信任这个 TB，于是转头问销售人员的竞争对手。结果，竞争对手却说自己的产品也是 B/S 架构的，也可以统一安装和维护。

在销售人员的推动下，客户直接安排了一次擂台赛——在总部端为全公司各下属单位安装软件，EB 是裁判。结果竞争对手露馅了，根本做不到统一安装。销售人员成功地拿下了订单。

其实，采用 C/S 架构具体会增加多少工作量，很难计算，但是总工信任 TB，这起了关键的作用。

关于结果和个人的赢，我们在前面已经探讨过，不过还有一个问题没有谈到：当某一个采购影响者为组织带来了好的结果时，他如何利用这个结果实现个人的赢呢？

先让我们做个假设，一位信息中心主任，他个人的赢是升任 CIO（首席信息

官）。想达到这个目标，毫无疑问，要取得政治结构中圈主的支持，甚至圈主能够直接决定他的升迁。

怎么才能实现个人的赢呢？他要做两件事：一是立功，比如他要为企业引进一套 ERP 系统，并且这套 ERP 还必须为公司带来可观的价值；二是让领导也就是圈主看到他为企业带来的价值。注意，这两件事缺一不可，并非他立了功圈主就能看到。这就是我们从前一直强调的认知大于事实的道理。

怎么才能让圈主关注到主任创造的价值呢？由于圈主往往只关注自己想要的结果和个人的赢，所以主任要把 ERP 带来的价值变成圈主关注的结果和个人的赢，这样才能引起圈主的注意。

当然，主任个人的赢也许不能立即兑现，也许他要很久以后才会升迁，甚至最后不会升迁。但是，没关系，主任清楚，他在政治结构里储存了信用货币。

现在问题来了，你觉得这位主任有能力做到这两件事吗？大部分情况下是不能。你想想，你们公司的一些老员工是不是勤勤恳恳一辈子还是升不了职？原因就是虽然他们贡献了价值，但是没被圈主认可。

主任不能做，你就要帮他做，这些对你来说都是自己专业范畴内的事情，当然，前提是你对政治结构、圈主的目标与利益诉求以及追随者的想法了如指掌。如果你帮主任做了，会给他带来以下两个好处。

第一，短时间内，主任会受到圈主的重视。这对他来说很重要，意味着他在圈主心中的地位得到了提升，也就是在政治结构甚至公司中的地位都得到了提升。然而，职位可能没有变化，用《基于影响力的销售方法》（*The New Power Base Selling*）一书的作者吉姆·霍尔登的话说，即影响力先于权力。

第二，长期来说，主任为自己的目标（升职）储存了信用货币，圈主会把一些更重要的事情交给他做，于是他有了更多积累信用货币的机会。同时，他在政治结构中的地位、影响力也越来越高，离实现自己个人的赢也越来越近。

价值产生认可，认可产生互动，互动产生影响力，影响力产生权威，而权威很可能最终带来个人的赢。

如果你真的能帮他做到这些，你会获得什么呢？首先当然是主任的支持，其次是圈主的支持。如果圈主支持你，这个政治结构基本就都支持你了。

当然，圈子里的有些人未必是直接采购影响者，甚至不是间接采购影响者，但是你依然可以把他们发展成间接采购影响者。这种策略的基本步骤如下：

1）识别采购影响者的政治结构。

2）理解追随者个人的赢。

3）理解圈主正在追求的组织利益，别忘了政治结构中的人通常都知道圈主在关注什么。

4）向追随者阐述价值主张。

5）将价值主张与圈主的目标和利益诉求连接起来，并让追随者清楚这种连接关系。

6）确保追随者向圈主阐明了价值（或者由他们引荐你向圈主说明）。

这个策略的本质是，由销售人员为追随者提供间接的支持。这个策略的关键在于，找出追随者个人的赢与圈主关注的结果之间的连接关系。

2. 借助信用背书

如果销售人员已经了解了客户的政治结构，同时在客户的政治结构中也争取到了一位支持者，这时，销售人员就很容易利用他来突破政治结构中的其他人。因为他们相互了解、相互协作，最重要的是他们还相互信任。内部转介绍将会帮销售人员大大降低与其他人建立信任的成本。

这里有个技巧，就是指名推荐。当你了解了政治结构之后，希望某人转介绍时，直接告诉他，你希望见谁，并请他帮忙引荐。你会发现一个很有意思的现象，客户会因为帮了你而骄傲。因为这证明了他在政治结构中的地位。

3. 向上连接价值

政治结构的特点就是大家都明白彼此要什么。一般情况下，追随者都清楚圈主关注的目标、利益和风险，甚至个人的赢，这就给销售人员提供了一个机会：顺杆爬。销售人员应该争取让自己的产品、方案与圈主的目标、结果挂钩，把价值向上推进，帮圈主创造价值，直至实现圈主个人的赢。

某销售人员是销售节能方案的，可以帮助客户在中央空调等设备上节约10%左右的电费。

客户是一家大型集团企业，销售人员接触了一位UB，他是集团下属的一家分厂能源部门的工程师A。A对节能很感兴趣。两人聊得不错。后来A听说销售人员的产品是数字化解决方案的一部分，就把他推荐给了自己的直属领导B，B是副厂长，目前正在做一个数字化转型项目，急需找到落地点，所以B也很支持销售人员。

最后的谈判，厂长 C 亲自出面和销售人员磋商。经过一番讨价还价，签单成功。后来实施效果不错，C 又把销售人员推荐给了集团副总裁 D，D 是 C 的前任厂长，很信任 C，而 D 目前正在负责全集团节能改造项目的建设。于是，销售人员的产品后来在集团企业中被大规模使用了。

这是一个成功的案例，但是我和销售人员聊天的时候发现，他的运气实在是太好了，他并不是有意地层层推进，而是被客户带着前行。当然，销售人员本人非常努力且聪明。

现在，让我们把这个订单重新做一遍，看看如何更好地推进。

A 是很容易被发展成指导者的，如果发展出来，接着要考虑的是政治结构及客户要的结果和个人的赢。这一点 A 肯定知道。在这个案例中，A 和 B 同属于一个政治结构，C 和 D 同属于一个政治结构。A 要的结果是节能，这也是他的个人的赢，B 要的结果是数字化转型，个人的赢是借此立功。C 要的结果是将节能减排这件事做成功，因为这是集团的重点项目，他需要有个交代。但是他还有一个个人的赢，即帮助自己的圈主立功，储存信用货币。因为这个产品确实很好，这个功劳是白送给 D 的。D 要的结果是全集团节能改造项目的落实，这是国家政策，他必须做出成绩。

如果你知道了这些，并且懂策略销售，你会怎么做呢？你会拿着数字化方案主动找 B，会利用 C 找到 D，也会利用方案满足 D 想要的结果诉求。一旦满足了 D，一切都变得简单了。由于你主动地控制订单，所以这就是主动销售。它让你不再依赖运气，而是依靠策略赢单。

对于圈主关注什么，你可以参考前面讲的 EB 的关注点，此处不再赘述。总之一句话，他们关注大事。所以，你要学会往大处说，战略、组织、目标、绩效实现都是他们可能关注的内容。

谁先理解政治结构，谁就有可能早一步见到圈主；谁先见到圈主，谁就有可能洞察圈主要的结果和个人的赢。这会为销售人员建立竞争优势打下坚实的基础。

4. 覆盖政治结构

下一节会谈到一个重要原则：覆盖。政治结构是销售人员执行覆盖原则的一个重要基础，不过，政治结构的覆盖并非简单地转一圈，它和角色覆盖不完全相同。在政治结构的覆盖中，你要尽量理解两件事：一是圈主是如何或者计划如何利用政治结构开展当前采购的；二是追随者是如何利用政治结构实现个人的赢的。这两点对你利用政治结构形成指数级优势有重大意义。

5. 提供间接价值

有了信任货币，实现个人的赢的机会就会大大增加。如果满足不了某个采购影响者个人的赢的诉求，你可以想办法满足他所在政治结构中其他人（尤其是圈主）个人的赢的诉求，帮助他获得信任货币。而信任货币的普遍性，又可以让他在其他事情上实现自己个人的赢，这等于你间接满足了他个人的赢的诉求。

6. 把政治结构中的人变为采购影响者

我们在第六章中谈到过加人策略，加谁好呢？如果你已经获得了某个政治结构的认可，当然是把政治结构中的人变为采购影响者。

采购影响者也是变化的，这种变化有两种情况：一种是被动变化，如采购影响者中有人离职；另一种是主动变化，如利用政治结构加人。

7. 让组织利益惠及政治结构中的其他人

如果你想获得政治结构的支持，最好的办法是让组织利益尽可能地惠及政治结构中更多的人。政治结构本身也具有层级，不同层级关注的利益无非以下三类。

1）对决策者贡献的利益：如战略、组织、变革、转型等。
2）对管理者贡献的利益：如流程、业务实现、绩效目标、部门协同。
3）对操作层贡献的利益：如易操作性、加工精度高、省时省力。

你可能会觉得产品功能有限，难以提供上述利益，但其实如果你攻破了政治结构中某个人的防线，无论是追随者还是圈主，利益共享就会变得很容易，关键在于你怎么表达。很多时候，你并不是不能提供利益，而是不会表达。比如无人叉车这个产品，你可以表达为省时省力，这就是操作层的利益诉求；也可以表达为易于管理、减少安全事故、降低雇用司机的成本，这就是管理层的利益诉求；你还可以表达为向数字化管理转型、提升企业形象，这就是决策层的利益诉求。

记住一点：大家都在等着你表达，你提供给这个采购影响者的利益，就是这个采购影响者提供给组织的利益，他们都指望着以此实现个人的赢。

8. 满足利益诉求而不站队

回到前面的站队问题，如果你不小心陷入了客户的内部斗争，怎么办呢？你只要想一件事就可以了：满足每个采购影响者的结果和个人的赢的诉求，尽量避开内部斗争，不要参与。内部斗争的复杂性通常不是一个销售人员能掌控的，销售人员成为牺牲品的可能性很大。

努力满足结果和个人的赢的诉求而不站队，这种思路解决了一个订单多个政治结构的问题。你只是在利用政治结构，不是在参与政治斗争。千万别耍小聪明，客户比你聪明，因为他们获取的信息比你多。一旦被识破，你一定会遭殃。

五、政治结构评价

政治结构的评价主要把"人"（包括 DB 和 IB）分为以下三类。

- 圈主：通常位置较高或者影响力较大，大家以他为核心建立政治结构。
- 追随者：追随圈主的人，他们通常和圈主及政治结构中的其他人有很好的信任关系。
- 圈外人：不属于采购相关的政治结构的人。

需要提醒的是，政治结构通常不止一个，与本次采购有关的政治结构都需要识别出来。

六、隐性能力

在销售中，有些东西会明明白白地摆在那里，如产品价值、竞争对手的方案、供应商资质等。这些东西，你知道，竞争对手也知道，于是相互抵消。这些东西你必须有，它们的作用是消耗竞争对手。

而另外一些东西，如采购流程、产品之外的价值、参照系、协作程度、个人的赢、政治结构，是隐性能力，不太容易被竞争对手发现，却有极强的杀伤力。销售人员如果善于用隐性能力，往往能给竞争对手以致命的打击。

政治结构之所以对销售人员如此重要，是因为它可以快速地拉一支队伍帮助销售人员，或者销售人员会因这支队伍而失败。他们不仅人多，还承担着不同的角色，可以相互配合、协同，这种相互配合、协同既可以大大放大销售人员的优势，也可以一瞬间将销售人员置于死地。

政治结构的特点是内部的协同性、目标一致性、相互信任及相互支持。这些特点为销售人员提供了三种获得竞争力的方式：贡献不同层次的价值，创造和竞争对手的不同，利用政治结构制定策略。

第六节　覆盖程度

一、理解覆盖程度

所谓覆盖，是指你要和所有的采购影响者进行深度沟通，尤其是DB。更重要的是，要反复与他们沟通。能见面最好，不能的话微信或电话也可以。注意，这里的沟通是指深度沟通，仅仅打个招呼不是覆盖。

在销售中，做好哪件事情，订单就一定是你的？

若EB支持你，订单就一定是你的吗？未必，TB告诉EB你的产品可能导致爆炸，EB还敢买吗？若TB支持你，订单就一定是你的吗？未必，UB对TB说你的产品根本没法用，TB还敢买吗？若UB支持你，订单就一定是你的吗？未必，EB说没钱，UB敢买吗？若PB支持你，订单就一定是你的吗？未必，EB、UB、TB一起站出来说采购部除了价格什么都不懂，买的你的产品连你自己都不愿意用，PB还敢买吗？

这个问题的正确答案是：只有在订单最后阶段获得所有采购影响者的支持，订单才是你的。

可能你会说，这不是废话吗？确实像废话，但是，这恰恰是策略销售里最智慧的原则。

出于工作原因，我们团队经常帮助销售人员分析订单，结果发现大部分订单都是因为覆盖不足而丢失的。可见，覆盖有多重要。你可以回想一下，你丢失订单是不是因为经常在关键时刻杀出一个"程咬金"，他在你一脸蒙的时候，将你斩于马下？

你可能感叹运气不好，其实哪是运气不好，就是你覆盖不足。覆盖不足是销售中最重要的丢单因素！那么，覆盖为什么这么重要？

1. 减少因反对而丢单

销售过程中谁支持你都未必赢单，但是只要有一个人反对你，你就会丢单，为什么会这样呢？因为提出反对意见非常容易，而且几乎没有风险。但是支持却很难，可能要研究几周，而且还会被人怀疑是利益所驱。

因此，"支持"是一个复杂的高成本事件，"反对"却是一个很简单的低成本事件。另外，人们更容易关注"损失"而不是"获得"。这更提高了支持的难度。所以，每个采购影响者都有一个"属性"：成事不足，败事有余。

2. 获得全面的信息

对策略销售来说，信息是一切的基础，销售人员要投入大量的时间和精力用于获取信息，而全面覆盖就是获取信息的最好路径之一。衡量信息的标准是信息的完整性、及时性和准确性。完整性当然来自多个角色，及时性来自不断地覆盖，而准确性则来自多位采购影响者的相互验证。这一切都要求销售人员全面且不断地覆盖。

3. 找到切入点

我当年的领导说过，销售就是找切入点和创造客户价值。实话实说，最初听到这句话时我并没有听懂。创造客户价值还能理解，为什么切入点如此重要？

后来做销售的时间长了，慢慢就理解了切入点的重要性。没有切入点，销售人员就只能在外围转悠，客户让做什么就做什么，所有的工作都很难深入。

一个新订单来了，那么第一件事就应该是找到切入点。客户对你公司的认可、TB 喜欢你的技术平台、UB 喜欢打羽毛球等，这些都是切入点，怎么找到呢？当然是通过广泛的覆盖，很多时候连指导者都无法给你传递这些信息。

销售人员要用 70% 以上的时间和精力来获取信息，完成定位，而获取信息依赖于覆盖。可能你会有疑问，这既有能力问题，也有成本问题，这样做现实吗？

首先，这是个目标，你要在成本允许的前提下尽可能地靠近这个目标。这个思想的本质是让你不要"赌博"。

其次，覆盖谁并不是指谁支持你，而是指必须接触谁，哪怕明知道这个人反对你，也要与之接触，你至少可以知道他反对你到什么程度了。"被人推出门"这个动作，本身就是信息。

最后，覆盖并非指一次性都接触到，而是按照反馈的信息去及时覆盖。另外需要提醒的是，即使是 EB，也要尽可能地覆盖，哪怕这看起来很困难。销售人员首先要做的就是心理上不要怯，其次才是思考如何覆盖。

二、覆盖的时机

覆盖并不是一项独立的销售活动，而是一项基本原则；不是指某一天把所有人都接触一遍，而是指在订单有变化的时候，保持对每个角色的覆盖频率。如果想频繁覆盖，有以下几个好的时机可以选择。

1）初入订单"拜码头"。"拜码头"是优秀销售人员常用的一个做法，一旦进入一个订单，马上就去见所有的角色，因为这时见他们的理由很充足：向领导报到。

2）了解需求的时候。进入需求形成阶段也是一次名正言顺的覆盖机会。不过，销售人员常犯一个错误：认为了解需求就是为了写方案。写方案当然要了解需求，而站在销售人员的角度看，了解需求其实是一个推动订单前进的大好机会，比如在此过程中与每个采购影响者建立信任。如果只是为了写方案，销售人员很可能只能见到低级别的采购影响者，而忽略了大人物，这对拿下订单非常不利。

3）方案预演的时候。大单销售中通常都有方案汇报或者产品演示环节，销售人员要想一次成功，最好的办法就是在开始汇报或演示之前，以完善方案、征求意见的名义，统一覆盖。

4）获取承诺目标的时候。除了公事公办的方法，获取承诺目标也是可以不断见到客户的方式，后面总有事情要办，所以销售人员总有理由见客户。当然，如果没有那么多承诺目标，销售人员也要学会"没事找事"。在售前阶段，销售人员一定要创造各种条件去见客户。

5）通过微信建立长期联系。覆盖的目的之一是获取信息，所以不一定非要见面，只要能拿到信息，什么方式都可以。微信，就是一个很好的方式，可以把比较正式的见面变成微信上的闲聊。

如果销售人员想尽各种理由，仍见不到其他角色，这说明相较于竞争对手，销售人员已经处于非常落后的位置了，这时就要考虑改变SSO，或者干脆退出。

三、覆盖策略

覆盖其实就是做好两件事：一是按照角色识别出所有的采购影响者，二是反复与这些影响者沟通。

覆盖是个填空题。当你进入一个订单的时候，先告诉自己，一定有EB、UB、TB、PB这四类角色，当然可能还有IB。然后，在角色后面写上具体的名字，比如UB有张三、李四等。一旦发现某个角色后面没有人名，你要坚信一点：不是没有这些人,而是你没有找到他们。

这个做法很简单,却非常重要。因为大部分销售人员做订单的方式有两种。一种是见谁就做谁的工作,听说主任参与了,就去和主任套近乎;看到技术人员参加会议了,就和技术人员拉关系。一切都靠运气。另一种是只盯着高影响力的人下手,觉得搞定领导就搞定一切。

这些传统的做法存在两个大问题:一是挂一漏万,我们在前面说过,"成事不足,败事有余",你不知道的采购影响者才是最危险的人;二是当你见谁就和谁套近乎的时候,往往已经晚了,这些人可能被别人联系过了。已经支持别人的人,你要让他转向支持你,难度有多大可想而知。

所以,请牢记,要按照角色找影响者,而不是给影响者一个角色。

见到客户后要做什么呢?这需要结合具体情况,但有六件事是你该考虑做的。

1)了解信息。这里所说的信息主要是指了解策略销售的六大变量,当然,销售人员无须每次都挨个问一遍,什么不清楚问什么就是了。

2)了解认知。认知是客户对事实的主观看法,销售人员要经常询问客户怎么看待方案、怎么看待竞争对手、怎么看待这次采购的必要性、怎么看待需求(痛苦程度),还要通过他了解其他角色的认知。

我们一直说,策略销售为变化而生,反复了解信息和认知,就是在了解变化。处理变化通常不是难事,难的是不知道变化已经发生。很多变化发现晚了就难以处理了。

3)寻找切入点。了解了信息和认知,接下来要寻找切入点了。在一个订单开始的时候,有哪些可以作为切入点呢?销售切入点如表9-8所示。

表9-8 销售切入点

序号	分类	序号	分类
1	观点	9	功能
2	案例	10	差异性
3	关系转介绍	11	风险
4	政策	12	争取资源
5	审批评选	13	内部事件
6	附加价值	14	外部事件
7	组织利益(利润)	15	免费
8	需求	16	前沿技术发展趋势

销售切入点还有很多，销售人员可以结合行业情况增加这张表的内容。切入点本质上就是客户共通点。一个新订单，销售人员想切入可以根据这张表格依次想一想，有哪些可以让客户感兴趣的地方，谁感兴趣，以及为什么感兴趣，得到的答案就是切入点。

一位资深医药销售人员被公司派到了一个新区域，这里有自己的两家老客户，都是三甲医院。销售人员照例拜访了其中一家。他发现这家医院虽然在用自己的产品，但是用量极少。

他做了第一次覆盖，发现几十个科室都在用竞争对手的产品。竞争对手做的工作非常扎实，至少上百个医生支持竞争对手。他分析了竞争对手做的工作，主要包括：

第一，在该医院，销售人员能提供的产品，竞争对手都能提供，而且几乎形成了垄断。

第二，价格比销售人员的好，所以很多科室都支持竞争对手。

第三，竞争对手做了十年的客情维护，和很多医生的关系都不错。

不过销售人员没有气馁，他相信：不可能每个人都支持竞争对手。于是，他加大了覆盖范围。

全医院几十个科室，每个科室都有不少医生开这种类型的药。竞争对手根本不可能全部照顾到。这就给了销售人员可操作的空间。

通过频繁的覆盖，他发现确实有十几位医生不用竞争对手的产品，主要是因为竞争对手没有覆盖到这些人。这些医生对竞争对手的产品不了解，对我方产品的优势也不甚了解，于是销售人员努力向他们介绍自己的产品，提供相应的检测报告，尤其是提供相较于竞争对手的产品优势。

同时，销售人员也激发出了这些医生的不满和怨气，毕竟被他人忽略是一件很伤自尊的事；并且通过他们发展联合了一批和他们一样被忽略、照顾不到、不被重视的医生。

销售人员把这些人聚集起来，说明产品的药效及对节约国家医保基金的好处，大家相互鼓劲，开始支持该销售人员的药。这股力量很大，而且确实为医院和病患的健康着想。其他医生也开始支持该销售人员。现在该销售人员在这家医院获得了垄断地位。

切入点可以转化为突破口，销售人员可以用它来发展指导者、寻找需求、识别政治结构。打开突破口后，一定要"杀"进去，深化工作。

4）建立信任。勤互动是建立信任最好的方法之一，所以每次见面，销售人员都可以准备好信任手段，比如讲个案例、分析一下个人的赢等。建立信任像在沙滩上盖高楼，建楼的时候需要一砖一瓦地辛苦劳作，但只要有一件事做不好，大楼就会坍塌。

5）步步验证。信息的准确性是正确制定策略的基础，但是大单销售中经常会有各种真真假假的信息，怎么保证准确性呢？步步验证是个好方法。

我的一位同事是大家公认的销售高手，拿下过不少大单。他并不是那种看起来聪明绝顶的人，甚至有点木讷。他给我们介绍成功经验的时候，就说了一条：步步验证。比如，售前顾问给客户讲完方案，他会再逐个找到与会的采购影响者，去征求他们的意见，不怕麻烦，不厌其烦。

这种销售人员看起来有点"呆"，但是你永远打不过一个不犯错误的销售人员。他每道题都验算，所以他的策略总是建立在真实信息的基础上，即使偶尔有错误，也能及时纠正，把风险扼杀在摇篮里。

6）获取承诺目标。只要有机会、有必要就别忘了获取承诺目标，这是推进订单的重要措施。

策略销售非常强调"覆盖"，但是也有特例。如果你是来抢单的，那么其实你是没能力覆盖的，也许时间不允许，也许客户根本不搭理你。这时你要做的是直捣中枢，也就是争取高影响程度的人的支持，而且速度要非常快。这是没有办法的办法，但值得一试。

四、覆盖程度评价

对销售人员来讲，衡量覆盖程度有三个意义：一是随时提醒自己还有什么人没覆盖，或者与谁接触的次数太少；二是测试你与客户之间的信任程度，互动频率本身就是衡量信任程度的一个重要标准；三是最重要的，即检测你现有信息的准确度——几周没见了，你从前了解的信息可能已经没多大意义了。

关于覆盖，关键是沟通频率和沟通深度。所以，覆盖程度评价是对这两个方面的衡量。我们将覆盖程度分为以下四级。

1）没有覆盖：没见过，或者没沟通过。

2）初步覆盖：刚见面，这时客户很难对你说心里话，一般谈期望很多，谈需求和个人的赢很少。

3）多次覆盖：见过 2 次或者 2 次以上，客户愿意和你深入地讨论需求了。

4）深入覆盖：不仅仅是见面次数多，更重要的是客户愿意和你谈个人的赢了，而且大部分谈话时间都超过 1 小时，客户甚至愿意和你谈家事。

这种分类不是非常严格，但是销售人员一定能感觉到不同级别之间的区别。比如，客户只是公事公办，客户愿意和你吃饭，客户愿意带着家人和你吃饭，客户愿意和你分享他的隐私，甚至愿意带你到他家做客，其中的区别很明显。

覆盖程度决定了你与客户的亲密度，也就是很多销售常说的"关系"。我之所以不用关系或者亲密度而用覆盖程度来评价，是因为关系或者亲密度往往比较主观，而覆盖程度比较客观。我认为，覆盖程度决定了关系程度。很难想象，很少互动的两个人会是很好的朋友。

五、覆盖，最智慧的策略之一

策略销售就是要求销售人员找到一个好的定位，规避风险，获得优势。风险和优势的发现依赖于信息的获得，信息的获得在很大程度上依赖于覆盖。

我一直认为策略销售是一种很"智慧"的方法论，这里的"智慧"并非指智计百出、投机取巧甚至阴谋诡计，它并不"巧"，而是看起来很"笨"。而覆盖就是这种很"笨"的方法。

为什么我们特别强调覆盖，原因有三个。首先，百得之功，不抵一失之害，做大单就像玩扫雷游戏，无论你做对了多少事情，一着不慎，满盘皆输。而覆盖就是让客户始终处于你的关注之下，保证你第一时间准确、完整地掌握变化。

其次，覆盖是一件很累的事情，你不愿做，你的竞争对手大概率也不愿做。但是你做了，你就有了优势，关系和支持程度都会提升。这样"辛苦"得来的优势往往是最扎实的优势。

最后，假设你的竞争对手忽略了几个采购影响者，没有覆盖他们，想想那些被忽略的人是什么感受？他们很有可能自尊心会受到打击，转而坚定地支持你。

所以，我们说覆盖是最智慧的策略之一。"重剑无锋，大巧不工"就是这个道理。

第七节　采购意愿

销售这个职业之所以存在，主要就是为了完成几项工作：一是让不想买的人买；二是让想买的人买你的产品；三是让买你产品的人长期买你的产品。

我们前面的讨论大都基于一个前提：客户已经想买了。接下来，讨论一下"客户想不想买"的问题。若客户不想买，销售人员所有的策略、技巧就都没有用武之地了。医生不可能治好一个不承认自己有病的人。

一、理解采购意愿

史蒂芬·E.黑曼认为，客户买或不买取决于采购影响者对变化的看法。这里所说的"变化"不是指策略销售所研究的订单的变化，而是指采购本身带来的变化。你注意到了吗？任何采购都意味着变化，买汽车，意味着可能不再用自行车了；买咖啡壶，意味着可能不再喝速溶咖啡了。同样，买ERP系统，意味着可能脱离手工状态了；买叉车，意味着可能不再用人工搬运了。这些都是变化。它们直接影响着采购影响者个人的赢。

再次强调，这里的"变化"是指销售人员的产品或方案给客户带来的业务上的变化。不是我们在前文中说的订单的变化。

采购所引起的变化可能很小，比如旧车换新车，这种变化只需要短暂适应；也可能很大，比如一次咨询可能会引发企业内部巨大的变革。而"变化"这件事必然会影响到很多人个人的赢，如有的人升职了、有的人调岗了、有的人免职了、有的人失宠了。所以，有的人会拥抱变化，积极支持采购；有的人会反对变化，消极对待采购；还有的人坚决抵抗变化。**采购影响者对变化的不同态度就是采购意愿**。顺便说一下，只有DB才有采购意愿，IB是没有采购意愿的，因为变化对他们没有影响。

为什么要讨论采购意愿？它对销售人员的意义主要有三个：第一，如何让那些支持采购的人也支持自己；第二，如何避开那些坚决的反对者，以免碰钉子；第三，也是最重要的，通过把那些不想买的人变成想买的人，缩短销售周期。

为什么说可以缩短销售周期呢？你有没有经历过这种订单，跟了两三年，还是没有签单，其实不是你输给竞争对手了，而是客户迟迟不做决定。你跟也不是，不跟也不是。为什么会这样呢？你可能认为客户没有预算，其实根本的原因是客户方有人不想买，甚至极力反对购买。

注意，我们强调的是"有人"不想买，意思是也有人想买。如果都不想买，这根本就不是商机，你也不会跟进。所以，想不想买的背后不仅是能不能卖的问题，也包含卖得快慢的问题。当采购影响者都想买的时候，当然卖得快；当有人不想买的时候，他会阻止这次采购，当然卖得慢。

好的"卖"的时机就是所有人都想"买"的时候，这是最节约时间的。策略销售追求的永远都是以最佳性价比拿订单，所以，采购意愿这个子变量的作用之一就是帮助销售人员通过判断销售时机，达到缩短销售周期的目的。

二、采购意愿评价

如何评价采购意愿呢？史蒂芬·E.黑曼的办法是用预期与对现实的认知差距来衡量，比如预期高于对现实的认知就是增长模式。但是这种衡量有两个问题。第一，它建立在客户有清晰预期的基础之上，但实际上，很多客户根本没有预期或者预期比较模糊，尤其是在采购初期。这需要销售人员不断地去激发客户的预期，预期才能慢慢清晰，这就提高了衡量的难度。第二，预期与对现实的认知实际上是两个维度，这也给销售人员的衡量增加了难度。

从本质上讲，采购意愿就是直接采购影响者通过"变化"判断自己个人的赢或输时所表现出来的不同态度。这种判断有四个结果：一是觉得变化可以为自己带来个人的赢；二是认为变化可以让自己摆脱输；三是认为变化对自己没什么影响；四是认为变化会导致自己输。既然如此，我们不如直接用个人的赢或输来判断，不但简洁明了，更重要的是，其中还包含了引导和利用采购意愿的策略。

要评价采购意愿，需要先理解客户采购的原则。所有的采购都源于八个字：脱离痛苦，满足欲望。对TO B销售来说，事情稍微复杂一些，客户采购有两条路径。

第一条：客户看到了机会，确定机会可以带来组织利益，并确定组织利益可以为自己带来个人的赢，这时客户认为就需要改变了。如果这种改变需要向外寻求解决方案，采购就会发生。举个例子，某企业觉得东南亚市场潜力无限（机会），确定可以为自己带来销售收入的增长（组织利益），而这种组织利益能带来某位员工个人的赢——可以让其成为东南亚地区CEO。不过，他们发现自己实在不懂东南亚市场，于是聘请外部顾问帮他们规划东南亚市场的建设，采购发生了。

第二条：客户发现了问题，判断问题带来的不良影响是否足够大，如果大到会让自己输，就必须改变了。如果这种改变需要向外寻求解决方案，采购就会发生。比如，一家企业由于设备加工精度不高（问题），导致投诉量增大（不良影响），影响到了自己的品牌形象和市场开拓（不良影响），进一步导致采购影响者收入下降甚至工作不保。但是，他发现这件事自己解决不了，于是开始找供应商采购更好的设备。

知道了为什么采购，也就知道了为什么不采购。比如，没有发现机会，没有发现组织利益；没有发现问题，没有发现不良影响；损失或者利益与自己个人的赢或输无关。

归根结底，"支持采购"或"不支持采购"的关键，是采购影响者认识到了个人的赢或者输。**人不会因为知道而改变，但会因为受到触动而改变。**个人的赢和输是一种触发器，可以触发采购行动。

明白了客户采购的原则，我们就可以从表现形式找到病根，从病根找到解决办法。按照表现形式，我们把采购意愿分为四种。

1. 趋利模式

趋利模式是指采购影响者看到了机会带来的组织利益，并且意识到了这种组织利益可以带来自己个人的赢，于是他支持组织做出采购行动。

趋利模式的采购影响者一定有一个"赢"要实现，他也很清楚自己的"赢"是什么，但是实现"赢"的机会他可能清楚，也可能不清楚。如果不清楚，他会努力找机会；如果清楚，他会努力找实现方案。

2. 避害模式

避害模式是指采购影响者看到了当前存在的问题，并且意识到了这个问题产生的不良影响会给自己带来个人的输，他必须解决这个问题，以便让自己至少不输，于是他支持组织做出采购行动。比如，一位销售总监发现最近连续丢了几个大客户，这引起了老板对他的不满，他希望组织购买培训服务帮他解决问题。

避害模式的采购影响者知道自己的输是什么，知道问题是什么，知道不良影响是什么。他在努力地寻求解决问题的方案，以避免输。

上边两个都是支持采购的模式，因为认识到了机会带来的利益可以带来他们个人的赢，或者问题带来的损失会导致他们个人的输，触发了采购行动。

3. 安稳模式

安稳模式的采购影响者通常觉得没有必要做出改变，他们对采购的态度比较消极，不支持采购，但也不是很强烈地反对。他们经常说的话是："买不买意义不大。"为什么会这样呢？有三个原因。

1）未发现机会。他们对机会认识不清，认为这个机会不靠谱，是个假机会。或者，虽然他们知道机会存在，但是认为机会带来的利益不足以实现个人的赢，所以不买。

2）未发现问题。采购影响者对问题认识不清，不觉得这是个问题。或者，虽然发现了问题，但是觉得不良影响不是太大，还不到导致个人的输的程度，不想没事找事。

3）与输赢无关。采购影响者虽然认识到了机会或问题，也认识到了组织利益或损失，但是认为和自己无关，看不到抓住机会或解决问题对自己的好处，而抓住机会或解决问题会让自己付出很多，他不想费时费力。比如，某个车间主任（UB）觉得没有必要进行生产线改造，改好了领导也不会表扬，改差了领导还会批评。

安稳模式的采购影响者没有一个具体的"赢"要实现，也没有一个具体的"输"要解决，无欲无求，所以他不行动。他不买，你就没法卖。

4. 自满模式

拥有这类采购意愿的采购影响者是最麻烦的，他们觉得自己在某些方面已经做得足够好了，是其他人学习的榜样。他们不屑于发现机会或问题。如果你找他们谈机会或问题，他们还会和你急眼。

当然，他们认为不需要改变，也就不会支持采购。他们通常表现为强烈反对本次采购，对任何供应商都是一副拼命抵触的态度，非常容易识别。

其实这种看起来很骄傲的态度，很可能是装出来的，因为自满模式有一个共同的特点：他们认为你的方案会给他带来个人的输，也就是变化本身会给他带来个人的输。这种人看似很少，实际上很多。尤其是在那些发展速度很快的组织中，经常会出现这种人，他们觉得过去的成功是可以复制的。

再次强调，自满模式不是指采购影响者和销售人员关系不好，而是指采购影响者反对采购，当然也就是反对销售人员。

安稳模式和自满模式的采购影响者都是反对采购的，因为他们没有发现个人的赢或者个人的输。

这四种采购意愿模式与传统策略销售的定义相比有两个好处：其一，让我们更加关注采购影响者个人的赢，而不是期望，因为期望是逐步建立的，但是个人的赢往往早就有了；其二，我们从采购影响者的表现出发定义采购意愿，这样很容易识别，毕竟销售人员天天见客户，客户是什么态度，销售人员是有主观认识的。

四种采购意愿包含了三个决策点：有没有发现机会或问题，有没有发现利益或损失，有没有和个人的赢或输建立连接。支持采购的条件很苛刻，必须有机会、有利益、触发个人的赢，或者有问题、有损失、触发个人的输。但是，不支持采购的理由也有很多，哪怕只有一个不满足就不会支持。买是"并"的关系，不买是"或"的关系。

进入一个订单，首要的任务是识别每个采购影响者的采购意愿，因为这决定了一个订单的真假，也决定了销售人员要不要跟下去。接下来，我用一个案例来说明采购意愿的识别。

我在给新客户做销售培训之前，习惯和他们的相关管理者开个会，了解一下他们的需求，这简直就是一个展现"采购意愿"的大舞台。

一家软件企业希望提升销售人员的能力，改进绩效，于是约我开了一个电话会议。会议邀请了他们四个事业部的销售老大参与，很巧，这四位销售老大分别代表了四种不同的采购意愿模式。

会议开始后，我提了一个问题："请各位领导谈谈，你们最希望提升的销售能力是什么？"

A事业部销售老大："我们的团队成员都是老销售员，做了十几年，大家都有些固定的套路，也算是行之有效。不过，我们希望能学习更多先进的方法论，在现有基础上有更多的突破。未来三年，我们的目标是业绩翻一番。"

这是趋利模式。

B事业部销售老大："目前我们的客户都是大客户，但是我们和大客户的交易额很小，守着金山去要饭。怎么解决拿不下大客户的大单问题，这是最着急的事情。"

这是避害模式。

C 事业部销售老大："我倒觉得我们的销售技能没有问题，关键是要改进产品，产品不改进，销售人员再有能力也没有用。另外是内部协同问题，我们的技术部门给我们的支持力度太小了。"

这是安稳模式。看起来 C 有两个问题要解决，但都是别人的问题，他并不觉得自己有问题，总想解决别人的问题。

D 事业部销售老大："崔老师，你先说说，你擅长什么？"

我："我做 To B 销售的培训和咨询，主要致力于帮助销售团队提升销售管理能力和销售技能。"

D："销售技能我们不需要，我们事业部是 To G 销售，和你们 To B 销售完全不一样。销售无定式，没有什么方法是一定管用的。而且，每个销售人员都不一样，有的是'懒'销售，有的是'笨'销售，不同的销售人员有不同的方法，没有什么统一的方法。你就给我们说说销售管理吧。"

我："站在销售管理的角度，希望提升绩效，主要改善……"

D："你这都是理论，我是销售管理专家，这些我都懂。"

我："您说的完全正确，建议您多给其他部门传授一些经验，大家共同提高。我也希望多向您学习。"

这是自满模式。D 完全不懂销售，但自认为是个绝顶高手，任何改进建议对他来说都没有意义。

三、识别采购意愿

识别采购意愿时，主要考虑以下方面。

1. 采购影响者是否对机会感兴趣

采购意愿为趋利模式的采购影响者没有很具体的问题要解决，他们只是对可能的机会感兴趣，这种机会能让他们所在的组织有所提升。效率提高，他们高兴；成本降低，他们也感兴趣；只要比现在好，能实现他们个人的"赢"，他们就都感兴趣，因为他们想做出成绩。

2. 采购影响者是否有问题要解决

问题往往具有优先性。这是指采购影响者会急切地告诉销售人员他遇到的问题，销售人员很容易识别出采购意愿。另外，一旦采购影响者发现了问题，往往意味着他也发现了问题带来的不良影响。这时如果他还很愿意和销售人员谈，就意味着问题已经触发了个人的输，他的采购意愿就是避害模式。所以，销售人员需要观察客户的问题，了解他对不良影响的认知，顺便问问这件事对他个人的影响。

有一个容易混淆的事情：如果一个采购影响者既想解决问题，也关注机会，他的采购意愿是什么模式呢？答案是避害模式。这就像一个人生病的时候，他最希望的就是病尽快好，而不是实现宏图伟业。只有在身体好的时候，人们才会考虑未来事项。

3. 采购影响者是否在推卸责任

如果采购影响者很清楚存在什么问题，也知道机会可以带来的好处，但是他动辄就说这件事不归他管，还让销售人员找别人，那么他很可能是在推卸责任。他的采购意愿很可能是安稳模式。他的心态是保持现状，没事别添乱。

4. 采购影响者对现状的态度

销售人员可以和采购影响者聊一聊对现状的看法，如对生产体系、供应链、战略管理等的看法，然后多进行认知类提问，比如："你对现在的情况满意吗？"如果他比较满意，没有太强烈的改善意愿，那么他的采购意愿很有可能是安稳模式。

5. 采购影响者对本次采购的态度

如果某个采购影响者对本次采购态度恶劣，表现出强烈的抵触态度，动不动就指责其他采购影响者，没事找事，那他的采购意愿很有可能是自满模式。

关于采购意愿的识别，有以下几点需要注意。

1）采购意愿是针对采购影响者的，不是针对企业或组织的。

2）采购意愿是一种认知，也就是采购影响者对采购所带来的业务变化的主观看法。销售人员最容易犯的错误就是将自己的认知作为采购影响者的认知，销售人员觉得客户有问题，就以为客户的采购意愿是避害模式。销售人员的认知一文不值，一切都应以客户的认知为准，而且客户的认知没有对错之分。

3）采购意愿与性格保守或激进无关，只是指采购影响者对本次采购的看法。

在《跨越鸿沟》一书中，作者杰弗里·摩尔描述了技术狂热者、远见者、使用者等的不同特点。但是，那不是采购意愿，而是性格或价值观使然，虽然也会对采购产生影响，但和本次采购无关。采购意愿是本次采购触发了采购影响者个人的赢或者输，采购影响者会采取不同的反应。这次采购中的自满者，很可能是下次采购中的趋利者。

4）采购意愿是变化的，随着订单的推进，每个采购影响者都可能改变自己的认知。所以，销售人员需要不断地覆盖。

5）不是有损失就会导致个人的输，也不是有利益就能带来个人的赢，用史蒂芬·E.黑曼的话说，只有当不变的痛苦大于改变的痛苦时，人们才会改变。所谓不变的痛苦是指忍受问题带来的不良影响，所谓改变的痛苦是指采购带来的麻烦。比如，不买车的麻烦是出行不方便、走路很累（不变的痛苦），而买车还要考驾照、加油、修车、应对交通事故（改变的痛苦）。后者的痛苦程度小于前者，才会触发赢。

6）有些产品是必需品，比如，汽车厂总要买轮胎，不会有人反对采购轮胎，并且有长期合作的供应商，这时还要关注采购影响者的采购意愿吗？依然要关注，别忘了，采购意愿反映的是采购影响者对变化的看法。比如，换供应商就会导致采购影响者对当前情况认知的不同。

7）还有一种情况，比如写字楼的装修，很少有人会反对装修这样的采购。而且一般情况下，客户没有长期合作的供应商。这时依然要关注采购意愿，因为有人希望通过采购装修服务满足自己的利益或者解决自己的问题，只是此时采购意愿中可能没有安稳模式和自满模式。

四、不同采购意愿模式的应对策略

采购意愿决定了买或不买，支持不买的采购影响者不是反对谁，而是谁都反对。他反对一切供应商。他会给所有销售人员带来麻烦，他的反对也是造成销售周期长的主要原因。采购意愿不同，应对方法就会不一样。关于应对策略，需要针对所识别的每个采购影响者的采购意愿制定。

1. 趋利模式的应对策略

趋利模式的采购影响者为什么会趋利？是因为他想通过立功实现个人的赢，也正因为想立功，所以才支持这次采购。因此，销售人员要多为趋利模式的采购影响者提供立功机会，并且证明"功"确实可以立，即利用机会带来的利益，帮助他在组织内部展现自身功劳，以帮助他实现个人的赢。

一位顾问谈起他最近为一家客户做的关于 IPD 的咨询项目。这个项目是客户方 CEO 引进的。其实，客户的研发流程并没有太大的问题，甚至在行业内还处于领先地位，但是 CEO 刚来企业不久，他需要找一些可以立马见效的事情做。而顾问告诉他，采用 IPD 流程可以加大"爆品"出现的概率。从前的管理体系对出爆品支持不足，而出"爆品"对 CEO 而言是大功一件，他需要这个功劳。该顾问很好地抓住了 CEO 的趋利特性。

不仅仅机会可以产生功劳，采购过程或采购项目中也可以，比如 TB 和 PB 常常会是这类趋利模式者。由于他们采购的产品或方案并不是他们自己使用，产品或方案带来的利益对他们来说没什么影响，所以，他们会努力在采购过程或采购项目中找到自己可以立功的点，以便实现自己个人的赢。趋利模式的采购影响者不一定在乎做什么，但他必须做点什么以实现个人的赢。这就是销售人员的策略出发点。

2. 避害模式的应对策略

避害模式的采购影响者一定会面临一个或几个问题，正是这些问题，让他们陷入了困境，有了输的感觉。所以，针对这些采购影响者，最重要的一种策略就是关注他的问题，让他知道问题是可以解决的，并且你解决得最好。

面对避害模式的采购影响者，销售人员不仅要帮他厘清问题，还要放大他的痛苦。痛苦越大，改变的欲望就越强烈。同时，也要努力证明自己的方案是他的最佳选择。此外，面对避害模式的采购影响者，不要着急说问题之外的事情。无论你能为避害模式的采购影响者带来多少他关注的问题之外的好处，他都不关心，除非他彻底认可你的产品或方案。避害客户首先回到问题发生之前的状态，回到过去的旧时光。

作为销售人员，特别要注意的一个问题是，避害模式的采购影响者虽然想买，但未必买你的，因为他会关注谁的产品或方案能更好地解决他的问题，所以他未必是你的支持者。避害模式的采购影响者很清楚必须做什么，他只是在找谁做得更好。同理，趋利模式的采购影响者也未必是你的支持者，因为他也许觉得别人提供的利益更吸引人。

3. 安稳模式的应对策略

安稳模式的采购影响者有多种情况，所以也有多种应对策略。

1）对机会无感的采购影响者。销售人员揭示了机会，但是安稳模式的采购影响者不觉得这个机会很重要，所以没有建立起较高的期望值。这时销售人员要阐明机会带来的利益，当然，更要说清楚利益带来的个人的赢。常用的应对策略就是展示案例，以及分析愿景。

揭示机会及机会带来的利益，是让采购影响者从安稳模式转为趋利模式的策略出发点。

2）对问题无感的采购影响者。如果销售人员已经确定了问题，最好的应对策略就是把采购影响者从安稳模式转为避害模式。

对于销售人员指出的问题，这类采购影响者认识不清，或者觉得问题造成的损失不大，改变带来的收益不足以抵消采购成本。碰到这种情况，销售人员需要为客户厘清问题，揭示不良影响。

要注意揭示不良影响时不要为了扩大影响而无限延伸。"产品质量差会导致投诉多"，这是正常的描述。"投诉多会导致更多的丢单"，这也算正常描述。再夸张一些，你可以说"丢单会带来市场份额下降"。但是，说成"份额下降会导致公司倒闭"，这就没必要了。

3）未察觉个人的赢的采购影响者。这类采购影响者觉得采购这件事和自己无关。其实这类采购影响者就是没有从组织利益的获取中找到个人的赢。

这种现象比较常见。一方面，并不是所有好的结果都能带来个人的赢；另一方面，即使能带来个人的赢，采购影响者也可能发现不了，他也许觉得费力不讨好。所以，销售人员帮助采购影响者连接结果和个人的赢就变得非常重要。

转化安稳模式的采购影响者，其实还有一个更好的策略，那就是利用趋利模式和避害模式的采购影响者去说服安稳模式的采购影响者。这个策略其实比揭示机会和问题更有效，也是策略销售特别提倡的。销售人员仔细想想就会明白，这其实就是连接结果和个人的赢，让采购影响者在别人那里拥有了信任货币。

除此之外，面对安稳模式的采购影响者，销售人员还有一点要注意，不仅要放大客户当前的痛苦，还要缩小变化（采购）之后的痛苦。毕竟采购行为的产生是由二者之间的差距决定的。

4. 自满模式的应对策略

自满模式的采购影响者认为自己已经生活在"天堂"了，任何变化都会把他们拉向"地狱"，损害他们个人的赢，导致他们个人的输。当你看到那些站在台上的企业家对自己企业的成功侃侃而谈时，你告诉他们："你的公司问题很多，面临的风险很大，需要做一些改善。"他们只说一句话就能让你哑口无言："有这么多问题，我为什么还能赚这么多钱？"其实赚钱，是因为做对了一些事情，而不是做对了所有的事情。所以，你不要向自满的采购影响者揭示问题，他们会反对一切给他们带来坏消息的人。

应对自满模式的采购影响者，销售人员也没什么好办法，只能等他遇到不可克服的困难，自己有了认知改变再说，或者通过调整 SSO，先把他踢出这次采购。

关于采购意愿的应对策略，请大家记住一个顺口溜：**碰到趋利送功劳，碰到避害看问题，碰到安稳做转化，碰到自满先避开**。

第八节　协作程度

一、理解协作程度

所谓协作程度，是指销售人员与采购影响者之间合作关系的紧密程度。

这种关系包含两个方面：一方面，采购影响者是否支持销售人员；另一方面，采购影响者是如何支持或反对销售人员的，也就是支持或反对的方式。

所谓销售过程，就是销售人员和采购影响者一起完成采购的过程。在这个过程中，销售人员要和采购影响者协同工作。比如，一起开技术交流会、做测试、做演示，几乎每一步都是相互协作，共同完成的，或者每一步采购影响者都捣乱，不让销售人员顺利完成。在一个订单中，总会有配合的人、捣乱的人，也会有支持的、反对的人。用"协作程度"这样的维度进行分类，比单纯地用"支持与否"更加科学，因为它不但说清楚了支持与否，也说清楚了支持或者反对的方式。

二、协作程度评价

我们按照协作程度从低到高的顺序，把采购影响者分为六类：反对者、破坏者、异议者、支持者、指导者、捍卫者。

1）反对者。反对者是反对销售人员而支持竞争对手的人。他会帮助竞争对手做很多事情，并且希望竞争对手成功。

2）破坏者。破坏者是指反对本次采购的人，也就是我们在前面提到的自满模式的采购影响者，他单纯不想让这次采购成功。他反对所有的供应商。要注意的是，破坏者不是反对者。

3）异议者。异议者对销售人员的公司、方案、服务有不认同的地方，他在寻求更好的选择。

4）支持者。支持者支持销售人员，但是私下不会帮助销售人员。他觉得销售人员的产品或方案不错，愿意在内部给予推荐，但是他不愿意向销售人员透露信息或者帮销售人员做其他事情。比如，公司要给每个人配备一台笔记本电脑，一个采购影响者喜欢苹果笔记本（支持者），他会极力向 EB 推荐，但他不喜欢私下接触销售人员，也不会为销售人员提供工作以外的任何帮助。

5）指导者。指导者也叫教练（coach），这类人不仅支持销售人员，而且愿意向销售人员透露信息、帮销售人员做订单分析、为销售人员验证信息真假、指导销售人员的行动。我们在前面已数次提到指导者。

6）捍卫者。捍卫者也就是铁杆支持者，是可以冒着风险支持销售人员的人。比如，在领导反对的情况下，他可以在决策会上为销售人员据理力争，他不惧怕反对者和破坏者。

关于协作程度，有几点需要说明。

首先，不知道大家注意到没有，这里面没有"中立者"。人们或多或少都会带有一定的倾向性，没有绝对中立的人。

其次，在策略表中，我把协作程度评价分为两部分：一是类别，比如反对者、破坏者、异议者、支持者、指导者或捍卫者；二是得分，从 –5 到 5，反对者对应的得分为 –5，破坏者为 –4～–3，异议者为 –2～–1，支持者为 1～2，指导者为 3～4，捍卫者为 5。

特别要说明的是，很多学习策略销售的人会想当然地认为，销售人员努力做关系的目的就是获得更多或者更重要的人的支持，提升协作程度。这是完全错误的，销售工作的目的是通过获得更好的定位实现 SSO。二者不是一回事。有时为了获得更好的定位，我们甚至可以有意降低协作程度，宁可损失部分支持，也不能失去主动权。比如，一个低影响程度的人和一个高影响程度的人不在一个政治结构里，为了争取这个高影响程度的人的支持，可以降低低影响程度的人的协作程度。这样我们就可以有更好的定位。因此，定位的好坏不能仅用协作程度得分来评价，还要看对订单的结构化的、综合的、整体的评价。

一位销售人员向我介绍她正在运作的一个订单，她展示了刚刚填好的策略表，在策略表里，一共有四位采购影响者。表中对于协作程度的表述是这样的：老板（EB）是支持者，其他三位都是指导者。从协作程度得分来看，这是再理想不过的情况了。

其实不然，因为接下来要验厂了（参观供应商），客户老板很重视供应商的规模，但是销售人员所在的公司规模比较小。这是一个非常危险的信号。

最后，不要以协作程度得分为依据计算订单成功率。策略销售一直非常反对计算单个订单的成功率，因为这在数学上是不成立的。概率应建立在大数据的基础之上，针对单个订单计算成功率没有意义，单个订单的成功率只有两个结果：0 或 100%。当然，针对多个订单计算成功率是有意义的，且订单越多，计算的成功率越准。不过，这是销售管理要讨论的，不在本书的讨论范围内。

另外，关于破坏者和反对者谁更讨厌，有时确实很难说。我们在上文中说到，破坏者是自满模式的，不可被改变，但是这个不可被改变是指在当前情况下，一旦情况发生变化，也许他就不再是自满模式了，当然也就可以被改变了。

有一家企业的老板一时兴起，要建一座五星级酒店，但是他的一位助理总裁坚决反对，并劝说老板应该关注主业。

装饰企业的销售人员很自然地就把这个助理总裁当作自满模式。最后，老板一意孤行，一定要建，并且付诸了行动。地基打好后，这位助理总裁的态度发生了 180° 的转变，立刻成了酒店建设最坚定的支持者。因为他要让老板意识到，他始终是为企业着想的。

反对者能改变吗？当然也可以，但是我认为反对者改变的可能性要比破坏者改变的可能性更低。反对者已经绑在了竞争对手的战车上，想脱身可没那么容易。更重要的是，破坏者最多只是不做支持你的事情，但反对者会做反对你的事情，所以他们更难应对。

三、识别协作程度

先来看一个案例。

一位从业20多年的老销售员谈了一点自己的经验：要特别警惕那些对你很热情的客户，尤其是在你没有做任何工作的情况下。

他的理由是，没有无缘无故的爱。客户毫无理由地对你表现得非常热情，要么是想帮竞争对手套取信息，要么就是对你心存愧疚。为什么会愧疚呢？因为他不选你，又要让你来凑数。

虽然这位老销售员的经验未必放之四海而皆准，但也说明了识别协作程度的不容易。

协作程度的识别也是支持程度的识别。相比于其他属性，如采购角色、影响程度、政治结构等的识别，协作程度的识别更为重要，因为这是认知"敌我"的大问题，不仅重要，而且困难。谁支持我、谁反对我，这是销售人员不容易搞清楚的地方。对于协作程度的识别，你必须有证据，证据主要源于四个方面。

第一，是否做出承诺并执行承诺。客户最近一次是否给你做出了什么承诺。这是最重要的衡量标准。一方面，承诺目标是客户答应的行动，这是"铁证"；另一方面，承诺目标有轻重之分，对应不同的客户协作程度。比如，某个采购影响者只是帮你引荐采购人员，但是不引荐高层，他可能只是个支持者；反之，如果他很积极地带你去见自己的老板，他可能是捍卫者。当然也要结合具体的采购阶段考虑。

第二，是否公开支持或者反对。比如在会议上公开表示支持你（或反对你），或者支持（反对）你的平台、标准、方案、服务等。一旦公开就意味着拿自己的信誉去为你（或者竞争对手）做担保，这当然是证据。

第三，是否花时间和你待在一起。比如，经常单独和你一起吃饭，一群人一起吃不算，偶尔吃一次也不算；又如，愿意花很长时间和你讨论问题，并接受你的观点。

第四，愿不愿意做你的指导者。客户是否愿意为你传递信息、验证信息的真假、提示你可能存在的风险、帮你制定策略。

协作程度的识别至关重要，尤其是识别反对你的人，他们不会把"反对"两个字写在脸上。接下来我们讨论如何识别。

1. 识别反对者

反对者是每个销售人员都讨厌的。反对者没有那么容易被识别出来，因为大多数反对者都是暗地里反对。识别反对者最重要的手段就是靠指导者提供公开反对信息，以及通过是否获取承诺目标来判断。当采购影响者连最低承诺都不愿意给的时候，基本上就是反对者了。当然，有时候他们也会在销售人员参与的场景下公开反对销售人员，这就更好识别了。

2. 识别破坏者

关于破坏者的识别，参见上一节"采购意愿"中自满模式的内容。破坏者往往会表现出强烈的对抗情绪，而且在他们的表达中，更多的是自我表扬和对你的产品或方案的批评，有时还会夹杂着对自己企业的抱怨。破坏者和反对者有一个较为明显的不同：破坏者可能不会对某个销售人员表现出明显的敌对情绪，他是对事不对人。

3. 识别异议者

所谓异议者就是指这类采购影响者，他们认为买你的东西有风险，组织利益会因此受损，而这背后当然是对个人利益受损的担心。比如，你的设备质量差，会造成组织利益受损，于是异议者会担心被同事指责耽误事，最终导致个人利益受损。

异议者可能是最难识别的一类人，因为他们大都不喜欢直接说出自己的异议或顾虑，以避免发生直接冲突。但是，他们却会投反对票，所以找出这类人是关键。

按照强烈程度，异议主要分为三类：犹豫、怀疑和反对。这为我们识别异议者提供了依据。

1）犹豫。没有明确的意见，但是迟迟不做决定（这里所说的决定是指执行承诺目标），他经常说的话是"我再想想""我再考虑考虑"。这是因为他担心有风险，只是还不清楚具体有什么风险。

2）怀疑。客户觉得可能存在会损害公司和个人利益的风险，因此他和你说话的时候总是带着疑虑，比如"你们的服务不行吧？""你们的安全性不够吧？"

3）反对。客户确认某个风险确实存在，但是还对你寄予希望，希望你能解决，这时他会直接指出你的问题，比如"你的服务不行""我担心的是你们的安全性"。这里的反对和反对者不是同一回事：反对仅仅是指客户在某一件事上表示反对；而反对者是指反对你这个人，凡是你说的他都认为是错的。

除此以外，我们在采购流程变量一章还说了一些异议出现的信号，大家可以参考。

4. 识别支持者

支持者又称内部销售人员，他们看好你，但还没到私下帮你的地步。更多的是因为看到了你的产品、方案，认为对他们有切实的帮助。

支持者比较容易识别，因为帮你的人都想让你知道他帮过你，而且他们会帮你，很大程度上也是因为你做过他们的工作了，你基本上心里有数。最好的识别支持者的方法是观察他和你讨论问题的深度和花费的时间。他愿意花时间和你待在一起是他支持你的判断标准。此外，还要看他在公共场合的表态。

5. 识别指导者

指导者是自己人，看起来最容易识别，其实恰恰相反。销售人员经常会搞错指导者，为什么会这样呢？因为大单销售过程中经常会出现假指导者。

有几种人特别容易被误认为是指导者。

1）新闻发言人。他给你的信息没有独特性，他会告诉你，也会告诉别人。新闻发言人要么是没能力获取信息，要么是碍于情面，不愿说又不得不说，于是用这种没价值的信息来应付销售人员。

2）脚踩几只船的人。有的人既会给你传递信息，也会给竞争对手传递信息。这种情况其实就是他对你没信心。不论谁成功拿下订单，他都想得到一点好处。面对这种人的处理方法就是给他传递信心。比如，经常告诉他，EB 很支持自己。

3）和你有渊源的人。你的老乡、同学、朋友、前同事未必是你的指导者。原因也很简单，指导者是因为个人的赢而帮你，而不仅仅是因为和你关系好而帮你。这一类人最容易出问题。碍于面子，他们常常会表现出帮你的样子，比如，他们常说的一句话是"这个事情，你不用担心，你只管把产品价格弄好，其他事情交给我"，但实际上，他们什么事也不做，甚至会传给你一些臆想的信息。

4）支持者。支持者与指导者可能是最容易混淆的。指导者一定是支持者，但支持者未必是指导者。支持者不愿意给你传递信息的原因很多，最根本的原因还是对你或者你的产品、方案的信任程度不够高。当然，还可能有其他原因，如自我保护、基于尊严、和你不熟等。比如，客户方的老板支持你，但是他未必愿意为你传递信息。

5）从前的指导者。一些客户可能经常买你的产品，上次你发展了一个指导者，这次你理所当然地还希望把他发展成指导者。但是在这次采购中，这位前指导者发现，你并不能最大限度地满足他的个人利益诉求，所以他不再愿意成为你的指导者了。

一个办公家具公司的销售人员一直和一家大企业有业务往来，并且这家办公家具公司作为单一采购源。负责采购的PB是这家企业的办公室主任，他也是销售人员的指导者。

现在，这家大企业又建了一座写字楼，需要买家具。销售人员认为机会来了，于是又找到这位主任，没想到主任态度大变，直截了当地告诉他，这次他们希望进行社会招标。

这家企业一共有三种采购模式，即单一采购源、企业内部招标和社会招标。而社会招标是最不容易控制的。于是销售人员找到了我，想问问怎样劝说客户仍然采用单一采购源模式。我问他最近这家企业发生了什么事情（变化）。他说董事长及其他领导基本都换了。

我告诉他："那就别指望采用单一采购源模式了。不过也有解决办法，首先，你告诉这位主任，自己会积极参与社会招标，配合领导工作；其次，告诉客户从前一直选的是我，说明我的质量和交付能力是值得信赖的。"

怎么识别真正的指导者呢？有以下几条标准。

- 他提供的消息独特，也就是你知道竞争对手不知道的消息，这容易验证。
- 他会主动提供信息，也就是你不问他也会传递信息，这也好确认。
- 你能确定并实现他个人的赢，而且他知道这一点。这有点难，不过只要你和指导者经常交流，也好确认。
- 指导者愿意与你讨论个人的赢，这是个明显的标志，也就是他愿意和你讨论一些私事。
- 信息交叉验证，经常拿已确认的信息问指导者，或者拿指导者告诉你的信息去找其他采购影响者验证。

6. 识别捍卫者

捍卫者几乎无须识别，因为他会坚定地支持你。捍卫者有两个很明显的特征：一是他会主动告诉你他想在这次采购中实现什么样的个人的赢，非常明确，无须讨论；二是他会在公开场合支持你，或者反对竞争对手。注意，我们强调的是"公开场合"，如公司会议、向领导汇报采购情况时等。

协作程度的识别对销售人员来说至关重要，判断不准将是灾难性的。而销售人员恰恰很容易判断不准，因为太想拿下订单，凡事总是往好处想，甚至用臆测代替事实。而判断协作程度的原则只有一个：用证据说话。

四、协作程度的策略运用

所谓协作程度的策略运用，就是如何利用"争取支持"推动订单，当然，也包括怎么处理反对你的人。

1. 针对反对者

针对反对者，销售人员可采取的策略主要有三个。

1）排除反对者：通过调整SSO将其踢出采购影响者行列，让他直接说不上话。

2）降低反对者的影响程度：如果无法将反对者踢出去，就用我们前面谈到的"降低采购影响者的决策影响力"策略，降低其影响程度，具体手段包括增加采购影响者人数，利用政治结构和流程阶段，利用反对者的敌人等。

3）静观待变：如果上面的办法都无法采用，就等待变化的到来。有些变化是灾难，但也有些变化是机会；有了变化，很可能就有办法了，前提是销售人员及时识别变化。比如客户老板变成了支持者，反对者就可能改变立场了。

2. 针对破坏者

针对破坏者，销售人员首先要看订单处在什么阶段，如果处于早期，尽量不要与之发生正面冲突（仍然要接触），静观其变。所谓的反对和支持，无非都是为了实现对自己来说更重要的个人的赢。如果订单有变化，比如从部门级项目上升为战略级项目，破坏者可能会变成最积极的支持者。静观其变不是消极应对，而是时刻掌握反对者的动态。

如果变化依然不能改变破坏者的协作模式，就调整SSO，把他踢出采购团队，或者调整到下一个流程阶段。其实，如果客户内部都知道他是破坏者，反而容易调整，因为他不想干，但有人想干。

3. 针对异议者

异议看起来不是什么好事，不过也不完全是坏事。想想客户什么时候会有异议呢？看到了好的地方，也看到了不好的地方，比如买房子，你觉得户型很好，但是卧室小了点。所以，异议里往往蕴含着希望。

针对异议者，销售人员可采取的主要策略包括以下两条。

1）随时寻找。异议者并不难处理，但是如果不及时处理，很容易成为大问题。异议者转变为反对者的速度是非常快的，而且异议很难自行消失，如果你不处理，它会不断变大。所以，绝不能假装没有异议。记住，订单一停滞，马上就要去寻找异议。

寻找异议常犯的一个错误是臆测。也就是不去寻找，而是靠猜，尤其是老销售员。记住，能问到的就不要去猜，这是策略销售非常提倡的原则。

2）协助处理。异议其实有两层：一层关乎销售人员的产品或方案对客户组织利益的影响；另一层关乎组织利益受损对个人利益的影响。后一层非常微妙。尼尔·雷克汉姆说："你只能协助，不能代替，心结只有自己才能解开。"

那么，怎样协助处理呢？就是和客户一起讨论，引导客户思考。销售人员只是协助者，不是解决者。销售人员要不断地提问，帮助客户揭示问题所在，找到客户心里的那道坎儿，还要给出对组织利益有益的解决方案。但是，销售人员永远不能说："我替你解决。"

4. 针对支持者

前面讨论的都是针对反对你的人的策略，要做的就是积极应对，接下来讨论的是针对支持你的人的策略，关乎怎么发展或利用他们。

针对支持者，销售人员可以采取的主要策略如下。

1）强调优势。支持者之所以支持销售人员，是因为看中了销售人员的某项优势，需要利用这项优势来解决问题。所以，销售人员要找到支持者关注的问题，并反复强调自身优势对解决问题的价值，以加深支持者的印象。

2）教会支持者支持话术。支持者知道你有优势，但是他知道如何表达吗？通常，支持者的支持无非就是笼统地夸赞你的产品好、服务优。销售人员不要指望连销售人员自己都说不清楚的优势，客户能张口就来。销售人员怎么知道支持者会不会说呢？策略是通过提问对他进行考核，比如经常问："为什么你这么重视这个功能？""这对你有帮助吗？""你会怎么利用这个功能来管理车间调度？"如果发现他说不明白，销售人员就要不断地进行补充和修正，直到确认他能说清楚。这就是"教"了。

3）向上推进，避免下滑。向上不容易，向下却很简单。支持者并不稳定，一旦遇到异议或者被竞争对手诱导，支持者很容易变成异议者。好消息是，他在变成异议者之前，可能会找销售人员确认那些异议，这是销售人员最后的机会。销售人员不仅要做出解释，还要学会使用异议处理程序，即聆听、设身处地、提问、给出措施、确认满意，否则支持者会对销售人员失去信任感。一旦采购影响者成为销售人员的支持者，销售人员就具备了向上推进的支点。支持者往往公事公办，所以销售人员向上推进的策略是向建立个人友谊的方向推进。

5. 针对指导者

史蒂芬·E. 黑曼说："做订单若没有指导者，就像举着火把穿过弹药库。"巴菲特觉得还不够深刻，加了一句："如果你手持火把穿过弹药库，即使毫发无伤，也改变不了你是一个蠢货的事实。"

为什么指导者如此重要？首先，大单就像一个迷宫，人多、事多、变化多。很多时候，销售人员是忽然闯入迷宫的，没有向导下一分钟可能就会掉进陷阱。其次，策略销售最重要的工作之一就是收集信息，这是一切工作的基础，而指导者是信息最重要的来源。最后，指导者还能帮销售人员找出风险、制定策略，他就是销售人员的眼睛和耳朵。

假设你是一名销售人员，在讨论怎样发展指导者之前，我们先探讨一个问题：指导者是因为友谊而帮你，还是因为利益而帮你？

你可能觉得是因为友谊，也可能觉得二者都有。其实想想就能明白，你凭什么让客户仅仅因为友谊而帮你？你和客户发展友谊就是为了赚钱，但你却希望客户仅仅因为友谊而帮你，这说不过去。

所以，指导者是因为利益而帮你，当然，其中也会有友谊的成分。指导者之所以是你的指导者，原因只有一个：**他认为买你的产品会使他个人的赢最大化**。而友谊只是让指导者相信你的手段。

我们说指导者是因为利益而帮你，那么其中有没有组织利益呢？这要看你发展谁当指导者了，如果同时是采购影响者，比如 EB、UB、TB、PB，那么他帮你既有组织利益也有个人利益的原因，因为他必须承担起角色赋予的责任。

指导者不一定是直接采购影响者，但最好是。我见过一些销售人员号称"搞定"了客户公司周边的饭店服务员，"搞定"了门卫，这些都没什么用。既然要传递消息，当然要离采购影响者近一些。对销售人员来说，最悲惨的事情莫过于指导者（coach）传来假消息，在战场上，这是要出人命的。

一个有意思的现象是，有些人喜欢把"coach"翻译成"内线"，这其实曲解了 coach 的内涵。内线是指损害自己公司的利益去帮助别人，而策略销售并不鼓励指导者损害自己公司的利益。指导者帮你，但决不能损害其自己公司的利益，同时，销售人员也要尽最大努力使其个人及其所在组织的利益最大化。否则，如果指导者帮你会有很大的风险，那谁还帮你？

（1）发展指导者的策略

怎样发展指导者肯定和订单的具体情况有关，如果销售人员正好有一个亲戚或者朋友在采购团队里，这当然是很好的切入点。不过市场经济通常是陌生人之间的生意往来，大部分销售人员两眼一抹黑地闯进订单的可能性更大，针对这种情况，我们提供一套简单有效的发展指导者的方法。

步骤一：全覆盖。刚进入订单的时候，销售人员要先想办法逐个"拜码头"，有了广泛的群众基础，才能知道谁可能是指导者。而且，这对收集信息来说也是必要的。

步骤二：找共通点。如果销售人员覆盖的人足够多，接触得足够深，就一定能在某些人身上找到共通点。比如某人对销售人员所售的平台感兴趣、双方的孩子是同龄人、某人对销售人员所谈的未来发展趋势很感兴趣、彼此是老乡等。共通点可能涉及产品、公司、行业、个人经历、价值观等方面。如果从这些方面都找不到共通点，还有一个办法，就是找年轻人或者基层人员。他们通常比较容易突破。

我做销售的时候，面向的 TB 通常是信息中心的人，其中，年轻人较多。所以，我很喜欢和他们谈职业发展、行业趋势、个人前途，引发他们对自己职业的思考。而且他们通常职位比较低，接触起来也容易，不难找到突破点。虽然这些人所知有限，但是在订单初期，他们是很好的指导者人选。

步骤三：勤互动。找到了突破点，选好了指导者的候选人，接下来自然是寻求关系的突破。在大部分情况下，销售人员都需要与指导者发展一些私人关系。互动是发展私人关系最好的方式之一，这里面又分为几个小步骤。

- 从客客气气到嘻嘻哈哈。初次见面当然是谈公事，这时大家肯定是客客气气的。但是销售人员必须把这种客客气气的氛围打破，否则无法发展私人关系。解决办法就是由公入私，谈话内容可以涉及孩子、爱好、朋友圈、养生、读书等私人话题。这个心理定式的突破很重要，也很微妙，否则很可能一直保持"官方往来"。
- 从嘻嘻哈哈到有来有往。一是抓住以上这些私人话题，就可以进一步突破。比如，先是话题上的有来有往，后是微信沟通，可以适当聊一些轻松的话题，接着是行动上的有来有往，吃饭、送小礼品、一起打球等，酌情而动。
- 从有来有往到无话不谈。这时的突破点就是共享私密。销售人员要保持和指导者的私人关系，所以要走进指导者的内心。

当然，如果你的订单足够大，还要做得更深。

步骤四：树立指导者角色。我们一直强调，发展私人关系的目的是建立触达个人的赢的路径。永远不要忘了，指导者是因为利益才帮销售人员的。而指导者个人的赢又是通过本次采购来实现的，所以销售人员需要先找到指导者个人的赢。在互动频繁的时候，这是一个很容易解决的问题。

作为销售人员，仅仅知道指导者个人的赢还不够，还要让他知道你能满足他个人的赢的诉求，而且你是所有供应商中能够最好地满足，甚至是唯一能满足的。这两件事情做好之后，指导者的角色基本就树立起来了。

（2）利用指导者的策略

现在你有了指导者，当然要善加利用，指导者的作用主要体现在四个方面。

第一个作用是验证真假。

在漫长的订单运作过程中，到处充满着真假难辨的消息。其中，很大一部分还是销售人员自己的臆测。一旦被假消息误导，销售人员轻则多走弯路，重则遭灭顶之灾。这就到了指导者发挥作用的时候了。不容易分辨真假的信息包括个人的赢、某人是否真正支持、需求的强烈程度、某人对某事的态度等。

第二个作用是传递信息。

我曾经的领导这样教育我们："销售存在的意义就是要创造一种不同，如果人家做调研你也做调研、人家出方案你也出方案、人家报价你也报价，我还要你干什么？"

所谓"不同"，首先就是指策略不同，而这需要基于你和竞争对手所了解到的信息不同。所谓信息不同，是指你了解到的信息要更全面、更及时、更准确。这就要依赖指导者了。

销售人员获得信息的方式有很多，如查资料、提问、调研、会议等，但是从指导者那里获得的信息的质量要高得多。

指导者首先可以帮助销售人员了解更深入的信息，比如某个采购影响者个人的赢；其次可以让销售人员获得更及时的信息，只要有变化就可以去问问指导者到底怎么了；最后可以让销售人员获得认知类的信息，比如，你做了一次方案汇报，可以询问指导者客户是怎么反馈的。

了解客户反馈是保证信息准确的最好手段。客户反馈是最重要的信息之一，客户反馈的获得在很大程度上依赖指导者。

不过，这里需要提醒一下，指导者自己并不知道自己是指导者，所以很多时候，你需要主动去问他，而不是在家里等消息。

第三个作用是利用指导者帮助你找到订单的风险和优势。

虽然销售人员可以通过了解到的信息自己找出订单的风险和优势，但指导者也是一个重要的补充和验证者。指导者深入采购团队内部，时刻和其他采购影响者在一起，很多时候，他能洞察到销售人员看不到的东西。因为就算我们搜集到的信息再多，也无法完整地还原每个细节，这时就要依赖指导者了。

为了找到风险和优势，销售人员必须经常问指导者一句话："你觉得，我还有戏吗？"

试想一下，如果他说你希望不大，接下来他会做什么？当然是帮你分析风险；如果他说你有戏，接下来当然是帮你分析优势。

这可能是销售人员最不喜欢问的一个问题，因为它可能会毁掉心中的希望。对很多销售人员而言，只要客户不说没戏，他们就会假装有戏地向前走，直到丢单为止。

当然，这个问题还可以换几种问法，比如："你觉得我们希望有多大？""这个项目我还要加大投入吗？""这个订单我还要跟吗？"

第四个作用是让指导者帮助你制定策略。

还有一个问题，也是销售人员经常要问指导者的："这个订单接下来该怎么做？"

指导者帮你出的主意你未必要照单全收，但是指导者的主意你一定要认真分析，因为它可能反映了他们公司的工作习惯，很有参考价值。

需要注意的一点是：无论是风险、优势还是策略，销售人员都一定要经常向指导者请教。始终牢记，订单是不断变化的。而指导者是那个一天到晚和其他采购影响者在一起的人。

6. 捍卫者

所谓捍卫者，就是敢坚定、公开地支持你的人。

每个销售人员都明白，把异议者变成支持者是销售人员的工作。不过，很少有销售人员知道，还要把支持者变成捍卫者。为什么我们极力提倡发展捍卫者？因为他实在太重要了。基于捍卫者的策略包括以下三个。

1）击败对手。有了捍卫者，销售人员拿下订单基本就处于不败之地。所谓不败，就是要么销售人员拿下订单，要么谁都别想拿下订单。

前面我们谈过，每个采购影响者都有一个属性——"成事不足，败事有余"，因为"败事"实在太容易了，成本低、易操作。如果让捍卫者反对竞争对手，竞争对手能有活路吗？所以，捍卫者是战胜竞争对手的"核武器"。

2）成为坚实的支点。你有没有碰到过这种情况：你希望某个支持者在领导面前或者会议上支持你，结果他总是推三阻四，说"这样做不合适""不方便说"之类的话？

这很正常，我们在后面会谈到。使用策略需要支点。如果你的支点不够坚实，那么你能使用的策略就会非常少；反之，如果你有捍卫者，你能使用的策略就会非常多。在同样的情况下，如果你请捍卫者在领导面前或者会议上支持你，他会说："没问题，我一定会说清楚你们产品方案的优势。"

3）清除障碍。做订单免不了有反对者或破坏者，如果你有捍卫者，就相当于你手里有了可以压倒这些人的牌。别忘了，捍卫者是真敢说话的人。他不怕得罪人，谁反对你，他就反对谁。

我们一直说，群体决策是一个多方博弈的过程。其间，需要有人勇敢地站出来，绝不恐惧，绝不后退，这个人当然就非捍卫者莫属了。

在一次评审会上，竞争对手有一个捍卫者，很彪悍地想"拍死"我们，现场对我们百般刁难。我们的支持者都后退了，不敢说话。

趁着支持者上洗手间的工夫，销售人员跟了出去，和他做了简单的交流。销售人员直言不讳地告诉他："如果我们不能'硬'起来，后面几年你也会处于被欺负的局面，而且由于友商的产品存在缺陷，你们公司也会因为选择友商而遭受巨大的损失。未来会怎么样，就看接下来你能不能'硬'起来了。"

支持者受到了鼓舞（关键是清楚了利与害），变成了捍卫者，回到会议室后发表了铿锵有力的陈词，成功顶住了竞争对手的攻击，让我们挽回了局面。打硬仗还是要看捍卫者，他们是最好的"清障车"。

很多销售人员不愿意发展捍卫者的一个重要原因是觉得发展起来太难——因为发展支持者就很难。其实，把支持者发展成捍卫者远比发展支持者这一步容易。因为一旦发展出支持者，表明他已经清楚了销售人员的产品或方案能满足他的组织利益及背后的个人利益需求。销售人员要做的只是进一步扩大其组织利益和个人利益。利益的大小与其支持程度成正比。

对于个人的赢，我们前面谈到了勤互动。如果想成为捍卫者，点对点的互动还不够，销售人员还要延伸到他的家庭和朋友圈中（当然是在客户允许的情况下）。

关于捍卫者，有以下两点需要说明。

- 一定要发展捍卫者吗？这要看两个要素：一是你的竞争对手做到了什么程度，他有捍卫者，你就必须有捍卫者；二是看你的订单金额有多大，金额越大，越不能丢，所以你需要捍卫者让你处于不败之地。
- 捍卫者是指导者吗？只能说，捍卫者曾经是指导者。或者说，捍卫者是暴露的指导者，因为大家都知道捍卫者支持你，所以大家开始对他屏蔽信息，他传递给你的信息开始出现问题。当然，捍卫者依然可以为你传递很多消息，只是不如指导者传递的准确。

五、获得支持是手段，不是目的

我们说协作程度也包含了支持程度，在这方面，销售人员非常容易犯一个错误：认为销售的目的就是获得采购影响者的支持。这就会导致一个更大的错误：认为销售就是"搞定人"。

我职业生涯里最惨的一次拜访，就是因为犯了上面所说的错误。

我和一家大企业的信息中心主任是书友，经常相互推荐图书。由于一直没什么项目给我做，他对我很愧疚。后来，他被调到了财务部门，调过去之后不久，项目就来了，他们要上线ERP系统。这位主任很高兴地通知我，让我尽快赶到信息中心去对接，就说是他介绍的。

我兴奋地赶到了他们公司的信息中心，没想到发生了让我终生难忘的事情。在我说明是原主任介绍来的之后，我被整个信息中心的人一通指责和谩骂，硬生生地被骂出了办公室。当时外面下着大雨，打不到车，也没伞，我冒着雨灰溜溜地走了几公里才到了车站。获得了这位主任的支持，却意味着获得了所有人的反对。

我们反复强调，销售的目的是获得更好的定位，也就是说，你要让这个订单的发展更有利于你实现SSO，而不是让某一个人更支持你。这就像盖房子，你首先要关注的是房子的结构，而不是用什么材料做房梁。结构合理了，房子才能结实，甚至可能不需要房梁了。所以，永远不要把"搞定人"看成策略销售要达到的终极目的。这至多是手段，有时甚至连手段都算不上。

协作程度变量有三个作用：一是指导我们沿着确定的六个采购影响者类别将相关采购影响者向上移动（有时也可能是向下移动）；二是确定协同方式，比如如何与指导者协同；三是找到支点，支持你的人都是你的支点，他们可以帮你争取其他人的支持，可以在他们公司内部宣传你的优势，可以在领导面前说你的好话。所以，获得支持是手段，不是目的。

关于协作程度，销售人员还经常会犯一个错误，误把亲密度（关系）理解成协同度。亲密度和覆盖有关，但是与你关系好的人未必会支持你。采购影响者支持你的原因只有一个：你既能满足他想要的结果，也能满足他个人的赢的诉求。

终于把六大变量介绍完了，很多读者看完后可能会觉得很累。它们确实比较复杂，不过，大单销售就是如此。世界上最复杂的事情莫过于把最简单的事情弄明白。只有这样，你才能掌控复杂，不被复杂掌控。

我们知道，了解这些变量不容易；结合订单，为这些变量找到真实的信息可能更难，可能要占用你70%以上的时间，但是这很值！这占据70%的时间的付出，才是你真正成功的原因，因为它不容易被竞争对手抵消。如果你觉得做这些事情很疲惫、很枯燥、很耗费精力，你的竞争对手也会这样认为，只有做大家都不愿做的事，你才能获得竞争优势。相反，如果做竞争对手也会做的事，你是无法获得竞争优势的。

不仅如此，你可能还要面对残酷的事实。有时你付出了 100% 的努力，却没能达到目标，甚至发现自己已站在悬崖边上。尽管你不愿意承认这种事实，更不愿意在你的同事和领导面前承认，但是你不得不面对，否则你就会掉下悬崖。和丢单相比，丢脸算什么呢？早来的坏消息就是好消息。销售人员的尊严来自业绩，而业绩的获得取决于你此时此刻在做什么。

我帮助很多公司分析过很多订单，很令我头疼的一个问题是销售信息不全，比销售信息不全更令我头疼的问题是销售人员用自己的认知代替事实。不过，最让我头疼的是销售人员为了面子编造有利于自己的信息，以便让自己看起来没有那么差。这种做法可能会为订单带来灾难性的后果，一个几千万元的订单可能因为一个销售人员爱面子而功亏一篑。真正的成熟不是逃避现实，而是面对真相。

| 第三篇 |

分析风险和优势

| 第十章 |

保证信息质量

当年我做信息化产品销售的时候经常对客户说一句话:"你输入的(信息)如果是垃圾,你产出的一定是废品。"策略销售也一样,当你获得的信息不全面、不及时、不准确的时候,你制定的策略一定是昏着儿。

当你读到这里时,你一定知道了很多销售策略,也许你正跃跃欲试,打算在自己的订单中试验一下这些招数管不管用。如果你真这么想,很遗憾,你很难成功。我不得不再次提醒你,任何策略都是根据此时此刻的订单情况制定的,靠套用别人的招数制定的策略于你而言就像假肢、假牙,会让你感觉不舒服。只有基于你的订单情况使用分析模型制定的策略才会像你天生的四肢,真正属于你。

我们在前面讨论的策略只是参考,主要是为了说明变量如何运用。如果你希望成为顶尖的销售高手,就必须在自己的订单上下功夫,不辞辛苦地收集信息,细致地分析风险和优势,并花时间按照模型制定策略。这也正是本书真正的价值所在。现在,我们到了分析风险和优势的阶段。

第一节　信息质量的评价

收集完信息,接下来的任务就是对信息进行整理。信息的质量决定了策略制定的质量。

信息的整理分为两个部分。一是对每个变量内部信息的整理。比如,你准确地确认了每个采购影响者的角色、采购意愿等。二是结合对每个变量内部信息的整理,综合性地对订单的整体风险和优势进行整理,也就是找出整个订单的风险和优势。因为变量是结构化的、相互关联的,牵一发而动全身,所以销售人员需要整体性地看。找出订单的风险和优势后,销售人员就可以准确地找到自己的当前位置了,进而也可以确定替代位置。定位是制定策略的基础。

作为策略销售的核心工具,策略表展现的是订单当下的情况,即订单此时此刻的情况。你可以这样想象,策略表就是你在某一时刻探头进入订单,然后按动快门,拍下的订单全景照。

在一个订单的运作过程中,你需要填写多张策略表,不过不是每天或每周填写,而是只要有变化就填写。等订单运作完毕,你就可以结合所有策略表,看到一个完整的订单运作过程。

如何评价信息质量呢?有三个标准:全面性、及时性、准确性。

一、信息的全面性

评价信息质量,首先要看信息全面不全面。所谓"全面",就是我们在前面谈到的所有变量都有信息描述,也就是把策略表填写完整了。

不全面就尽快去找,实在找不到也可以空着,不要乱写。不过,从我们的观察来看,找不到信息往往不是能力问题,而是不知道要找什么信息,但是通过前面的介绍,相信现在大家应该已经清楚了。找全了信息,就相当于可以鸟瞰整个战场。

不全面的信息对订单运作的危害非常大,很多销售人员在找不到或者不愿找信息的时候,会用臆测代替事实,用价值观代替判断,尤其是老销售员。我们碰到过太多这样的事情,原因主要是销售人员自以为是或者太懒。

在一次订单分析会上,我请一位老销售员上台来分析自己的订单,在分析之前,我问他有多大把握,他说九成。

上台之后，我挨个儿问他策略销售的变量信息，他知道的寥寥无几。我发现，对于不知道的信息，他很喜欢用自己的认知来代替。他最喜欢说的一句话就是："我认为应该是……"而我最喜欢问他的一句话是："客户的原话是什么？"

会后，我又问他有多大把握，他说三成。一个月之后，他告诉我订单丢了，然后对我说了一大堆借口。总而言之，丢单都是因为客户无常、竞争对手无耻、公司支持不够，完全没有他自己的问题。

再聪明的头脑也无法完全还原事实，因为实际情况太复杂了，猜对的概率非常低，猜错的危害非常大。

无论你做了多少年销售，事实才是这个世界上最强大的数据。能找到事实就不要用逻辑推理。

现在是数字化时代，数字化为什么能代替信息化？一个重要的原因就是数字化在用事实代替逻辑。数字化能准确地告诉你真正发生了什么，而不是推导出发生了什么。做销售也一样。

找信息有一个原则：空着是一种美德。对于信息，我们当然希望了解得全面、及时、准确，但是可能受条件限制，真的了解不到，怎么办呢？空着。你在填写策略表的时候，不知道的信息不要填。如果填了，你就不会再去找信息了；反之，空着就会时刻提醒你，某个地方你还不清楚，需要你去探索。

如果实在找不到怎么办？比如，客户方老板在国外，确实很难覆盖，那么协作程度怎么评价？答案是往坏处评价。道理和"空着"一样，这是为了让你能够随时保持警惕。保证信息的全面性是做大单的基本态度。

二、信息的及时性

这也是销售人员容易忽略的问题。我们一直强调，订单是不断变化的，每当有变化时，就要去重新收集信息。策略销售要收集的信息是当下的信息，今天分析的就是今天的信息，如果你根据上个月的信息进行分析，就没有太大的意义，订单早不是从前那个样子了。策略销售永远都是活在当下，分析当下。

过时的信息可能就是错误的信息。之所以会发生这种情况，主要是因为销售人员未及时感知变化，这里面有懒惰的原因，但是更重要的是销售人员对客户的变化不够敏感。解决办法是每次沟通后都及时对收集到的信息进行反复解读。比如，你知道了客户的预计签约时间，就要问：为什么是这个时间？这个时间是谁定的？这个时间对客户有什么好处？我能调整这个时间吗？

通过反复解读，你一定能发现原先感知不到的东西，之后再去和客户沟通。这也是我们强调要反复覆盖的原因。

三、信息的准确性

如何知道自己了解的信息是不是准确？有很多方法，比如找客户验证、找指导者验证、通过覆盖在采购影响者之间相互验证，还有通过信息的结构化验证。

信息的准确性是信息质量评价指标中最重要的指标之一。在大单销售过程中，到处都是各种各样不知真假的消息。倒也未必是有人恶意造假，更多的是拿自我认知当事实了。销售人员容易犯这个错，客户也容易犯，而一旦利用假信息制定策略，基本就是灾难。

在信息收集过程中，首先，最大的错误就是销售人员把自己的认知当成客户的认知或者客观情况；其次，缺乏指导者，而指导者提供的信息往往最有价值；再次，销售人员太懒，不愿意频繁地覆盖，信息来源单一；最后，提问能力不足，遇到了关键人，却问不出来关键问题。

你的核心竞争力源于你与竞争对手所做的事情不同，即你与竞争对手所采用的策略不同，而策略不同首先源于你和竞争对手获取的信息不同：你知道的，他不知道；你现在知道的，他后期才知道；你准确知道的，他大致知道。所以，全面、及时、准确的信息是拿下订单最重要的基础，销售人员需要拿出更多的时间和精力去获取信息，分析定位。这需要不断地覆盖、良好的沟通技能以及以客户为中心的思维模式。

第二节　信息的结构化验证

我们一直说策略销售是结构化的分析方法，那么什么是结构化呢？我们在前面讨论过这一点，现在你了解了六大变量，让我们再深入理解一下。

首先，汽车界的"大咖"经常取笑那些只关注配置的"小白"，为什么呢？一辆汽车由发动机、变速箱等部件组装而成，汽车品质的好坏不仅取决于这些部件的质量，更取决于这些部件间的结构性协作关系。如果一个厂家不考虑各个部件之间的协作，只选世界上最好的部件，是绝对组装不出好车的。因为，对各个部件之间协作关系的掌握才是提升汽车品质的核心能力。部件的质量是必要条件，但不是充分条件。

其次，这些部件都有一个重要的目标：让汽车能够安全行驶。所以，它们之间还有着一致性关系。任何一个部件都是服务于整体目标的。

最后，是系统就必有反馈。比如你在开车时看到前面有危险，就会踩刹车。这就是一种反馈。同样的道理，订单再大、再复杂，都可以通过结构性、一致性和反馈来理解。

为什么要研究信息之间的关系呢？主要因为有以下四个好处。

第一，信息的相互验证能够保证信息的准确性。拿螺丝配螺母，若配不上的话，不是螺丝错了就是螺母错了，这就是相互验证。比如，采购影响者的采购意愿是安稳模式，但是从协作程度上看是支持者，这就不对了。他都不想买，怎么可能支持你？又如，你落后竞争对手很多，却说当前订单是理想订单，这是罔顾事实。

第二，能找到隐藏的信息。信息不仅出现在变量中，还出现在变量间的关系中。比如 SSO 与 SPO 不一致，角色与 SSO 不一致，这种不一致本身就是信息。

第三，能找到未发现的风险和优势。来自"夹缝"里的信息往往是于无声处听惊雷。比如，研究预算与协作程度的关系。客户做了预算，往往意味着认同了第一候选供应商的方案，而能定预算的一定是具有高影响力的采购影响者。这意味着这个具有高影响力的采购影响者认可了第一候选供应商的方案。

第四，能在变量的相互协同与制约中找到定位和策略。变量是相互协同和制约的。比如，SPO 与采购流程之间的协同体现了"买什么决定了怎么买"。又如，角色之间的相互制约隐藏着很多策略。脚的问题可能出在头上。很多时候，策略并不一定出现在风险产生的地方，解决风险的办法可能远在千里之外。

变量之间的关系可能比变量本身还重要。人到了一定的年龄，随着阅历的增加，会达到一种"通透"的境界，就是找到了事物之间的联系，这种联系让我们看到了世界的本质。无论吃饭穿衣、学习工作还是销售，莫不如此。

接下来，我们对信息的结构性关系、一致性关系来做一个分析。

一、结构性关系

你在读本书第二篇的时候，有没有一种感觉，即在谈一个变量或子变量的时候，总是牵扯到其他变量。比如，谈采购流程时会牵扯到 PB、谈竞争对手时会涉及协作程度。这是因为这些变量之间有着千丝万缕的联系。这也是我写作本书时遇到的一个难题，既要分离又要结合，要将网状思想用树状结构以线性文字展开。

六大变量及其子变量之间有着千丝万缕的联系，由于篇幅有限，我们很难把所有的联系都描述清楚。举个例子，SSO 决定了采购影响者，采购影响者决定了个人的赢，个人的赢会影响结果（结果也会影响个人的赢），而结果又影响需求，需求又会影响采购意愿，采购意愿又影响协作程度。

又如，销售流程与采购流程的相互位置关系往往决定了你和竞争对手的位置，你与竞争对手的位置反映了协作程度，协作程度可能与 SPO 有关，SPO 与客户想要的结果有关，结果决定了如何满足个人的赢。

又或者，通过理想订单与采购意愿之间的关系、与竞争对手之间的关系、与采购流程之间的关系，你能挖掘出很多关系。对这些相互关系的挖掘，能让我们真正理解订单，看到平时看不到的东西。所谓模型，展示的就是变量与变量之间的关系。用詹姆斯·G.马奇的话说就是：决策的生命力在于组成元素的不断交互，甚至是以我们难以理解的方式。

结构性关系你可能根本记不住，没关系，作为一个开车的人而不是造车的人，你只要记住一条：不要孤立地看待某个变量，而要在观察一个变量的时候，同时考虑其他变量。做到相互验证和来回揣摩，就可以了。

二、一致性关系

既然信息是指某个时间点上发生的所有事情，反映的是一个订单的现实情况，它就应该有明确的一致性。所谓一致性是指一切为 SSO 服务，一切指向 SSO。当然，信息的一致性关系也包括信息之间的输入、输出关系。

观察策略销售模型你会发现，这种关系非常明确。首先，六大变量都是基础信息，你可以从客户方、竞争对手处和己得到，不需要推理。它反映的是事实和对事实的认知。

接下来，你要根据这些信息做分析，输出两类信息：订单面临的风险和优势。风险和优势类信息有时很明显，但有时也比较复杂，可能需要抽丝剥茧才能输出正确的信息。

风险和优势也不是最终信息,它们是当前位置的输入,当前位置又是替代位置的输入,而当前位置和替代位置又是策略制定的输入,策略又会作为执行的输入。这就是一致性。

执行的目的是靠近 SSO。是否靠近了 SSO 是验证策略有效性的首要标准,也是验证信息一致性的标准。当然,有时 SSO 离我们很远,我们很难瞄得那么准,这时就需要用定位来评估了。

信息的这些关系相互依赖、相互支持、相互验证,并且按照一个方向精确地相互协调。它们可以帮助我们看穿订单。结构性可以让我们对信息的真实性进行验证,并从多个方面制定策略;而一致性则促使我们始终关注 SSO。

第十一章

风险和优势

《孙子兵法》中说:"故善战者,立于不败之地,而不失敌之败也。是故,胜兵先胜而后求战,败兵先战而后求胜。"

这是什么意思呢?其实就是战斗前要先分析风险和优势。能够打赢再打,打不赢就不打。销售也是如此。

销售人员就像一个医生,订单就像一位患者,而信息就是各种各样的查体报告。接下来,销售人员要做的事情就是找出订单的风险和优势了,就像医生要确定病情一样。

不过在会诊之前,我们要再一次郑重地提醒你,要保证查体报告,即六大变量的全面性、及时性、准确性。信息质量决定着策略的好坏。

第一节 风险

总听销售人员说"运作订单",到底什么是"运作"?你刚进入一个订单时,希望实现自己制定的 SSO,但你的成功概率很小。经过一番努力,你基本胜券在握了。其间发生了什么?你消除了一个个阻碍你实现 SSO 的风险,如客户老板不支持、方案不匹配、客户觉得贵。你制定策略消除了这些风险,于是订单向实现 SSO 的方向推进了。这就是运作。

运作订单首先要回答两个问题:丢单的风险是什么?我用什么消除风险(或者获得优势)?接下来,我们先定义风险和优势。

一、什么是风险

所谓风险,是指影响订单定位的不利因素,它会阻碍 SSO 的实现。这个定义有点不好理解,不过你学完了六大变量,应该很容易理解了。风险示例如表 11-1 所示。

表 11-1 风险示例

序号	可能的风险
1	信息不及时,无法得到一手消息
2	信息不准确,模糊信息较多
3	信息不完整,缺失信息较多
4	信息之间存在冲突
5	客户信誉不好
6	需求匹配性差
7	订单利润低,赚不到钱
8	不能保证双赢
9	此订单没有足够的资源支撑
10	为此订单协调资源困难
11	交付困难
12	SSO 与 SPO 对应性较差
13	对 SPO 四要素有不清楚的地方,不能完整地描述
14	把自己的 SSO 当成了客户的 SPO,并且没有经过客户确认
15	你与竞争对手打成平手,或者你处于落后状态
16	进入订单时已经处于中后期

（续）

序号	可能的风险
17	你的销售流程落后于客户的采购流程
18	采购流程被竞争对手主导，你总是跟随
19	总是被动地接受评估标准
20	客户机构调整，可能有不可预料的角色变更
21	不知道谁是 EB
22	没有指导者
23	不清楚客户是什么采购意愿
24	存在安稳的采购影响者
25	存在自满的采购影响者
26	在安稳者没有变成趋利者或者避害者的情况下就开始进入方案评估
27	客户的采购意愿其实是你自己认为的，不是客户表现出来的
28	不区分不同角色的采购意愿，只用一种策略贯彻始终
29	组织利益（结果）没有针对具体的采购影响者
30	组织利益（结果）不具有强刺激性，过于笼统，客户关注度不高
31	不知道某些角色个人的赢
32	把自己认为的个人的赢当成了客户个人的赢
33	个人的赢是你猜出来的，没有经过验证
34	采购影响者不知道你能满足他的个人的赢的诉求
35	不知道客户公司内部的政治结构
36	有异议者、反对者和破坏者
37	覆盖程度不够，客户不愿见你

表 11-1 中列了很多风险，**但是你千万不要以为变量中的"负能量"就是风险。风险是指阻碍 SSO 实现的障碍**。变量中的负能量是不是阻碍了 SSO 的实现要从整体来看，仅看单个变量是无法直接定义风险的。比如，你认为风险是"价值贡献过低，只作用于基层"，但是 EB 认为就是要改善基层问题，那么你认为的风险就不是风险。所以，风险是需要提炼的，不是直接从变量中"摘抄"来的。

另外，表 11-1 不是让你用来对比着检查风险的。风险是分析出来的，不是查出来的。表 11-1 只列举了部分示例，仅供参考。

二、风险的级别

面对风险，我们的态度应该是什么？风险可能不计其数，尤其是在你刚进入订单的时候。掉进订单里和掉进迷宫里差不多,你很难一一解决风险。不能解决的原因多种多样,有时是成本问题,有时是能力问题,还有时是时机问题。比如,EB 反对,你没有能力一开始就说服他。怎么办呢?

这时你需要对风险进行分类,找到影响大的风险先处理。在这里,我们把风险分为三类:高风险、中风险、低风险。

1. 高风险

这类风险重要且紧急,是必须立刻解决的,否则你很可能被踢出局。以下几种可能属于高风险。

- 订单正在变得不够理想。
- 你的销售流程落后于客户的采购流程。
- 内部资源不匹配。
- 竞争对手处于遥遥领先的地位。
- SSO 与 SPO 差距太大。
- 有没发现或者没覆盖的采购角色。

2. 中风险

这类风险重要不紧急,不立刻解决不至于让你立刻出局,但是如果你不解决,后面就会变成高风险。所有紧急的事情都是因为重要的事情没做好而转变来的。以下几类可能是重要不紧急的中风险。

- 信息不全面,不准确度、不确定性过高,比如不清楚你和竞争对手谁领先。
- 客户信誉有问题。
- 客户的采购流程与你的销售流程不匹配。
- 客户的选型标准正在被竞争对手引导。
- 因为资源问题,不能及时响应客户需求。
- 竞争对手正在超越我们。
- 客户的 SPO 倾向于竞争对手。
- EB 不支持你。
- 没有指导者。
- 存在自满模式的采购影响者。

3. 低风险

这类风险通常由低影响力的采购影响者造成，往往表现得比较紧急，但是不用着急解决，解决起来也不复杂。以下风险可能属于此类。

- 竞争对手在加紧追赶，甚至已经和你并驾齐驱。
- SSO 中有个别内容很难改变。
- 有部分标准是竞争对手制定的。
- 方案中有与你的情况不匹配的地方。
- UB 或者 TB 反对。
- 存在安稳模式的采购影响者。
- 存在异议者。
- 有人支持竞争对手。

低风险也不能忽略，你不解决它，它就会变成高风险。销售工作就是这样，你觉得订单是你的，实际未必是你的；你觉得订单不是你的，那它一定不是你的。

需要强调的是，我们一直说的"可能是"某种类型的风险，这是基于综合判断的原则。在特定场景下，上面所说的低风险，如方案中有与你的情况不匹配的地方，很可能是一种高风险。

三、为什么要重视风险

找风险对销售人员实现 SSO 意义重大。具体体现在以下三个方面。

1. 防患于未然

找风险的作用之一，就是把那些可能的风险扼杀在萌芽状态。比如，你发现了未覆盖的采购影响者，他目前并未阻碍你推进订单，但需要立刻与之接触，甚至建立关系，不给竞争对手留下任何可乘之机。我们在前面谈到的"好订单没故事"就是基于这个原理。聪明可以解决一个又一个困难，智慧则可以避开这些困难。

2. 防止小病不治变成大病

把小病治好，就不会变成大病。这是一个抢占先机的概念。先下手好处多多。比如，某个采购影响者有异议，你及时处理了，他就不会变成反对者。再比如，你尽早整理出了完整的采购影响者清单，然后一一覆盖，竞争对手再做工作，难度就会加倍。

3. 促使你时刻保持警惕

只要没签单，就一定有风险，只是发生概率大小的问题。只要订单有变化，你就要重新分析，找出风险，尽可能地去解决。史蒂芬·E. 黑曼说：大单的成功是时刻保持警惕的结果。这句话可不是让你天天喊口号，警惕的意思就是要随时找风险。

不用担心风险多，有时这恰恰是一件好事。最危险的事情并不是风险多，而是你没有发现风险，风险一旦被发现就没有那么危险了。就像你讨厌红灯，但是它让你更安全。

我的一家客户一年前学习了策略销售，一年后出了一位销售冠军，是个女孩。这个女孩是那种不显山不露水的性格，大家平常很少注意到她，所以她成为销售冠军，很多人觉得不可思议。

在公司会议室里，老板请这个女孩分享经验，她紧张得连话都说不清楚，最后由部门经理替她发言。部门经理只说了一句话："她的成功就四个字——不折不扣。不折不扣地看表格（策略表），不折不扣地去执行。"

这个女孩见完客户，回到公司后就会对着策略表默默分析、整理一两个小时。她甚至把策略表分解成了各种浅显易懂的图表。只要找到风险，她就会努力去消除。她很少问风险会不会真的发生，只会问怎样消除风险。相反，那些自以为"聪明"的销售人员，总是告诉自己这不会发生、那不会发生，结果最后全发生了。

四、风险注意点

1. 风险和 SSO 有关

所有的风险都是相对于 SSO 而言的。比如，如果你的 SSO 里没有财务部门，那么对你来说没有覆盖财务部门的人就不是风险。

2. 风险和定位有关

风险当然会让你丢单，不过，在某一时刻，风险所造成的影响是让你处于不利的当前位置。比如，在一个订单里你没有发展出指导者，大部分信息你都不知道，这时你会发现你根本无法制定策略。我们一定要用定位的思想理解订单，这样才能看到订单全貌，否则很容易陷入只关注谁支持你、谁反对你的思维中，只见树木，不见森林。

3. 先尽量收集信息，再找出风险

每次我给销售人员做培训时都会反复强调，先有信息，再找风险和优势，最后制定策略。但是几乎每次分析订单时，很多销售人员还是争先恐后地直接出主意（策略）。这就是经验主义的表现。

为什么"先有信息，再找风险和优势，最后制定策略"这个看似很显然的顺序，总是很难落地？因为出主意太容易了，而收集信息却需要付出艰辛的努力。但是试想一下，医生不检查，或者检查完了不看报告就给你开药方，你会做何感想？答案不言而喻。

成功拿单和吃多少苦、跑多少路关系不大，和尊重规律，把事情做对关系最大。

4. 风险有时很隐蔽

通过表11-1，也许你会觉得发现风险很容易，有时确实如此，不过有时风险也可能很隐蔽。隐蔽的原因有很多，比如客户不愿意直接面对冲突，而喜欢躲在背后放冷箭；再比如信息搜集不全面，销售人员用主观想象代替事实。

这就需要你不断地推敲、反复琢磨，这也是销售冠军经常会看几小时策略表的原因。不过，我可以保证，如果你能看进去，它不仅不枯燥，反而会让你有一种"通透"的感觉。

第二节　优势

一、什么是优势

如果说风险像病，那么对症的药是什么？答案是优势。一说到优势，你的脑海里是不是会浮现出诸如质量好、品质优、交付期短、发展空间大等词语？很可惜，这些在策略销售中都不是优势。

在一个订单中，客户认为某位销售人员报的价格太高，比竞争对手高出40%左右。而销售人员给出的理由是自己所在的公司是行业老大，品牌好，所以价格高。

客户直接反驳道："你们的品牌好关我什么事？"

销售人员无言以对，客户这句话的潜台词是：你自认为的优势对我没有任何价值。

请记住，只有客户认可的优势才是优势。任何产品或方案都不具备天生的优势。

我对优势的定义是：**被客户认可的供应商的某项能力**。这项能力可能来自产品、方案或服务，也可能来自供应商的专家、技术人员、销售人员。比如，为客户提供参照系。

按照这个定义，你判断一下，如果你要卖房子，你的房子是学区房，这是不是优势？

当然可能不是，如果客户家里年龄最小的人都七八十岁了，你觉得他们会需要学区房吗？

可能你觉得这是"抬杠"，但这就是销售人员和市场人员的区别。市场人员并不面向具体的客户，他只需要把产品特点或者价值喊出来，喜欢的人自然就会来。但是销售人员需要面向具体的客户，所以，只有当前这个客户认可的优势才是真正的优势。以下内容是优势。

- 客户老板和你们的一位副总裁关系好，很认可这位副总裁。
- 客户认为你们的平台不错。
- 客户觉得你们的公司是大公司，很有实力。
- 客户觉得你们的产品简单易操作。
- 客户认为你们公司的某个工程师是顶尖高手。
- 客户认可你们的公司文化。

你想过吗，为什么客户会认为你的某项能力是优势？很简单，他认为你的这项能力可以帮他解决问题，让他获取更大的价值，也就是获得他想要的结果。优势之所以是优势，原因就在于它能解决客户的问题，为客户带来好的结果。

二、优势的用途

1. 提升你的定位

假设你们的一位副总裁和客户老板的关系不错（优势），同时，你一直没有办法覆盖这位老板（风险），你就可以通过这位副总裁和客户老板一起吃个饭，实现覆盖。运气好的话，你甚至可以获得客户老板的支持，这自然就会提升你的定位，让你更接近 SSO。这就是我们说的"优势是药"，它治好了没有覆盖这个"病"。

2. 区分你和竞争对手

客户为什么认可你的优势而不认可竞争对手的，就是因为你和竞争对手有差异。所以，优势也是客户区分你和竞争对手的关键。不过，需要提醒的是，差异未必是优势，因为差异是你直接与竞争对手比，而优势是你通过客户和竞争对手比。

3. 让客户多付钱

如果你不能确定你的某项能力是否为优势，你就问问自己：客户愿意为这个优势多付钱吗？如果答案是肯定的，它就是优势。再问问客户愿意多付多少钱，你就可以看出你的优势对客户来说有多大价值了。优势向前推导就是客户想要的结果，向后推导就是客户需求。

4. 为 SSO 的实现提供支撑

和风险一样，优势也是因 SSO 而确立的。只有能为 SSO 的实现提供支撑的优势，才是优势，否则只能算是产品或服务的特点。比如，你在某设计院工作，设计院里有一位国家级设计大师坐镇，但是你的 SSO 只是帮助客户设计一个厕所，那么这位设计大师的存在就不是优势。

5. 辩证地看风险和优势

一位销售人员介入了一张订单，他发现自己没有任何机会，因为客户打算只从一家公司购买，而他的竞争对手处于绝对领先地位。客户一直敷衍销售人员，说"下次有订单一定想着你"。

这看起来是风险，因为竞争对手处于绝对领先地位。不过，这位销售人员反复分析之后，把风险变成了优势，他告诉客户：“如果你所有的东西都从一家供应商购买，审计时你是不可能通过的。”客户听后立马态度大变，答应采购销售人员的产品。竞争对手的优势变成了风险。

和风险一样，优势也不是那么容易被发现的，而且同时要遵循双赢原则。上例中，销售人员看起来是在威胁客户，但换个角度，他也帮助客户规避了风险。

总体来说，优势意味着两件事：一是它能让你直接获得好的定位；二是它可以通过帮助你消除风险让你获得更好的定位。

三、优势的级别

我们把优势分为高、中、低三个级别。

优势的大小主要取决于支撑度，支撑度是指优势相对于消除风险、实现 SSO 而言能提供的支持的程度。比如，你的 SSO 中包含财务部门，财务模块是你公司的优势产品，客户的财务总监支持你，这就是高优势；相反，你的 SSO 中有财务部门，生产部长支持你，而生产部长很难帮你获得财务总监的支持，这个优势就不是高优势。

第三节　找到风险和优势

一、怎样寻找风险和优势

我在课堂上经常要求学员分析案例，其中一个环节就是找风险和优势。大部分学员在 20 分钟内就可以找出案例中的风险和优势。每次做完练习，我都会问学员：“现在大家用 20 分钟找出了 7 个风险、4 个优势。请问，对一个 100 万元的订单而言，拿出 1 小时来找风险和优势值不值？"

每次大家的答案都一样："值！"

然后我再问："拿出半天值不值？"

大家还是回答："值！"

然后，我再问："用一天呢？"

所有人的答案还是一样："值！"

为什么会觉得值呢？因为这是销售人员的"啊哈时刻"，他们经常会发现，一个订单表面平静却可能处处藏有暗礁，而一个困难重重的订单却可能迎来转机。每当分析风险和优势的时候，他们都能找到自己的"爽点"。更重要的是，他们发现了策略销售最有力量之处：它让你几乎不会犯错误。

想想，如果真的花半天甚至一天的时间，严格按照六大变量不断地找，还有什么风险发现不了？而发现了风险，问题就解决了一半，甚至一大半。所以，花时间找风险，也许是投入产出比最高的工作之一。

怎样才能找到风险和优势呢？风险和优势主要藏在两个地方：一是在每个变量中；二是在变量与变量之间的结构关系中。前者可通过在填写策略表时认真校准发现，后者可通过全方面分析发现。

克劳塞维茨（Clausewitz）在《战争论》中谈道：研究问题，我们先考查各个要素，然后考察各个部分及环节，最后研究其内在联系和整体。所谓"不谋全局者，不足谋一域"，这就要求我们在分析订单时要将整体与个体相结合。

你可能会认为只要收集到了信息，也理解了什么是风险和优势，再认真填策略表，风险和优势就能明明白白地摆在你面前。实际上，没有那么容易。一方面，它们可能隐藏得很深；另一方面，它们可能不在某一个具体的变量里，而是在多个变量间的结构关系里。

不过，风险也好，优势也罢，都是针对 SSO 而言的。所以，我们要瞄准 SSO。首先，在开始分析之前，你需要再回顾一下 SSO，问自己一个问题："它需要改变吗？"这是以始为终。

其次，每当你审视完一个变量，你都要问问自己："这个变量目前的状况是在靠近我的 SSO 还是在远离我的 SSO？"这个问题可以让你始终不脱离自己的目标。

最后，等你分析完了风险和优势，你还需要问自己："SSO 需要改变吗？"SSO 可以改变，但必须有充足的理由，不要轻易改变。很多时候，改变往往意味着会掉进竞争对手设置的陷阱里，也会让你迷失销售的方向。而失去信息，就会失去定位；失去目标，就会失去所有。

假设你和我一样是卖 ERP 软件的，客户的 SPO 里包含成本模块，成本会计是选型小组的一员，但是你的 SSO 里没有成本模块。请问，你敢不覆盖这个成本会计吗？

我们在课堂上讨论了这个问题，几乎没有销售人员敢这样做。说到底，他们就是不相信自己的SSO。如果你相信自己的SSO，你就可以不覆盖这个成本会计，这就是SSO给你带来的定力。

二、按照变量逐个找风险和优势

"揣摩"是策略销售中用得比较多的一个词。销售人员必须不断推敲、反复权衡，才能真正准确地定义风险和优势，这就是孙武所说的"多算多胜"。

怎么揣摩呢？本书为大家提供一种简单的方法：针对每个变量，不断地问自己一些问题。当你在回答这些问题时，你就是在揣摩了。请注意，问这些问题是为了从事实和客户认知中找出风险和优势，而不是让你考虑应该怎么做。一定要抑制住寻找策略的冲动。

1. 理想订单

我们给理想订单定义了10个评价标准，你可以按照这些评价标准对你的订单进行打分。需要特别提醒的是，理想订单的评价标准并非只在刚进入订单的时候有用。实际上，每次评价订单时都要去看，除非订单没有发生变化，因为它们决定了你要不要退出。

（1）信誉度

- 客户有没有拖欠款项的现象？付款方式是否合理？
- 客户对供应商通常是苛刻的还是愿意合作的？需要供应商垫资吗？
- 执行此项目的客户方人员有信誉吗？他们做出的承诺会兑现吗？

（2）采购潜力

- 除了这一单，未来三年还会有多少订单，能计算出来吗？
- 客户真的能给我带来其他订单吗，比如为我推荐系统内客户？
- 客户采购潜力的增长和我的产品或方案有关吗？还是仅仅和客户公司的成长有关？
- 如果有采购潜力，我们能从中找到切入点，在当前订单中争取到客户的支持吗？

（3）战略匹配度

- 这家客户属于我们公司希望开拓的领域吗？
- 如果不属于，标准产品能匹配这个订单吗？还是客户有很多个性化需求？
- 如果双方战略匹配，这能作为优势吗？也就是说客户认可吗？

（4）公司匹配度

- 这家客户选择供应商有什么标准？为什么是这个标准？
- 我们公司在规模上与客户相匹配吗？
- 如果相匹配，客户认为这种匹配会给其自身带来什么？
- 我能满足客户的所有需求吗？需要找合作伙伴共同完成吗？如果需要，客户认可这种合作模式吗？

（5）采购方式

- 客户最看重什么？价格、采购便利性、产品功能、共同开发方案？
- 客户希望长期合作还是只此一单？他们看重长期合作关系吗？
- 客户更愿意供应商与采购人员打交道，还是希望供应商与他们的业务人员多接触？

（6）需求匹配度

- 客户的需求我们能满足吗？
- 客户的个性化需求多吗？

（7）我方利润

- 按照我的SSO，这个订单有利润吗？
- 站在双赢的角度，还可以从哪些方面增加利润？
- 我追求的是长期利润还是短期利润？
- 所谓的长期利润，是真实的吗？

（8）对客户的价值贡献

- 按照我的SSO，我给客户带来的价值是什么？

- 如果没有给客户带来想要的结果，我是不是应该放弃？
- 我能为客户提供的产品、方案、服务之外的价值是什么？
- 我能提供的价值在哪些层面？

（9）采购意愿

- 客户内部谁想买？
- 客户为什么着急买或者不着急买？
- 紧迫程度对我而言是优势还是风险？

（10）竞争力

- 如果客户今天就需要签约，和竞争对手相比，我有希望拿下这个订单吗？
- 我和竞争对手的差距有多大？我是陪标的吗？
- 我是因为订单金额大才进入的，还是因为有希望才进入的？

2. 我方资源

我方资源评价既是一种成本考量，也是一种能力考量。所谓能力考量，是指考量我方优化内部资源配置的能力。当资源不匹配、能力跟不上、时间不充裕的时候，风险就出现了。

（1）人员配置

- 针对客户内部出现的采购影响者，我方团队的配置合理吗？配置有针对性吗？
- 结合 SSO，其中的方案经理、交付经理与 SSO 相匹配吗？
- 我的订单组织内部协作顺畅吗？作为销售（项目）经理，我能管理他们吗？
- 交付成本能确定吗？
- 除了订单组织中的这几个人，还需要哪些其他资源？

（2）时间资源

- 我有时间做这个订单吗？
- 与我手里的其他订单相比，当前这个订单处于什么优先级？

- 在当前采购阶段，方案经理、交付经理清楚自己手中订单的优先级吗？

3. SPO

SPO 的风险和优势主要来自和 SSO 的对照，也就是客户的 SPO 是否接近销售人员的 SSO。当然，也要考虑 SPO 本身的变化，以及是否会受到竞争对手的影响。

（1）使用范围

- 这些部门是谁定的？为什么要这样定？
- 先后顺序：为什么先让一些部门参与，后让另一些部门参与？这种顺序对谁有好处？好处是什么？
- 范围：为什么让一些部门参与，不让另一些部门参与？这种选择对谁有好处？好处是什么？
- 上下关系：为什么是在某个特定范围内（如部门内部），而不是在整个公司范围内决策，或者相反？这样做对谁有好处？好处是什么？
- 部门中哪些人是直接采购影响者（DB）？哪些人是间接采购影响者（IB）？
- 采购影响者背后是不是有一个共同的圈主？这个圈主被纳入采购影响者了吗？
- 竞争对手在这些部门做了什么工作？具体针对谁开展的工作？
- 使用部门和产品是怎么匹配的？

（2）客户期望

- 客户期望是什么？如果不清楚，可以通过谁了解？
- 我清楚客户的期望吗，还是只知道一个大概？如果是后者，这意味着什么？
- 客户期望是怎么形成的？我清楚吗？
- 客户期望背后的结果和个人的赢是什么？
- 客户期望背后的需求是什么？
- 我的方案与客户期望有哪些差距？
- 客户了解我的方案可以给他带来的价值吗？
- 客户如何看待，我的方案？他是怎么评价的？
- 对于客户期望，我的强势产品能满足，还是用弱势产品就能满足？
- 客户期望里面有没有竞争对手的强势产品或方案？

（3）客户预算

- 客户的预算是多少，你清楚吗？
- 这个预算对应的产品或方案是什么层次的？
- 这个预算是谁定的？他是采购影响者吗？
- 这个预算是怎么制定的？结合谁的方案制定的？客户有能力自己制定预算吗？
- 没有预算意味着什么？是不是假订单？是不是订单周期会很长？
- 钱从哪儿来？客户自筹？财政拨款？有没有钱不到位的风险？
- 预算下发到谁手里？哪个部门？哪个人？他是 EB 吗？
- 预算能改变吗？增加或者减少预算，会改变 EB 的人选吗？

（4）签约时间

- 这个时间是谁定的？
- 为什么定这个时间？
- 这个时间对谁有好处？
- 这个时间偏紧还是偏松？为什么？
- 为什么客户还没有定时间？
- 能推迟或者提前这个时间吗？
- 如果推迟，对客户的影响是什么？
- 在这个时间前后必须做哪些事情？你能利用吗？

（5）SPO 与 SSO 的关系

- 我的 SSO 是站在双赢的角度上确立的吗？
- SSO 与 SPO 之间的差距大吗？

4. 采购流程

采购流程主要有五个阶段，不同的阶段有不同的风险和优势。对销售人员来说，首先要搞清楚客户目前处于什么阶段。

（1）订单之前阶段

- 客户内部有类似产品或方案的采购路径吗？客户知道怎样购买这种产品或

方案吗?
- 结合我的产品或方案,可以找到客户中谁(具体的人)的痛点?
- 他的痛点足够痛吗?
- 他愿意把我介绍给 EB 吗?
- 竞争对手做过价值主张的陈述吗,尤其是向 EB 的陈述?

(2) 需求形成阶段

- 需求是谁提出来的?
- 这个需求全吗? 我覆盖了所有的 UB 吗?
- 这些需求是真需求吗? 谁来确定真需求?
- 客户清楚如何满足(期望)吗?
- 客户知道衡量"满足"的标准吗?
- 这些需求来自什么层级,操作层、管理层、决策层? 可以向上移动吗?

(3) 方案评估阶段

- 评估标准中哪些是对我有利的,哪些是不利的?
- 分数是怎样确定的? 背后的想法是什么?
- 哪些评估标准可以把竞争对手挡在门外?
- 改变某些评估标准的内涵,客户会同意吗?
- 有没有差异性标准,就是那种为了区分而设立的标准?
- 谁来评估? 可以调整评估人吗?
- 评估方式和过程清晰吗?

(4) 采购决策阶段

- 我向客户高层做过价值主张的陈述吗?
- 双方建立联系的最高级别是什么? 沟通频次怎么样?
- 清楚每个人的顾虑吗? 有没有通过覆盖了解每个 DB 的担心?
- 有没有不能处理的顾虑?
- 和客户商量过报价吗?
- 我是第几个和客户谈判的供应商?

- 准备好谈判策略了吗？
- 对客户的谈判策略清楚吗？
- 在正式报价之前，确保相关人员清楚价值并接受该价值作为结果了吗？
- 是不是在没有打消客户顾虑之前就报价了？

（5）签约之后阶段

- 客户的期望是否过高？
- 征询交付人员的意见了吗？交付有风险吗？
- 回款有困难吗？
- 了解客户怎么验收吗？
- 客户有不满意的地方吗？清楚客户满意度吗？

关于采购流程变量，除了要注意每个阶段要做的事情，还要站在全流程的角度看问题，也就是我们一直强调的与客户共舞。所以，销售人员还要问自己几个重要的问题。

- 我和客户处在同阶段吗？
- 如果是同阶段，是谁把客户带到了这个阶段，是我还是竞争对手？
- 我是不是跑到了客户前面？是否有采购影响者还没有走完某阶段流程？

5. 竞争对手

销售人员会有一种错觉，似乎所有的风险都来自竞争对手，是他们造成了风险。不能这样想，我们追求的是更好的定位。只有全面地、结构化地、顺序化地找出风险和优势，才能制定远超竞争对手的好策略，才能降维打击竞争对手。关于竞争对手的提问如下。

- 清楚有哪些竞争对手吗？他们背后都站着谁？
- 与竞争对手的相互位置是否清晰？证据是什么？
- 如果订单停滞，客户会什么也不做吗？谁会让订单停滞？
- 我在过度关注竞争对手吗？竞争对手做什么我也做什么吗？
- SPO 靠近竞争对手的 SSO 还是我的？怎么证明？

- 竞争对手有没有替代方案可用于打击我？
- 我和竞争对手的差异化所带来的价值，是客户想要的结果吗？
- 客户头脑中的期望是我建立的还是竞争对手建立的？
- 我或者竞争对手有什么额外价值（产品或方案之外的）？
- 竞争对手会怎么利用我的弱点来竞争？
- 有没有来自客户内部的竞争？
- 我是不是成了所有竞争对手攻击的目标？

6. 采购影响者

这是风险和优势最多的地方。需要提醒的是，当我们在说结构化时，变量内部的子变量也存在结构化关系，尤其是采购影响者的结构化关系非常复杂。

（1）采购角色

关于采购影响者，关键就是看销售人员能否找到、找对以及覆盖，找全则依赖于通过识别采购角色划定边界。

- 有没发现的采购角色吗？
- 谁是 EB？怎么证明他是 EB？
- 解决方案是怎么影响 EB 的？他认可对需求的定义和我的价值主张吗？
- 所有的 UB 都确定了吗？
- 我的产品或方案对 UB 的影响，UB 清楚吗？
- 每个 UB 的需求是什么，我清楚吗？
- 主动覆盖 UB 了吗？尤其是躲在后面的 UB。
- 确定 TB 了吗？
- 客户组织外部有没有 TB？
- TB 认定和重视的评估标准是什么？
- TB 关注的新技术、新平台是什么？
- 确定 PB 了吗？
- 我清楚采购程序吗？
- PB 清楚采购程序吗？
- 如果 PB 清楚采购程序，是谁引导的？是竞争对手还是我，或者是客户自己？
- 哪些程序在 PB 看来更重要？为什么重要？

- 哪些程序有利于我？哪些不利于我？
- PB 是如何影响 EB 的？
- PB 希望如何体现公平、公正、公开？

（2）影响程度

关于影响程度，关键是要定义准确。销售人员应聚焦于高影响程度的采购影响者，争取让这些人站在自己这一边。

- 对影响程度的分类有依据吗？
- 影响程度的高低是不是仅根据权力设定的？考虑非权力的影响程度了吗？
- 有没有忽略高影响程度的采购影响者？我的工作是否聚焦于他们？
- 影响程度是否在随着订单的推进而发生变化？
- 支持我的人是高影响程度的采购影响者居多还是低影响程度的采购影响者居多？

（3）结果与个人的赢

关于结果与个人的赢，关键在于识别与满足。销售人员应清楚每个采购影响者想要的结果和个人的赢，同时知道如何利用结果去满足个人的赢的诉求。

- 我清楚每个采购影响者想要的结果吗？是否把方案价值当成了结果？
- 我清楚每个采购影响者想要的个人的赢吗？验证过还是自己猜测的？
- 有没有不能满足结果的采购影响者？
- 有没有个人的赢的诉求不能得到满足的采购影响者？
- 我能带来的结果竞争对手也能带来吗？我能带来什么超越竞争对手的结果？
- 我的价值主张表述清楚了吗，还是很笼统、很模糊？
- 我有什么额外的价值作为撒手锏吗？
- 我提供的结果在哪个层面？会不会过低？
- 我给客户带来的组织利益，会影响客户公司的哪些业务流程？
- 当我带来结果时，这些结果怎么满足每个采购影响者个人的赢的诉求？我知道其中的连接关系吗？
- 我是不是误解了个人的赢，将其简单理解成了个人利益？
- 我反复验证过个人的赢吗？

- 为什么个人的赢对客户来说很重要？
- 每个采购影响者只有一个个人的赢吗，还是有多个？

（4）政治结构

了解政治结构有三个作用：一是通过一个人可以撬动整个政治结构；二是利用信任货币，实现更多人个人的赢；三是利用政治结构实现价值上移，满足高层想要的结果。

- 知道有几个政治结构吗？
- 清楚每个政治结构中谁是圈主，谁是追随者吗？
- 对政治结构清楚吗？
- 有办法增加信用货币吗？
- 是不是在通过站队赌博？
- 政治结构中有没有支点可以直达圈主？
- 是不是在自以为是地参与客户内部的政治斗争？
- 覆盖政治结构内所有人了吗？
- 清楚组织利益在政治结构里是如何传播的吗？

（5）覆盖程度

覆盖程度保证了信息的全面性、及时性和准确性，同时也是销售人员和客户私人关系的体现，对发现风险和优势至关重要。

- 所有采购影响者都覆盖了吗？
- 有较大变化的时候，是否重新覆盖了所有采购影响者？
- 是否有意无意地绕开了反对者和破坏者？对他们也反复覆盖了吗？
- 见高层（包括高层见高层）了吗？或者建立双方高层的关系了吗？
- 覆盖的时候，谈话质量足够高吗，还是仅仅打了个招呼？
- 覆盖的时候，是否增强了采购影响者对我的信任？

（6）采购意愿

采购意愿决定了买不买，当然也决定了支持或者反对销售人员的方式。在进入订单后，第一次覆盖时，销售人员就要搞清楚各个采购角色的采购意愿是什么。

- 每个采购影响者的采购意愿我都清楚吗？有证据吗？是不是将自己的认知作为采购影响者的采购意愿？
- 关于趋利客户想要的机会，沟通清楚了吗？
- 知道避害客户面对的问题吗？
- 知道安稳客户不愿意改变的原因吗？
- 自满客户为什么反对改变，了解清楚了吗？
- 随着订单的推进，他们的采购意愿有变化吗？为什么会有变化？

（7）协作程度

协作程度决定了采购影响者对销售人员的支持度，以及他是如何帮助销售人员的。所谓协作，就是指销售人员和客户怎样合作完成一次采购。协作程度得分是负数，或者没有指导者，都是很大的风险。

- 每个采购影响者对协作程度的衡量有充分的依据，还是猜的？
- 对于反对者，知道他支持的竞争对手是谁吗？
- 对于破坏者，知道他为什么不支持这次采购吗？
- 对于异议者，知道他的异议是什么吗？
- 对于支持者，他会正确表达我们产品、方案的好处吗？
- 对于指导者，他会不会是假指导者？
- 对于指导者，他的级别够吗？
- 对于捍卫者，是不是错误地将他当作指导者了？
- 对于捍卫者，清楚他力挺我的原因吗？

三、综合分析

除了逐个分析变量，我们还要进行信息质量分析以及结构性的综合分析。

1. 信息质量的风险和优势

- 信息的全面性如何？缺失的信息能找到吗？
- 信息的及时性如何？策略表反映的是此时此刻的信息，还是很久以前的？
- 信息的准确性如何？是不是在用自己的认知或者推理代替客户的认知？

- 反馈及时吗？包括指导者、覆盖程度、承诺目标。

2. 结构性关系中的风险和优势

- 你找出的风险和 SSO 有关系吗？是一致性的吗？
- 大变量之间可以相互验证吗？比如采购流程和竞争对手。
- 小变量之间可以相互验证吗？比如采购意愿与协作程度。

四、按照顺序分析

前面我们谈到了宏观、中观和微观，这也是订单分析的顺序。对于订单分析，销售人员首先要看宏观，即理想客户和我方资源，问自己三个问题。

- 这个订单算是理想订单吗？
- 我有时间、资源支持这个订单吗？
- 同样的资源，我可不可以把它们投入到更好的订单中去？

接着看中观，即 SPO、采购流程和竞争对手，问自己四个问题。

- 在采购流程中，我是处于领先位置还是落后位置？
- 相较于竞争对手，我是领先的还是落后的？
- 客户的 SPO 与我的 SSO 一致吗？
- 我的 SSO 是基于双赢原则确定的吗？

接着看微观，问自己以下问题。

- 采购影响者有缺失吗？有没有角色空缺？
- 角色之间的结构化关系清晰吗，如协作、博弈、制约？
- 我在关注高影响程度的采购影响者吗？
- 每个采购影响者所在的政治结构清楚吗？
- 我在持续地覆盖采购影响者吗？我们的信任关系怎么样（不是指支持度）？
- 我清楚每个采购影响者的采购意愿吗？而且在持续地关注其变化吗？
- 谁是支持者，谁是反对者？他们用什么样的方式支持或者反对？

以上的所有提问，可以列成一张表，销售人员可以在分析风险和优势时问自己。当然，实际使用时，销售人员也可以根据自己的情况做调整。提问的价值就是当你发现回答不了一些问题的时候，你就知道自己该干什么了。如果销售人员真的能回答出这些问题，或者准确回答其中大部分，那么这个订单可以说就在他的控制之下了。这就是策略销售的威力所在。

五、风险和优势是判断出来的，不是整理出来的

风险和优势源于变化，要么是变好，从而带来优势；要么是变坏，从而带来风险。

我们一直强调，风险并不是单个变量中的不利因素，有利因素也未必是优势，这需要结合 SSO 进行综合判断。销售人员回答了上面这些问题，并不代表答案就是风险和优势，还需要自己进行综合判断。所谓综合判断，其实就是利用变量之间的结构性、一致性等关系，再加上自己的智慧和经验做出判断。答案不是整理出来的，而是分析得出的，风险和优势源于事实，但是它本身需要判断。

| 第四篇 |

制定销售策略

| 第十二章 |

销售策略的定义与判断标准

终于到了制定销售策略阶段。"策略"和"战略"在英语里是同一个词"strategy",最早源于希腊语"strategos"(将军)一词,可见其与战争的关系密切。将军的职责就是排兵布阵,将一切安排得对自己最有利,从而使每次战术都取得最大成果。这就是策略的意义。

在20世纪五六十年代,"策略"的思想被广泛应用于企业经营,并取得了巨大的成果。站在做订单的角度看,将战争中的很多思想和做法应用于策略销售是再合适不过的了。

第一节　对销售策略的再理解

说到策略，大家的脑子里是不是会冒出很多词，如阴谋诡计、兵以诈立、出奇制胜？很遗憾，在大部分情况下，策略销售方法论里面所说的销售策略都不是这种性质的策略。虽然在做订单的过程中，人们偶尔也会使用这些策略，但它们不是主流。正如马克思在《资本论》中所说的："**未开化的人把全部战争艺术当做他的个人机智来施展。**"

销售策略的设计必须建立在双赢的基础之上，否则基本无法执行，因为策略的执行在大部分情况下要依赖于客户的配合。更重要的是，一旦客户发现销售人员在欺骗自己，销售人员失去的可能不仅仅是一份订单，还有一整个市场。客户不是销售人员的猎物，订单也不是销售人员的战利品。

什么是销售策略呢？我在导论里做过初步说明，现在你学习了六大变量以及如何分析风险和优势，我再给出一个正式的定义：**销售策略就是为实现 SSO，从当前位置到达替代位置而制订的行动计划，它阐明了在能力和资源约束下的聚焦行为。**

我们详细解释一下。

- 销售策略的制定和执行就是为了推动 SSO 的实现。
- 策略是逐步展开的，很难一步定乾坤。一个大单往往需要结合变化，多次制定销售策略，逐步向前推进，因此才有了当前位置和替代位置的概念。也就是说，销售策略就是为实现 SSO 而做的任务分解。
- 我们说策略销售为变化而生，有变化就需要重新分析订单。为什么策略销售如此重视变化？因为变化里有机会，因此一旦出现变化，销售人员必须重视。
- 制定策略还要考虑能力和资源。一方面，如果销售方（供应商）没有能力执行策略，那么再好的策略都是空中楼阁；另一方面，销售方必须考虑策略执行的成本，策略销售追求的永远是最小投入实现最大产出。
- 策略是聚焦行为，意思是销售人员要把时间、精力、人力都放在这件事上，集中弹药，饱和攻击，确保策略执行成功。不能浅尝辄止，更不能首鼠两端，既然销售人员认为这件事是正确的，就要坚持到底。这也是优秀销售人员的显著特质，他们在打"硬仗"时，会把身家性命豁出去。

- 策略是必须做、优先做的事情，但不是唯一要做的事情。也就是说，销售人员必须先做这件事，将其他事往后放，因为先做这件事，对推动订单的意义最大。比如，改方案、做测试，这些事都应该做，但是这些事未必是策略，因为它们可能并没有推动订单。不是所做的每一件事都是策略。
- 一个销售策略需要说明行动计划、资源保证、执行责任人、时间限制，以及要实现的目标——替代位置。

下面通过表 12-1 来具体说明。一般销售策略包括目标、执行时间、执行人、策略作用对象、具体行动计划、所需资源、希望达到的结果、需要了解的信息等几项内容。

表 12-1 销售策略包含的内容

目标（替代位置）：王主管向李总监建议增加成本模块，把替代位置推进到"突破"	
计划选项	计划内容
执行时间	周三下午
执行人	刘新、王教授
策略作用对象	成本科王主管。由于 SSO 里有成本模块，但是 SPO 里没有，所以需要说服财务科李总监增加成本模块，而财务科李总监非常信任成本科王主管
具体行动计划	展示成本模块的价值、实施风险。王主管个人的赢是建功立业，让政治结构中的圈主看到他的功劳。他觉得本次上线 ERP 系统对其个人发展是一个机会
所需资源	为第三方客户做成本模块实施的评估报告
希望达到的结果	让王主管理解成本模块是 ERP 系统不可或缺的一部分
需要了解的信息	了解客户方以前是怎么管理成本的，这需要向指导者请教

第二节　什么是好的销售策略

世界上最幸运的事情，就是一个聪明人想到了一个可以让大家一起偷懒的办法。策略是杠杆，好的策略可以让你用很小的力气排除很大的障碍。

很多人可能觉得制定销售策略是一件很难的事情。其实恰恰相反，采用传统的、"诸葛亮会"式的方法分分钟就能制定出一堆销售策略，对销售人员而言，唯一的问题是不知道选哪个（也许选哪个都不对）。这就需要一个标准，选出那些真正有用的销售策略。我们设计了三个销售策略衡量标准。

1. 它是否可以实现替代位置

策略是行动计划，计划的目标是到达替代位置，所以销售人员需要问自己：执行策略后，能到达替代位置吗？

需要说明的是，替代位置来源于SSO，二者之间是小目标和大目标的关系。但是，大目标可能太远，销售人员无法建立起策略与SSO之间的连接，这时更好的方式是先到达替代位置。

2. 它是否可以以恰当的成本执行

一件很容易被忽略的事情是，客户在订单运作中很少计算成本，尤其是一些隐性成本，比如请高级顾问的成本大于请普通顾问的成本。任何一个策略的执行都要考虑成本，销售人员可以饱和攻击，但不能浪费弹药。

比如客户是自满模式的，如果你不计成本地投入能改变吗？也许真的可以，但是这不符合策略销售的宗旨。

3. 是否有能力和资源执行

有一次我帮一个销售团队做策略分析，分析完毕后，领导要求大家分头行动，第二天检查大家的执行情况。

第二天检查时，有一位销售人员没有做任何事情，我询问他为什么，他的回答是："昨天周六，打扰客户不合适吧？"后来，我和他做了交流，这才发现，他是不知道如何与客户沟通。

我们之所以特别主张销售人员主导策略制定，就是因为策略的执行者通常是销售人员，只有他自己清楚策略能不能执行。那些从别人那里得来的"妙招"，看似很好，其实缺乏可执行性。而**策略的制定和执行本质上是一件事，不是两件事**。

| 第十三章 |

销售策略的制定过程

土伦战役是让拿破仑崭露头角的关键一役，当时敌军（主要是英西联军）在土伦港修筑了坚固的工事，又背朝大海，援军随时可以赶到，法军难以攻破。于是，法军统帅制定了强攻硬打的策略，要和敌人浴血奋战。

这时拿破仑站了出来，他制订的作战计划是：首先集中主要兵力攻占土伦港西岸的马尔格雷夫要塞（也称小直布罗陀），夺取克尔海角；然后集中火力猛烈轰击停泊在大、小停泊场内的英国舰队，切断英国舰队与土伦港守敌之间的联系，迫使英国舰队撤出港口。土伦港守敌在一无退路、二无援兵、三无火力支援、四无粮草的情况下，必然不攻自破。拿破仑的这个作战计划的要点是：不直接攻击目标，而是找到有利的攻击位置再打。

虽然后面有很多波折，但是法军最终拿下了土伦港。更重要的是，在这场战役中，一个军事天才冉冉升起，改变了法国乃至欧洲的历史。

拿破仑之所以屡战屡胜，是因为**他总是在能取得胜利的地点战斗**。几百年来，这种思想被广泛应用到企业中。所谓的企业战略定位，本质上也是对这种思想的应用。

这种古老的思想早已存在，但是为什么很少有人用呢？这源于"人性本懒"的思维。人们在思考问题时，总是趋向于用简单的方法解决复杂的问题，认为任何复杂的问题都有一个简单的处理方法。但是，这种"简单"的处理办法往往是代价最高的，比如直接闯进老板办公室……不仅如此，这种"简单"方法的失败率还极高。

第一节　策略制定的信息加工过程

销售策略决定了销售人员从当前位置到替代位置这段路可以怎么走，是跋山涉水，克服千难万险；还是策马狂奔，一日看尽长安花？

这取决于三个方面：信息收集的全面性、及时性、准确性，风险和优势分析是否全面、细致，以及我们接下来要说的策略制定的科学性。

在说如何制定策略之前，我们需要先梳理一下订单信息的加工过程，这有助于我们理解策略是怎样生成的。

首先，你从客户那里收集到了很多原始信息，这些信息可能是支离破碎的，和策略表的要求还有些差距。不过，如果你是按照策略销售六大变量收集的信息，即使你收集的信息不全面，也一定有指向性，即你在收集"对"的信息。

然后，你按照策略表的要求开始整理。注意，这是对信息的第一次加工，因为在整理过程中已经加入了你的思考和判断。比如，你不可能直接问客户信誉如何，客户的信誉是你判断出来的；你也不可能直接问客户是 UB 还是 EB，客户可能根本不懂。这种思考和判断让你把信息变成了数据。

有了数据，你开始找风险和优势。这需要综合性、结构化的思考，从局部到整体都要认真分析。你想在数据中找到风险和优势，这其实就是信息的第二次加工，在过程中你加入了洞察。

接下来是制定策略，你需要在原始信息、数据、洞察之外，再加一点你的智慧，包括你的经验、临场发挥、逻辑思维、执行能力，以及你的勇气和坚韧。这是信息的第三次加工过程。

所以，制定策略是一个系统思考的过程。所谓系统思考，就是全局思考、结构性思考、动态思考。全局思考就是将六大变量想全，结构性思考就是找到变量之间的联系，动态思考就是用定位的思想思考。**所谓算无遗策，首先是想全了。**

对于如何制定策略，我们在前面否定了"诸葛亮会"，否定了拍脑袋，否定了头脑风暴，否定了用勇气代替策略，那么怎样才能开动策略销售这部机器，让它生成行之有效的好策略呢？

销售策略的生成一共分为三个步骤：判断当前位置、确定替代位置和制定销售策略。接下来我们逐个阐述。

第二节　判断当前位置

所谓当前位置，就是根据风险和优势得出的对当前订单形势的综合性判断。而风险和优势又是你根据六大变量分析出来的。所以，当前位置就是你对订单进行通盘分析后的整体看法，这种看法表明了你离 SSO 还有多远。

假设你按照策略销售的方法分析了一个订单的六大变量，得出了下面的结论。

- 理想订单的总得分为 27，其中采购方式为价格重视型。
- 我方资源中，资源匹配性得分为 3，但是时间可用性得分为 –2。
- SPO 与 SSO 的相似度评价是匹配性一般。
- 对于采购流程，你与客户保持一致。
- 与竞争对手的相互位置，你认为你与竞争对手基本平手。
- 副总裁（EB）没有被覆盖。
- TB 中有一个人到现在还没确定，客户迟迟未指定，但是肯定有。
- 不知道怎么判断其中一个 UB 的影响力。
- EB 想要的结果不清晰，个人的赢你也不知道。
- 你的指导者是圈外人士，而 EB 是圈主，TB 是追随者。
- 一个 UB 的采购意愿是安稳模式，另一个是避害模式，一个 TB 是趋利模式，EB 的采购意愿不清楚，PB 是趋利模式。
- EB 是异议者，一个 UB 是反对者，另一个 UB 是指导者，一个 TB 是支持者，一个 PB 是支持者。

分析上述信息，你找出了两个高风险和两个高优势。两个高风险如下：

- EB 没有被覆盖，你无法用价值主张打动他。
- 指导者传递给你的信息质量不高。

两个高优势如下：

- 一个 TB 和一个 PB 是支持者，你可以在技术参数和采购程序方面引导客户。
- 一个 UB 对你能够提供的定制服务很感兴趣，觉得能解决他们目前棘手的问题。

有了上面的分析结果，如果你的老板问你，这个订单现在怎么样了，你应该怎么回答？你总不能把上面这些分析结果一股脑儿地直接甩给他吧，所以我想，你通常的回答可能是"有戏""问题不大""挺悬"或"没戏"。这些回答就是在说当前位置，是对订单的当前形势进行综合性判断后得出的结论。

关于当前位置，有两点需要说明。

第一，很多综合性判断的结论特别喜欢用概率来表示，比如有 70% 的把握、有 35% 的可能性。这种话听起来很严谨，领导也爱听，但其实没什么意义。单个订单是无法计算概率的（多个订单可以，如销售漏斗是可以计算订单转化率的，但是用多个订单算出的概率无法指导单个订单的运作），你可以定性地判断，但是很难定量地判断。明确定位的目的也不是让你计算概率，而是让你制定策略。

第二，我们为什么特别重视"综合"判断？因为订单是"立体"的，涉及六大变量，就像一个魔方。而大单的特点就是，只要你看错一件事，就有可能丢单。你看不全这些变量，做订单时就会经常遇到"偶然"事件。所以，你要尽量看全，而且不是只看全一次，而是要每次都看全，只有这样，你的成功概率才有可能最大。

关于定位，还有一个问题需要解决：给不同的位置起名字。这是因为类似"有戏""问题不大""挺悬""没戏"这样的名字太不规范了，不是销售人员的统一语言，很难用于销售管理。

我们对不同位置进行了细分和命名，如图 13-1 所示。

图 13-1 定位图

第一，观察。在这个位置上有两种情况比较常见：一种是你发现了一个商机，客户尚未开始采购，或者刚开始采购，你需要判断这个商机是否值得争取；另一种刚好相反，竞争对手已经做得差不多了，你要看看是否有必要进入。第二种情况有一个明显的特征：几乎所有变量的评价都是负面的，即处处都是风险，你找不到切入点。在这个位置上最容易犯的错误就是什么都做，而这种情况下销售人员做的很多动作不是因为策略需要，而是因为过于焦虑。

第二，试探。在这个位置上，你的主要工作是寻找切入点。比如有人对你的产品表现出了兴趣，有人觉得你们公司值得信赖，或者有朋友为你转介绍了，这些都可以作为切入点。这个位置最明显的特征是：客户的某个采购角色对你有了兴趣，但也仅仅是有兴趣。

第三，进攻。在进攻位置上，表明你已经在切入点上展开了行动。比如，确切地获得了某个采购角色的支持、竞争对手出了问题、你的产品或方案正好匹配了一个关键需求等。这个阶段最明显的特征是：你在订单中有明显的优势；支撑点开始显现。

第四，突破。在切入点上展开的行动取得效果之后，你就有了一个坚实的支撑点，这时需要稳固支撑点，从而寻求突破。比如，你发现了一个支持者所属的政治结构，就可以顺藤摸瓜触达圈主；又如，你的方案满足了老板的一个战略诉求，就可以直达老板。突破阶段不是指单纯有兴趣，而是得到了客户的初步认可，并且获得了某个高影响程度的采购影响者的鼎力支持。

第五，相持。相持位置最典型的特征是客户内部出现了多个采购角色支持你，当然，也有人支持竞争对手。相比于竞争对手，从总体看你没有明显的优势，从局部看高风险、高优势都很突出。这时你能选择的策略比较多，因为支撑点多了。不过，对于订单的最终归属，你依然是很忐忑的，你不能确定你能拿下订单。

第六，防范。这时你占据了优势，客户内部大部分采购影响者支持你，关键是高影响程度的采购影响者支持你。你觉得订单就是你的，但是采购流程还没走完。比如，你的方案获得了空前的好评，但是还没谈价格。在这个位置上，你要做的是防止发生意外。这个阶段最容易犯的错误和观察阶段相反，是容易骄傲，这带来的结果是销售人员什么都不做。那些动不动就说"控局"的人，就是犯了这个错误。

第七，阻止。这时你感觉到了威胁，这些威胁可能来自竞争对手，也可能来自客户。比如，客户要推迟采购计划，可能因为客户的需求发生了很大的变化，也可能因为客户内部有人开始对竞争对手感兴趣，而竞争对手的有些优势是你不具备的。形势开始变得对你不利，但是你尚且能控制。

第八，阻击。这时你发现，有些对你不利的事情可能无法改变。比如，有的人变成了你的反对者，你能做的只是想办法降低他们的影响程度。再比如，你发现客户内部有调整，支持你的采购影响者不可避免地要更换，你可能要为了拿下订单做出一些让步。

第九，割据。这时你发现，完全按照SSO拿下订单是不可能的了，你要做一些妥协，或者把一部分利益让给竞争对手。这个位置最典型的特征是，大家在不同的变量中各有明显的优势。

第十，撤退。这时你手里已经没牌了，在各个变量中都处于不利地位，或者虽然有些优势，但是赢单要付出的代价太大。你要做的是果断撤离，不再投入。在这个位置上最容易出现赌徒心理。

关于以上分类，我们需要说明以下几点。

1）定位是相对于SSO而言的，如果你调整了SSO，就必须重新评估当前位置。

2）千万不要把当前位置理解成针对对手的措施，它只是根据综合判断的结论得出的名称而已。这是不熟悉策略销售定位思想的人常犯的错误，他们总认为销售就是打倒竞争对手。

3）当前位置只表明此时此刻的状态，它不能表明你能否拿下订单。

4）位置的名称代表比较适合你的行动方向，如观察，其全称应该是"适合观察的位置"。这些名称表示的是你对订单此时此刻的状态的判断结果，或者是对你计划到达的位置的判断结果（替代位置）。

5）前五个位置表示你在攻单，你觉得订单还不是你的；后五个位置表示你在守单，你已经有了一定的把握，你要守住自己的胜利果实。当中有一条分界线，销售人员在运作订单的时候一般会有所感觉。如果没有，可参考第八章中所讲的竞争位置的判断依据。

6）我们为什么要把定位图做成圆形的，而不是线形的？因为策略销售认为，做订单不是线性进步的，也就是一天比一天更成功，而是来回折腾，经常要做"折返跑"。比如，一位销售人员是做线上传媒的，客户已经认可了方案（到了防范位置），但是客户方的老板受竞争对手的影响，突然表示线下广告更有效果。这就把销售人员一下子逼退到进攻位置。这也是我们反对用概率来衡量单个订单的原因。在你做下一个订单时，可以试着画一画你的打单路径图，你会发现，它根本不可能是一条直线，而是更像一条随机的曲线，这就像人生。

7）所谓策略，就是支持你从一个位置移动到另一个位置的行动计划。还是拿上面的线上传媒案例来说，你目前处于进攻位置，但是你希望跳跃到阻止位置，你发现如果想改变客户方老板的想法，有两件事可做：一是获得客户方市场总监对线上传媒的支持；二是找到证据，证明线上传媒更能达到传播目标。于是，你制订了行动计划。如果计划成功，你就能到达"阻止"这个替代位置，很容易接着到达"阻击"位置。这个行动计划就是策略。

8）位置的移动有时是主动的，有时是被动的。比如，在线上传媒案例中，销售人员被动地被客户方老板移到了一个位置。但是策略销售希望移动尽量是主动的，以减少偶然性。只有主动移动位置，才能增强确定性。主动性一直是策略销售的原则。

9）位置不是连续的。你可能进入订单时就处于防范位置，还可能从进攻位置直接跳到撤出位置，要具体情况具体分析。这和传统的流程思想差别巨大。策略销售为赢得订单（实现SSO）而设计，而销售流程为完成订单而设计，不论输赢。

10）从严格意义上来说，如图13-1所示的这种划分并不精确。你在分析订单的时候，最终可能不是精确地落到上述的10个位置上。

11）正因为划分不精确，你千万不要以为一个订单中就只有10个位置。你愿意的话，可以设计8个或者15个。我们之所以给位置命名，一是为了把当前位置和替代位置做区分；二是为了方便管理，当领导问你"这个订单到什么程度了？"，你可以给出一个确切的回答。

12）在传统的策略销售中，史蒂芬·E.黑曼用"心情"来评价当前位置，你也可以借鉴。但是，由于实际应用起来容易产生错觉，所以，我们改成了现在的模式。

对当前位置进行综合判断可能是策略销售里最难的事情，这就像打仗，双方指挥官都读过兵法，那比什么呢？比双方对当前形势的判断，也就是因地制宜的能力。而千难万难，判断最难。如果你想要判断准确，最重要的是获取靠谱的信息。在确定当前位置的过程中，你可能要不断地问自己一个问题：我还需要什么信息？

如果信息不全面怎么办呢？我的建议是，标出那些不全面的信息，然后尽最大努力去找。如果实在找不到，就先以已有的信息为基础制定策略，这样总比没有策略强。当然，如果你什么信息都找不到，你还有一招：放弃。

确定当前位置的过程就是"认识"订单的过程。最终判断出的位置可能和你的主观想象完全不同，甚至很残酷。有时你不得不承认，你处于很不利的位置，这对你的自尊心可能是一种打击，更麻烦的是你可能无法向领导交代。但是再残酷的现实也必须接受，因为不知道自己在哪里，你就永远不知道应该去哪里。

除了准确判断自己的位置，在可能的情况下还要学会隐藏自己，关键是两点：一是做好保密工作，如保护好自己的指导者；二是学会隐藏自己的真实意图，比如必要时将自己可以为客户提供的额外价值当作撒手锏。

一位销售建材的老销售员，他的订单周期一般在半年左右。他做订单有个习惯，在前期，也就是前四个月，他会尽量"隐藏"自己。比如，他很少介绍产品，很少展示自己的优势。在这四个月里，他主要了解需求、分析采购影响者、选择突破点、筹备进攻。但是在后两个月里，他会直接"炸响"，全面突破，行动速度非常快。

再回到本章开始的案例，并结合图 13-1，你认为自己处于什么位置呢？如果是我，我会把当前位置定位为"进攻"。理由很简单，EB 没有被覆盖，这个单子尚处于攻单阶段，而不是守单阶段。这就决定了当前位置在定位图的左半部分。

第三节　确定替代位置

当前位置是你在哪里，而替代位置是你要去哪里，它们是一条路上的不同位置（只是这条路不能提前设计）。

你可能会说，去哪里还用想？当然是奔着签单去。但是，SSO 这个终极目标可能离你还很远，就像下棋一样，你当然想赢，可是你无法从一开始就把所有步骤都想清楚。你要先想清楚下一步，同时兼顾终极目标。

另外，有时我们也不是奔着签单去的，比如，我们可能选择撤退。我们说的替代位置，是指当下最好的选择，虽然大部分情况下它是奔着实现 SSO 去的。从这个角度来讲，10 个位置没有好坏之分。虽然"防范"看起来比"观察"要更接近终极目标，但是我想告诉你的是"防范"不一定就比"观察"好。它们都可以是当下最好的选择。这和我们日常理解的销售过程有很大不同。

这里有一个容易误解的地方需要说明。在以销售流程为指导的传统销售模式中是没有定位这个概念的，既没有当前位置，也没有替代位置。因为销售流程把一切都安排好了，上一步（当前位置），下一步（替代位置）都是固定的。而策略销售则认为，一切都是动态的。

我们在前面讲过，线性流程根本无法指导具体的订单运作，在实际的订单运作中，可能有多种关于下一步（替代位置）的选择，如销售人员可以争取 EB 的支持、可以通过做测试获得 TB 的认可、可以把客户拉回开始的流程，一切都是因地制宜的。也正因为选择多，不同选择的结果也肯定会有不同，所以销售人员必须确定替代位置，它可以让你以最好的方式靠近 SSO。

还需要提醒的是，确定替代位置并不是制定策略，而是指确定策略要达到的目标。**先不考虑具体做什么，而是先考虑目标是什么**，这一点很重要。

讲课的时候，我会经常组织学员制定策略。我发现有一个错误几乎每个学员都会犯：大家总是先有行动后有目标，而不是先有目标后有行动。

我们分析了产生这种现象的原因，很简单，大家习惯于按照既往的经验做事情。大家总是会做什么就做什么，而不是该做什么就做什么。这就违背了策略制定的基本原则——"以终为始"。

替代位置的设计就是让销售人员先知道该做什么，再说怎么做，这就避免了经验主义的错误，也让你更容易靠近 SSO。

1. 找到替代位置

当前位置可以根据收集到的信息来判断，那么替代位置怎么选呢？选择替代位置主要从 SSO 与当前位置两方面来考虑。

（1）从 SSO 倒推

从 SSO 倒推，销售人员要问自己以下问题。

- 按照我的 SSO，使用部门还需要增加、减少、替换哪些？
- 按照我的 SSO，产品或方案需要增加、减少、替换哪些？
- 按照我的 SSO，日期应该提前、延后还是不变？
- 按照我的 SSO，价格应该提高、降低还是不变？

问自己这四个问题只是第一步，销售人员要接着往下想。比如，你认为产品或方案需要调整，如要增加机电设计和施工部分，那么你需要接着问：针对机电部分，客户的需求是什么？再问：这个需求背后站的是哪些人？这时，你就可以得出一个结论，你需要获得这个（些）人的支持，如把机电主管变为自己的支持者。这就是以终为始。

如果你发现现在没有办法直接把机电主管发展成支持者，你可能需要再问：谁能影响机电主管？就这样层层深挖，直到你有能力完成为止。

再比如，你要向上调整订单金额，由现在的 120 万元提高到 300 万元。你有三条路径可选：一是增加产品，多卖给客户一些东西；二是扩大规模，让 40 家分公司都进入订单，而不仅仅是前期的 10 家；三是更换产品，把从前的低端产品换成高端产品。然后，你分析了三种可能性，最后决定采用第三条路径。再进一步分析，你发现客户的两个 TB 是重中之重。这时，你要争取获得两个 TB 的支持，让他们成为你的捍卫者。

又比如，你要调整日期，希望延后一个月。你需要让客户在评估阶段多待一会儿，这当然需要增加一些工作程序，于是你的目标是在采购程序上说服客户增加一个产品测试程序。再往下推，这件事需要获得 PB 和 TB 的支持。这时，你的目标就是说服他们。

不知道大家注意到没有，这种思考方式有一个特点，就是要抑制住自己考虑"怎样做"（how）的冲动。一方面，替代位置是策略要实现的目标；另一方面，它又是 SSO 的解码，也就是由大目标分解出的阶段性小目标。只有确认好目标，才能正确行动。否则，你在错误的方向上越努力，错得就越离谱。

（2）从当前位置正推

优势和风险源于订单的变化，所有的变化无非带来两种影响：一种是正面影响，它作为下一步的支撑点，让销售人员更靠近 SSO，我们将它叫作优势；另一种叫负面影响，它阻碍销售人员实现 SSO，我们将它叫作风险。所以，分析优势和风险，就是在思考替代位置。

了解了当前位置的优势和风险后，销售人员要问自己两个问题。

- 消除哪个（些）风险，可以让我更靠近SSO？
- 强化哪个（些）优势，可以让我更靠近SSO？

比如在一个订单中，你可能同时遇到以下四种情况。

- 你的当前位置上有一个风险：一个TB是反对者。这时，你可以问自己：如果他不再是采购影响者，如被调离了，你的位置会如何变化？
- 你有一个支持者。你可以问自己：如果他变成了捍卫者，可以帮你做你现在做不了的事，你的位置会如何变化？
- 你现在处于落后的位置。你可以问自己：如果把客户拉回与你共舞的位置，你的位置会如何变化？
- 你现在领先于竞争对手。你可以问自己：如果进一步拉大和竞争对手的距离，你的位置会如何变化？

我们所说的位置会如何变化其实还是相对于SSO而言的。再次强调，在这里，仍然不要考虑怎样做，只考虑改变成什么样。抑制住自己考虑"怎样做"的冲动会让你受益无穷。

2. 确定替代位置

你可能觉得从SSO倒推和从当前位置正推这两种方法会导致出现两个替代位置。你错了，可能会出现多个替代位置。比如，上面四种情况就有四个位置，这四个位置完全可以同时出现在一个订单中。再加上你在SSO中倒推出来的位置，可能你有七八个替代位置可选。但是，你不可能同时向七八个方向前进，策略销售要求你一次只能选择一个替代位置。

只选择一个替代位置，有两个原因。第一，策略销售要做重要的事情，而不是做所有的事情，要有优先性而不是普遍性。研究表明，一个人只能同时关注1~2个目标，很难同时关注两个以上的目标。第二，每当你到达一个新的替代位置时，信息都会发生很多变化，这时你需要重新按照策略销售的步骤走一遍。

怎么找出那个替代位置呢？标准是选择最能帮助你实现SSO的那一个。

你需要针对每个替代位置问自己一个问题：如果我到了这个位置，它能在多大程度上帮助我实现 SSO？举例说明。

一位销售人员正在运作一个 ERP 订单，他一直处于不利局面，但是机会突然来了。客户内部发生了重大变化，客户把一个部门级项目升级成了一个战略级项目，并且更换了 EB，由信息中心主任换成了财务副总。这个变化也是因为有销售人员的参与而形成的。

销售人员的 SSO 中有财务模块和营销模块，当然，还有其他一些模块。在项目升级之前，客户的 SPO 中没有财务模块和营销模块，但在项目升级之后，这两个模块都进入了客户的 SPO。

现在销售人员有四个替代位置：

- 把生产部长的采购意愿变成趋利模式。这位部长从前是自满模式（这是无法被改变的模式），销售人员认为随着项目的升级，他的采购意愿很可能会发生变化，一旦他发生变化，就要想办法把他变成趋利模式。
- 发展营销部长作为指导者，以便更好地了解采购委员会的相关情况。从前的指导者在升级之后，没有进入选型委员会，作用大大减弱，销售人员一下子变成了"聋人"和"盲人"。他急需一个新的指导者。
- 让财务模块成为首批实施的模块，从而覆盖财务部长。客户的选型团队新增加了一个 UB，是财务部长。这位部长刚进入公司不久，销售人员希望先下手为强，覆盖这位部长。如果销售人员能够让财务模块成为首批实施的模块，后面选型时想不采用销售人员的产品都难。
- 获得帮 EB 做总体规划的机会。做总体规划的过程就是一次权力再分配的过程，这是执牛耳的事。如果 EB 能抓住这个机会，客户内部的政治结构就会发生巨大的变化，选型委员会其他成员就会唯 EB 马首是瞻。而 EB 是销售人员的支持者，如果 EB 愿意让销售人员参与，这对销售人员的帮助不言而喻，对提升销售人员的当前位置也意义重大。

这四个替代位置你会选哪个？如果站在 SSO 的角度分析，最好的替代位置是第四个，因为一旦成功，几乎是毕其功于一役。而如果能到达第四个替代位置，那么其他三个替代位置也相对容易到达。站在优先性的角度考虑，当然要选择第四个。

不是向确定的方向移动，而是向能取得胜利的方向移动。这种思维模式是每次移动后都要重新拟定替代位置的基础。正源于这种思维模式，我们才有了真正的、因地制宜的、有竞争力的策略。

3. 对替代位置的描述

描述替代位置和描述当前位置有一个不同，当前位置直接用 10 个位置来描述即可，但是替代位置直接用 10 个位置往往很难描述清楚，所以，我们用"要达到的目标位置"来描述。比如，要达到进攻的位置，需要获得 TB 的支持；要达到防范的位置，需要让客户在 SPO 里增加防火材料。大家应该看得出来，这里的小目标很可能就是下一步的优势。

第四节　制定销售策略

一、确定制定销售策略的顺序

你有没有过这样的体验，你认为天大的事情，部门经理随手就解决了；部门经理认为千难万难的事情，老板一句话就解决了？这就告诉我们两件事：一是要从不同的层面理解一张订单；二是碰到问题时要往"高"处想，看看在更高的层面上好不好解决。

制定策略的第一个步骤就是识别变化，这是策略销售里最耗费时间和精力的事情，更确切地说，销售人员在订单运作过程中的大部分时间都花在这里了。

识别变化必须明白两件事：首先要详细了解每个变量及其子变量；其次要了解每个变量的衡量方式。在这之前，我们需要知道怎样才能看清楚一个订单。每个订单的六大变量再加上子变量有几十个，我们无法一下子弄清楚。即使我们能全面俯瞰订单，也需要按顺序来看。这里所说的顺序不是指做订单的销售顺序，而是指审视订单、制定策略的顺序。

应该按照什么顺序呢？不妨参考《孙子兵法》的写作顺序。《孙子兵法》按照先宏观再中观最后微观的写作顺序展开：先是讲五事——道、天、地、将、法，这是从宏观层面分析该不该打仗；接着是作战篇、兵势篇，谈指挥系统、后勤准备，这是从中观层面进行分析；然后是军争篇等，从微观层面阐述用兵之法。

《孙子兵法》为什么这样写呢？因为这是战争中的决策顺序。宏观决定中观，中观决定微观，所有变量都会对战争的胜负产生影响。宏观不行，中观的胜利只能靠运气；中观不行，微观拼尽全力也很难获胜。

做订单也一样。在前面，我们知道了六大变量——理想订单、我方资源、单一采购目标、采购流程、竞争对手、采购影响者。我们把这些变量也分为宏观、中观和微观三个层面。宏观层面只有理想订单和我方资源两个变量；中观层面有单一采购目标、采购流程和竞争对手三个变量；微观只有一个变量——采购影响者。这样划分有两个原因：一是遵照销售的决策顺序；二是提升对订单的控制力度。

1. 遵照销售的决策顺序

制定销售策略的过程本质上是一个销售决策过程，决策过程当然有顺序。比如，首先要看一个订单该不该做，有没有机会战而胜之；其次要分析投入多少资源，自己有没有能力投入。如果一个订单不该做，后面的事就不用分析了。或者这样说，订单该不该做，是首先要决策的。遵照销售的决策顺序有以下三个好处。

1）始终保持全局视角。全局视角是策略销售特别提倡的，甚至为了全局利益可以牺牲局部利益。销售人员太容易受微观层面的事物影响，因为微观层面的事物每天都在变化，而销售人员时刻关注，所以，经常是只见树木不见森林。

2）可作为决策依据。如果面对一个大单，销售人员对领导说："客户的一个采购人员是我初中的同班同学，他肯定会帮我。"这个大单做不做？直接从微观层面（采购影响者）判断，当然可以做，但是中观上可能采购流程已经到了后期，并且改变不了单一采购目标，那么微观上的优势有什么用呢？

3）可以节约时间。很多公司在每周的销售会上都要审核订单，两小时的会可能要审核十几个订单，遵照销售的决策顺序可以帮助公司节约大量的时间，因为不同变量的变化频率不一样。比如，客户方一位采购影响者的倾向性可能是高频变化的，而客户的需求是中频变化的，客户的信誉可能常年不变。对于一次订单审核，那些不经常变的就不要再关注了，只看那些频繁变化的变量就可以了。

2. 提升对订单的控制力度

将变量划分为宏观、中观、微观的第二个原因是可以提升对订单的控制力度。

如果你仔细研究过就会发现，宏观层面的变量最难控制，中观层面的其次，微观层面的比较容易改变。但是，宏观层面的微调可以大大影响中观层面，中观层面的变化可以很深入地影响微观层面。它们之间的关系就像时针、分针和秒针，宏观层面移动一格，等于中观层面转一圈；中观层面移动一格，等于微观层面转一圈。

这告诉我们一个制定销售策略的原理：能在宏观层面上做的事，就不要在中观层面上耽误工夫；能在中观层面上制定策略解决的问题，就不要在微观层面折磨人。比如，能在理想订单上，从战略入手达成战略合作的，就不用再纠结采购流程如何制定了。再比如，能在采购流程上调整的，就不要在采购影响者身上耽误时间了。

综上所述，我们在前面介绍变量的时候，也是按照宏观、中观、微观的顺序展开的。首先，介绍了理想订单和我方资源的概念，让销售人员从宏观上分析订单要不要做；接着，我们谈到单一采购目标、采购流程和竞争对手，让销售人员把握好中观层面，即一个订单的发展趋势和环境；最后，我们谈了采购影响者，也就是从微观层面上理解怎样在"人"的身上下功夫。

二、制定销售策略的思考方向

现在你知道自己在哪里（当前位置），也知道下一步要去哪里（替代位置），接下来当然是选择一条最容易到达替代位置的路径。制定销售策略就是帮你选择最优路径，并确保这条路径你有能力走完。所以，接下来我们要探讨怎么制定销售策略。

制定销售策略首先要看当前位置和替代位置，了解它们之间的距离有多远，也就是差距。这个差距决定了策略的难度。比如在你的当前位置上，有人是反对者，你的替代位置是把他发展成捍卫者，这就太难了。

那么，销售策略该怎么制定呢？主要的思考方向有八个。

1. 数牌：知道如何利用已有优势到达替代位置

先来看一个案例。

一位销售心脏支架的销售人员最近遇到了一件难事。他的一家医院客户的采购部门发现了价格倒挂现象。也就是说，医院卖给患者的心脏支架的价格，竟然低于销售人员卖给医院的价格。

发现此事后，采购部门并没有提高自己的价格，因为他们要保护患者的利益。所以，他们希望销售人员降低价格。而由于成本高，销售人员也没法降低价格，双方陷入了僵局。

于是，销售人员找到了科室主任（TB），说服科室主任不更换品牌，否则会对病人的健康产生不利影响，更重要的是对科室乃至医院的声誉也会产生不良影响。同时提出了一个折中的方案，通过提供其他额外价值，在不降价的基础上，保证医院的利益。他希望科室主任帮忙，说服采购部门不更换品牌。

果然，采购部门找到科室主任，询问更换品牌的可能性，科室主任表明了随意更换品牌会对病人的健康有不利影响。采购部门也觉得责任重大，最后接受了折中方案。这是一个双赢的结果。

案例中的销售人员赢在哪里？毫无疑问，赢在有科室主任的支持，也就是说他利用了自己已有的优势，即科室主任是他的捍卫者。

在销售策略的制定过程中，我们反复强调，**一旦定位好替代位置，立即要做的一件事就是检视自己的优势**。为什么要这样做？因为优势是弹药。你在冲锋之前，当然要检视一下弹药，如果有子弹，扣扳机就行了，不需要拼刺刀。

这看似很简单的道理，很多销售人员常常会忽略。工作的原因，我几乎每天都会收到销售人员请我分析订单的请求，他们通常会先说一堆的订单背景信息和遇到的困难，然后请我给出策略，但是极少有人告诉我这个订单的优势是什么。要知道，你没有弹药，我很难给出打胜仗的策略。

2. 抓大牌：学会扩大优势

想象你手里有一堆大牌，这牌是不是很好打？所以，除了利用优势，你还要学会扩大优势。

曾国藩有一个军事思想：结硬寨，打呆仗。这六个字的要诀就是在扩大优势上下功夫，一旦你的优势足够大，那些大江大河立刻就变成了小沟小壑，你一抬脚就可跨过。扩大优势是策略销售的另一个重要思想。

前面我们说过，要努力把支持者变成捍卫者，这其实就是在说要尽可能地把优势扩大。我将这个思想推而广之，即一旦你处于领先地位，务必利用这种领先地位，让自己尽快处于更领先的地位。

- 一旦你的 SSO 接近客户的 SPO，那就让它们更靠近。
- 一旦你领先于竞争对手，那就抓紧冲刺，让竞争对手没有时间运作。
- 一旦你在控制采购流程，就要加深和 PB、TB 的关系，加快推进采购程序执行。
- 一旦你获得了某些采购影响者的支持，就要让他们变成你的捍卫者或者指导者。

扩大到什么程度为止？扩大到你在局部形成垄断优势。所谓垄断，就是你的地位别人难以撼动。

为什么要如此重视扩大优势这件事，有四个原因。首先，小优势和大优势的差别不是量上的差别，而是质上的差别。你基于大优势制定的策略优于基于小优势制定的策略。其次，一旦你有了小优势，很容易在此基础上建立大优势。想想从冷脸相待到一起吃饭有多难？再想想，从一起吃饭到称兄道弟有多容易。这么重要又这么容易的事情你为什么不去做呢？再次，你的优势往往就是竞争对手的薄弱处，比如你的捍卫者就是竞争对手的反对者，所以这是一举两得的事。最后，一旦你占据了有利位置，别人就失势了。为什么诸葛亮非要守住街亭，就是这个原因。支持你的人，别人很难再拉过去，这倒并不一定是因为支持你的人与你的关系有多深，而是他们已经在你身上付出了成本，比如在领导面前夸奖过你，他没法反悔。

扩大优势很重要，却很容易被忽略，为什么会这样呢？因为这个世界上"聪明人"太多，许三多式的"傻子"太少。这些"聪明人"总是思维活跃、奇策百出，以至于他们忘了最基本的东西。而这些最基本的东西往往是坚不可摧的。所以，对于优势，我们引用清华大学吴军博士的一句话：每前进一步，都要聚集足够多的势能，作为下一步的基点，而不是每次都要重新开始。

一旦获得优势，就要充分利用优势，把优势最大化。利用优势，扩大优势，扩大了再利用，利用了再扩大，不断升级手里的牌。

所以，制定销售策略的时候，你首先要问自己三个问题：

- 我能够利用哪些优势到达替代位置？
- 我怎样利用这些优势到达替代位置？
- 如果达不到，我是不是需要扩大优势？

3. 及早攻克里程碑，获得先发优势

销售过程中总会有些关键节点，如找到关键需求、帮助客户制定选型标准、获得高层支持等。每个订单的关键节点可能都不一样。

及早攻克里程碑的意思就是尽快帮你通过一个或几个临界点，一旦过了临界点，销售人员的工作就会变得很容易。

我们为什么提倡尽早过临界点呢？这是因为你的竞争对手很少会注意到你过了临界点，这就造成了不对称优势。而这种不对称优势，又可以帮你快速撬动

其他变量改变。想想 EB 一开始就支持你和到最后才支持你，你打单的过程能一样吗？

我在做讲师之前签下的最后一个订单是在福建，当时是辅助一位销售人员做最后的谈判。在这个订单中，销售人员做得非常好，他抓住了客户急于上线的心理，快速推进订单。在整个过程中，没有竞争对手参与。

在我们谈判完毕，拿着盖好章的合同向外走的时候，我们看到了竞争对手，他们正在 UB 处做调研，我们清楚地听到他们询问 UB："你们的需求是什么？"

当竞争对手还在徒手翻山越岭的时候，你已经在盘山公路上开车了；当竞争对手好不容易爬上了一段峭壁时，你已经到达终点了。这就是及早攻克里程碑的意义。

4. 利用优势叠加效应

利用优势叠加效率就是同时考虑两个或多个你已经具备的优势，看看可以产生什么样的化学反应，也就是追求 1+1>2。吉姆·霍尔登在《基于影响力的销售方法》一书中也谈到了这个策略，这是一种很奇妙的思维模式。

优势叠加意味着同时或几乎同时完成多个任务，建立多个优势。请注意这里说的是"同时"和"多个"，这些任务在时间上越接近，它们之间的协同作用就越大。换句话说，当你同时完成几个关键任务时，就会产生最大的协同作用。这种作用数倍于单个优势的作用。

举个例子，你只获得了 EB 的支持，可能 TB 会反对你的产品或方案，这时事情就很难办。如果你同时争取到了 EB 和 TB 的支持，两个优势叠加，这事就成了，甚至后面都不用去找竞争对手比价、不用拼产品，销售周期可能也因此变得非常短，这就是优势叠加效应。这也是我们说的"好订单没故事"的理论基础。

吉姆·霍尔登说："堆叠以几何方式降低了竞争的脆弱性，同时不成比例地增加了获胜的潜力，二者齐头并进。"

我们总在说，做订单需要运气，其实我们说的运气，大部分就是优势叠加。

吉姆·霍尔登强调的只是早期的优势叠加，不过顺着这个思路想，如果能在制定策略时从优势叠加这个角度出发（不管是不是处于早期），就会为我们开辟一个新思路。我们将这种思路称作"优势总在交叉处"。

- 政治结构内的人都支持你，你可以利用政治结构"围攻竞争对手"。

- 一位 TB 和一位 PB 都是你的支持者，让这两个优势叠加，比如两位可以一起写样板客户的参观报告，也可以让 TB 写测试报告，PB 向领导汇报。这样做很容易通过领导批准。
- 客户老板（EB）很认可你们抢工期的能力，同时，项目经理（UB）的采购意愿是避害模式，抢工期对他来说是生死线。二者叠加，你可以请老板把你推荐给项目经理，然后利用抢工期来获得项目经理的支持。这一单基本就成了。
- 客户对你们能提供的定制服务很感兴趣，觉得能帮助他们解决目前棘手的问题。同时，采购流程中，你处于引导客户的地位。二者叠加，你可以帮助客户确定选型标准。

我们只是分析了二者叠加，如果三者、四者叠加呢？这种思维模式和后面将提到的杠杆原理都是制定策略的重要方法，这两种方法最大的特点就是容易找到"狠招"。

一位装饰行业的销售人员正在运作一个订单——一家五星级酒店的装修，预算大约为 1.5 亿元，但是销售人员进入订单的时间比较晚了，他是第十一位进入订单的。

经过一番努力，销售人员获得了两个优势：一是客户认可他们抢工期的能力；二是销售人员了解到了客户方老板个人的赢。

这家五星级酒店是这座县级市第一家五星级酒店，某位重要客户的儿子希望 10 月 30 日在这家酒店举办婚礼。老板个人的赢就是让婚礼如期举行，让这位客户满意。

将这两个优势叠加后，销售人员便开始行动了。他先告诉老板，如果正常推进，10 月 30 日前肯定完不成，然后说明了理由，老板很担心。销售人员趁机说明了自己所在公司在抢工期方面的优势，老板表示认可。

在接下来的七天里，销售人员快马加鞭，又攻克了多座里程碑。

- 与设计部经理吃饭，了解设计来不来得及。
- 与工程部的人员聊如何抢工期，突出自己所在公司的优势。
- 跟合约部吃饭，给他们出主意，在设计没做完的情况下，该如何定价。
- 跟老板吃饭，排工期，把设计的周期、各大设计的节点、施工进场的时间、施工中期的节点控制、工程的交付都说清楚，并进一步用工期向老板施压，告诉老板找小公司肯定搞不定，要找大公司（销售人员所在的公司就是大公司）。

优势叠加以及快速攻克里程碑，让销售人员迅速获得了竞争优势，老板亲自出面劝退了竞争对手。销售人员在非常短的时间内获得了这个大单。

5. 消除风险

从消除风险出发，是销售制定策略最容易想到的出发点，因为风险总是给销售人员以恐惧。这种恐惧会促使销售人员行动。你需要问自己：如果消除这个风险，我就能到达替代位置，我应该怎么消除风险呢？

我们一直强调，所谓风险就是阻碍你实现SSO的障碍，所以你消除风险，就是在靠近SSO，或者在为靠近SSO做准备。消除风险时有三个问题需要注意。

首先，消除风险未必是靠勇敢。我们说消除风险是制定策略的出发点，但不是说谁挡我路我就直接针对谁，我们只是强调要消除风险，"谁挡杀谁"的做法往往是成本最高、失败概率最大的。

其次，你可能在前面找到了很多风险，要不要一一消除？如果能做到当然最好，问题是因为能力、资源、时间等的限制，你很难做到见到一个消除一个。所以，你要特别关注那些会让你陷入败局的高风险，在制定策略时，要把消除高风险放到首要位置考虑。在很多情况下，你会发现一旦消除高风险，就能到达替代位置。

最后，有些风险确实不容易消除，你就要学会将它的影响范围缩小，我们在"影响程度"一节里谈过，降低反对者的影响程度，让他的意见不那么有效。这也是缩小风险影响范围的策略。

6. 利用杠杆原理

前面我们讲了利用优势，也讲了消除风险，其实优势和风险往往是一对冤家，或者可以说是一枚硬币的正反两面。这为我们提供了一条重要的制定销售策略的思路。下面看一个案例。

一位销售人员是销售轮胎原材料的，最近，他收到了一家客户的采购部门的通知，要求他必须降价5%，否则终止合作。

销售人员无法满足客户的要求，因为他自己的利润都不到价格的5%，降价就赔了。于是，销售人员问我该怎么办。

我问他："采购部门清楚你的成本吗？知道你降价就会赔钱吗？"

销售人员说："非常清楚。"

这表明客户就是不想采购他的产品了。我不放心地又问了一句："如果你们不供货，客户能立刻找到替补吗？"

销售人员说："他们早就看好另一家了。"很显然，客户就是想把销售人员所在的公司踢出去。

我又问："你们和谁的关系不错？"我在找优势。

他回答："和生产部门的关系很好。"

我问："可不可以让生产部门（UB）告诉采购部门（TB）不要换，否则会影响产品的稳定性。毕竟你们的产品在业界是以稳定著称的，对客户质量的影响很大。"

销售人员说："我们和生产部门的关系还没好到那个份上，不好直接这样说。"很显然，优势不够大。

现在销售人员有两种策略。一是"死磕"采购部门，但是现在采购部门是反对者，假设协作程度为−3分，要让它成为支持者，并假设协作程度要达到+1分，二者之间就有4分的差距。二是攻克生产部门，它是支持者，我们假设协作程度是+1分，将它变成捍卫者，并假设协作程度要达到+3分，二者之间有2分的差距。哪种更容易？显然是后者。

后者就是利用的杠杆原理。杠杆原理是策略制定最重要的原则之一，它是指在制定策略时，首先考虑如何利用优势消除风险。

销售人员很少用这种方式思考，他们的思维模式大多是"谁挡我的路，我就'干掉'谁"。在上面的案例中，销售人员开始问的问题是：怎么"搞定"采购部门？这种考虑问题的方式不是勇敢，而是鲁莽。你不但要学会争取胜利，还要学会利用胜利。

我们再以本章第三节中提到的"四个替代位置"为例，来说明什么是杠杆原理。

1）把生产部长的采购意愿变成趋利模式。生产部长不支持采购，这是风险。这时有两个策略：一是利用"机会"引导生产部长（前提是他的采购意愿已经不是自满模式了），让他觉得有利可图；二是你发现生产部长很信任采购部长，而采购部长的采购意愿是避害模式（你的优势），你可以利用采购部长去说服他。第二个策略用的就是杠杆原理，利用你的优势消除风险。

2）发展营销部长作为指导者，以便更好地了解采购委员会的相关情况。没有指导者，这是你的风险。这时有两个策略：一是加深与营销部长的关系，争取将他发展成指导者；二是你发现营销部长对CRM很感兴趣，尤其是和你公司的一个专家交流之后，他很认可这位专家。你决定让这位专家帮助营销部长梳理销售流程作为发展指导者的突破口。第二个策略用的就是杠杆原理。

3）让财务模块成为首批实施的模块，从而覆盖财务部长。你的强势产品没在客户的第一批 SPO 里，这是你的风险。你有两个策略：一是给财务部长介绍产品，并且告诉他你会尽全力实施好；二是你发现这位财务部长个人的赢是在公司内部站稳脚跟，让财务副总觉得他有能力，而财务副总是你的支持者（优势）。于是，你利用这个优势，组织了一次饭局，同时请了这两位。在饭局上，你表达了三个意思：一是财务模块的实施肯定会成功，这个功劳不抢白不抢；二是成功的标准是财务副总定义的，他说成功就成功；三是财务副总也需要这个功劳，需要有人给他打前站。第二个策略用的就是杠杆原理。财务副总就是那个"杠杆"。

4）获得帮助 EB 做总体规划的机会。一旦做总体规划的机会被竞争对手抢去，你就只能任人宰割了，这是风险。你有两个策略：一是找 EB（副总裁）谈，说明你的规划能力非常强，可以给他出一份完美的规划；二是你发现了 EB 个人的赢——公司现任总裁即将退休，正在找接班人，EB 希望利用这次项目的机会上位。现在，EB 迫切地需要展示自己全面管理的能力。同时，这位 EB 对你有一定的认可，从协作程度来看，他算是一个支持者。于是，你利用这两点向 EB 建议，你可以为他提供两位专家，与他一起成立一个规划小组，按照他的要求，再加上你们对管理的理解，大家一起做总体规划。在规划过程中，充分展现 EB 的战略宏图。第二个策略用的就是杠杆原理。

杠杆原理听起来似乎违反直觉，为什么放着直路不走，非要走"弯路"呢？其实原因很简单，就是实力（优势）不够。如果你有十倍于敌人的优势，当然可以直接围歼敌人。

销售人员可能不习惯采用这种做法。但正是杠杆原理，造就了销售人员的竞争力，也促成了一个个订单。

利用杠杆原理可以带来两个好处：一是节省成本，就像爬山，走盘山路要比直接攀登悬崖峭壁容易得多；二是容易成功，杠杆原理本质上就是集中自己的优势兵力打歼灭战，这是战争中最常见的原则。

关于杠杆原理的使用，有几点需要说明。

第一，优势是指获得采购影响者的支持吗？获得支持可能是优势，但优势未必都是获得支持。在六大变量里，你评估的正面的事情都可能是优势。比如你领先于竞争对手，SSO 与 SPO 接近，你在引导采购流程，与客户战略匹配，这些都是优势。不要总想着"搞定"人，你要经常问自己一个问题：我怎样利用优势到达替代位置？

第二，策略到底是为了消除风险还是为了到达替代位置？其实都一样，消除了风险就能到达替代位置，因为风险就是阻止你到达替代位置的障碍。

第三，我们在前面一直强调要扩大优势，提高优势的"硬度"，因为优势就是支撑点，而支撑点的强与弱决定了推动订单前进的力度。

第四，杠杆原理也要考虑结构性。由某个变量引发的风险，其解决方案可能存在于另一个变量中。比如，你落后于竞争对手了，可能改变客户的 SPO 就能让你处于领先位置。

7. 调整替代位置或 SSO

制定策略的最好方式是利用杠杆原理和优势叠加，不过并不是所有的情况都适用。在订单运作过程中可能还会遇到几种极端情况，需要调整替代位置或 SSO。

（1）调整替代位置

如果连小优势也找不到怎么办？你当然可以考虑放弃，不过你还可以考虑调整替代位置。目标变了，策略当然也就变了。

可能你会说，替代位置变了，是不是 SSO 也会改变？未必如此，替代位置就是你设计的一个个通往 SSO 的台阶，当你实现了 SSO，再回头看的时候，你就知道自己的打单路径是怎样的了（不过你在事前无法确定）。也正因为如此，在 SSO 不变的情况下，你可以换一条路或者换一段路走。

在一个订单里，一位技术中心的主任是反对者，而这位主任的上级（总监）是指导者，看起来似乎可以利用总监获得主任的支持。但实际情况是，两人势同水火，完全属于两个不同的政治结构。

销售人员一开始选择硬攻，先是试图做主任的工作，但是，用尽各种办法，没有丝毫作用。接着，他又试图让总监换掉主任，连候选人都找好了。但是依然没用，有人支持主任，换不掉。

按照 SSO，这位主任是绕不过去的，于是销售人员决定"曲线救国"，把火力点集中在 UB 身上。替代位置是先把其中一个 UB 变成捍卫者。之所以这样选择，是因为主任得罪过这个 UB，UB 多次写报告希望上项目，都被主任给否决了。

销售人员的计划就是一旦主任在公开场合反对自己，就利用 UB 予以回击。

这个策略很成功，在决策会上主任被 UB 批评了一通，再加上总监的支持，主任终于"投降"了。

关于调整替代位置，还有一个奇妙之处。我们说策略是能力和资源约束下的聚焦行为，如果我们制定的策略没有能力或者资源来执行怎么办？

我们在前面说过，替代位置不止一个，如果最优的到达不了，就退而求其次，如果退而求其次还不行，就接着再退。比如，你的 SSO 里要把财务软件卖给客户，你当然要获得财务总监的支持。但是你现在做不到。你发现，财务总监很信任成本会计，你可以先获得成本会计的支持；如果还不行，你可以再看看成本会计的圈子里，有谁是可以提升关系的。先想办法到达其他替代位置。随着你的定位的变化，你会发现，从前看起来很难办成的事情，突然迎刃而解了。不断调整，就能不断降低难度。不要怕麻烦，有时弯路才是最容易走的路。

这里的定位就是让你移动到易于发动进攻的位置，一旦位置发生变化，视角就会完全不同。

（2）调整 SSO

如果替代位置也无法调整怎么办？那就只有调整 SSO 了。SSO 一变，一切都变了。调整 SSO 意味着你不是在考虑从哪条路走到山顶，而是直接换了一座山，路径当然要重新设计了。

关于调整 SSO，我在前面说了很多，此处不再赘述。不过我要提醒一点，不要轻易调整 SSO。

之所以郑重提醒，是因为销售人员太容易受客户的 SPO 影响。所以，**顺序很重要，一定是先考虑替代位置，然后考虑优势和能力，接着考虑是否更换替代位置，实在没办法了，最后考虑调整自己的 SSO**。当然，前提是你的 SSO 是认认真真地规划出来的。

有时利用自己的 SSO 改变客户的 SPO 不是立刻就能见效的，可能需要一些时间才能看到结果。如果你动辄就改变自己的 SSO，可能真的会前功尽弃。

8. 撤退

如果你调整了 SSO 也到达不了替代位置，那么接下来你要做的就是考虑撤退了。一场没有支撑点的战斗，注定是要失败的。

一位销售人员找到我，希望我为他的一个订单出出主意（制定策略）。客户是一家高校，EB 是副校长，TB 是一位老师。

我先问他 TB 的情况，他的答复是："TB 坚决反对我们！"

我又问 EB 的情况，得到的答复是："EB 比较讨厌我们。"

再问 UB，得到的答复是："还没来得及接触。"

没办法，我问销售人员："对于这个订单，你都做了什么工作？"

销售人员回答："刚做完测试。不过我们排在倒数第一位。"

实在没办法，我又问："是谁把你带进订单里的？"

他说是集成商，终于找到突破口了，于是我又问："集成商现在对你持什么态度？"

销售人员回答："想劝退我们。"

这就是一个没有支撑点的订单，除了撤退，别无他法。撤退不是失败，而是选择。是在同样的时间内做更多的订单，收回更多的款，还是死磕一个很难拿下的订单，这并不难选择，看看你的考核政策就知道了。

我们谈了八个制定销售策略的思考方向，同时希望你有自己的创新思想，能够站在为客户创造更多价值的立场上去制定销售策略。因为几乎所有的销售策略都需要客户的配合才能顺利执行。如果对客户来说无利可图，那么你的销售策略就是自娱自乐。双赢是我们永远要坚持的原则。

此外，你可能有很多替代位置，而针对每个替代位置，你也可能有很多策略，如 EB 要覆盖、竞争对手要打击、PB 要争取，所以，你需要选择。选择策略的标准与选择替代位置的标准相似：一是考虑策略是否可以让你到达替代位置，一切以目标为导向；二是考虑你的能力和资源是否是以支撑执行策略。

需要提醒的是，制定出的销售策略往往是反直觉的。但是，正是这种反直觉，才让你赢单。因为常规的事情，你的竞争对手也在做，你们的成果会相互抵消。

这种反直觉会让销售人员不习惯，而"不习惯"常常是不行动的借口。管理者要特别注意这一点。

| 第五篇 |

反馈信息

| 第十四章 |

获得反馈的途径

假设你是一位有着 20 年驾龄的老司机,现在让你在宽广的马路上闭着眼开车,你敢开多远?对大部分人而言,最大的可能就是立刻踩刹车。因为无法观察前面的情况,没有反馈,就没法行动。开车如此,做订单也是如此。

我们反复强调,大单的销售过程是一次不确定的旅程,一切都在不断变化之中,包括需求、采购影响者、竞争对手,甚至连 SSO 和 SPO 都在不断变化。

在这种不确定的系统里,你很难保证你的每一步都是正确的。所以,合理试错,快速调整的能力比偶然成功更重要。而这一切都依赖于反馈。

反馈,是控制论的基本概念,指将系统的输出返回到输入端并以某种方式改变输入,进而影响系统功能的过程。

回顾策略销售模型,你会发现它本质上就是一个系统。一次策略的制定和执行过程,就是这个系统的一个运转周期,就像汽车轮子转了一圈。销售人员的职责就是保证这个系统按照正确的路线向 SSO 移动。而正确与否的判断,依赖于及时的反馈。当然,反馈不仅仅是搜集策略执行的结果(变化),还要搜集其他原因造成的变化,比如客户方、竞争对手方甚至外部环境,等等。

反馈分为正反馈和负反馈。前者让我们知道我们制定的策略是成功的,我们已经从当前位置移动到了替代位置,替代位置变成了新的当前位置。后者让我们知道我们制定的策略有问题,需要调整,以回到正确的轨道上来。一个订单的完成就是这样一步步向前移动的，直到 SSO 实现或者丢单。

我们说策略销售模型是一个系统，是系统就必有反馈，而反馈既是一种验证，也是一种修正。所谓验证，是指检验执行效果是否到达了替代位置。所谓修正，就是不断改进自己的工作方法，以到达替代位置。正确的反馈可以让我们更精确地制定策略。

反馈依赖于正确地收集信息。关于收集信息的重要性，我们在前面已经谈过了，接下来要谈的是当我们执行完策略之后，应该如何确定是否到达了替代位置。主要方法有三个：从覆盖中获得反馈、从承诺目标中获得反馈、从指导者处获得反馈。

第一节 从覆盖中获得反馈

反馈取决于客户的认知，你是否到达了替代位置是由客户决定的，不是由你决定的。比如，客户对你方案的认同、对需求调研的肯定、对你态度的变化、对你的支持等。所以，你首先要通过覆盖等手段获取信息。覆盖作为大单销售的基本原则，无论你喜不喜欢，都要踏踏实实地去贯彻。

覆盖不是简单地与客户见面或者聊天，而是要多了解事实和认知，尤其是认知。这需要你尽量提高你的提问技巧。关于提问技巧，可参见《技能篇》，这里想强调的是认知类提问的重要性。

所谓认知，是指客户对事实的看法。注意，是"客户"的看法，销售人员绝不能拿自己的认知去代替客户的认知。所谓认知类提问，是类似这样的提问：

- 你怎么看这次采购？
- 你对我们的方案满不满意？
- 你觉得这个订单我们有希望吗？
- 你怎么看我们友商？
- 你怎么看待这些措施执行的效果？

之所以重视认知类提问，是因为我们在前面谈到的变量无不体现着客户的认知，如采购意愿、协作程度，等等。客户的认知就是销售的事实。

我在带队伍的时候，和其他管理者一样，经常会被销售人员拉去见客户。每次见完客户，销售人员就开始吹捧："崔总，你说得太好了，客户都听得如痴如醉。"我也经常被他们夸得如痴如醉。

后来发现，很多"如痴如醉"的订单都丢了，原因是销售人员认为的好和客户认为的好不是一回事，于是我给手下提了一个要求：凡是请我支持的订单，我都会尽力支持，但是销售人员也必须拿回客户的反馈。这种反馈，就是客户对沟通结果的认知。

第二节　从承诺目标中获得反馈

有时客户的语言会欺骗你，但是客户的行动却很少会欺骗你，身体总是诚实的。承诺目标是客户的行动，这当然是最好的反馈了。

首先，所谓承诺目标，是指客户为推进采购向销售人员做出的行动保证。通俗地说，承诺目标就是让客户答应接下来为推进订单采取行动。有时承诺目标也叫行动承诺。如果客户答应或者切实履行了承诺目标，这就是一种正反馈。比如：

- 客户参观了我们公司的样板客户。
- 客户测试了我们公司的设备。
- 客户把我推荐给了他们的领导。
- 客户参加了我们公司的培训。
- 客户答应与我们公司谈判。

反之，不答应或者答应了不履行，则是负反馈。

其次，不同的承诺目标可以用于验证不同的替代位置。比如，你的替代位置是获得 PB 的支持，而 PB 愿意为你更改采购程序，这个承诺目标就是验证。再如，你的替代位置是获得客户高层的支持，客户愿意组织高层见面就是验证。承诺目标实现，也意味着到达了替代位置。

最后，承诺目标有轻重之分。比如，"组织双方高层见面"就重于"推荐我见技术人员"。客户答应你"重"的承诺目标，就表明你在接近 SSO。反之，只答应你"轻"的承诺目标，可能你离实现 SSO 还很远，还要不断地制定替代位置，垫起台阶。

第三节　从指导者处获得反馈

有些话只有指导者能说，有些事只有指导者知道，有关替代位置的反馈会涉及很多"不方便"的事。比如，你想知道会后老板的原话是什么、UB 当时是怎么表态的，这些相对"隐私"的事情就只能依赖于指导者传达了。

一位女销售员运作了一个上亿元的大单，但是一直落后于竞争对手，好在有一个指导者，这个人同时是她的闺蜜。

最近第一候选供应商为客户做了一次方案演示，而这位女销售员没有得到演示的机会。于是她找到指导者了解竞争对手的演示情况，她问得很细也很深。聊完之后，她得到了一个宝贵的情报。闺蜜告诉她，在竞争对手演示结束后，一位主要领导不满意，看脸色有点失望。

这位女销售员知道这个情况后，第一时间找到了客户的这位主要领导，为自己争取到了一次方案演示的机会。接下来，她整合了公司最好的资源来准备这次演示，演示效果特别好，客户的几位主要领导都很满意。她也借这次演示扭转了局面，尽管后面还有很多波折，但是这位女销售员始终处于领先地位，并且最后拿下了订单。

试想一下，"领导脸色"这样敏感的信息，除了指导者，谁还能告诉你？

覆盖可以让你得到最全面的信息，承诺目标可以让你更准确地了解信息，指导者则可以让你了解到最有价值、最敏感的信息。当然，反馈的手段不止这三个，你还可以通过搜集领导讲话、参加客户公司的会议等形式了解信息。

反馈是推进订单的基础，其作用是用于不断评估。所谓不断评估，就是销售人员要不断地判断当前位置，不断地寻找替代位置，必要时也可以调整 SSO。你不能保证每个策略都成功，但是你必须保证每次制定策略的过程都是科学的。

| 第六篇 |

策略销售案例学习

模型是经验的抽象集合。它是人类认识复杂世界的一种简洁模式，可以帮助我们从掌握信息提升到拥有智慧。策略销售模型是制定大单销售策略的模型，它可以帮助我们建立严谨的销售思维体系，让我们正确地处理变化。它不是直接告诉我们方法是什么，而是告诉我们找到方法的方法。

我们终于可以完整地理解策略销售模型了，请回到本书第一章图 1-2。

在本书开篇我们就说过，做订单有五个步骤：识别订单变化、分析风险和优势、制定销售策略、执行策略、反馈信息。现在我们把这五个步骤再细化一下。

识别订单变化就是按照宏观、中观、微观的顺序从订单中找出六大变量的信息，这些信息是不断变化的，信息的变化体现了订单的变化，信息的全面性、及时性、准确性是衡量信息质量的标准，也是我们对变化认知程度的标准。分析风险和优势，这个过程可能需要你不断问自己，甚至再去找信息。这个过程最重要的是诚实地面对自己，再残酷的现实都要接受，自欺欺人是有些销售人员最喜欢做的事情，也是最有害的事情。制定销售策略分为判断当前位置、确定替代位置和制定销售策略三个步骤，这三个步骤需要反复揣摩、不断推敲。判断当前位置可能会让你回头再找信息、再找风险和优势，确定替代位置可能需要你在众多替代位置中不断权衡，而制定销售策略要考虑你的能力和资源。制定好策略当然要执行，执行得是否坚决、是否到位，取决于管理水平、销售能力及资源匹配。执行完了，还需要反馈，也就是把执行后的信息返回到六大变量，这也是对是否到达替代位置的验证。

这个模型只是一次策略执行的步骤。策略不断地被执行，你的定位不断地前进，最终订单完成，SSO 也就实现了。你的胜利源于深思熟虑、细致的推算以及长远的准备。

如果你完全理解了这个模型，你会发现，它和《孙子兵法》里三个最重要的策略遥相呼应：知己知彼、先胜后战、十围五攻。

识别订单变化就是为了知己知彼；先胜后战是指不断地判断当前位置、确定替代位置，算赢了再打，算不赢就不打，"胜兵先胜而后求战，败兵先战而后求胜"；十围五攻就是利用杠杆原理，集中优势兵力，饱和攻击，消除风险，聚焦突破点，到达替代位置。

这里面少不了反复推算、来回揣摩，这都是正常的。策略并不是奇谋巧计，而是多算多胜。

我为什么强调你要按照模型制定策略，而不是鼓励你见招拆招呢？因为前者是主动行为，后者是被动行为。要搞清楚是你在控制订单，还是订单在控制你，"以虞待不虞者胜"，这决定了赢单率，而策略销售最大的作用就是提升赢单率。主动行为能让你时时刻刻都掌控着每一场战斗的主动权，而不会陷入被动挨打的境地。

整本书中，我都在讲策略销售模型的重要性。如果没有模型作为指导，我们很容易受到认知偏差的影响，会对近期发生的事情赋予过高的权重。而有了模型，我们就可以验证各种假设，按照逻辑进行思考，还可以拟合、校准、检验因果关系以及信息的相关性。有证据证明，在模型和人的竞争中，失败的往往是人。比如，如今的 AI，基本上都是建立在大模型的基础之上的。

| 第十五章 |

模拟案例

学习策略销售并不是一件容易的事情，相较于《技能篇》，《策略篇》更需要大家具备较强的理解力。因此，我设计了一个虚拟案例，把我们在前面学到的知识整合到这个案例中，便于大家理解。之所以是虚拟案例，是因为任何一个实际案例都很难把策略销售模型展现得淋漓尽致，甚至即使是虚拟案例也整合不了所有知识。

虽然是虚拟案例，但实际上它整合了孙宏伟老师、罗火平老师、曾杰老师、王洪全老师、刘建平老师以及我本人的九个真实案例，案例中有些情节可能不符合实际情况，没关系，我们的目的是学习。也正是基于这个目的，我会让主人公萧策"受尽磨难"。

本案例纯属虚构，如有雷同，纯属巧合。

案例背景

产品方案：软件 + 硬件 + 数据集成平台 + 咨询服务。

销售方：飞捷公司（以下简称飞捷），上市公司，在国内排名前三，主要客户是医院，尤其是三甲医院。

销售人员：萧策，33 岁，从事销售工作 7 年，刚刚跳槽到飞捷 3 个月，从前也从事面向医院的销售工作，但是主要销售医院服务类产品，与当前销售的产品差异较大。

杨耕：飞捷的销售总监，萧策的直接领导。

竞争对手：弘智软件（以下简称弘智），是飞捷多年的竞争对手，国内排名与飞捷不相上下。

客户：合仁医院（以下简称合仁），中外合资医院，大型三甲医院，也是 A 市排名第二的医院，年产值在 40 亿元左右。

第一场战斗：入围之战

1 月 4 日：寻找潜在客户

萧策刚刚参加完为期 3 个月的新员工培训，主要是有关产品、公司、文化等方面的内容。萧策学得很认真，他知道在未来几年内，这些东西就是自己天天向客户介绍的内容。

今天是他进入大客户部的第一天，在萧策看来，自己算是走上了战斗岗位。虽然有 7 年的销售经验，但他还是感受到了压力。他知道销售这份工作是靠业绩说话的，尤其是"新人"，如果一段时间后还拿不出业绩，就离离职不远了。所以，萧策的当务之急就是先找到一些线索，让自己尽快进入状态。

萧策决定从自己的老客户入手。他锁定了 A 市的一家叫合仁的三甲医院，这家医院之前与他有过业务往来。不过，之前的业务主要集中在医院后勤部门，现在产品变了，面向的部门也变成了信息中心。

萧策首先打电话给主管后勤部门的张科长，想请他为自己引荐合仁信息中心的胡主任。张科长倒是比较热情，很快便帮忙约上了信息中心的胡主任。

1月6日：初会胡主任

今天是与胡主任见面的日子。萧策驱车几小时，赶到了 A 市。

萧策按照之前的习惯，提前 1 小时到达合仁医院，他想先拜见张科长，侧面了解一下胡主任的情况，如兴趣爱好、性格特征等，但是张科长突然被领导拉去开会了。没办法，萧策只能硬着头皮自己去见胡主任了。

胡主任 40 岁左右，对萧策倒是很热情，端茶递水，好像是在迎接领导。萧策从胡主任处了解到如下信息。

- 医院今年确实有计划加强信息化建设，目前正在着手引入预约平台系统。不过萧策来晚了，招标工作基本完成，不会再引进新的供应商了。
- 现在主要有 5 家供应商入围，其中有一家叫弘智的公司，萧策在培训的时候听说过，它是飞捷的主要竞争对手。
- 胡主任说预算还没落实。
- 项目去年就启动了，但是因为资金落实不到位，所以现在项目处于暂停阶段。至于什么时候再启动，胡主任也不知道。
- 合仁的信息化建设一般都是与集成商签合同，很少与厂家直接签约。这是医院的行规。萧策想了解一下经常合作的集成商有哪些，不过胡主任说不固定，看上去是不太想说。
- 这个项目由信息中心全权负责。
- 胡主任表示听说过飞捷公司，但是没有打过交道。

萧策听完之后，向胡主任做了如下表述。

- 萧策表示，飞捷在预约平台系统方面也是有优势的，如果有机会，希望能参与项目建设。胡主任表示困难比较大，但是可以考虑。
- 萧策介绍了飞捷的情况，也简单介绍了产品的情况。胡主任只是静静地听，没有任何表示。
- 萧策表示，希望下次能够带预约平台系统方面的专家与胡主任做一次更深入的交流。胡主任说项目已经暂停，之后再找机会吧。

萧策出了胡主任的办公室，又去了张科长的办公室。张科长开完会回来了，两人聊了一会儿。萧策了解到胡主任喜欢收藏普洱茶，比较注重养生。另外，张科长说，胡主任人比较傲，话比较少。这和萧策刚才观察到的完全不一样。

晚上萧策没有急着赶回公司，既然项目由胡主任全权负责，接下来当然要攻克胡主任这一关。他想晚上约一下胡主任，看看能不能做一些更深入的工作。可惜胡主任以晚上要陪家人为由，拒绝了。没办法，萧策第二天一早赶回了公司。

1月16日：初见杨耕

在接下来的几天里，萧策都没太关注合仁的项目，他觉得反正项目已经暂停了，不着急。他把精力放在了其他线索的挖掘上，不过进展都不大。

当然，萧策也没有完全放弃合仁，他通过同事了解到，与合仁经常合作的集成商是一家叫辉腾的公司。不过，同事也告诉他，辉腾和弘智早已达成战略合作，他根本没有机会。

其间，萧策又约了两次胡主任，对方都以工作太忙为理由搪塞过去了。萧策开始觉得无路可走了，他决定上门"堵"胡主任，无论如何都要把关系做好。为此，他还准备了一小饼上好的普洱茶。

去A市的前一天，也就是16日上午，公司通知萧策要进行一次新员工座谈，他被销售总监杨耕叫进了办公室。

萧策是第一次和杨耕单独交流。杨耕比较随和，没有领导的架子。萧策聊了一下来公司后的感受，接着杨耕问他有什么需要协助的。萧策一想，干脆把合仁的情况和杨耕聊一聊，看看能不能请他派一个高水平的售前顾问给胡主任讲讲产品，找到突破口。

杨耕静静地听完萧策的介绍，在本子上做了一些记录。等萧策说完，杨耕才开口问道："你读过合仁医院张院长年底的讲话资料吗？"

萧策摇了摇头，他不知道杨耕为什么这样问。

杨耕接着道："你一会儿去找一下张院长年底的讲话资料，当然也可以找其他资料，你需要回答以下几个问题。"

- 院长在信息化方面强调的工作是什么？和我们飞捷的产品或方案匹配吗？
- 他们最近三年的战略目标是什么？不一定和信息化相关。
- 院长最近在做什么，比如参加什么活动，关注什么？
- 问一下后勤张科长，他们的采购决策方式，以及外资公司、卫健委等参与决策的方式是什么？

- 如果我们参与这个项目，我们对客户的贡献会是什么？
- 想办法了解一下，这个项目为什么暂停，除了预算，更具体的原因是什么？

萧策一一做了记录，他觉得杨耕关注的视角和自己不太一样，好像不太关注胡主任。

看到萧策记完，杨耕又问道："他们的 SPO 是什么？"

萧策急忙回答："引入预约平台系统。我刚才说了，他们不清楚预算。"

杨耕追问道："不清楚预算的话，怎么会有预算落实不到位这一说呢？"

萧策意识到自己被骗了，胡主任在忽悠自己。然后杨耕又说道："接下来，还有几个问题，你需要了解清楚。"

- 他们为什么要引入预约平台系统？是谁提出的？基于什么原因提出的？
- 他们希望系统什么时候上线，为什么选择在这个时间上线？
- 这个项目涉及哪些部门？
- 预算多少？为什么是这个数？依据是什么？
- 胡主任最心仪的供应商（竞争对手）是谁？

最后，杨耕叮嘱萧策先不要去找胡主任，还是从张科长这边入手，看看他还了解什么，并尽快发展出一个指导者来。杨耕还说，有问题随时找他。

出了杨耕的办公室，萧策有点懵，他觉得杨耕的思维方式和自己的有很大不同，按照之前的套路，谁管事就做谁的关系，"搞定"这个人就完事了。不过，自己刚到公司，还是多听领导安排吧，何况他早就听说杨耕是个绝顶高手。

杨耕布置的任务并不容易完成，有些信息好了解，有些信息却很难搞清楚，除非有内部人给他通风报信。

1月24日：选定指导者

想来想去，萧策决定还是先向张科长了解一下情况。晚上，萧策给张科长打了一个电话，先是告诉张科长自己从老家带了点特产，给他寄过去了，感谢他上次的引荐。接着，萧策又向他了解了一些信息。

- 这个项目的发起部门是医务科，医务科主任叫章爱军。
- 院长张林牧正在申评院士。

- 金额在千万元以下的采购,院里就能做主;千万元以上的要由外资入股公司参与决策。如果资金来源是卫健委拨款,卫健委肯定要监督执行。
- 现在院长主抓的事情是医药分开,这件事对民生有很大好处。

其他事情张科长就不清楚了。萧策又借机提出,希望张科长把自己推荐给医务科的章主任,不过张科长有点犹豫,说只和医务科负责医疗安全管理的小张熟悉。萧策只好让他先把自己推荐给小张。

张科长攒了饭局,萧策做东,请了小张。饭局上,小张透露了几点信息。

- 章主任和胡主任有点矛盾,具体原因不清楚。
- 据说预约平台系统的这个信息化项目是去年9月按照弘智的方案立项的。计划今年3月上线。
- 预算为400万元,软硬件比例为4∶6;由胡主任牵头,医务科配合。钱由医院自筹。
- 项目组里主要就是胡主任、章主任、小张、信息中心王工,他们要向医院主管信息化的何副院长汇报。
- 弘智捆绑的是辉腾公司,弘智和其他几家供应商做过需求调研,但是还没开始做方案汇报。

吃完饭,萧策开车把小张送回住处。小张工作时间短,但萧策觉得小张应该是杨耕所说的指导者的最佳人选,于是决定在他身上再下点功夫。不过,飞捷的管理很严格,提倡阳光经营,给客户回扣之类的是不可能的,萧策有点发愁。于是,他第二次走进了杨耕的办公室,把自己了解到的情况向杨耕做了说明。听完萧策的介绍,杨耕又问了几个问题。

- 这个项目涉及除医务科、信息中心之外的另外两个部门:门诊部和急诊室。弘智肯定也了解这一点,所以他们是不是做过这四个部门的工作了?如果他们做过,你再做一遍是不是难度很大?
- 预约平台系统包含很多功能,这些功能是谁定的?客户自己能定吗?每个功能都是谁在使用?这些使用的人分布在哪些部门?他们有参与采购的权力吗?最重要的是,如果是弘智等供应商确定的,他们会把自己的优势产品还是弱势产品推荐给客户?如果答案是前者,我们要拿自己的弱势产品去与别人的优势产品比吗？
- 预算的确定必然要根据方案，既然预算定了，是不是说明合仁已经对竞争对手的方案很认可了？另外，确定预算的肯定不是胡主任，至少是副院长级别的人，是不是说明合仁的副院长也已经认可了竞争对手的方案？
- 距3月上线还有两个月，时间是非常紧迫的。如果你处于领先地位，你是希望尽快还是延迟？如果有人希望尽快，这说明什么？
- 现在采购处于什么阶段？你的销售流程处于什么阶段？

萧策被杨耕问得汗流浃背，他觉得这个项目没戏了。昨天饭局上他还觉得自己有了很大希望，现在让杨耕一问，他觉得自己完全没摸到边，只是在外围观察。更重要的是，他觉得自己在杨耕面前就像个初出茅庐的小白。

没办法，他只能硬着头皮问了一句："我接下来应该怎么做呢？"杨耕又和他讨论了一下，最终两人确定有三件事需要做。

- 尽快发展小张成为指导者。
- 按照销售部的内部立项流程，再谨慎地审核一下，看看这个订单还要不要做。
- 争取让项目继续暂停而不是启动，否则按照这个节奏，连"陪太子读书"的资格都没有。杨耕还特意强调了这三件事的顺序不能乱。

2月12日：立项会

临近春节，是销售人员最忙的时候。萧策也没闲着，经过一番努力，他终于把小张发展成了自己的指导者。办法很简单，小张的女朋友也在合仁医院，正准备考博，需要提前和某一流高校医学院的一位博导联系，但联系不上。萧策在医疗行业待的时间久了，七弯八拐地帮忙搭上了线。

有了小张这个指导者，萧策就像是打开了一扇窗户，一切都变得敞亮起来。杨耕要求了解的信息，萧策都了解得差不多了。

这天上午10点，萧策要参加部门的立项会，讨论合仁这个订单要不要立项，也就是决定要不要继续跟。萧策所在的上一家公司从来没有立项会一说，有订单就跟，跟丢了就换一个。萧策有点忐忑，也有点好奇。

会议开始了，除了萧策、杨耕，还有两个人参会，一位是售前部门的经理，另一位是实施交付部门的经理。

杨耕首先发言，他一如既往简明扼要地说道："本次会议主题就两个，一是确定合仁项目是否立项；二是如果立项，讨论一下这个项目的切入点在哪里。"

接下来，萧策把合仁的项目情况做了详细的介绍，大家又问了一些问题。萧策发现每个人提的问题都像杨耕一样尖锐。

萧策回答不了的，就直接在微信上问小张。了解了项目情况之后，杨耕拿出了立项评分表，一共十项，大家挨个讨论并打分。萧策没想到立项这么复杂，他本来以为只是走个过场。

项目评分并不高，萧策有点担心通不过。不过经过一番讨论后，大家同意了立项，并给出了三个理由。

- 合仁是其所在省知名的大医院，示范效应非常明显，一旦输给弘智等竞争对手，飞捷可能会失去一大片市场。这个客户必争。
- 合仁的战略诉求是在未来五年内成为省内首家智慧医院，而飞捷今年的战略重点是帮助三甲医院向智慧医院转型，战略匹配度很高。
- 客户采购潜力很大，目前的信息化项目只是开始。虽然现在飞捷处于被动局面，但是后面还有很多机会。

之后，杨耕又笑着补充了一句："还有一个重要原因是萧策现在手里没有订单，所以我们可以适当降低理想订单的评价标准。"

不过，关于立项，大家也提了两个问题，让萧策引起注意。

- 需求匹配度不太高，虽然飞捷也有预约平台系统的产品，但是推出时间短，而弘智在这个领域耕耘多年。
- 竞争对手的优势明显，我们的胜算很低。

接下来就是找突破点，目标是争取入围。用杨耕的话说，就是找到可以进攻的位置，不能老在战场外打转。

萧策的想法很简单，突破点就在胡主任，自己"玩命"也要把他拿下，但是大家似乎都不赞同。杨耕的理由是："你既然有了小张这个指导者作为支撑点，为什么不顺着这条路深入呢？"

经过一番讨论，大家达成共识，由售前部门派出一个对医院管理很熟悉的资深顾问姚睿，和医务科章主任做一次深入的交流，争取在SPO方面形成突破。

除此之外，项目组正式成立了，萧策当然是销售经理，方案经理是售前部门的孙峰，交付经理是实施交付部门的刘恺。萧策是这个订单的最高指挥官，这让萧策感觉很好。他在之前的公司做订单时都是临时抓壮丁，这曾经是他最大的痛。

3月1日：改变SPO

春节过后，萧策通过小张的引荐，带着资深顾问姚睿和医务科章主任做了一次交流。效果不错，章主任很认可姚睿提出的数字化医务平台的概念，尤其是疾病诊断相关分组（Diagnosis Related Groups，DRG）的理念。DRG是用于衡量医疗服务质量效率以及进行医保支付的重要工具。从本质上来讲，它是一种病例组合分类方案，即根据年龄、疾病诊断、并发症、治疗方式、病症严重程度以及转归和资源消耗等因素，将患者分入若干诊断组进行管理的体系。

萧策当然不会放过这个好机会，便积极鼓励章主任把DRG的相关内容纳入本次采购。章主任有点犹豫，一是前面立项中没有DRG的相关内容，贸然纳入的话，很多程序要再走一遍；二是这要和胡主任商量，获得他的同意，可胡主任不太好对付。姚睿劝说道："从前的预约平台系统只是为了解决效率问题，治标不治本。效率问题不仅涉及患者的就诊流程，还涉及医生的工作效率和工作质量问题，这个项目本来就是运营质量改进项目，所以要标本兼治。更重要的是，这是首创性工作，对医院的声誉有很大影响。"

章主任最终答应试一试，把项目向主管信息化的何副院长推荐一下。

第二场战斗：需求之争

3月15日：演示

今天这个日子对很多公司来说都很重要。萧策也收到了一个好消息。合仁的胡主任给萧策打来电话，希望萧策给他演示一下与DRG相关的产品，时间定在下周五。

萧策喜出望外，在他看来，胡主任正在慢慢地向自己靠拢，于是他把这个消息先给小组的两位战友通报了一下。没想到的是，孙峰并不支持演示，理由是在没了解清楚需求的情况下，任何演示都是失败的演示。"

萧策有点生气，自己虽然是组长，可刚来不久，不好直接给孙峰下命令。没办法，他只好找杨耕，希望杨耕能支持他的想法。

听完萧策的汇报，杨耕的第一个问题就是："为什么只是向胡主任演示而没有业务部门参加？"

萧策没想过这个问题，只能硬着头皮说："大概是先要过他这一关吧。"

杨耕摇了摇头，说道："如果是为了过关，更应该找业务部门，但如果是为了淘汰你，信息部门参加就够了，TB 是点头不算摇头算。"

萧策感觉又是一盆冷水浇到心凉，一时有点不知所措。杨耕倒是没着急，他告诉萧策演示的时间还早，不要着急，明天先参加策略销售的培训。

萧策早就接到了培训通知，他对这类培训不太感兴趣，在他看来，销售就是找对人、说对话、做对事，想多了没用。不过，杨耕看起来很重视这次培训，他告诉萧策，培训完了再来找他。

3 月 18 日：销售流程

萧策参加完两天的培训，感觉收获挺大，最大的收获就是终于明白了销售是一门科学，之前他一直觉得销售是门手艺。

当然，不懂的地方还是很多，尤其是各种名词，他还没有完全消化。不过，萧策觉得没关系，学以致用，用的时候再慢慢熟悉也不迟。

培训完的第二天一上班，萧策就急急忙忙来到了杨耕的办公室——产品演示的事还没着落，这事不能再等了。

杨耕简单地和他聊了一下培训的事情，之后，话题转到合仁医院的项目上。杨耕提出了一个问题："你觉得当务之急是什么？"

萧策毫不犹豫地回答："让胡主任对我们的产品挑不出毛病。"

"你见过没有毛病的产品吗？想挑毛病永远都挑得出来。当务之急应该是把客户拉回到需求形成阶段，因为客户已经到了方案评估阶段。如果你在方案评估阶段做工作，你永远赶不上竞争对手。"杨耕道。

萧策理解杨耕的意思，培训中说到过这个问题。不过，他还是有些担心，不满足胡主任演示产品的要求，怎么可能回到需求形成阶段？

好在杨耕很快给了他答案："演示还是要演示，只不过不演示产品，而是让孙峰用 PPT 谈一下产品理念、主要流程、相关界面，不做详细演示。如果胡主任要求详细演示，就向他提出需求调研的想法。"

萧策也没什么好办法，只能照做了。他希望杨耕出面帮忙协调一下孙峰，但是杨耕并没有答应，只是告诉萧策："你们三人是战友，荣辱与共，生死相依。这种事，最好你自己去做。"

3月23日：要求调研

说服孙峰的工作没有萧策想象得那么难，他把杨耕的思路跟孙峰一说，孙峰马上就答应了。接下来就是准备 PPT 的问题。这件事由孙峰主导，萧策只是参与。

当日，萧策、孙峰两人去合仁见了胡主任，并按照原计划和胡主任用 PPT 做了沟通。萧策看得出来，对于 DRG，胡主任根本不懂。不过，看完 PPT，胡主任坚决表示要看产品。孙峰倒也沉着，不紧不慢地问了胡主任一个问题："您希望通过产品看到什么？"

胡主任还真被问住了，一时语塞，想了半天，回了一句："看看能不能达到我们的要求。"

孙峰马上给了胡主任一个台阶："我们也非常希望让您看到您想看到的，不过，如果真想达到要求，还需要用合仁的流程甚至数据。其中涉及很多业务细节，如数据萃取、诊疗流程导入等，这些需要我们更加详细地了解合仁的业务流程。您可不可以给个机会，让我们做一个调研？"

胡主任没有马上答应，只是说调研涉及多个部门，需要向领导请示。

晚上，萧策又约了小张一起吃饭，孙峰也参加了。在此期间，小张透露了一个消息：上次见完章主任之后，章主任首先找到了主管业务的刘副院长，刘副院长对 DRG 很感兴趣，亲自给主管信息化的何副院长打了电话，是何副院长安排胡主任做这件事的。

萧策盘算着，胡主任现在也有压力，调研这事有希望，不过还要再"烧把火"，最好能见见何副院长。

3月29日：调研策划会

萧策本来的计划是通过章主任见何副院长，但是章主任似乎有顾虑，并不太愿意推荐。胡主任更不可能推荐，萧策只能考虑硬闯何副院长的办公室。没想到的是，他和杨耕一说，杨耕就把事情解决了。飞捷在 B 市有一位三甲医院的客户，他们主管信息化的翟副院长和杨耕很熟，翟副院长在医疗系统内威望很高，杨耕拜托他给何副院长打了一个电话，介绍一下飞捷实施 DRG 的情况。

虽然萧策没有见到何副院长，但是胡主任同意调研了。调研对象一共有六个部门，除了前面提到的四个部门，还增加了影像科和手术科。不过，不是飞捷一家调研，而是安排了包括飞捷在内的五家供应商一起调研。一家调研一周时间，而飞捷排在最后一位。

看完这个安排，萧策的头都大了，等轮到飞捷的时候，客户已经被"折磨"了四遍，肯定十分不耐烦了，自己还能了解到什么需求啊？

这事不能再问杨耕了，否则显得自己太无能了。他想来想去，还是决定从小张身上入手。于是，晚上他给小张打了个电话，说明情况。小张也知道调研的事，实际上，就是由他负责带着每家供应商调研一圈。两人商量了半天，想到了一个招数：小张以各科室抱怨调研占用太多时间为由，把依次调研改成交叉调研，五家同时开始，一周内完成。

萧策把调研的事跟孙峰说了一下，孙峰建议开个准备会，策划一下调研的内容。萧策没想到这还需要策划，不过转念一想，这是好事，至少孙峰是很努力地想把事情做好。

第二天准备会开始之前，小张那边还没有消息，萧策只能硬着头皮开会。杨耕也出席了，听完萧策汇报的情况，杨耕先问了两个问题：为什么是一周时间，这个时间怎么定出来的？调研顺序又是谁定的？

萧策回答不上来，只能在会后找小张了解。他发现杨耕有个特点，那就是总能在看似无疑的地方提出疑问，对于一些在自己看来理所当然的事情，杨耕却总要刨根问底。

接着，杨耕又问了萧策一个问题："这次调研我们要达到什么目的？"

萧策想都没想，回答道："当然是了解需求，为方案设计和产品演示做好准备。"

杨耕和孙峰都笑了，萧策意识到自己说错了，但是不知道错在哪儿。

杨耕看到一脸困惑的萧策，解释道："调研需求当然需要，不过，那是孙峰的事，你作为销售人员还有很多事情要做。你不是刚学习完策略销售吗？我们就按照策略销售的要求，梳理一下你要做的事情。"

接下来，他们梳理了如下的事情。

- 找出所有的采购影响者。
- 针对所有的采购影响者，梳理出他们期望以及想要的结果，这件事主要由孙峰来做。
- 除了调研安排的六个部门，还要争取以调研的名义见到主管业务的刘副院长，找到刘副院长最关心的业务目标。
- 尽最大努力找出每个采购影响者的采购意愿。
- 体现出飞捷的专业性，这种调研本身就是一个客户对比供应商的过程，专业度、态度、业务水平，这些客户都会观察。
- 利用小张这张牌，压缩竞争对手的调研时间，同时增加我方的调研时间。
- 在调研中，找出每个部门在这件事上的中、高影响者。

萧策对上述任务一一做了记录，他顿感压力巨大。看着萧策记笔记，杨耕补充了一句："调研是做覆盖的最好机会，你要尽量和每个采购影响者建立起联系，后面还需要反复覆盖他们。"

会议结束后，萧策接到了小张的好消息，合仁同意交叉调研了。

4月14日：拜访刘副院长

调研还算顺利，除了萧策所在的三人小组，售前部门还安排了一个数字化医院的专家秦若飞参与。他们每天从早上 8:30 开始调研，一直到下午 5:30。

整个调研的安排也很细致，每次见面，他们都会给客户发放调研计划。当天调研完毕，售前部门会连夜整理调研内容。第二天，萧策就会把调研内容拿给客户方的部门领导签字确认，这也是一个见到部门领导的机会。在调研的过程中，部门领导经常不出面，可萧策借签字确认的机会，不仅见到了每个部门的领导，而且都做了交流，这当然也要感谢小张的安排。

还有一个让萧策高兴的事，据小张透露，他们是调研做得最认真的供应商，其他供应商调研时间都没有用满，每天也就是调研两三个小时。不过，弘智做得也算专业，不比飞捷差，只是没有签字确认环节。

然而，令萧策头疼的是还是没见到刘副院长——小张是不敢引荐的。调研团队回到公司后开了一个会，在孙峰的带领下，把重要需求梳理了一遍。梳理完，秦若飞提了一个建议：这次调研，各部门提的需求都很散乱，缺少一个一致性的目标，而这种目标只有大领导才能定。

这句话提醒了萧策，既然这次调研安排小张负责，那么 PB 很可能是医务科章主任而不是信息中心胡主任。现在调研完了，章主任当然要向刘副院长汇报，而要汇报自然要有材料。这不就是见刘副院长的最好机会吗？

于是萧策叮嘱孙峰，接下来的调研报告一定要写得专业一些，甚至包括打印、包装都要专业，更重要的是，要写一些侧重技术的内容，如数据集成平台等，最好让章主任看不明白。

几天之后，调研报告出炉，萧策又跑了一趟合仁，见到了章主任。章主任看到报告后果然很高兴，连连夸飞捷专业。萧策把报告的主要内容给章主任介绍了一下，最后提出一个建议：现在需求相对散乱，需要高层定方向，可不可以请章主任与我们的顾问一起给刘副院长做一次需求沟通，一方面听取刘副院长关于项目建设的想法，另一方面方便后续按照刘副院长的思路整合相关需求。章主任答应给刘副院长汇报一下。

萧策很兴奋，回来后把这件事向杨耕做了汇报。杨耕只说了一句话："结合需求及数字化医院，把价值主张做好。"

萧策不明白什么是价值主张，便向孙峰请教。孙峰说价值主张由他来做，但是需要萧策先与各部门确认一些价值贡献点，并给他列了几个问题。

- 如果就诊排队时间由之前的 1.5 小时缩减到 30 分钟以内，这对合仁意味着什么？
- 如果打通会诊数据与管理数据，比如影像数据与医院信息系统（Hospital Information system，HIS）的管理数据整合在一起，这对合仁意味着什么？
- 如果医生、设备、诊室、检查的效率提升 15% 左右，这对合仁意味着什么？
- ……

萧策觉得这些问题不难回答，而且通过收集这些问题的答案，他可以趁机再覆盖一下各科室。于是，他又跑了一趟合仁，见了各科室领导，其中包括医务科章主任，和他们反复确认了这几个问题。经过最近密集的拜访，各科室领导和萧策越来越熟，说起话来也越来越随意。

12 日，孙峰拿出了价值主张，萧策一看，就一页，全都是为合仁贡献价值的数字化描述。萧策迟疑地问了一句："靠谱吗？"孙峰倒是信心十足："不敢保证 100% 精确，但还是靠谱的。"

与刘副院长的见面被安排到了 14 日，萧策、孙峰、秦若飞一起见了刘副院长。章主任也在场。这次见面主要做了三件事。

- 刘副院长对主要需求做了一些修正和调整。
- 刘副院长强调了建设数字化医院的重要性。不过，刘副院长对数字化医院也不太明白，只是强调了数据整合的重要性。
- 看到价值主张，起初刘副院长表示怀疑，当孙峰说计算过程使用的数据主要源于合仁各个部门的时候，他立刻戴上眼镜仔细看了半天，并反复与孙峰确认是否真的能实现。

会谈大约持续了 1 小时。走出院长办公室后，最兴奋的不是萧策，而是章主任，他连连夸奖飞捷。这让萧策增加了不少信心。

4 月 15 日：确定 SSO

回到公司的第二天，在杨耕的主持下，参与调研的所有人一起开了一个项目分析会。萧策越来越喜欢这种类型的会议了，他之前做订单总是孤军奋战，现在他真的感觉到是一个团队在行动，有时甚至有点同情竞争对手：你不是在和我战斗，你是在和整个飞捷战斗。

萧策首先汇报了这个项目的基本情况。根据他在会前详细填写的策略表，他的主要汇报内容如下。

- 列出了 9 个直接采购影响者，并确定了他们的影响程度（见表 15-1）。

表 15-1 采购影响者及其影响程度

采购影响者	刘副院长	何副院长	医务科章主任	信息中心胡主任	医务科小张	门诊部孙主任	急诊部沈主任	手术科王主任	影像科郝主任
采购角色	EB	TB	PB/UB	TB	PB	UB	UB	UB	UB
影响程度	H	H	M+	M+	L	M	M	M-	M-

- 定义了采购角色，其中，章主任和小张是 PB，胡主任是 TB，刘院长是 EB，其他人是 UB，何副院长的角色不清晰，但感觉应该是 TB。
- 与孙峰确定了每个 UB 想要的结果，这是此次调研最大的收获之一。这些结果都确认过。刘副院长想要的结果是成为省内第一家数字化医院。章主任是第一次做这种综合性的项目，他最想要的结果是项目保质保量地按期完成。

- 明确了每个采购影响者的采购意愿。门诊部孙主任和急诊部沈主任分别是趋利模式、避害模式，手术科王主任是安稳模式，因为手术科现在有自己的系统，买不买都行。而影像科郝主任是自满模式，之前用的系统就是他引进的，而且是免费的，用得也挺好的，他觉得不需要再劳民伤财了。刘副院长、章主任、胡主任是趋利模式。
- 确认胡主任是明显的反对者，他强烈支持弘智；小张是指导者。
- 在政治结构方面，刘副院长是圈主，章主任、影像科郝主任、门诊部孙主任是追随者，其他的都是圈外人士。当然，何副院长也有一个圈子，胡主任是追随者。

听完萧策的汇报，杨耕说了四点风险。

- 最近对胡主任覆盖太少，反对者也需要覆盖。
- 主管信息化的何副院长想法不清晰。
- 随着项目需求的改变，院里可能缺乏采购渠道，即合仁医院可能不知道该怎样采购，这会让采购影响者不稳定，可能随时会有调整。
- 采购影响者个人的赢不清晰，这是最大的风险。

会议最后，杨耕提议，大家一起设计 SSO。这又让萧策感到很不习惯，虽然参加过培训，但是他一直觉得按照客户的要求做是最好的方式。服务好客户，订单自然就是自己的，怎么可以和客户对着干呢？不过，他也没反对。最后大家确认的 SSO 如下。

- 在现有基础上拉入两个部门：一是医保科；二是质控科。
- 产品方面在原有基础上增加医疗决策模块和医疗质量品控模块，同时去掉影像科需要的软件，让他们继续使用免费软件。
- 结合数字化医院的申报工作需要，将签约日期定在 7 月底之前。
- 结合实际需求，价格控制在 700 万元左右。

看到这个目标，萧策有些惶恐，他真的不知道该怎么做。开完会后，杨耕叮嘱了一句："所有事情的确认，都必须以 SSO 为核心。你再检查一遍，看看刚刚提到的信息是不是还有很多需要调整的地方，你是不是在按照客户的 SPO 确定采购角色、影响程度、覆盖程度等信息。目前我们虽然取得了突破，但是掌握优势的不是我们，我们依然落后于竞争对手。"

接下来，有两项工作是萧策需要做的：一是把章主任发展成指导者，因为随着项目的深入，小张的作用在减弱；二是和影像科郝主任商量，不换软件，只采集数据，保持他们之前的做法不变。

第三场战斗：鏖战评测

6月4日：变化

萧策终于明白了杨耕那句名言：做订单这事是由巨大的痛苦和点滴的欢乐组成的。萧策一直觉得前面的运作算是顺风顺水，毕竟连章主任都被成功发展成了指导者，但是过完劳动节后，他接到了章主任的电话：刘副院长被调走了，现在项目暂停。

刘副院长是自己手里最大的牌，现在却突然被调走了，萧策立刻慌了神。他向杨耕汇报完之后，杨耕的答复就四个字：静观待变。

没办法，萧策只能与章主任和小张保持密切联系，同时也和几位 UB 保持联系。

这一等就是一个月，今天，萧策终于从小张那里得知项目又要启动了。不过，这次是由主管信息化的何副院长负责。在萧策看来，这是个坏消息，如果胡主任是反对者，何副院长十有八九也是反对者。萧策本来觉得已经到了相持位置，现在一记闷棍给打回了试探位置。

没办法，萧策只能想办法见何副院长。但是几次约见，何副院长都以工作太忙为由避而不见，只回复一句话："有事找胡主任。"

前期，萧策一直回避见胡主任，尽管杨耕再三叮嘱，萧策还是打心底里不想去见胡主任。

但事已至此，萧策又一次拜访了胡主任。胡主任倒也没有表现出什么敌对情绪，还对萧策很客气，并且告诉萧策两件事：一是要参观样板客户；二是方案做好后要尽快发邮件给他。

萧策只能先安排参观样板客户的相关事宜，他觉得这也是一次机会，希望能和何副院长、胡主任两位搞好关系。参观比较顺利，不过何副院长临时有事没参加。萧策问了一下章主任，得知何副院长只参观了弘智的样板客户，其他供应商的样板客户都没参观。

参观回来后，萧策第一时间找到了杨耕。听完萧策的汇报后，杨耕又拿着策略表看了半天，最后说了三个字："向上攻！"之后又补充道："还是从SSO入手。"

萧策认为"向上攻！"这三个字的意思就是找张院长了，可张院长不管这事。杨耕倒是不着急，让萧策先想办法约到再说。

机会终于来了，刘副院长走后，章主任直接向张院长汇报。萧策从章主任那里得知张院长最近要去上海开会，便决定到上海会场上去"堵"他，当然也要通过章主任先牵个线。

与张院长的见面是在皇冠假日酒店的咖啡厅里。除了萧策，杨耕和秦若飞也参与了这次会面。这次他们谈的主题有两个：一是智慧医院建设；二是最近一直提倡的"医药分开"模式的建设。

会谈很成功，萧策也见识到了高手的风范。会谈之后，张院长说回去和相关部门研究一下。

不久之后，章主任就传来了消息。数字医院项目很可能会升级为智慧医院项目，覆盖管理、业务、科研、教学等多个方面，不过还要等卫健委批复。

7月12日：规划

萧策这段时间除了频繁接触几个UB，还接触了其他几个部门，包括药物科、医保科等，因为杨耕告诉他，如果按照智慧医院的SSO设计，部门会发生一定的变化，需要重新覆盖。

这也是萧策愿意干的事情，他坚信一件事："亲戚"是走出来的，多跑跑一定能提升与大家的关系。不仅如此，萧策还了解到了很多信息，并做了不少工作。

- 手术科王主任刚从别的医院调过来，不到50岁，年富力强，是张院长亲自挖来的。也许是刚来的原因，他行事比较谨慎，不过他对智慧医院理解很深。由于在国外学习的时候，有过智慧医院的体验，他结合手术科未来扩大手术量的目标，站在专业的角度给萧策提了一些建议，算是帮萧策完善了方案。
- 药物科钱主任深受张院长的器重，国家重点推广的"医药分开"的相关事情，就是张院长指定钱主任负责的。这件事有些棘手，一方面是国家政策的推行，另一方面可能会影响到医院的收入。钱主任左右为难。萧策趁机给钱主任介绍了一位卫健委的专家，帮助他厘清了思路。钱主任很感谢萧策。另外，钱主任也是国家级专家。

- 门诊部孙主任就比较麻烦了，基本是躲着萧策，总是说自己很忙，并表示听从院里的安排，他只是配合工作。不过，萧策了解到孙主任和钱主任交好。
- 急诊部沈主任大概是对建设智慧医院最热情的人。急诊部每天面对的都是突发事件，需要快速应对和正确处理，而智慧医院方案可以在这两方面给他们提供极大的帮助。沈主任希望做的事情既要有变化，也要有计划，这样他自己也能睡个好觉。
- 医保科周主任在萧策看来简直就是周大炮，每次见面不但骂信息中心，连对何副院长他也是愤愤不平。萧策了解到周主任曾经写过一个线上医保建设方案，被何副院长否定了，从此二人便结下了仇。当前周主任正在评正教授。他对萧策还不错，两人都喜欢钓鱼，有共同语言，算是成了朋友。萧策也建议周主任发表一些智慧医院的论文，这样对评职称帮助较大，他可以帮忙提供一些素材。萧策也让孙峰看了周主任的线上医保建设方案，但是孙峰觉得很难把它纳入自己的方案。
- 质控科赵主任就比较麻烦了，他对智慧医院的研究颇为深入，要求一切都按照他的想法来。而且，智慧医院方案确实和他们的工作联系紧密。幸好孙峰和秦若飞还算专业，几次"华山论剑"下来，双方竟然有点惺惺相惜、相见恨晚的感觉。赵主任提出了很多方案修改意见，尤其是在 DRG 的落地实施方面。萧策看得出来，这些意见最重要的目的就是提升质控科在医院中的地位。
- 章主任是萧策经常联系的，俩人的关系也很密切。刘副院长调走后，章主任有些失落，不过他很快调整了方向，提高了向张院长汇报的频次。
- 至于信息中心，萧策有点犯难，虽然见过胡主任两次，但是都只是打个招呼而已，几乎谈不了什么事情；信息中心的王工也是避而不见。

今天萧策等来了好消息，章主任打电话让他们准备一下智慧医院的规划，不用特别细致，但是要体现出独特的思想。

这次并没有进行大规模调研，一方面，智慧医院是全新的概念，没什么可调研的；另一方面，之前已经调研过一次，情况也有所了解了。不过，孙峰并没有闷头写方案，而是自己跑了一趟合仁，与章主任谈了一下午，他想梳理清楚张院长的思路。

萧策后来才知道，出方案的不止飞捷一家，胡主任那边也找了弘智，届时会有两份规划在院长办公会上讨论。

孙峰从合仁医院回来后，又召开了一次会议，会议讨论了两件事：一是规划的中心思想；二是SSO的进一步细化。

会上，杨耕说了自己的想法，他首先分析了为什么张院长会如此积极地推进智慧医院项目，一个很重要的原因就是张院长在申评院士，而智慧医院项目一旦成功，在全国也是领先的，会为他的履历添上浓墨重彩的一笔。

也正是基于此考虑，要提高这个项目的定位，不能将它定义为信息化项目，而要定义为合仁医院未来三年的战略项目，涉及经营流程、患者满意度、医药流转平台等多项内容。

这样做会有三个好处：一是助力张院长申评院士；二是降低信息部门的影响程度；三是绕开集成商。合仁的信息化项目基本上都是和集成商签约，而这些集成商大都是胡主任的亲信。这样做真可谓是一举三得。

在孙峰的带领下，大家又重新策划了SSO，包括软件、硬件、数据集成平台、咨询服务等细节内容，价格估计在1900万元左右。在这个过程中，刘恺起到了"砍刀"的作用，砍掉了一些难以交付的内容。

接下来，孙峰、刘恺集合了几位顾问，闷头干了一周，在这期间还和章主任视频讨论了几次，章主任有不清楚的地方，会向张院长讨教。

7月12日是规划上会的日子，院长会上将讨论智慧医院的建设。章主任负责介绍飞捷的规划，胡主任负责介绍弘智的规划。供应商没有权力参加此次会议，不过幸好之前孙峰已经和章主任反复练习了汇报的内容和重点，萧策还是放心的。

会议持续到中午才结束，章主任主动联系了萧策，透露院长会上确定了三点：一是积极争取省卫健委的支持，努力做成全省首家智慧医院的示范项目；二是规划以飞捷为主，结合两家之长；三是成立筹备组，张院长亲自负责，医务科和信息中心配合，筹备组还包括何副院长和常务副院长任昌松。

这算是个大好消息，萧策感觉自己又到了突破位置。他打开策略表，准备把最近的变化再好好梳理一番，一贯讨厌填表的萧策，养成了填写策略表的习惯。最新的策略销售工具表如表15-2所示。

表 15-2 策略销售工具表

客户名称	合仁医院		订单组织	萧策、孙峰、刘皓		参与订单日期	2021.1.6		成表日期	2022.1.1			2021.7.12
使用范围	信息中心、医务科、门诊部、急诊部、手术科、影像科、医保科、质控科、药剂科		方案	软件（院约合平台系统、DRG系统、400个评价）+硬件（15台服务器、400个控制）+数据集成+咨询服务（300人/天）		预计签约日期	1900.00		订单金额（万元）	2022.1.1		采购（招标）形式	议标

宏观变量

客户	评价	订单	评价	我方资源	评价	SPO（单一采购目标）		使用范围	评价	对手名称		竞争对手	
信誉度	4	需求匹配度	3	资源匹配	非常匹配	信息中心、医务科、门诊部、急诊部、手术科、医保科		客户需求		我方竞争位置		弘智	平手
采购潜力	4	我方利润	2	时间可用性	时间充裕	软件+硬件+数据平台+咨询服务		客户需求（所）	2000	竞争形式		与竞争对手竞争	
战略匹配度	4	对客户的价值贡献	3					签约时间	2022.1				
公司匹配度	4	采购意愿	2					与SSO相匹配	基本匹配	客户购买阶段	需求形成	我方销售阶段	采购规划
采购方式	1	竞争对手	2										
总体理想程度	58%												
订单评级	C级												

双赢是策略的源泉
微观变量

采购影响者

采购影响者（姓名和职务）	我方对应部联系人员	采购角色	影响程度	重视程度	建议的结果	组织与个人的雷	评价	个人的雷	评级评价	政治结构	采购意愿		协作程度	得分
													类别	
张院长	萧策	EB	H	多次接触	全省客户智慧医院示范项目	可满足		帮助申请院士	H	圈主1	趋利		支持者	1
何副院长	孙峰	TB	H	较少接触						圈主2	自满		破坏者	-3
任副院长		UB	H	未接触									异议者	-3
医保科主任	萧策、孙峰	PB、UB	M+	多次接触	采购合规、符合医院、投资方及卫健委的要求	客户确认可满足		让张院长满意、重新收复山	M	圈外人	趋利		提卫者	4
信息中心主任	萧策、孙峰	TB	M+	多次接触	项目成功	不满足		女儿找美国系博导	M	追随者2	趋利		破坏者	4
门诊部主任	萧策	PB	L	较少接触	符合程序	客户确认可满足				圈外人	趋利		提卫者	-1
急诊部主任	萧策	UB	M-	多次接触	工作流程更顺畅、效率变高	客户确认可满足		减少加班、能有更多的休息时间	H	追随者1	避雷		支持者	2
手术科主任	萧策	UB	M	多次接触	提升医疗质量、扩大手术量	客户确认可满足		飞机慰脚裂		圈外人	趋利		支持者	1
医保科主任	萧策	UB	M+	多次接触	医保方案落地	不满足		评职称、发论文		追随者1	趋利		支持者	1
药物科主任	萧策	UB	M+	多次接触	符合国家当前医药分离政策	客户确认可满足		让张院长满意		圈外人	趋利		支持者	2
质控科主任	萧策	UB	M+	多次接触	DRG落地	不满足		提升自己的影响力		追随者1	避雷		异议者	-2
信息中心小王	孙峰	TB	L	多次接触	项目实施顺利	不满足				追随者2				

风险与优势

	风险	等级评价		优势	
	张主任反对我们、支持竞争对手	H		萧主任是我们的重要支持者	
	何副院长一直拒绝深入沟通	H		医保科主任认可我们的DRG产品	
	何副院长的采购意愿是自满模式	M		手术科、药物科、急诊科支持我们	
	常务副院长任目标尚未落定	H		张院长认可我们的知识	
	门诊部主任不愿接触我们	L			
	医保科周主任想要的结果，我们很难满足				

销售策略

锁定要执行哪一个目标	策略详细描述				
	执行人	采取什么行动	客户方协同对象	需要的资源和信息	执行时间
通过萧主任引荐任副院长、利用政治结构价值上移	萧策	通过分析当前局面，让他意识到我们要思项目评比要顺利、需要任副院长的大力支持	萧主任	请领导携手、一同会见任副院长	2021.7.28

定位

当前位置	下一步可能的替代位置	完成目标达到的结果描述	
	做莫主任的工作、使她接受更多 的以务部门合肥入口速度小组		相持
	通过莫主任引荐任副院长、利 用政治结构价值的上移		防范
	将药物科主任发展成领导者	突破	相持

反馈：策略执行结果描述
章主任答应引荐任副院长，下周二可以见面

7月25日：撰写详细方案

按照合仁医院的部署，接下来还要参照规划提供详细方案。不仅是飞捷，其他供应商也要提供。萧策本以为把撰写方案的事情交给孙峰就可以了，但杨耕却也给萧策安排了几件事。

- 根据新的 SSO，尽最大努力了解每个采购影响者想要的结果和个人的赢，然后让孙峰在方案里充分体现。按照杨耕的话说，销售人员的主要工作就是把各种采购角色的个人诉求整合成一个解决方案，并以组织利益的形式呈现出来。
- 方案要体现价值主张，同时，第一期要在明年3月之前完成，不能耽误张院长的院士申评工作。
- 尽快覆盖相关采购影响者，确定采购角色、影响程度、政治结构、采购意愿等。
- 邀请筹备组参观飞捷关于智慧医院的样板客户。

这几件事对萧策来说倒不难，毕竟前期做了很多工作，去合仁也无数次了，有些问题的答案他本来就清楚，再加上有章主任传递消息，很容易回答。

除了杨耕交代的事情，萧策还留意了一件事。按照合仁的传统，这种项目是一定要走招标程序的，到底怎么组织招标，这需要提前了解清楚。

萧策从章主任那里了解到，这次招标可能会涉及卫健委、合仁医院以及投资方的相关部门。毕竟合仁医院是中外合资医院，但是目前还没有确定。

萧策在做覆盖的时候，发现常务副院长任昌松的关注点似乎不在智慧医院项目上，他关注更多的是年底的评审工作，做好五年一次的评审工作是他的当务之急。

8月21日：起草招标书

详细方案出来后，萧策和孙峰并没有着急交上去，而是拿着方案到各个业务部门跑了一圈，就每个人关注的内容，和他们讨论了一下方案设计的思路，之后，又按照他们提的建议修改了一遍。

参观的事情也很快落实了。这次参观可谓声势浩大，张院长亲自带队，几位副院长随行，再加上章主任、胡主任和几位主要科室领导，杨耕和萧策也跟了过去。看起来杨耕和张院长的关系亲近了不少,两人全程几乎形影不离。萧策也明白,这是杨耕有意做给别人看的。

不过倒霉事并没有放过萧策,他从章主任那里得到了一个消息:招标书由信息中心负责起草。

这简直就是晴天霹雳。萧策一直攻不破信息中心,如果由胡主任负责起草招标书,几乎就等于由竞争对手弘智负责起草招标书了。

没办法,有困难还要找老大,萧策又来到了杨耕的办公室。杨耕拿着萧策刚填完的策略表端详了半天,开口问萧策:"投资方会怎么参与?"

这一点萧策倒是了解得很清楚:"按照以往的规矩,他们有三个部门参与,市场部负责定投资,采购部负责定产品,财务部负责定预算。"

杨耕想了想,说道:"现在看,获得信息中心支持不是件容易的事。换个思路,从采购程序入手,毕竟 PB 在你手里。让他们写,我们负责改。"

萧策一时没弄明白杨耕的意思,杨耕进一步解释道:"工作分两步展开,一是利用章主任 PB 的身份,在招标书写完后,以'业务需求需要业务部门把关'为由,在业务部门走一遍程序。大部分 UB 已经被咱们覆盖了,而信息中心不敢不听 UB 的意见;二是尽快找到投资方的三个部门,尤其是采购部,争取让他们请专家做一次标前评审,进一步修改招标书。这样不仅对我们有利,更重要的是也保护了合仁的利益。销售人员的天职就是保护客户不被竞争对手伤害。"

萧策的面前似乎突然打开了一扇窗,有一种豁然开朗的感觉,他立马回复道:"我和孙峰会提前给 UB 们讲一讲,告诉他们关注重点和衡量标准。"

"不仅如此,还有几件事要考虑。"杨耕又给萧策安排了几件事情。

- 为什么有些标准有,有些标准没有?
- 为什么有些标准分数高,有些标准分数低?
- 你要找到 UB 心中的标准,而不仅仅是引导,要理解他们为什么重视某个标准。
- 有些标准可不可以重新定义,比如描述不变,但是改变其内涵?
- 了解一下哪些是客观分,哪些是主观分。你现在有了 UB、PB 的支持,他们中肯定有人会成为评委,主观分很重要。
- 哪些标准是明确的,哪些标准是含糊的,为什么明确或含糊?
- 能不能增加一些为区分而区分的标准?

9月10日：评标策划

今天是教师节，萧策特意买了鲜花送给合仁筹备组的几位领导，这几位领导都带研究生，既是医生，也是老师。

根据合仁发给各个供应商的招标书，萧策觉得自己还是有一定优势的。招标书的基本评分规则是：技术分占 50 分，信用分占 10 分，价格分占 40 分。不过，孙峰提醒说，信息中心的 TB 们肯定会参与打技术分，这个分我们很难超过弘智，而且弘智在其他方面优势也不小。现在看双方势均力敌，我方还是处于相持位置。

萧策接下来的任务是尽量让采购程序对自己有利。合仁医院的采购程序比较复杂，涉及院方、卫健委及投资方。简单来说就是谁出钱谁有发言权，当然，招标程序还是要走的。

萧策按照策略表，花了几个小时的时间琢磨怎么安排才能对自己有利，他认为以下几个问题是重点。

- 这个项目涉及 3 个 PB：一是章主任；二是投资方采购部经理王东；三是招标代理方的人。招标这事就是招标办、招标代理、客户、专家的四方博弈，而合仁是大医院，招标代理不敢得罪，话语权相对比较小。投资方在这个项目上投入比较大，话语权也相对较大。
- 现在我方和弘智打成平手，没有把握一定中标，所以要留个后手，如评定分开。一旦我方处于弱势地位，就先停一停，让客户进入定标环节。
- 到底谁来参加评标？一方面，这个标涉及的内容很复杂，并不是简单地硬碰硬就可以；另一方面，由于投资的复杂性，这很难遵循标准的投标模式，倒是更像议标模式。几方都得出人，外部专家也会参与。

杨耕还特意提醒了一句："弘智和信息中心很熟，串通围标的可能性很大，要想好对策。"

接下来，萧策再一次找到了章主任。在聊到投资方的情况时，没想到章主任和对方很熟悉。通过章主任的介绍，萧策很快建立了与投资方市场部和采购部的联系。尤其是采购部的王东和章主任是好哥们儿，这使得双方的关系一下子拉近了很多。萧策从王东处了解到，弘智近期没有接触过他们。

关于评定分开，章主任说他不方便提，容易犯错误，只能让王东来提。王东答应见机行事。

关于评标人选，合仁毫无疑问是要出人的，但是投资方出人不合适。一般医院这边出两个人，信息中心肯定要占一个，另一个出自医务科。不过因为是偏议标，所以可能还有更大的空间，或许可以多出几位业务部门的人员。

萧策又和章主任详细讨论了整个招标环节，最终决定去掉述标环节。萧策的想法是，既然UB们大都支持我方，那么不述标，他们也会支持；但是一旦述标，如果弘智讲得更好，也许会动摇那些立场不坚定的人。

9月25日：废标

正式参与投标的公司有8家而不是5家，其中3家在前期根本没听说过。萧策知道，它们可能是弘智派来围标的。不过，他不怕，杨耕早就让他做了准备。

萧策和章主任商量，如果这3家公司是来围标的，它们一定不认真。他给了章主任一张表，上面列出了围标单位最容易犯的20项错误，只要认真查，就没有查不出来的。章主任让小张去查，查出来就做废标处理。

在萧策的帮助下，果然查出了2家。

9月25日，剩下的6家供应商都出现在了投标现场，现场的开标结果出人意料，飞捷的总分竟然与弘智的一模一样。最后，投资方采购部门的王东发话，现在只是公布评标名次，还需要和几家谈谈价格，最终的招标结果将另行公布。

萧策本来以为接下来就是价格大战了，没想到的是，他又被重重地打了一记闷棍。

这次电话不是章主任而是合仁医院的审计部门直接打给萧策的。电话里，对方直言不讳地告诉萧策："飞捷涉嫌串标，和另一家叫信迪的公司的标书相似度过高。现在需要飞捷做出解释。"

萧策赶忙找到杨耕，杨耕听完之后，苦笑了一声，说道："这是弘智搞的鬼，他们通过胡主任拿到了我们的方案，然后找到一家小公司让它照抄，再通过信息中心把水搅浑。"

"怎么处理呢？"萧策问道。

"也许是好事，咱们兵分两路。我去找张院长，前期我们与他沟通过很多东西，他是证人。你去找章主任，他应该负责调查这事，让他找UB证明。不过，最关键的是，让章主任揪出内鬼。如果能证明是胡主任在捣鬼，我们就胜利了。"

萧策立刻行动，章主任竟然不知道这件事情，赶忙找胡主任了解情况。胡主任说是他发现的这个漏洞，现在正在找飞捷核实。

这件事情很快平息了下来。章主任根本没有找 UB，只给张院长汇报了，张院长淡淡地说了一句："智慧医院是飞捷最早提出的理念，也是最早有样板客户的公司，它需要去抄袭别人吗？"

不过，并没有揪出内鬼，章主任的原话是："做事留一线，日后好相见。"

虽然内鬼没被揪出，但是弘智一计不成，又施一计。他们提出自己的样板客户开始是三家，但是在评标第二天，他们又签了一家，应该算四家，这样弘智的评分就超越飞捷了。

章主任问萧策怎么办，对于这种事，萧策很熟悉，他告诉章主任：按照《招标投标法》，投标得分是以标书所提供的资料为准的，在开标截止时间后提供的资料无效。这个理由足可以挡住弘智。

这一招果然奏效，接下来弘智没有再闹出风波。

第四场战斗：跨越雷区

10 月 8 日：清除顾虑

不知道是国庆节的原因，还是领导真的很忙，项目似乎又停滞了。萧策感觉球都传到门前了，但这临门一脚却迟迟不往门里射，太熬人了。

刚上班，萧策又堵住了杨耕，他希望杨耕再给分析一下。杨耕看着策略表问道："如果你开车走在陡峭的山路上，一不注意就会掉下万丈悬崖，你会怎么办？"

萧策答道："排除一切风险，如检查车况、清除路障，甚至考虑是不是换个司机。"

"客户也一样，这样大的项目，牵扯到方方面面，更重要的是还和张院长的院士申评有关，你说客户会不会很谨慎？"杨耕说道。

"那我应该怎么办？"

"再做一次覆盖，把所有人都覆盖一遍，甚至包括胡主任。不过这次要尽量低调。"

"主要做什么呢？"萧策急忙问道。

"找到异议，处理顾虑。"杨耕答道。

萧策知道什么是顾虑、什么是异议，这些他在培训中都了解了，他也知道如何处理。

"张院长那里还要劳烦您出面啊。"萧策道。

"放心吧。我这两天会去一趟。"杨耕说。

这一圈下来，萧策和杨耕还真找到了不少顾虑。当然，最关键的是张院长的担心，他关注的是交付周期。对此，杨耕和孙峰提交了倒排计划，并且向张院长阐明在明年3月底之前就可以交付第一批结果，到时就可以向卫健委申报智慧医院示范院了。

10月17日：摸底

今天，萧策接到了章主任的电话，听说10月30日要进行价格谈判，并且只与飞捷和弘智谈。萧策赶忙问章主任可不可以让他后谈。

章主任笑了，他告诉萧策："早就防着你这招了。两家同时报价，现场以书面形式一轮轮地提交报价，而不是面对面谈判。"萧策问会有几轮，章主任说这个不确定。

萧策和孙峰及交付经理刘恺一起核算了报价，这件事一直到中午才结束。中午吃饭的时候，萧策忽然接到了一个陌生电话，电话那头自称是弘智的销售人员，叫王坚。王坚问萧策晚上能不能一起吃个饭。萧策犹豫了一下，答应了。

下午，萧策先找到了杨耕，把报价情况以及王坚约他吃饭的事都做了汇报。杨耕笑了笑，说道："老招数，收买你，然后了解报价。"

萧策赶紧表忠心，表示自己绝不可能被收买。

杨耕道："晚上的饭还是要吃的，不过你可以将计就计，答应被收买，但是'叛变价格'要高，然后适当往下降，这主要是为了估算弘智的利润空间有多大，从而测算他们的报价。另外，发挥你的聪明才智，捏造一个较高的价格给他们，顺便多套点他们的信息，比如他们可能从哪里采购硬件。"

萧策觉得自己可能天生就是个好演员，当然也可能是王坚太急于求成，两人很快就叛变条件"达成"了一致，不过王坚并没有透露他们的硬件采购来源。

萧策还是不放心，他担心王坚也在忽悠他，于是和章主任商量，可不可以在正式谈判之前先报一轮，摸摸底。章主任同意了，答应明天就给两家公司发通知。

10月30日：谈判

正式谈判开始了，由常务副院长任昌松主持，何副院长、章主任、胡主任都参加了。

首先由章主任公布两家公司第一轮的报价，飞捷要高出90万元左右，这是萧策意料之中的事情，对千万级的订单而言，这个差距并不明显。

章主任并没有宣布第二轮报价开始，而是问了一个很有意思的问题："你们还能送我们什么？"

这个问题也是萧策与章主任提前策划好的。弘智的答复是可以增加一年免费服务以及50个许可名额。

飞捷提出了一个新方案。年底，合仁五年审计就要展开了，飞捷愿意免费提供患者满意度改进方案。在这之前，萧策和孙峰及刘恺在医院门诊部和住院部足足待了三天，调研了预约、挂号、就诊、检查、拿药、住院等各个环节的很多患者。回去之后，他们做出了一个患者满意度改进方案。萧策就指望着这个撒手锏能打动任副院长了。

任副院长方案看得很认真，一句话都没说，只是示意章主任开始第二轮报价。

萧策将和杨耕商量的最低报价报了出去，没有留任何余地。10分钟之后，章主任宣布报价结果，飞捷比竞争对手低了40万元左右。

弘智的人看到这个结果似乎并没有特别担心，他们在等着下一轮。但让他们没想到的是，章主任直接宣布报价结束，并宣布飞捷中标。王坚几乎跳了起来，大声喊道："我们还可以降价或者送东西！"

章主任只是冷冷地回了一句："那你为什么不在这一轮降价？这明显是没有诚意的表现。"

接下来，飞捷与合仁医院签署了合同。订单销售的战斗终于结束了，但是实施交付的战斗才刚刚打响……

参考文献

[1] 孙武. 孙子兵法 [M]. 北京：中国文联出版社，2016.

[2] 马奇. 决策是如何产生的 [M]. 王元歌，章爱民，译. 北京：机械工业出版社，2007.

[3] 黑曼，桑切兹，图勒加. 新战略营销：第 3 版 [M]. 齐仲里，姚晓冬，王富滨，译. 北京：中央编译出版社，2008.

[4] 卡尼曼. 思考，快与慢 [M]. 胡晓姣，李爱民，何梦莹，译. 北京：中信出版社，2012.

[5] 中国人大网. 中华人民共和国招标投标法 [EB/OL]. （2018-01-04）[2024-01-01]. http://www.npc.gov.cn/npc/c2/c30834/201905/t20190521_279157.html.

[6] Read N A C，Bistritz S J. Selling to the C-Suite [M]. New York：McGraw-Hill Education，2009.

[7] 斯密. 国富论 [M]. 陈星，译. 北京：北京联合出版公司，2013.

[8] 莱维特. 营销想象力：白金版 [M]. 辛弘，译. 北京：机械工业出版社，2017.

[9] 华杉. 华杉讲透孙子兵法 [M]. 南京：江苏凤凰文艺出版社，2016.

[10] HOLDEN J，KUBACKI R. The new power base selling：master the politics，create unexpected value and higher margins，and outsmart the competition [M]. New Jersey：John Wiley & Sons，2012.

[11] 摩尔. 跨越鸿沟：颠覆性产品营销指南 [M]. 祝惠娇，译. 北京：机械工业出版社，2022.

[12] 克劳塞维茨. 战争论 [M]. 时殷弘，译. 北京：商务印书馆，2016.

[13] 马克思. 资本论：纪念版 [M]. 中共中央马克思恩格斯列宁斯大林著作编译局，译. 北京：人民出版社，2018.

[14] 波特. 竞争优势 [M]. 陈丽芳，译. 北京：中信出版社，2014.

[15] 郭致星. 极简项目管理：让目标落地、把事办成并使成功可复制的方法论 [M]. 北京：机械工业出版社，2020.

[16] RACKHAM N. Major account sales strategy[M]. New York：McGraw-Hill Education，1989.